Georg Röwekamp

Christen in der Region Gaza

Georg Röwekamp

Christen in der Region Gaza

Eine vergessene Geschichte

HERDER
FREIBURG · BASEL · WIEN

MIX
Papier | Fördert
gute Waldnutzung
FSC® C083411
www.fsc.org

Hermann-Herder-Str.4, 79104 Freiburg im Breisgau

www.herder.de
produktsicherheit@herder.de
Umschlagbild: Pfarrkirche „Zur Heiligen Familie“, Gaza, © Georg Röwekamp
Satz: dtp studio eckart | Jörg Eckart, Frankfurt am Main
Herstellung: CPI Books GmbH, Leck
Printed in Germany
ISBN 978-3-451-39937-4

Inhalt

Grußwort des Lateinischen Patriarchen von Jerusalem | 7
Pierbattista Kardinal Pizzaballa

Vorwort | 11

1. „Die Stadt Kanaans“ | 13
Zur vorchristlichen Geschichte von Gaza

2. „Durch mannigfache Bekenntniskämpfe ausgezeichnet“ | 21
Die Anfänge des Christentums in Gaza

3. „Christus hat Marnas besiegt“ | 26
Die Christianisierung Gazas

4. „Was, meint ihr, sind die Klöster?“ | 39
Das Gaza-Mönchtum im 5. und 6. Jahrhundert

5. „Eine Stadt, die die Musen liebt“ | 50
Die Rhetorenschule von Gaza

6. „Eine prächtige und schöne Stadt“ | 58
Archäologische Spuren des frühen Christentums in der Gaza-Region

7. „Heilige Soldaten Christi“ | 67
Die frühislamische Zeit

8. „Die uralte Stadt Gaza wiederaufzubauen“ | 76
Die Zeit der Kreuzfahrer

9. „Die Stadt an einem schönen lustigen Ort“ | 84
Spätmittelalter und frühe Neuzeit

10. „Ein großer Kontrast“ | 90
Der Beginn der Moderne

Exkurs: | 96
Georg Gatt und die Entstehung der katholischen Pfarrgemeinde „Zur Heiligen Familie“

11. „Es bricht einem das Herz …“ | 103
Das 20. Jahrhundert

12. „Hyper-surreal“ | 113
Die jüngste Vergangenheit

13. „Mein Herz bleibt in Gaza“ | 118
Der 7. Oktober 2023 und die Folgen

14. „… das Feuer auslöschen“ | 122
Ein Epilog

Anmerkungen | 135

Anhang | 149
Dank | 151
Abkürzungen | 153
Ausgewählte Quellen und Literatur | 155
Bildnachweis | 157
Zum Autor | 159
Namensregister | 161

PATRIARCHATUS LATINUS - JERUSALEM

بطريركية القدس للاتين

Prot. N. (2) 750/2025

Jerusalem April 15, 2025

Dear readers,

The Christians of Gaza have experienced an extremely difficult time since 7 October 2023. Even before that, their situation was not easy. Nevertheless, they persevered with admirable strength and gave their all. In my homily there at Christmas 2024, I therefore said:

This year has been a significant challenge to our faith, for all of us, and especially for you. Sometimes, we asked, "Until when, O Lord?" Today, we answer: "We want this situation to end soon, but we want to remain with You, O Lord." Christ affirmed this by saying, "I am Emmanuel," which means "God is with us."

We must preserve our unity to keep the light of Christ here in Gaza, in our region, and in the world. The world that looks at you must see to whom you belong, whether you belong to the light or to darkness? But most importantly, we must not allow hatred to infiltrate our hearts. If you want to remain a light, we must make our hearts available for Jesus alone. When the world looks at you, it must notice that we are different. One of you once said to me: "As Christians, there is no violence in our blood. We want to remain Christians and remain the light in this place."

Thank you for everything you do. You may not notice it in your difficult daily life, but the whole world does. We are all proud of you, not only for what you do but because you have preserved your identity as Christians belonging to Jesus. You have become the light of our Church in the entire world.

At the same time, the Christians of Gaza are also heirs to a rich history that began with the Holy Family. I am therefore very pleased that this history is traced knowledgeably and in detail in this book. As a historian and a senior employee of the German Association of the Holy Land, an organisation with whom we have worked well for a long time, Dr. Georg Röwekamp, is also very familiar with the situation on the ground.

Many texts of the early Christians from the region, but also of other faithful through the centuries presented here, are an inspiration to this day. May many people in Germany and elsewhere see what a precious heritage the Church of the Holy Land and Gaza preserves for the world!

And may the last war not be the end of the Christian presence in Gaza - please pray and help that there is a future for these men, women and children in their homeland!

+Pierbattista Card. Pizzaballa
Latin Patriarch of Jerusalem

Jaffa Gate, P.O.Box 14152 – Jerusalem 9114101 • Tel. + 972 2 628 23 23, 647 14 00 • Fax. + 972 2 627 16 52
E-mail: chancellery@lpj.org • website: www.lpj.org

PATRIARCHATUS LATINUS - JERUSALEM

بطريركية القدس للاتين

SUFFICIT TIBI GRATIA MEA

Prot. N. (2) 750/2025

Jerusalem, 15. April 2025

Liebe Leserinnen und Leser,

Die Christen in Gaza haben seit dem 7. Oktober 2023 eine äußerst schwere Zeit durchlebt. Schon vorher war ihre Situation nicht einfach. Nichtsdestotrotz haben sie mit bewundernswerter Kraft durchgehalten und nicht aufgegeben. In meiner Predigt dort zu Weihnachten 2024 habe ich deshalb gesagt:

> *Dieses Jahr war eine große Herausforderung für unseren Glauben, für uns alle und besonders für euch. Manchmal fragten wir: „Bis wann, o Herr?" Heute antworten wir: „Wir wollen, dass diese Situation bald endet, aber wir wollen bei dir bleiben, o Herr." Christus bekräftigte dies, indem er sagte: „Ich bin Emmanuel", was so viel bedeutet wie „Gott ist mit uns".*
>
> *Wir müssen unsere Einheit bewahren, um das Licht Christi hier in Gaza, in unserer Region und in der Welt zu bewahren. Die Welt, die auf euch schaut, muss sehen, zu wem ihr gehört, ob ihr dem Licht oder der Finsternis angehört? Aber vor allem dürfen wir nicht zulassen, dass Hass in unsere Herzen eindringt. Wenn ihr ein Licht bleiben wollt, müssen wir unser Herz nur Jesus zur Verfügung stellen. Wenn die Welt euch ansieht, muss sie merken, dass wir anders sind. Einer von euch hat einmal zu mir gesagt: ‚Als Christen haben wir keine Gewalt im Blut. Wir wollen Christen bleiben und das Licht an diesem Ort bleiben.'*
>
> *Vielen Dank für alles, was ihr tut. Ihr merkt es vielleicht nicht in Ihrem schwierigen Alltag, aber die ganze Welt merkt es. Wir sind alle stolz auf euch, nicht nur wegen dessen, was ihr tut, sondern auch, weil ihr eure Identität als Christen, die zu Jesus gehören, bewahrt habt. Ihr seid das Licht unserer Kirche in der ganzen Welt geworden.*

Gleichzeitig sind die Christen in Gaza auch Erben einer reichen Geschichte, die mit der Heiligen Familie begann. Ich freue mich daher sehr, dass diese Geschichte in diesem Buch sachkundig und ausführlich nachgezeichnet wird. Als Historiker und leitender Mitarbeiter des Deutschen Vereins vom Heiligen Lande, mit der wir schon lange gut zusammenarbeiten, ist Dr. Georg Röwekamp auch mit der Situation vor Ort bestens vertraut.

Viele Texte der frühen Christen aus der Region, aber auch von anderen Gläubigen im Laufe der Jahrhunderte, die hier vorgestellt werden, sind bis heute eine Inspiration. Mögen viele Menschen in Deutschland und anderswo erkennen, welch kostbares Erbe die Kirche des Heiligen Landes und des Gazastreifens für die Welt bewahrt!

Und möge der letzte Krieg nicht das Ende der christlichen Präsenz in Gaza sein – bitte beten und helfen Sie, dass es eine Zukunft für diese Männer, Frauen und Kinder in ihrer Heimat gibt!

+ Pierbattista Kardinal Pizzaballa
Lateinischer Patriarch von Jerusalem

Vorwort

Nicht erst seit dem entsetzlichen Massaker vom 7. Oktober 2023 ist für viele Menschen „Gaza" ein Synonym für islamistischen Terror und Krieg. Dabei ist die Geschichte der Stadt Gaza und ihres Umlandes vielfältig und facettenreich. Nicht zuletzt das Christentum hat in dieser Geschichte seine Spuren hinterlassen – zeitweise war Gaza und seine Umgebung sogar ein wichtiges Zentrum des Mönchtums und der Wissenschaft. Und noch zu Beginn des 21. Jahrhunderts lebten und leben Christinnen und Christen in Gaza – auch während des Krieges, der im Herbst 2023 begann.

Seit dem Altertum ist Gaza mit seinem Umland ein Grenzgebiet zwischen der südlichen Levante (wie man dic Region heute geographisch nennt) und Ägypten. Seit 1948 ist der „Gaza-Streifen" ein klar definiertes Gebiet, dessen Grenze durch die damalige Waffenstillstandslinie definiert wird. Nach einer Zeit israelischer Besatzung ab 1967 wurde es 2005 Teil der palästinensischen Autonomiegebiete.

Dieser Gaza-Streifen erstreckt sich auf einer Länge von etwa 40 Kilometern am Mittelmeer entlang; seine Breite schwankt zwischen sechs und 14 Kilometern. Zu den dort liegenden größeren Städten Gaza, Khan Yunis und Rafah kamen im Lauf der jüngsten Geschichte acht Flüchtlingslager, von denen Jabalia und Shati die größten sind (s. Karte in der hinteren Klappe). Über 2,4 Mio. Einwohner lebten dort 2022 auf etwa 395 km^2, davon die Hälfte in den Flüchtlingslagern – damit war der Gaza-Streifen eines der am dichtesten besiedelten Gebiete der Erde. Die Abriegelung sowohl nach Israel als auch nach Ägypten hin machte ihn schon vor dem jüngsten Krieg zu einer abgeschlossenen Zone, die die Bewohner nur mit Sondergenehmigung verlassen konnten, so dass viele von einem großen „Freiluftgefängnis" sprachen.

Im Rahmen meiner Tätigkeit für den Deutschen Verein vom Heiligen Lande (DVHL) konnte ich den Gazastreifen im Frühjahr 2023 besuchen und Kontakte zur dortigen Kirchengemeinde in Gaza-Stadt knüpfen, die bereits damals um ihr Überleben kämpfte. Als Kirchenhistoriker wurde mir bewusst, dass die Gemeindemitglieder, die mir dort begegneten, die Erben einer reichen Geschichte sind und die Entstehung ihrer Pfarrei eng mit dem DVHL verbunden ist. Diese „christliche Geschichte“ von Gaza und seiner Umgebung soll hier nachgezeichnet und einer breiteren Öffentlichkeit zugänglich gemacht werden – wobei immer wieder auch Original-Quellen zu Wort kommen. Nicht zuletzt die vor dem 7. Oktober 2023 noch sichtbaren Spuren christlichen Lebens in Gaza im Lauf der Jahrhunderte werden beschrieben – in der Hoffnung, dass nicht nur die Christen von Gaza den danach ausgebrochenen Krieg überleben, sondern auch die Zeugnisse ihrer 2000-jährigen Präsenz!

Tabgha, am Passionssonntag 2025 Georg Röwekamp

1. „Die Stadt Kanaans“

Zur vorchristlichen Geschichte von Gaza

Einen Eindruck von der reichen Vorgeschichte der Region rund um das heutige Gaza bekommen Besucher des Heiligen Landes oft erstmals, wenn sie die archäologische Abteilung des Israel-Museums in Jerusalem besuchen: Sehr prominent stehen da direkt im Eingangsbereich mehrere anthropoide Sarkophage aus Ton, die aus einer Nekropole südwestlich vom heutigen Deir al-Balah bei Gaza-Stadt stammen. Sie entstanden im 13./14. Jh. vC. und zeigen durch ihre ägyptisierende Form, dass Gaza mit seiner Umgebung damals eine Grenzregion zu Ägypten und kulturell von dorther geprägt war. Die Vorstellung in der Völkertafel des Buches Genesis, dass „Ägypten“ und „Kanaan“ als Kinder von Noachs Sohn Ham Geschwister waren (vgl. Gen 10,6), ist ein ferner Reflex dieser Situation.[1]

Schon bei der ersten bekannten schriftlichen Erwähnung von Gaza, im Bericht über einen Feldzug von Pharao Thutmoses III. im Jahr 1457 vC., taucht die Stadt als ägyptischer Vorposten auf – genauer als „Stadt, die der Herrscher gepackt hat, Gaza mit syrischem Namen“. Für die Ägypter war Gaza das Südtor Palästinas und „die Stadt Kanaans“ – so auf einer Stele des 13. Jh. vC.

Die Präsentation der Funde aus Deir al-Balah im Israel-Museum deutet aber zugleich an, dass Gaza immer wieder von Fremden beherrscht wurde – was oft auch mit der Wegführung von Kunstschätzen verbunden war. So befindet sich die Ende des 19. Jh. gefundene Statue des Zeus bzw. des Stadtgottes Marnas heute im Archäologischen Museum von Istanbul, der Mosaikfußboden einer byzantinischen Synagoge aus Gaza im Museum des Barmherzigen Samariters zwischen Jerusalem und Jericho und der ebenfalls als Mosaik gestaltete Fußboden einer bei Gaza gelegenen Kirche sogar im Kriegsmuseum des australischen Canberra. Die eingangs genannten Sarkophage einer ägyptisch-kanaanäischen Oberschicht sind geradezu ein „Aushängeschild“ des israelischen Nationalmuseums geworden.

Dabei hat Gaza eigentlich nie zum biblischen Kernland gehört – zwar werden Gaza und „der Bach Ägyptens“ (d. h. das Wadi Gaza bzw. Nahal Besor[2]) als Grenzen des verheißenen Landes angegeben (vgl. z. B. Jos 15,47), aber selbst dem biblischen Bericht zufolge konnte Israel die Stadt nicht erobern: Dort blieben „Anakiter“, Einheimische, wohnen (vgl. Jos 11,22; Ri 1,18).

Ab etwa 1200 vC. lag Gaza dann im Machtbereich der Philister, die (wohl als Teil der in Quellen erwähnten „Seevölker“) über das Mittelmeer in die Region gekommen waren. Wie die Israeliten nutzten sie die zeitweise Schwäche der benachbarten Großmächte zur Errichtung eines eigenen Machtbereichs. Die Bibel vermutet den Ursprung der Philister in Kaftor (Kreta): *„Die Kaftoriter, die aus Kaftor ausgewandert waren, vernichteten die Awiter, die in einzelnen Dörfern bis nach Gaza hin saßen, und setzten sich an ihre Stelle.“* (Dtn 2,23) Laut dem Propheten Amos hat Gott die Philister genauso aus Kreta heraufgeführt wie Israel aus Ägypten (vgl. Am 9,7).

1 Simson kämpft gegen Philister, Fragment eines Fußbodenmosaiks aus der Synagoge von Wadi Hammam, 5. Jh., heute im Israel-Museum.

Simson und die Philister

Gaza wird in der Bibel dann erwähnt als eine von fünf Philister-Städten (zu dieser „Pentapolis" gehörten außerdem Aschkelon, Aschdod, Ekron und Gat) und spielt v. a. eine Rolle in der Geschichte des „Richters" Simson aus dem israelitischen Stamm Dan, der nördlich davon siedelte.[3]

Geboren in Zora in der Schefela, kämpft der von Gott mit übermenschlichen Kräften ausgestattete Simson mehrfach gegen die Philister, heiratet aber auch eine junge Philisterin, die er später verstößt.

Gaza ist der südlichste Punkt seiner Wirksamkeit, wo er eines Tages eine Dirne besucht und über Nacht bleibt. Als man hört, dass Simson in der Stadt ist, lauert man ihm am Stadttor auf, um ihn am Morgen zu töten.

> Simson aber schlief bis gegen Mitternacht. Dann stand er auf, packte die Flügel des Stadttores mit den beiden Pfosten und riss sie zusammen mit dem Riegel heraus. Er lud alles auf seine Schultern und trug es auf den Gipfel des Berges, der Hebron gegenüber liegt. (Ri 16,3)

Im Hintergrund dieser Erzählung steht dabei ursprünglich vermutlich eine ätiologische Sage, die eine Felsformation bei Hebron namens „Gazator" o. ä. erklärte[4] – oder sie nimmt Bezug auf ein besonders eindrucksvolles und „starkes" Stadttor von Gaza, dessen hebräischen Name „Azzah" sie von *'zz* („stark sein") ableitet.

Durch Zutun der Delila – auch sie Philisterin und Geliebte Simsons –, die ihm durch Scheren seines Haupthaares die Kraft raubt, gerät er am Ende dennoch in die Hände seiner Feinde. Die Philister blenden ihn und bringen ihn nach Gaza, wo er im Gefängnis eine Mühle drehen muss. Als sie ein

2 Simson trägt die Stadttore von Gaza fort. Fragment eines Fußbodenmosaiks aus der Synagoge von Huqoq in Galiläa (5. Jh.).

Fest zu Ehren ihres Gottes Dagon (dessen Name an das hebräische *dagan* für Getreide erinnert) feiern, lassen sie ihn holen, damit er sie durch Späße bzw. seine Unbeholfenheit belustige. Auf seine Bitte hin schenkt Gott ihm noch einmal Kraft, so dass er die beiden Säulen umstürzen kann, die den Tempel bzw. Festsaal stützen:

> Er sagte: So mag ich denn zusammen mit den Philistern sterben. Er streckte sich mit aller Kraft und das Haus stürzte über den Fürsten und allen Leuten, die darin waren, zusammen. So war die Zahl derer, die er bei seinem Tod tötete, größer als die, die er während seines Lebens getötet hatte. (Ri 16,30)

Bibelwissenschaftler vermuten, dass die Erzählung über Simsons Beziehungen zu den Frauen im Land der Philister möglicherweise die als zwiespältig empfundene Kollaboration von Danitern mit diesem fremden Volk spiegelt und zugleich eine Warnung vor Mischehen enthält.[5]

Auch in der Folgezeit war Gaza praktisch nie israelitisch; dass der Herrschaftsbereich Salomos vom Eufrat bis Gaza reichte (vgl. 1 Kön 5,4), ist wohl Fiktion. In Wirklichkeit mussten die Israeliten unter König Hiskija nach dem Feldzug Sanheribs im Jahr 701 vC. sogar eigene Gebiete an „Silbel, den König von Gaza“ abtreten. Die Hoffnung, dass König Joschija auch das Philistergebiet in sein Königreich einbeziehen könnte, erlosch mit dessen Tod in einer Schlacht gegen den Pharao im Jahr 609 vC. Vorausgegangen waren Überfälle der Philister auf judäische Dörfer und die Hoffnung auf göttliche Rache:

> So spricht der HERR: Wegen der drei Verbrechen von Gaza / und wegen der vier nehme ich es nicht zurück: Weil sie ganze Gebiete entvölkerten, / um die Verschleppten an Edom auszuliefern, darum schicke ich Feuer in Gazas Mauern; / es frisst seine Paläste. (Am 1,6f)

Als Hauptort der „Erzfeinde“, mit denen man lange um den Besitz von Kanaan konkurrierte, taucht Gaza häufiger auch in Drohprophetien der Bibel auf (u. a. Sach 9,5). Im Buch Zefanja (aus der Zeit des Joschija) führt Gaza die Liste der Feinde sogar an (vgl. Zef 2,4), und im Buch Jeremia wird Gaza angekündigt, dass es „kahlgeschoren“ wird (vgl. Jer 47,5). Ob damit auf den geschorenen Simson angespielt wird?

Gaza kam nacheinander unter assyrische, babylonische und persische Kontrolle – als Endpunkt der Weihrauchstraße, die von Arabien aus ans Mittelmeer führte, war es auch wirtschaftlich von großer Bedeutung. Denn Weihrauch gab es nur auf der Arabischen Halbinsel, und sein Weg in den Mittelmeerraum führte über Gaza. *Aromatophora*, „Duftbringende", nannte Plutarch die Stadt deshalb später. Auch wegen dieser Bedeutung leistete eine persische Garnison zusammen mit arabischen Söldnern heftigen Widerstand, als Alexander der Große die Stadt auf seinem Zug Richtung Ägypten im Jahr 332 vC. eroberte. Zur Strafe wurde auch die Bevölkerung von Gaza – eine „Stadt vieler Schlachten"[6] – getötet oder versklavt; der Anführer der Verteidiger wurde, wie einst Hektor in Troja, um die Stadt geschleift.[7]

Unter Griechen und Römern

Die sich anschließende Neubesiedlung der Stadt, u.a. durch Bevölkerung aus dem Umland, stand dann schon im Zeichen des Hellenismus: Dabei verschmolzen ältere, lokale Traditionen mit denen der griechischen Welt.

Etwa zwei Jahrhunderte später versuchten die Judäer, Gaza dann doch noch unter ihre Herrschaft zu bringen. Zunächst belagerte der Makkabäer Jonatan um 145 vC. vergeblich die Stadt, deren Einwohner – wie eigens erwähnt wird – die Stadttore verschlossen hatten. Nachdem die umliegenden Orte verbrannt und geplündert waren, bat Gaza um Frieden, blieb aber dennoch selbständig (vgl. 1 Makk 11,61f). Alexander Jannäus (gest. 76 vC.) gelang es dann kurzzeitig, Gaza seinem neuen „salomonischen Großreich" einzuverleiben. Man sah die Stadt (neben Jaffa und Aschkelon) als einen der Häfen von Jerusalem an, wie es im Aristeasbrief heißt.[8] Erneut leistete die Bewohner Gazas bei der Eroberung Widerstand – auch noch, als die feindlichen Truppen schon in die Stadt eindrangen:

> „Sie ließen sich weder durch den Mangel an Lebensmitteln noch durch die Menge der Gefallenen einschüchtern, wollten vielmehr lieber alles Ungemach erdulden ... Die (judäischen) Soldaten zerstreuten sich darauf in der Stadt und begannen zu morden. Doch auch die Gazäer bewiesen sich nicht feige, leisteten vielmehr tapferen Widerstand und töteten nicht weniger Juden, als ihrer selbst fielen. Einige verließen auch

> ihre Häuser und steckten sie in Brand, damit den Feinden keinerlei Beute zufalle. Andere wiederum töteten mit eigener Hand ihre Frauen und Kinder, weil sie dieselben nicht in die Knechtschaft des Feindes geraten lassen wollten.“

So schreibt der jüdische Historiker Josephus Flavius in seinen „Altertümern“[9] – eine ähnliche Geschichte erzählt er später über die jüdischen Verteidiger der Felsenfestung Masada gegen die Römer.

Nach einigen wenigen Jahren unter hasmonäischer Herrschaft und der römischen Inbesitznahme des Nahen Ostens durch Pompeius im Jahr 63 vC. wurde Gaza der römischen Provinz Syrien zugeschlagen. Unter dem Statthalter Gabinius erfolgte der Wiederaufbau der zerstörten Stadt. Das Jahr 61 v.Chr. war deshalb der Beginn einer eigenen Jahreszählung des „Kalenders von Gaza“.[10] Marcus Antonius verschenkte Gaza an Kleopatra, Augustus an Herodes, doch dies blieben kurze Episoden. Nach dem Tod des Herodes fiel es mit den anderen „Griechenstädten“ Gadara und Hippos wieder an die Provinz Syrien.[11]

Marnas, der Gott von Gaza

Die religiöse Situation Gazas in der römischen Zeit und damit auch in den ersten Jahrhunderten christlicher Zeitrechnung beschreibt die sogenannte „Vita des Porphyrius“ wie folgt:

> „Es gab in der Stadt acht öffentliche Götzentempel: den des Helios, den der Aphrodite, den des Apollo, den der Kore, den der Hekate, den Heroeion genannten, den der Tyche der Stadt, den man Tychaion nennt, und das Marneion, das man für den berühmtesten Tempel der ganzen Welt hält.“[12]

3 Zeus-Marnas, Archäologisches Museum Istanbul.

Tatsächlich war der Kult des Gottes Marnas der wichtigste in der Stadt: Der semitische Name bedeutet „Unser Herr“ (vgl. das aramäische „Marana tha“ – „Unser Herr, komm!“ in Offb 22,20), und ist damit etwa gleichbedeutend mit dem hebräischen „Baal“.[13] Bei der Integration in das hellenistisch-römische Pantheon wurde dieser einheimische Herr des Regens und der Fruchtbarkeit auch als „kretischer Zeus“ bezeichnet bzw. angesehen. Noch Stephanus von Byzanz schreibt um 520:

> „Gewisse Mythenerzähler sagen nämlich, (Gaza) sei von Zeus gegründet worden, und er habe dort seinen eigenen Schatz (gaza) gelassen ... Von daher sei auch das Heiligtum des kretischen Zeus bei ihnen, den sie heute noch Marnas nennen, womit ‚der auf Kreta Geborene‘ übersetzt wird. Die Mädchen bezeichnen die Kreter nämlich so mit dem Wort ‚marnan‘.“[14]

Möglicherweise steht dahinter auch eine Erinnerung daran, dass Marnas' Kult mit den Philistern oder den sogenannten „Seevölkern“ übers Meer nach Gaza gekommen ist.[15]

Das „Marneion“, das beim Prozess der Christianisierung eine wichtige Rolle spielen sollte (s. u.), wurde möglicherweise zu Zeiten von Kaiser Hadrian (117–138 nC.) errichtet: Es handelte sich den Quellen zufolge (wie bei Hadrians Pantheon in Rom) um einen Rundbau:

4 Der Marnas-Tempel auf einer Münze Kaiser Hadrians. Sie zeigt möglicherweise nur die Vorhalle des Tempels.

> „Er war rund, war umgeben von zwei konzentrischen Säulenhallen, und seine Mitte bestand aus einer gewölbten, in die Höhe gezogenen Kuppel.“[16]

Tatsächlich blieb der Besuch Hadrians in Gaza während des 2. Jüdischen Krieges lange in Erinnerung: Noch im 7. Jh. fand dort alljährlich eine Festlichkeit zum Gedanken an dieses Ereignis statt – obwohl die Stadt da längst mehrheitlich christlich geworden und das Marneion durch eine Kirche ersetzt worden war![17]

2. „Durch mannigfache Bekenntniskämpfe ausgezeichnet“

Die Anfänge des Christentums in Gaza

Im Neuen Testament wird Gaza nur im Zusammenhang mit der Taufe eines äthiopischen Hofbeamten durch den Diakon Philippus erwähnt, die an „der Straße, die von Jerusalem nach Gaza hinabführt“, stattfand (vgl. Apg 8,26–40). Doch die später gezeigte Taufstelle lag weit weg von Gaza, und die Reise des Kämmerers der Kandake führte weiter nach Äthiopien. Den Philippus sah man dagegen nach der Taufe des Proselyten in Aschdod wieder (vgl. Apg 8,40). Und dass Philemon, der Adressat eines Paulus-Briefes, der erste Bischof von Gaza war, ist nur eine Legende.[18]

Ob der erste lateinischsprachige christliche Dichter Commodianus, der Mitte des 3. Jh. lebte und von dem zwei Schriften erhalten sind, die sich gegen das Heidentum wenden und eine christliche Lebensführung anmahnen, tatsächlich aus Gaza stammt, wie sein Beiname „Gazaeus“ andeutet, ist unsicher.[19]

Eusebius und die Märtyrer Palästinas

Die ersten gesicherten Nachrichten über Christen in der Region Gaza stammen deshalb von Eusebius, seit etwa 313 Bischof von Cäsarea am Meer (Caesarea Maritima). Er berichtet in seiner Schrift „Über die Märtyrer Palästinas“, die er kurz nach dem Ende der Verfolgungen geschrieben hat, von mehreren Martyrien in Gaza und von Christen aus Gaza. In der großen Verfolgung unter Kaiser Diokletian wurde im Jahr 304 ein gewisser Timotheus hingerichtet:

> „In der Zeit, da Urbanus Statthalter der Provinz [Syrien] war, erging nämlich zum ersten Male ein Schreiben der Kaiser, das den allgemein verpflichtenden Befehl enthielt: Allenthalben haben alle Einwohner den Götterbildern Opfer und Trankspenden zu entrichten. Damals legte Timotheus in Gaza, einer Stadt in Palästina, durch seine Ausdauer in allen Leiden eine glänzende Probe von der Echtheit seines Glaubens an Gott ab und erlangte die Krone der Sieger in den heiligen Kämpfen für die Religion: Nach zahllosen Folterqualen, die er erdulden musste, wurde er einem kleinen und langsam brennenden Feuer übergeben.“[20]

Das Grab des Timotheus wurde in der Folgezeit mit einer Kirche überbaut, in der auch die Blutzeugen Thea und Maior bestattet waren.[21] Es wurde – wie andere Märtyrergräber – von Einheimischen regelmäßig besucht, und auch Pilger kamen zu diesen Orten, weil sie ihnen Zeugnis gaben von der Kraft und dem Mut, die der Glauben schenkt.

Im Jahr nach dem Tod des Timotheus (305) suchten sechs junge Leute in Cäsarea von sich aus das Martyrium: Sie begaben sich freiwillig mit gebundenen Händen zu Urbanus und bekannten sich als Christen – darunter ein Alexander aus Gaza. Unverzüglich wurden sie hingerichtet.[22]

Im Jahr 308 wurden dann Männer und Frauen allein wegen der Lektüre christlicher Schriften grausam gefoltert. Eine namenlose Frau wird dabei besonders hervorgehoben:

5 Das Hippodrom in Cäsarea, wo im Rahmen der lokalen Christenverfolgung mehrere Martyrien stattfanden (im Bereich des Gerüstes – am rechten Bildrand – wurde später eine Kapelle zu Ehren der Blutzeugen errichtet).

> „... einige, die in der Stadt Gaza bei der Lektüre der Heiligen Schriften betroffen worden waren, (hatten) teils die gleichen Verstümmelungen an Füßen und Augen zu leiden wie die Erstgenannten, teils sogar noch größere, indem ihnen in der schrecklichsten Weise durch Folterwerkzeuge die Seiten aufgerissen wurden. Eine von ihnen, dem Leibe nach ein Weib, dem Mute nach ein Mann, vermochte die Drohung der Entehrung nicht zu ertragen und ließ eine harte Bemerkung gegen den Tyrannen [d. h. den Kaiser] fallen, dass er das Amt in die Hände von solch rohen Richtern gelegt: Sie wurde zuerst gepeitscht, dann auf das Folterholz gehoben und an den Seiten zerfleischt."[23]

Viele Christen wurden in diesen Jahren auch zur Sklavenarbeit in Bergwerken und Steinbrüchen verurteilt – eine durchaus übliche Strafe für „Schwerverbrecher".[24] In der Regel starben sie dort. In Palästina waren die Erzbergwerke von Phaeno (im südlichen Ostjordanland) die bedeutendste Strafkolonie. Dort gab es im Jahr 309/310, als unter Kaiser Maximinus Daia eine neue Verfolgungswelle einsetzte, eine größere Gruppe von Christen. Eusebius schreibt:

> „Die Bekenner, die in nicht geringer Anzahl in den Erzbergwerken Palästinas vereinigt waren, genossen (zeitweise) sogar große Freiheit, so dass sie Häuser in Kirchen umbauten. Als aber der Statthalter der Provinz, ein grausamer und schlechter Mensch, wie es sein Vorgehen gegen die Märtyrer erwies, dorthin kam, und damit Kenntnis von der Lebensweise der dort Angesiedelten erhielt, stattete er in einem Schreiben dem Kaiser davon Bericht ab ... Darauf erschien der Vorstand der Bergwerke, nahm auf kaiserlichen Befehl eine Teilung unter den Bekennern vor ... (Einige) Bekenner erhielten dort einen eigenen Wohnort für sich, nämlich alle, die wegen ihres hohen Alters oder wegen erlittener Verstümmelungen oder anderer körperlicher Gebrechen von dem Arbeitsdienst befreit waren. Ihr Haupt war der Bischof Silvanus, der aus Gaza gekommen war, ein Mann voll Frömmigkeit und wahrhaft ein Muster von Christentum. Er hatte vom ersten Tage der Verfolgung an und während der ganzen Zeit derselben durch mannigfache Bekenntniskämpfe sich ausgezeichnet und war sozusagen bis zu dieser Zeit aufbewahrt worden, um zuletzt dem ganzen Kampfe in Palästina das Siegel aufzudrücken ... Die erwähnten Männer, die an dem ihnen eigens angewiesenen Orte weilten und in gewohnter Weise dem Fasten und Beten und den anderen Bußübungen oblagen, würdigte Gott, ja Gott selbst einer seligen Vollendung. So wurden denn neununddreißig an einem Tage auf Befehl des ganz verruchten Maximinus enthauptet."[25]

6 Kamel, das Amphoren transportiert. Mosaik aus der Kirche von Kissufim in der Nähe des heutigen Gazastreifens, 6. Jh., heute im Israel-Museum.

In seiner Kirchengeschichte nennt Eusebius den erwähnten Silvanus übrigens „Bischof der Kirchen um Gaza“.[26] Das deutet wohl an, dass er nicht in der Stadt selbst ansässig war – tatsächlich war die Stadt noch länger pagan geprägt und Christen gegenüber feindlich eingestellt.

Maiuma wird christlich

Es war Gazas Hafenstadt Maiuma, die zuerst christianisiert wurde: Eusebius erwähnt in seinem Werk über das „Leben Konstantins“, dass sich diese Stadt noch zu Lebzeiten des Kaisers in irgendeiner Form zum Christentum bekannte.[27] Diese „Bekehrung“ von Maiuma wird wenig später auch vom Kirchenhistoriker Sozomenus bestätigt:

> „Damals wandte sich der Hafenort der Stadt Gaza namens Maiuma, der überaus abergläubisch war und bis dahin dem alten Glauben anhing, mit einem Male vollzählig dem Christentum zu. Als Dank für ihre Gottesfurcht zeichnete sie der Kaiser mit höchsten Ehrungen aus, erklärte den Ort zur Stadt, was er vorher nicht gewesen war, verlieh ihm den Beinamen Constantia, wodurch er ihn wegen seiner Religion mit dem Namen des höchstrangigen seiner Söhne ehrte.“[28]

Möglicherweise hat der Charakter Maiumas als Hafenstadt mit vielfältigen Kontakten nach Ägypten – u. a. waren dort zahlreiche ägyptische Weinhändler ansässig[29] – dazu beigetragen, dass das Christentum dort zuerst angenommen wurde: Ganz ähnlich wie in anderen am Meer gelegenen Hafenstädten war man dort vermutlich offen für vieles, was die Händler mitbrachten.

Übrigens war Wein aus Gaza und seinem Hinterland, genannt *vinum gazetum*, ein begehrtes Exportgut, das bis nach Italien, Spanien und Germanien geliefert wurde. „Gaza-Amphoren" waren im ganzen Mittelmeerraum verbreitet. Bischof Gregor von Tours empfahl den Gaza-Wein noch im 6. Jh. für den Gebrauch in der Eucharistiefeier.[30] Vielleicht gab es nicht zuletzt wegen dieser Beziehungen auch in der Hafenstadt Ostia bei Rom einen Marnas-Tempel.[31]

3. „Christus hat Marnas besiegt“

Die Christianisierung Gazas

Beim Konzil von Nizäa (325) war laut der Unterschriften unter den Beschlüssen ein gewisser Asclepas / Asclepius vertreten, der nun als „Bischof von Gaza“ bezeichnet wird. Von ihm heißt es später, dass er die „alte Kirche“ von Gaza gebaut habe.[32] Bald darauf erreichten die arianischen Streitigkeiten auch Gaza und seinen Bischof: *„Dieser (Asclepas) war als Feind der Arianer von Andersgläubigen wegen Zerstörung eines Altars verklagt und abgesetzt worden; an seiner Stelle wurde Quintianus mit der Leitung der Kirche von Gaza betraut.“*

Doch dieser Beschluss der Synode von Antiochien 341 wurde auf der Synode von Serdica 343 widerrufen. An die Bistümer wurden Briefe geschrieben, man solle die abgesetzten Hirten wieder als Bischöfe ansehen, dagegen Quintianus und andere Usurpatoren *„weder als Bischöfe bezeichnen noch irgendeine Gemeinschaft mit ihnen haben, ja sie noch nicht einmal für Christen erachten“*.[33] So berichtet der bereits erwähnte Sozomenus in seiner Kirchengeschichte.

Der Mönchsvater Hilarion von Gaza

Sozomenus stammte selbst aus Bethelea bei Gaza (heute Beit Lahia[34]) und lebte um 400 bis 450. Er überliefert auch, dass sein Großvater – zusammen mit dem Oberhaupt einer anderen Familie – durch eine Begegnung mit dem Mönch Hilarion (291–371) bekehrt worden sei. Der habe ihnen mit Leichtigkeit unklare Stellen in der Heiligen Schrift erklärt. Die Mitglieder der anderen Familie hätten die ersten Kirchen in Bethelea errichtet und diese *„mit gediegener Pracht und Hilfsbereitschaft für Fremde und Bedürftige“* ausgestattet – vielleicht gehörte also zur Kirche auch ein Hospiz.[35]

Tatsächlich dürfte Hilarion bei der Etablierung des Christentums in der Region eine wichtige Rolle gespielt haben. Seine Vita wurde um

7 Hilarion von Gaza. Ikone in der Porphyrius-Kirche Gaza.

390 von Hieronymus verfasst,[36] der selbst durch die Lektüre der Vita des Mönchsvaters Antonius in Trier zu einem entschieden christlichen Leben bekehrt worden war[37]. Ihm zufolge wurde Hilarion in Thabata, etwas südlich von Gaza, in einer nicht-christlichen Familie geboren und ging zum Studium nach Alexandria, wo er von den Nachrichten über das Leben des Antonius so beeindruckt war, dass er sich taufen ließ und 306 kurzzeitig dessen Schüler in der Wüste wurde. Nach einigen Monaten dort kehrte er mit 15 Jahren in seine Heimat zurück und lebte ab dann südwestlich von Gaza („am siebten Meilenstein von Maiuma“[38], beim heutigen Deir al-Balah) als Einsiedler. Gut 20 Jahre später (um 330) schlossen sich ihm Brüder an, und es entstand die erste monastische Niederlassung im Heiligen Land:

> „Denn es gab dazumal noch keine Mönchsniederlassungen in Palästina, niemand hatte in Syrien einen Mönch gekannt. Er war der Begründer und Förderer der aszetischen Lebensweise in dieser Provinz. In Ägypten hatte unser Herr Jesus den greisen Antonius, in Palästina den an Jahren jüngeren Hilarion.“[39]

Im Lauf der Zeit entstanden in der Umgebung weitere Klöster, und Hieronymus berichtet, dass Hilarion eine Art Oberaufsicht über sie hatte und diese regelmäßig visitierte. Dabei erwähnt er auch, dass die Mönche weiterhin Weinbau betrieben.[40]

Hieronymus, der gewohnt selbstbewusst meint, dass ihn um den Stoff für seine Vita sogar Homer beneiden würde, wenn der ihm denn gewachsen wäre (!)[41], stilisiert Hilarion als zweiten Antonius[42]: Wie dieser war er zahlreichen Versuchungen ausgesetzt und bekämpfte zahllose Dämonen. (Es scheint auch, dass die bildliche Darstellung der Versuchung des Mönchsvaters Antonius in der westlichen Kunst ab dem Mittelalter von der Beschreibung der dämonischen Mächte in der Vita des Hilarion beeinflusst ist – (nur) dort werden unbekleidete Frauen und wilde Tiere wie ein heulender Wolf, ein bellender Fuchs etc. erwähnt.[43])

Hieronymus schildert die Hütte, in der Hilarion hauste, genauso wie die spärliche Kost in den verschiedenen Phasen seines Lebens, die zugleich ein idealisiertes Bild vom mönchischen Leben darstellen. (Deshalb hielten manche Forscher die Gestalt des Hilarion – ähnlich wie die des von ihm porträtierten Paulus von Theben – sogar für legendär.[44])

Zahlreiche Wunder und Heilungen durch Hilarion – sogar ein gewaltiges baktrisches Kamel wurde zu ihm gebracht[45], und der von einem Dämon besessene Quästor des Kaisers Constantius reiste aus dem fernen Germanien an[46] – sorgten laut Hieronymus dafür, dass sich viele Heiden bekehrten. Deutliches Lokalkolorit trägt der Bericht von einem Wagenrennen zwischen den Pferden eines Christen (mit italischem Bürgerrecht) und denen eines Marnas-Verehrers in Maiuma. Der eine hat einen Zauberer an der Seite, der andere bekommt auf seine Bitte hin Hilarions Trinkbecher voll Wasser, mit dem er Pferde, Wagen und Rennbahn besprengt.

> „Das Zeichen wird gegeben; die einen stürmen vorwärts, die anderen bleiben zurück. Am Wagen der einen Partei waren Räder glühend vor Hitze, die anderen sehen kaum noch den Rücken der eben Vorbeistürmenden ... Selbst die Heiden müssen, wenn auch schimpfend, zugeben: ‚Marnas wurde von Christus besiegt.‘ ... Der Sieg war unbestritten und wurde auch für sehr viele Rennfahrer Veranlassung, den Glauben anzunehmen.“[47]

Im Alter von etwa 65 Jahren soll Hilarion dann – auf der Suche nach Einsamkeit und auf der Flucht vor zu viel Ehre – das Land verlassen und zunächst nach Ägypten gezogen sein. Während der Herrschaft Kaiser Julians (361–363) zerstörten die städtischen Behörden von Gaza – Hieronymus zufolge – das Kloster des Hilarion und fahndeten sogar nach ihm.[48] Doch auch nach Julians Tod, als man Hilarion zur Rückkehr aufforderte, habe er es vorgezogen weiterzuwandern und sei zunächst nach Sizilien[49], dann nach Dalmatien und schließlich nach Zypern gegangen. Dort starb er, aber zehn Jahre später (381) wurden seine Gebeine in die Region Gaza zurückgebracht, wo sie in dem nun nach ihm benannten Kloster Ziel zahlreicher Wallfahrten wurden.[50]

Sozomenus übernimmt später eine Zusammenfassung dieser Vita in seine Kirchengeschichte und fügt – aus eigener Kenntnis seiner näheren Heimat – hinzu:

> „Seit dieser Zeit feiern die Einheimischen dort ein alljährliches, prächtiges Volksfest. Denn so ist es bei den Bewohnern Palästinas Sitte, ihre hervorragenden Männer zu ehren, wie zum Beispiel auch Aurelius von Anthedon, Alexion von Bethagathon und Alaphion von Asalea, die zur gleichen Zeit unter der gegenwärtigen Kaiserherrschaft fromm und tapfer ihre Philosophie lebten und durch ihre Leistungen in den dortigen, durchaus hellenischen Städten und Dörfern die wahre Religion zum Wachsen brachten."[51]

8 Krypta der Kirche des Hilarion-Klosters.

Frühes Mönchtum in Gaza und Umgebung

In der Zwischenzeit war die monastische – Sozomenus sagt: philosophische – Lebensweise geradezu Mode geworden. Er berichtet z. B. auch über ein Kloster bei Bethelea von Schülern des Hilarion namens Salamines, Fuscon, Malachion und Crispion.

> „Sie betrieben ihr philosophisches Leben bei dem Dorf Bethelea im Bezirk Gaza, aus dessen angesehenen Kreisen sie stammten ... Auch Ammonius, etwa zehn Stadien von ihnen entfernt, wohnte in einem zu Gaza gehörenden Dorf Chapharchonbra, wo er geboren war, ein Mann der strengsten und mannhaften Askese. - Silvanus, von dem es heißt, man habe einmal gesehen, wie ihm wegen seiner besonderen Tugendhaftigkeit von Engeln gedient wurde, philosophierte, obwohl Palästiner, damals wohl noch in Ägypten; später begründete er, nach kurzem Aufenthalt auf dem Berg Sinai, in Gerara im Wadi (Gaza) eine riesige und hochangesehene Wohngemeinschaft zahlreicher Männer.“[52]

Silvanus († vor 414) war dabei die wichtigste Gestalt – einige Aussprüche und Anekdoten wurden auch in die sogenannten Apophthegmata Patrum, die „Worte der Wüstenväter“, aufgenommen – darunter die folgende Erzählung, die einen Eindruck von der Spiritualität dieser weisen „Seelenführer“ gibt:

> „Einmal kam ein Bruder zum Abbas Silvanus. Als er die Brüder arbeiten sah, sagte er zum Greis: ‚Arbeitet doch nicht um die vergängliche Nahrung. Maria hat den guten Teil erwählt‘ (Lk 10,24). Da sprach der Greis zu seinem Schüler: ‚Zacharias, bring dem Bruder ein Buch und schließe ihn in die Zelle ein, wo er weiter nichts hat. Als es nun die neunte Stunde war, schaute jener Bruder auf die Türe, ob sie jemanden schicken würden, der ihn zum Essen riefe. Als ihn niemand abholte, stand er auf, kam zum Greis und fragte ihn: ‚Haben die Brüder heute nichts gegessen?‘ Der Greis antwortet: ‚Doch!‘ Er sagte weiter: ‚Warum hab ihr mich dann nicht geholt?‘ Der Greis entgegnete: ‚Nachdem du ein geistiger Mensch bist, brauchst du diese Nahrung nicht. Wir fleischliche Menschen müssen essen, und darum arbeiten wir. Du aber hast den guten Teil erwählt, indem du den ganzen Tag liest und keine fleischliche Speise essen willst.‘ Wie der Bruder das hörte, fiel er ihm zu Füßen und sagte: ‚Verzeih mir, Vater.‘ Und der Greis belehrte ihn: ‚Durchaus braucht Maria die Marta, denn wegen der Marta wird auch die Maria gerühmt.‘“[53]

Eine weitere bedeutende Gestalt war Silvanus' Schüler Zenon der Prophet († 451) – auch er ist in den Apophthegmata mit mehreren Aussprüchen vertreten.[54] Er lebte zunächst in einem Kloster südlich von Gaza, zeitweise aber auch als „Wandermönch" – so beschreibt es jedenfalls sein Biograph Johannes Rufus.[55]

Sozomenus berichtet auch von den „Philosophen" Zenon und Aias, die nicht im Kloster, sondern „in der Welt", in Gazas Hafenstadt Maiuma lebten, wo sie wegen ihres Glaubens häufiger gefoltert wurden. Aias habe eine bildschöne Frau gehabt, drei Kinder gezeugt, später aber wie ein Mönch gelebt. Zenon sei Bischof der Stadt geworden und habe noch im Alter von etwa 100 Jahren kein Morgen- und Abendgebet versäumt und für seinen Lebensunterhalt als Leinenweber selbst gesorgt. Sozomenus schließt:

> „Dies habe ich als Beschreibung für die damals amtierenden Priester angeführt ... Die meisten waren vorbildlich."[56]

Gaza und die Geschichte des Bischofs Porphyrius

Die Stadt Gaza selbst blieb lange dem alten Glauben verbunden. Hieronymus erwähnt die Stadt im Zusammenhang seiner Pilgerreise mit der Römerin Paula im Jahr 386 und übersetzt den Namen mit „Stärke und Reichtum Gottes" – auch er leitet „Gaza" vom hebräischen *'zz* („stark sein") ab.[57] Er behandelt den Ort außerdem in seiner Übersetzung von Eusebius' „Lexikon der biblischen Ortsnamen":

> „Gaza. Stadt der Hiwiter, in der Kappadozier wohnen (vgl. Dtn 2,23)[58] ... Bei den Alten war es die Grenze der Kanaanäer nach Ägypten (vgl. Gen 10,19). Es fiel zum Los des Stammes Juda, der es aber nicht einnehmen konnte, weil die Anakiter, das heißt die Riesen, die Stärksten der Fremdvölker, Widerstand leisteten (vgl. Jos 11,22). Es ist bis heute eine bedeutende Stadt von Palästina."

Hieronymus ergänzt dabei den Text des Eusebius um folgende Bemerkung:

> „Man kann aber fragen, warum der Prophet gesagt hat: ‚Gaza, zukünftig ein ewiger Grabhügel‘ (vgl. Jer 47,5). Das löst sich so auf: Der Ort der alten Stadt zeigt kaum noch Spuren von Grundmauern. Diese aber, die sich nun an einem anderen Ort findet, ist statt derjenigen, die verfallen ist, erbaut worden.“ [59]

Möglicherweise hielt man die Ruinen von Tell al-Ajjul (wahrscheinlich in Wirklichkeit diejenigen von Scharuhen, der letzten Hauptstadt der Hyksos[60]), ca. 6 km südwestlich des heutigen Gaza gelegen, für ein „altes Gaza“.[61] Das biblische Gaza lag tatsächlich wohl immer an Stelle der heutigen Altstadt.[62]

Zur Zeit Kaiser Julians (361–363), der erneut die alten Kulte förderte, wurde die damalige Kirche von Gaza durch Brandstiftung zerstört[63], und es kam zu Pogromen gegen Christen: Sozomenus schildert ausführlich, wie drei Brüder aus dem Gefängnis geholt, durch die Straßen geschleift und auf brutale Weise umgebracht wurden. Die Gebeine wurden jedoch gerettet und später von Bischof Zenon in einem Gebetshaus vor der Stadt beigesetzt.[64] Maiuma wurde damals wieder Gaza zugeschlagen:

> „Seitdem heißt es, des früheren Namens beraubt, ‚Küstenortsteil der Stadt Gaza‘. Sie haben gemeinsame politische Beamte und Strategen und öffentliche Einrichtungen. Nur die kirchliche Organisation deutet heute auf zwei Städte: Beide haben einen eigenen Bischof und Klerus, eigene Märtyrerfeste und Gedenktage ihrer früheren Bischöfe sowie eigene Grenzen der umliegenden Gemarkungen, nach denen sich die den beiden Bistümern zustehenden Altargaben bemessen.“[65]

Bischof war in diesen Jahren ein gewisser Irenion, der 363 auch an der Synode von Antiochien teilnahm.[66] Auf ihn geht angeblich der Bau der „Irenen-Kirche“ zurück, die entweder wegen ihres Erbauers so genannt wurde oder weil sie bewusst an einem Platz errichtet wurde, der verehrt wurde, nachdem dort zu Zeiten Alexanders des Großen der Krieg aufgehört habe und Frieden (griech.: irene) eingekehrt sei.[67]

Der eigentliche „Sieg“ des Christentums in Gaza ist v.a. verbunden mit der Gestalt des heiligen Bischofs Porphyrius. Dessen Vita wurde von einem Diakon Marcus geschrieben, der große Teile in Form eines „Wir-Berichts“ verfasst hat und so als Gefährte des Heiligen erscheint.[68] Er schreibt:

9 Heilung des Porphyrius am Golgota-Hügel. Wandmalerei in der Porphyrius-Kirche Gaza.

> „Gaza ist eine Stadt in Palästina, die im Grenzgebiet zu Ägypten liegt; sie ist keineswegs unbedeutend, sondern volkreich und angesehen unter den Städten; zu jener Zeit stand der Götzenwahn unter den Menschen dort in voller Blüte. In dieser Stadt übernahm das Bischofsamt der von uns gerühmte Porphyrius …“[69]

Porphyrius stammte, Marcus zufolge, aus Thessalonike, lebte dann einige Zeit in der sketischen Wüste Ägyptens, dann am Jordan, bevor er sich aus gesundheitlichen Gründen – er litt unter Leberzirrhose – nach Jerusalem begab. Unter starken Schmerzen hatte er dort am Fuß von Golgota in der Grabeskirche eine Vision: Jesus lässt den guten Schächer vom Kreuz herabsteigen, und der führt Porphyrius zum Erlöser. Dieser übergibt ihm ein Kreuz, und die Schmerzen verschwinden.

Porphyrius blieb zunächst weiter in Jerusalem und lebte – wie Paulus – von seiner Hände Arbeit (als Schuster). Schließlich weihte ihn Praylius, der Bischof von Jerusalem, zum Priester und ernannte ihn zum „Staurophylax“, zum Bewacher des Heiligen Kreuzes.[70]

Als dann der Bischof von Gaza starb und man keinen neuen fand, wandten sich die Gazäer an den Metropoliten. Ein Bischof Johannes von Cäsarea ist sonst nicht bezeugt (s. u. S. 37).[71] Der bat daraufhin Bischof Praylius, Porphyrius zu ihm zu schicken, und weihte diesen im Jahr 395 – gegen dessen Willen – zum Bischof von Gaza. Schon der Weg dorthin war dann mit Hindernissen gepflastert – er wurde angeblich durch Barrikaden aus Kot, angezündetem Müll und Dornen erschwert. Aber auch in Gaza selbst erwarteten ihn zahlreiche Widerstände. Dort wohnte Porphyrius in dem Bischofshaus, das Irenion zusammen mit der genannten Kirche gebaut hatte.[72]

Als es in einem Jahr bis Ende Dezember nicht regnete, hofften die Bewohner auf ihren Gott, der wie Baal und Zeus auch über die Fruchtbarkeit gebietet: „Sie sagten nämlich, Marnas sei der Herr des Regens, und sie halten Marnas für Zeus.“ Alle Gebete und Opfer, auch an einem Ort außerhalb der Stadt, der „Ort der Bitten“ genannt wurde, halfen jedoch nicht. Die Gebete der kleinen Christengemeinde, 280 an der Zahl, brachten jedoch den erhofften Regen.[73] Während hier Porphyrius wie ein neuer Elija erscheint, der einst am Karmel die Baalspriester im Streit um Regen besiegte, werden einem jungen Christen zeitweise übernatürliche Kräfte verliehen, die ihn zu einem „neuen Simson“ machen und mit denen er die Christen verteidigt.[74]

Denn die Stimmung gegenüber Porphyrius und den Christen blieb feindlich. Der Bischof hatte viel von den Heiden zu erleiden, und die Tempel waren weiter geöffnet. Die Reise einer ersten Delegation zum Kaiser mit der Bitte, für die schon von seinem Vorgänger Theodosius angeordnete Schließung der Tempel zu sorgen[75], hatte nur teilweise Erfolg: Der Marnas-Tempel blieb trotz des erneuten kaiserlichen Befehls unzerstört.[76] Erst eine weitere Reise zum Kaiserhof nach Konstantinopel im Jahr 400, die Porphyrius selbst zusammen mit Johannes, dem Bischof von Cäsarea unternahm, brachte das gewünschte Ergebnis: Durch Vermittlung des Patriarchen Johannes Chrysostomus erlangten die beiden Zugang zur Kaiserin Aelia Eudoxia († 404).[77] Während Kaiser Arcadius (395–408) wegen der pünktlichen und reichlichen Steuerzahlungen aus Gaza zögerte, sorgte sie durch eine Art Intrige dafür, dass schließlich doch der Befehl zur Zerstörung des Marnas-Heiligtums gegeben wurde: Wie heimlich abgesprochen, „übergaben“ Porphyrius und Johannes von Cäsarea dem gerade geborenen Thronfolger (Theodosius II.) bei der Tauffeier eine entsprechende Bittschrift, und der Träger des Säuglings nickte mit dessen Kopf, so dass dies als erster Befehl des Knaben erschien.[78]

Schon bei der Rückkehr der Delegation nach Gaza fiel eine Aphrodite-Statue, die auf einem Altar am „Tetramphodon“ („Vierweg“; sonst auch: Tetrapylon), einer zentralen Straßenkreuzung der Stadt, stand, in sich zusammen. Diese Episode könnte auch die Darstellung im sogenannten Arabischen Kindheitsevangelium aus dem 6. Jh. beeinflusst

10 Porphyrius (und Johannes von Cäsarea) vor dem Kaiser und dem neugeborenen Thronfolger. Wandmalerei in der Porphyrius-Kirche Gaza.

haben, das ein ähnliches Ereignis schon mit Jesus selbst in Verbindung bringt: Bei der Flucht nach Ägypten kommt die Heilige Familie, *„als sie schon ein kleines Stück Weges gegangen“*, in eine große Stadt, wo ein bedeutendes Götzenbild steht. Als alles zu schwanken und zu beben beginnt, befragt man das Bild, das antwortet: *„Hierher ist ein verborgener Gott gekommen, der wirklich Gott ist“* – und stürzt zusammen.[79]

Ein vom Kaiser beauftragter Beamter, der *Clarissimus* Cynegius, kam dann wenig später mit dem *Dux* (dem militärischen Befehlshaber der Region) und einer Menge von Militär- und Zivilpersonal nach Gaza und befehligte im Jahr 402 die Zerstörung des Marneion. Dabei kam es jedoch zu einer Diskussion, ob eventuell auch eine Umwandlung in ein christliches Gotteshaus möglich sei:

> „Die einen sagten, man solle es niederreißen, die anderen, man solle es niederbrennen, wieder andere, man solle den Ort reinigen und für eine Kirche Gottes heiligen.“

Nach einer Bedenkpause, in der man unter Fasten und Beten eine Offenbarung Gottes erwartete, folgte man schließlich dem Spruch eines siebenjährigen Kindes, das während der Abendmesse ausrief – und zwar zunächst auf „Syrisch“, d.h. der aramäischen Volkssprache, und dann auch noch einmal auf Griechisch:

> „Verbrennt den inneren Tempel bis zum Boden, denn viel Schreckliches ist darin geschehen ... Den äußeren Tempelbereich lasst stehen. Reinigt den Platz, wenn ihr den Tempel verbrannt habt, und baut dort eine heilige Kirche. Ich beschwöre euch vor dem Angesicht Gottes, anders soll es nicht geschehen, denn nicht ich bin es, der spricht, sondern es ist Christus, der in mir spricht (vgl. 2 Kor 13,3).[80]

An der Stelle des Rundtempels wurde daraufhin durch den Architekten Rufinus aus Antiochien bis 407 eine Kirche errichtet – und zwar auf einem von der Kaiserin vorgeschlagenen kreuzförmigen Grundriss und nicht (wie einige anregten) „in der Form des verbrannten Tempels“[81]. Die riesigen Steine wurden entweder aus einem (Kurkar-)Steinbruch im Osten der Stadt herbeigeschafft oder es waren wiederverwendete Spolien des Tempels.[82] Die von der Kaiserin gestifteten 32 Säulen aus karystischem (grünem) Marmor wurden von der Insel Euböa per Schiff angeliefert. Nur die Umfriedung, d.h. vermutlich eine Umfassungsmauer oder umlaufende Säulenhallen, blieb erhalten – ähnlich wie man beim Haupttempel von Damaskus verfuhr, als man in den zuvor paganen heiligen Bezirk die Kathedrale des hl. Johannes hineinbaute, die Umfassungsmauer aber stehen ließ. Da die Steine des alten Tempels bewusst zur Pflasterung des Platzes vor der Kirche benutzt wurden, damit „nicht nur Männer, sondern auch Frauen, Hunde, Schweine und wilde Tiere“ sie mit Füßen treten würden, mieden die Heiden, „besonders die Frauen“ diesen Bereich.

Der zu Ehren der Kaiserin „Eudoxiana“ genannte Bau war – dem Autor zufolge – die größte Kirche der damaligen Zeit. Porphyrius aber

> „... wurde von einigen Gläubigen dafür getadelt, dass er die Kirche so groß auslegte, obwohl es nur wenige Christen in der Stadt gab. Der heiligste Porphyrius hatte darauf geantwortet: ‚Euer Glaube soll nicht klein sein; denn ich bin voller Hoffnung auf unseren Herrn Jesus Christus, den Sohn Gottes, dass er seine Herde vermehrt und sein Haus vergrößert, weil es die Menge der Christen nicht fassen kann. Denn die Religion der Christen ist nicht menschlich, so dass sie nur eine Zeitlang gesehen wird und dann vergeht; sie ist vielmehr göttlich und nimmt durch stetiges Wachstum zu.‘“[83]

Dennoch kam es zu Lebzeiten des Porphyrius weiter zu Konflikten zwischen den heidnischen Autoritäten und dem Bischof. Bei einem Streit um Ländereien zwischen dem Ökonom der Kirche und dem Ratsvorsteher musste der Bischof sogar vor Plünderern, die in sein Haus eindrangen, fliehen und konnte nur über die Dächer entkommen. Auch über theologische Auseinandersetzungen berichtet Marcus: So konnte angeblich eine Manichäerin aus Antiochien namens Julia Anhänger in der Stadt gewinnen. Bei einer Disputation erwies sie sich als äußerst gebildet und zeichnete sich durch vornehmes Benehmen aus. Doch nachdem sie „über viele Stunden“ ihre Überzeugung dargelegt hatte, wurde sie von Porphyrius durch ein Gebet zum Schweigen gebracht, worauf sie „zurückkehrte in das Dunkel, das sie verehrte und das sie für Licht hielt“. Einige Jahre später starb auch Porphyrius im Alter von 73 Jahren am 26. Februar 420.[84]

11 Ikone und Reliquien des hl. Porphyrius in der nach ihm benannten Kirche in Gaza.

Nun hat die Forschung inzwischen herausgearbeitet, dass die Vita, die lange Zeit als verlässliche Quelle für die Frühgeschichte des Christentums in Gaza galt, wohl nicht aus dem 5. Jh. stammt (wie sie vorgibt) und nur relativ wenige historisch zuverlässige Informationen über Porphyrius und den Vorgang der Christianisierung enthält. So war etwa Praylius erst ab 417 Jerusalemer Bischof, das Amt des Staurophylax wurde erst später eingeführt, ein Metropolit Johannes von Cäsarea ist unbekannt, und nicht zuletzt bzgl. der Ereignisse und Personen am Kaiserhof gibt es Unstimmigkeiten. Auch Porphyrius selbst ist als Bischof von Gaza weder bei Sozomenus noch sonst irgendwo bezeugt.[85]

Historischer Kern ist allerdings auf jeden Fall die Schließung und dann Zerstörung des Marnas-Tempels zu Beginn des 5. Jh., der 391 noch in Betrieb war[86], was aus Gaza eine zumindest äußerlich christliche Stadt machte. Hieronymus schreibt um 401 in einem Brief über das Verschwinden des Heidentums:

> „Auch in der Hauptstadt (Rom) ist das Heidentum nur noch eine vereinzelte Erscheinung. Die alten Götter, denen ganze Völker huldigten, fristen ihr Dasein nur noch auf den Dachgiebeln zusammen mit Kauz und Uhu. Die Fahnen der Soldaten tragen das Zeichen des Kreuzes. Die Purpurgewänder der Könige und die leuchtenden Edelsteine der Diademe schmückt das Bild des heiligen Holzes. Bereits ist der ägyptische Serapis Christ geworden. Zu Gaza trauert Marnas hinter verschlossenen Türen und sieht täglich mit Furcht der Zerstörung seines Heiligtums entgegen.“[87]

Und wenig später (408/410) stellt er fest:

> „Mit der Zerstörung des Götzendienstes wird das Evangelium aufgebaut. Das sehen wir auch in unseren Zeiten erfüllt. Das Serapeion in Alexandria und den Tempel des Marnas von Gaza haben sie zu Kirchen des Herrn erhoben.“[88]

Tatsächlich ist die Vita des Porphyrius wohl erst im 6. Jh. entstanden, als eine andere, innerchristliche Auseinandersetzung das kirchliche Leben in Gaza und Umgebung beschäftigte (s. u.). Daran waren nicht zuletzt Mönche aus der Region maßgeblich beteiligt, die in Gaza und seiner Umgebung auch nach Hilarion eine große Rolle spielten.

4. „Was, meint ihr, sind die Klöster?"

Das Gaza-Mönchtum im 5. und 6. Jahrhundert

Nachdem Hilarion und seine Schüler ein „einheimisches" Mönchtum in ihrer Heimat begründet hatten, emigrierten Ende des 4. und Anfang des 5. Jh. zahlreiche Mönche aus Ägypten, v. a. aus der südlich von Alexandria gelegenen sketischen Wüste, in das Grenzgebiet um Gaza herum.[89] Hintergrund waren zum einen Überfälle von Barbaren auf die ägyptischen Mönchssiedlungen, zum anderen die sogenannten Origenistischen Streitigkeiten. Gerade theologisch gebildete Mönche schätzten die Theologie des Origenes (der selbst aus Alexandria nach Cäsarea geflohen war; um 185–253), die nach einer eher kirchenpolitisch bedingten Wendung vom Alexandriner Patriarchen Theophilus abgelehnt wurde.

So entstand in der Nähe der Stadt Gaza, die auch ein Zentrum paganer Bildung war, eine monastische Landschaft (von einer „Schule" zu sprechen, ist vielleicht übertrieben[90]), die – anders als z. B. große Teile des ägyptischen Mönchtums – nicht bildungsfeindlich war. Das spiegelt sich u. a. auch darin, dass aus diesem Milieu ein reichhaltiges Schrifttum überliefert ist. Das ist z. B. auch beim Mönchtum der judäischen Wüste weitaus weniger der Fall. Möglicherweise wurde sogar die berühmte Sammlung der Apophthegmata, d. h. der Vätersprüche, die für die Spiritualität des Wüstenmönchtums überragende Bedeutung haben (s. o. S. 30), in der Region Gaza zusammengestellt.[91]

Wie in der judäischen Wüste waren die meisten Klöster der Gaza-Region in Form einer „Laura" organisiert – die Mönche lebten allein, aber um einen geistlichen Vater herum und trafen sich nur zu gemeinsamen Gottesdiensten und einzelnen Mahlzeiten. Nicht zuletzt wegen der Nähe zu Ägypten fand hier die vom alexandrinischen Patriarchen Cyrill beim Konzil von Ephesus (431) vertretene Auffassung bezüglich der gottmenschlichen Natur Jesu Christi Anklang – aber auch die seines Nachfolgers Dioskur, die dann beim Konzil von Chalkedon (451) zurückgewiesen wurde. Dabei ging es vor allem um die Frage, ob das Göttliche und das Menschliche in Jesus Christus nach der Menschwerdung eine einzige Natur (griechisch: *mia* bzw. *monon physis*) oder zwei Naturen (*dyo physeis*) bilden. Nach der Entscheidung des Konzils für die „Zwei-Naturen-Lehre“ – beide Naturen bleiben unvermischt, aber auch ungetrennt – wurden die v. a. in Ägypten und Syrien beheimateten Gegner der Definition als „Monophysiten“ verunglimpft (während man heute den Ausdruck Miaphysiten bevorzugt).

Der Jerusalemer Patriarch Juvenal hatte dabei in Chalkedon die Seiten gewechselt und vertrat nun die Lehre von den zwei Naturen – dafür wurde er mit der Erhebung Jerusalems zum Patriarchensitz belohnt. Das stieß auf Widerstand nicht nur in Gaza, sondern auch in Jerusalem selbst, wo ein neuer Bischof gewählt wurde. Erst zwei Jahre später konnte Juvenal mit Hilfe des Militärs zurückkehren, nachdem sich auch die führenden Mönchsväter in Judäa, Euthymius und Theodosius, zu Chalkedon bekannten.[92]

Das Gaza-Mönchtum und der Kampf um Chalkedon

Die Gaza-Region dagegen wurde zu einem Zentrum des „antichalkedonensischen Mönchtums“. Dabei standen sowohl hinter der Befürwortung als auch hinter der Ablehnung des Konzils spirituelle Sorgen: Während die einen meinten, nur durch die Einheit von Gottheit und Menschheit in Christus sei die Erlösung der ganzen Menschheit gewiss, glaubten die anderen festhalten zu müssen, dass die beiden „unvermischt“ blieben und so die menschliche Freiheit gewahrt bleibe.[93]

Eine wichtige Gestalt dieser Epoche war Isaias von der Sketis († 492). Auch er kam um 431/435 aus Ägypten und ließ sich in Beit Dalta (Khirbat ad-Dumara) in der Region Gaza nieder.[94] Dort lebte er als sogenannter „Rekluse“, d. h. vollkommen von der Außenwelt abgeschlossen, und kommunizierte mit anderen v. a. über seinen Schüler Petrus, der das nahegelegene Kloster leitete und die spirituelle Lehre seines Meisters im sogenannten. „Asketikon“ sammelte – einer einflussreichen Schrift, die nur auf Syrisch erhalten ist. Der Kirchenhistoriker Zacharias Rhetor beschreibt ihn als einen, *„der im unteren Lande ein Ägypter, ein Jerusalemer aber im oberen war“*.[95]

In den Apophthegmata sind mehrere Aussprüche und Anekdoten auch von Isaias bewahrt worden:

> „Ein Mönch, der von Kloster zu Kloster wechselt, gleicht einem Tier, das vom Halfter dahin und dorthin getrieben wird."
> „Er wurde gefragt, was die Habsucht ist und er antwortete: ‚Nicht auf Gott vertrauen, dass er für dich sorgt, den Verheißungen Gottes misstrauen und sich immer mehr ausbreiten wollen.'"[96]

Als wenig kämpferischer Charakter, war Isaias kein scharfer Gegner des Chalkedonense, bewahrte vielmehr wie manch anderer eine gewisse Neutralität und betonte den Vorrang der Praxis vor der Dogmatik. Bezüglich der „Natur Christi" argumentierte er eher spirituell: Als ein Anwalt aus Gaza fragte, wie die biblische Aussage, dass der Mensch nach dem Bild Gottes geschaffen ist, zu verstehen sei, antwortete er: Der Mensch solle die Barmherzigkeit Christi nachahmen – wenn man so handle, frage man auf rechte Weise nach der Natur Christi. An anderer Stelle wird betont, er habe bekannt, dass „unser Herr Jesus Christus in der Gottheit dem Vater wesensgleich und in der Menschheit uns wesensgleich" sei.[97] Isaias pflegte auch bereits einen gewissen „Kult" des Namens Jesu, der später für das sogenannte „Jesusgebet" grundlegend wurde.[98] Bemerkenswert, aber für das intellektuell offene Gaza-Mönchtum nicht untypisch, ist die Tatsache, dass Isaias auch mit Philosophen einen regen Austausch pflegte – Aeneas von Gaza (s. u.) ließ sich von ihm Texte des Platon und Aristoteles erklären.[99]

Die bedeutendste Persönlichkeit in diesem Zusammenhang aber war Petrus der Iberer († 492), der einige Jahre in engem Austausch mit Isaias stand und zu einem führenden Vertreter der Chalkedon-Gegner wurde. Er hieß ursprünglich Nabarnugius und war ein Königssohn aus Georgien (lat.: Iberia), der zunächst als Geisel am Hof in Konstantinopel lebte, dann von dort floh und Mönch wurde. Er gründete ein georgisches Kloster beim Davidsturm in Jerusalem, floh aber 444 erneut, als die dort im Exil lebende Kaiserin Eudokia (die durchaus mit dem sogenannten Miaphysitismus sympathisierte) ihn zu sehr beanspruchte, und zwar in die Region Gaza. Doch auch dort blieb er nicht. Vom Jerusalemer „Gegenbischof" Theodosius 452 zum Bischof von Maiuma geweiht, verließ er – nach einer Zeit des Zögerns – die Stadt, als Juvenal die Chalkedon-Gegner verfolgte. Zacharias Rhetor setzt den Beginn von Petrus' „Wanderexistenz" in Bezug zur Reue des Apostels Petrus (und dessen „Quo vadis"-Vision vor Rom?):

> „Man sagt aber, dass der berühmte Petrus in Ruhe verblieb, da er infolge eines Befehles des Kaisers und der Sorge der Kaiserin um ihn von niemand verjagt wurde. Er sah aber den Herrn in einem Gesichte zürnend zu ihm sprechen: ‚Wie, Petrus, ich bin in meinen gläubigen Knechten verfolgt worden, und du bist in Ruhe sitzen geblieben?' Und Petrus gehorchte voll Reue, stand auf und verließ Gaza und schloss sich den Verfolgten an und wanderte aus."[100]

Zeitweise lebte Petrus daraufhin in Ägypten und beschloss sein Leben nach Jahren als Pilger „in der Nachahmung des Herrn" (wie er selbst sagt) in einem Kloster bei Maiuma.[101] Als „Reisebischof" und zeitweise einziger nicht-chalkedonischer Hierarch der Region versorgte er die dortigen Gemeinden mit einer neuen bischöflichen Hierarchie.[102]

Das Urteil der Historiker über Petrus ist sehr unterschiedlich, zumal sein Bild in den ihn betreffenden Schriften schwankt: Sein Biograph Johannes Rufus schildert ihn als äußerst streitbaren Kämpfer für die Sache der Miaphysiten, Zacharias Rhetor dagegen als moderaten Vertreter der nicht-chalkedonischen Lehre.[103] Manche Forscher halten ihn sogar mit guten Gründen für den Autor der Schriften, die unter dem Namen des Dionysius Areopagita laufen und die die christliche Mystik über Jahrhunderte geprägt haben.[104]

Petrus wurde in seinem alten Kloster begraben. Nun entstand an dessen Stelle eine größere Anlage, die den Rahmen für ein koinobitisches Leben bot, wie die Vita berichtet:

> „Da aber die Erben des Seligen sahen, dass der Ort zu klein war und für eine größere Anzahl von Brüdern nicht genügenden Wohnraum bot – denn es waren nur wenige Zellen und in diesen selbst war Vernachlässigung eingetreten – rüsteten sie sich, den Ort zu erweitern ... Besonders aber der vorsorgliche Theodonis übernahm mit großer Freudigkeit und mit Vertrauen und Hoffnung das Werk und begann den Bau. Und da Gott half und in unsichtbarer Weise Kraft und Freudigkeit und Mittel gab, baute er in wenigen Tagen den Turm und die Kirche an ihm, und in der Kirche selbst eine Betkapelle. Auch die Mauer des Klosters baute er und führte sie herum. Und er richtete viele Zellen her, sowohl unten gelegene als obere. Und die Säulenhallen und Säulen und den Hof umgab er mit einer Mauer und grub einen Brunnen und richtete Gärten ein und war für das Übrige bedacht, was zum Bedarf und Bau des Klosters und zur

> Handarbeit der Brüder gehört, indem er allein auf die Güte, Vorsehung und Hilfe des Herrn vertraute. Als sie nun die Arbeit des Baus vollendet und die Betkapelle ausgeschmückt hatten, gruben sie unter dem Altar einen Ehrenplatz aus und führten dorthin im folgenden Jahre, einen Tag vor seinem Todestage, den Körper des Heiligen über."[105]

Insgesamt ging man nun in Gaza mehr und mehr zu einer koiniobitischen Lebensweise über.

Ein Nachfolger des Petrus als Bischof von Maiuma war der bereits genannte Johannes Rufus, ein Araber aus Aschkelon († nach 518), der zum einen die erwähnte Vita des Petrus geschrieben hat (wenn das Werk

12 Klöster in der Region Gaza.

nicht aus seinem Umfeld stammt), zum anderen ein „Plerophorien“ genanntes Werk, in dem 100 Prophezeiungen, Visionen und Wunder festgehalten sind, die alle die Wahrheit der miaphysitischen Lehre belegen sollen.[106]

Auch der spätere miaphysitische Patriarch Severus von Antiochien († 538), der zunächst als Eremit, dann in einem eigenen Kloster bei Maiuma lebte[107], gehörte zum Kreis um den Iberer. Tatsächlich gab es nicht wenige Klöster in der Region Gaza und darüber hinaus, die eine Art Netzwerk des Widerstandes gegen das Konzil von Chalkedon bildeten.[108]

Da mit Ausnahme von Palästina fast der gesamte Osten der nichtchalkedonischen Lehre zuneigte, versuchten die Kaiser lange Zeit durch Kompromissformeln eine Wiedervereinigung der Kirchen herbeizuführen. Doch wurden diese Bemühungen – nicht zuletzt in den Plerophorien – von den meisten Miaphysiten abgelehnt. Unter Kaiser Anastasius (491–518) schließlich, als Severus Patriarch von Antiochien wurde, schien sich die Waage in ihre Richtung zu neigen.

Anastasius’ zweiter Nachfolger Justinian (527–565) verfolgte dagegen eine dezidiert (neu-)chalkedonische Kirchenpolitik; ein Edikt von 536 verbot deshalb auch die miaphysitischen Schriften, die deshalb heute vielfach nur auf Syrisch erhalten sind, weil es im Großraum Syrien trotz aller Bemühungen nicht gelang, die chalkedonische Lehre durchzusetzen.

Möglicherweise gehört genau in diese Zeit auch die Vita des Porphyrius, die ja ursprünglich wohl auch auf Syrisch verfasst worden war. Sie ist wahrscheinlich ein „Gegenstück“ zu antichalkedonischen Viten von „Heiligen“ – u. a. die des genannten Severus von Antiochien, die ein Johannes von Beit Aphthonia verfasst hat. Jedenfalls weist die Vita des Porphyrius große Ähnlichkeiten zur Beschreibung von dessen Leben auf. Vielleicht hat sich der Autor auch zusätzlich von der Vita des Hilarion inspirieren lassen: Darin wird dieser einmal gebeten, ein Wunder zu wirken, damit der Marnas-Kult vernichtet wird[109] – diese Vernichtung geschah aber ja noch nicht zu Hilarions Lebzeiten und wurde nun dem Wundertäter Porphyrius zugeschrieben. Damit wäre die Vita ein Versuch, durch Bezug auf einen gemeinsamen „orthodoxen Vorfahren“ und seine „Leidensgeschichte“ nach den christologischen Wirren für die Einheit des Christentums in Gaza und Umgebung zu werben und dabei gleichzeitig die Leiden der Verfolgten indirekt anzuerkennen.[110]

Barsanuphius, Johannes, Dorotheus …

Tatsächlich liegt die weitere Geschichte der miaphysitischen Klöster der Gaza-Region weitgehend im Dunkeln. Nach einer Synode von Jerusalem im Jahr 518, wo man sich zu Chalkedon bekannte, kam es wohl zur Vertreibung einzelner Mönchsgruppen – so auch aus dem Kloster Petrus' des Iberers. Während einige Forschende meinen, es hätte danach eine Art „Krypto-Monophysitismus" in der Gaza-Region gegeben[111], weisen andere darauf hin, dass man sich nun noch mehr der schon bei Isaias festzustellenden un- oder vordogmatischen Sprache bediente, die dem Charakter dieses Mönchtums mit seiner Betonung der Praxis vor der Lehre ohnehin eher entspricht.[112]

Wichtigstes Zentrum war nun das sog. Seridus-Kloster, das schon zurzeit Kaiser Justins I. (518–527) gegründet worden war und nahe bei Gerara, ebenfalls am Südrand des Wadi Gaza, lag.[113] Dort wirkten zum einen Barsanuphius († um 545) und Johannes († um 543). Auch Barsanuphius war aus Ägypten gekommen und lebte wie Johannes als Rekluse nahe beim Kloster, d.h. als eingemauerter Einsiedler und fast vollkommen ohne direkten Kontakt zur Außenwelt. Barsanuphius war der eigentliche geistliche Leiter des Klosters, kommunizierte aber nur über seinen „Sekretär" Seridus († 543), nach dem das Kloster benannt wurde. Schon den Zeitgenossen erschien das fast unglaublich. Der Kirchenhistoriker Evagrius Scholasticus schreibt:

> „Barsanuphius, ein Ägypter, durchkämpfte das unfleischliche Leben im Fleische in einem Kloster nahe bei der kleinen (sic!) Stadt Gaza derart, dass er viele Wunder vollbrachte, mehr als mein Gedächtnis behalten kann; man glaubte auch von ihm, dass er eingeschlossen in einer Hütte lebte, obwohl er seit 50 und mehr Jahren von niemandem mehr gesehen worden war und an nichts Irdischem teilgehabt hatte. Als Eustochius, der Bischof von Jerusalem, das nicht glauben wollte und die Hütte, in der der Mann Gottes eingeschlossen war, aufzugraben beschloss, sprang ein Feuer heraus, das beinahe alle, die da waren, verbrannt hätte."[114]

Die Korrespondenz von Barsanuphius und Johannes, etwa 850 Briefe, wurde von einem unbekannten Redaktor gesammelt. Sie behandeln in Form von „Fragen und Antworten" Themen des geistlichen Lebens.[115] Dabei wird geistliche Lektüre, die nicht zur „Zerknirschung des Herzens" führt, abgelehnt – weswegen auch die Werke des Origenes und des

Evagrius Ponticus zwar bekannt sind, aber eher vor ihnen gewarnt wird. Bezeichnend für die Art der Christusfrömmigkeit der beiden mag folgendes Gebet sein:

> „Möge uns allen von unserem großen Bruder geholfen werden.
> Ich meine Jesus, denn er hat uns in seinem Wohlwollen zu seinen Brüdern gemacht.
> Gleicherweise haben wir einen mächtigen Bruder, damit er uns mächtig macht,
> einen starken, damit er die Beute mit uns teilt (vgl. Lk 11,22), einen Heerführer, damit er die Feinde, die uns bekämpfen, niederschlägt,
> einen Arzt, damit er unsere Leidenschaften heilt,
> einen Urheber des Friedens (vgl. Jes 9,5), damit er Frieden zwischen unserem inneren und dem äußeren Menschen schafft, so dass der äußere sich ihm unterwirft,
> einen Ernährer, der uns mit der geistigen Nahrung nährt,
> einen Lebenden, damit er uns leben lässt,
> einen Barmherzigen, damit er sich unser erbarmt,
> einen Mitleidigen, damit er mit uns Mitleid hat,
> einen König, damit er auch uns zum König macht,
> einen Gott, damit er auch uns zu Gott macht.“[116]

13 Barsanuphius und Dositheus von Gaza, Porphyrius-Kirche, Gaza.

Auch Dorotheus († um 575) lebte zunächst im Seriduskloster als Schüler von Barsanuphius und Johannes.[117] Über ihn heißt es:

> „Die eben genannten Altväter beschlossen nun, er solle dort eine Krankenstation bauen und dafür die Sorge übernehmen; denn die Brüder litten viel, wenn sie krank waren, da sie niemanden hatten, der sie pflegte. Dorotheus baute also mit Gottes Hilfe die Krankenstation, und sein leiblicher Bruder stellte die Geldmittel zur Verfügung."[118]

Als sich Barsanuphius nach dem Tod des Johannes in völliges Schweigen zurückzog, verließ Dorotheus das Kloster und gründete ein eigenes Koinobion zwischen Gaza und Maiuma.[119] Als Teil seiner spirituellen Lehre sind v.a. 17 sogenannten Didaskaliai („geistliche Unterweisungen") überliefert. Auch Dorotheus äußert sich darin kaum zu dogmatischen Fragen. Nur einmal betont er – mit Bezug auf Gregor von Nazianz – die volle Menschheit Jesu, der so „*Gleiches durch Gleiches heile: die Seele durch die Seele, das Fleisch durch das Fleisch. Denn ganz wurde er Mensch, außer der Sünde. Er nahm ganz genau unser Wesen an*".[120]

Die Unterweisungen fanden früh weite Verbreitung: Schon im 9. Jh. wurden sie im Sinai ins Arabische übersetzt, im 11. Jh. teilweise ins Lateinische, und bis heute werden sie auf dem Athos und in zahlreichen Klöstern des Ostens und Westens geschätzt. Sie wollen dabei helfen, „dem Abbild die Abbildlichkeit wiederzugeben" – der Mensch, der durch Ungehorsam zum Sklaven wurde, soll auf dem Weg der Gebote seine Freiheit zurückerhalten.[121]

Zwei Beispiele mögen einen Einblick ins Werk des Dorotheus geben. Einmal überträgt er das biblische Bild von der Kirche als Leib (Christi) auf die Klostergemeinschaft:

> „Was, meint ihr, sind die Klöster? Erscheinen sie euch nicht als ein Leib, die darin leben aber als Glieder? Die Leitenden sind der Kopf; die achthaben und zurechtweisen, sind die Augen; die durch ein Wort Nutzen bringen, sind der Mund; die Ohren aber sind die Gehorchenden. Die Hände sind die, die arbeiten, die Füße die, die Besorgungen machen und die Dienste innehaben. Du bist Kopf? Dann leite! Du bist Auge? Pass auf und beobachte! Du bist Mund? Sprich, sei von Nutzen! Du bist Ohr? Gehorche! Du bist Hand? Arbeite! Du bist Fuß? Diene! Jeder leiste den Dienst für den Leib nach seiner Kraft."[122]

Dorotheus, der nicht nur medizinische Kenntnisse besaß, sondern in seinen mit Anekdoten und Beispielen versehenen Unterweisungen auch Aristoteles oder Epiktet zitieren kann, macht mit einem eindrücklichen, aus der Welt der Geometrie entlehnten Bild auch klar, wie Gottes- und Nächstenliebe zusammengehören:

> „Stellt euch vor, dass auf dem Boden ein Kreis ist, d. h. eine runde Linie, gezogen mit einem Zirkel. Zentrum heißt nun genau der Mittelpunkt des Kreises, wo der Stachel aufsetzt. Richtet nun euren Verstand auf das Gesagte. Denkt euch diesen Kreis als die Welt, die Mitte des Kreises als Gott, die Strahlen von der Kreislinie bis zur Mitte als die Wege bzw. die verschiedenen Lebensweisen der Menschen. Soviel die Heiligen nun nach innen hineingehen, weil sie danach verlangen, sich Gott zu nähern, kommen sie, entsprechend ihrem Hineingehen, Gott und einander näher. Soviel sie sich Gott nähern, nähern sie sich auch einander, und soviel sie sich einander nähern, nähern sie sich auch Gott.“[123]

Wie eine Zusammenfassung von Dorotheus’ Lehre erscheint die Vita seines jung verstorbenen Schülers Dositheus († um 550), die mit seinen geistlichen Schriften überliefert wurde: Dieser kommt als junger Mann ins Seriduskloster und möchte Mönch werden: Man zögert, ihn aufzunehmen, weil er der „Lieblingspage“ eines Generals war. Durch einen Besuch in Jerusalem, wo er in Getsemani eine Darstellung der Hölle sieht, war bei ihm aber der Wunsch entstanden, den dort abgebildeten Strafen zu entgehen. Bis dahin wusste er nichts von Gott und Gericht. Es reicht aber, dass er nun sagt: „Ich will gerettet werden.“ So wird er im Kloster aufgenommen und Dorotheus übergeben, soll aber nicht unter den Brüdern leben.

In idealisierter Weise wird dargestellt, wie Dositheus in wenigen Jahren ein vollkommener Mönch wird und jung verstirbt. Dabei ist – typisch für die wenig radikale Art des Gaza-Mönchtums – der Gehorsam gegenüber dem „Altvater“ wichtiger als asketische Leistungen. Große Bedeutung hat bei ihm bereits das sogenannte Jesus- oder Herzensgebet, das zu einer der bedeutsamsten Frömmigkeitsformen späterer Mönchsgenerationen werden sollte:

> „Dositheus bewahrte auch immer das Gedenken an Gott. Denn Dorotheus hatte ihm weitergegeben, immer zu sprechen: ‚Herr Jesus Christus, erbarme dich meiner!‘ und dazwischen: ‚Sohn Gottes, hilf mir!‘. Dies war nun ständig sein Gebet.“[124]

Ganz anders verlief das Leben des Mönchs Vitalis von Gaza († 609 oder 620): Er verließ im Alter von 60 Jahren das Seriduskloster und ging nach Alexandrien – so erzählt es jedenfalls die Vita des dortigen Patriarchen, Johannes des Barmherzigen († 619).[125] In der Großstadt verdingte sich Vitalis als Tagelöhner und ging nachts immer wieder zu Prostituierten: Er bezahlte sie, aber anstatt ihre Dienste in Anspruch zu nehmen, betete er in einem Winkel ihrer Kammer bis zum Morgen. Er verbot den Frauen streng, etwas über den Verlauf der Besuche zu erzählen. Von anderen wurde er gleichwohl beobachtet und kritisiert. Darauf bedacht, nur nicht von den Menschen geehrt zu werden, antwortete er dann: „Habe ich nicht auch einen Körper? Sind Mönche nicht Männer wie alle anderen?" Erst als er bei einem „Streit im Milieu" erstochen wurde, erzählten die Frauen, von denen viele ein neues Leben begonnen hatten, die Wahrheit über seine Besuche. Als Heiliger verehrt, wurde Vitalis zum Patron der Prostituierten und Tagelöhner.

5. „Eine Stadt, die die Musen liebt"

Die Rhetorenschule von Gaza

Gaza war in frühchristlicher Zeit nicht nur berühmt wegen seines Mönchtums. Schon in römischer Zeit gab es dort „olympiagleiche Spiele". Die waren so bedeutsam, dass sie sogar vom Kaiser finanziell unterstützt wurden. Als typische Disziplinen galten der recht brutale „Pankration", der „Gesamtkampf" (eine Kombination von Ringen und Boxen), und Rede-Wettbewerbe.[126]

Letzterem entspricht, dass Gaza bekannt war für seine „Rhetoren-Schule". Wie man nach Beirut ging, wenn man eine ausgezeichnete juristische Ausbildung anstrebte, begab man sich nach Gaza, um Rhetorik zu studieren. Die Redekunst gehörte zwar zu den Künsten, die im Altertum alle Studierenden erlernten, aber in Gaza gab es mehrere berühmte Lehrer, die eine weitergehende Ausbildung ermöglichten. Tatsächlich war Rhetorik damals nicht nur eine wichtige Technik in vielen Berufen, sondern die Vorträge der Redner dienten auch der Unterhaltung. Schon der Rhetor Libanius bezeichnet Gaza als „Werkstatt der Beredsamkeit"[127], und noch zur Zeit Justinians im 6. Jh. wird die Stadt als *philómousos* bezeichnet – als „Stadt, die die Musen liebt". Ein Zosimus von Gaza verfasste hier sogar ein „Lexikon der Rhetorik". Weitere Fächer, die in Gaza unterrichtet wurden, waren Recht (und deshalb vermutlich auch Latein), Grammatik, Logik und Philosophie. Auch besaß die Stadt eine nicht unbedeutende Bibliothek.

Dabei handelte es sich bei der Rhetorenschule auch später nicht um eine „christliche Schule" wie z. B. die, die Origenes einst in Cäsarea geleitet hatte oder wie sie etwa in Alexandrien und Antiochien bestanden.[128] Einige Lehrer blieben ausdrücklich dem alten Glauben verbunden. So feiert beispielsweise Proclus von Gaza († 485) in seinen Texten weiterhin die alten Götter. Andererseits konnte die Schule auch nach 529, nachdem Justinian die heidnische Akademie in Athen geschlossen hatte, weiterarbeiten – sogar kurzzeitig wegen der neuen Politik ins Perserreich emigrierte Lehrer kehrten bald darauf nach Gaza zurück.[129]

Andere Lehrer behandelten zumindest teilweise christliche Themen. Aeneas von Gaza († 518) war eigentlich ein in Alexandria bei Hierokles neuplatonisch ausgebildeter Philosoph und Jurist, wurde aber später Christ. Er war derjenige, der sich vom Mönch Isaias schwierige philosophische Texte erklären ließ. Von ihm ist ein Dialog „Theophrast" erhalten, in dem er die Themen Schöpfung, Unsterblichkeit der Seele und leibliche Auferstehung behandelt, wobei er seiner Zielsetzung entsprechend aber auf spezifisch christliche Beweisführung verzichtet und nur aus der philosophischen Tradition heraus argumentiert![130]

Procopius und die Auslegung der Bibel

Der vielleicht bedeutendste Lehrer war Procopius von Gaza († um 530). Er blieb seiner Heimatstadt treu, obwohl andere Städte wie Antiochien, Tyrus und Cäsarea ihn „abwerben" wollten. Er verfasste verschiedene Reden und kunstvolle Beschreibungen („Ekphraseis") – u. a. die eines paganen Gemäldezyklus in Gaza mit der Geschichte von Phädra und Hippolytus.[131] Berühmt ist aber v. a. Procopius' Beschreibung einer über 6 m hohen Wasseruhr, die im Zentrum von Gaza stand und vermutlich mit einer Schwimmerregelung arbeitete. Sie schlug während des Tages die Stunden, und jeweils zur vollen Stunde sorgte ein Automatenwerk dafür, dass eine Figur des Herkules erschien, die je eine seiner zwölf Arbeiten verrichtete. Eine Gorgo im oberen Teil der Uhr rollte zusätzlich mit ihren Augen. (Die Uhr gilt als Vorläufer späterer arabischer Wasseruhren.)[132]

Solche „Visualisierungen" von Kunstwerken mit Hilfe der kunstvollen Rede waren geradezu eine Mode: Johannes von Gaza, ein weiterer Rhetoriklehrer, von dem u. a. ein Gedicht zum jährlichen Rosenfest von Gaza erhalten ist, beschrieb ein Wandgemälde im Winterbad von Gaza, das eine Art „Weltbild" darstellte – mit Personifikationen aller Himmelsmächte wie den Gestirnen, Tag und Nacht, Winden, Wolken, Erde und Meer. Es war wohl nachträglich durch ein Kreuz darin „christianisiert" worden.[133]

Doch Procopius verfasste auch theologische Werke. Die wichtigsten sind seine sogenannten Katenen-Kommentare zu alttestamentlichen Büchern. Darin werden in Form einer „Kette" (lat.: *catena*) Zitate über einzelne Textabschnitte aus früheren Kommentaren zu einem fortlaufenden Text zusammengefügt.[134]

Tatsächlich ist sein Genesiskommentar eine „Auswahl aus exegetischen Auszügen zu Geschichtsbüchern des Alten Testaments", wie er im Proömium schreibt. Dabei liegt ein Schwergewicht auf Texten, die die Geschöpflichkeit der Welt gegen die platonische Vorstellung einer ewigen, ungeschaffenen Materie verteidigen; nur durch den Glauben daran ist für Prokop ein dualistisches Weltbild zu vermeiden und sichergestellt, dass die Schöpfung für die Formung durch Gott aufnahmefähig ist.[135]

Das Proömium des Exoduskommentars zeigt außerdem deutlich, dass Procopius selbst von der durch Origenes geprägten alexandrinischen Tradition der Schriftauslegung geprägt war. So sieht er die ganze Geschichte vom Auszug Israels aus Ägypten auch als Bild für die innere Befreiung des Menschen:

> „Denen, die vom geistig verstandenen Pharao festgehalten werden, gibt, wenn sie sich umkehren, der barmherzige Gott einen Auszug von ihm - (Gott) der nicht zulässt, dass sie noch von ‚Lehm und Ziegel' (vgl. Ex 1,14) zusammengehalten werden, indem er (sie) der ‚Erde, die von Milch und Honig fließt' (vgl. Ex 3,8) zuwendet. Denen nun, die verdeutlichen, auf welche Weise es möglich ist auszuziehen und auf welche Weise man den Weg nehmen muss, wollen wir folgen."[136]

Schon Origenes hatte die Orte der Wüstenwanderung als „Stationen" eines geistlichen Weges gedeutet. So sind z. B. die Orte Sukkot – übersetzt mit „Zelte" – und Butan – übersetzt mit „Niederung" – (vgl. Num 33,5f LXX) Bilder für den Zustand der Seele, d. h. für Heimatlosigkeit und Depression auf dem Weg durch die „Wüste" in die Freiheit der Kinder Gottes.[137]

Schließlich ist von Procopius eine Lobrede auf Kaiser Anastasius erhalten, und von seinem Kollegen Timotheus eine kunstvolle Bitte um Steuererleichterung an denselben Kaiser. Ob die Lobrede Procopius' auf eine Nähe zu Anastasius' monophysitischer Gesinnung hindeutet, ist unklar; seine sonstigen Werke bieten dafür keine Anhaltspunkte. Vermutlich war Procopius auch einer der Lehrer des Dorotheus[138] und seines Namensvetters Procopius von Cäsarea.

Choricius und zwei Kirchen von Gaza

Procopius' Schüler und Nachfolger Choricius (6. Jh., die genauen Lebensdaten sind unbekannt) verfasste u.a. eine Trauerrede auf seinen Lehrer, in der er erwähnt, dass jener zuvor Frau und Kinder verloren hatte. Außerdem verfasste er eine Verteidigungsschrift zugunsten der Schauspieler – diese waren in christlicher Zeit nicht zuletzt wegen der Darstellung heidnischer Mythen in den Theatern schlecht angesehen und zeitweise sogar von der Taufe ausgeschlossen. Wichtig sind aber v.a. zwei Enkomien (Lobreden) des Chorcius auf Bischof Marcianus von Gaza, der selbst ebenfalls rhetorisch gebildet war; nach Meinung des Choricius sollte sich ein Bischof sowohl in christlicher als auch in paganer Literatur auskennen. Marcianus, der auch durch zwei Inschriften in der Kirche von Mukheitim (s.u.) bezeugt ist, ließ sich in klassischer Manier als Wohltäter seiner Stadt feiern. Es ist das von ihm mitgeprägte byzantinische Gaza, das auf der berühmten Mosaikkarte im ostjordanischen Madaba (um 570) zumindest teilweise dargestellt ist.

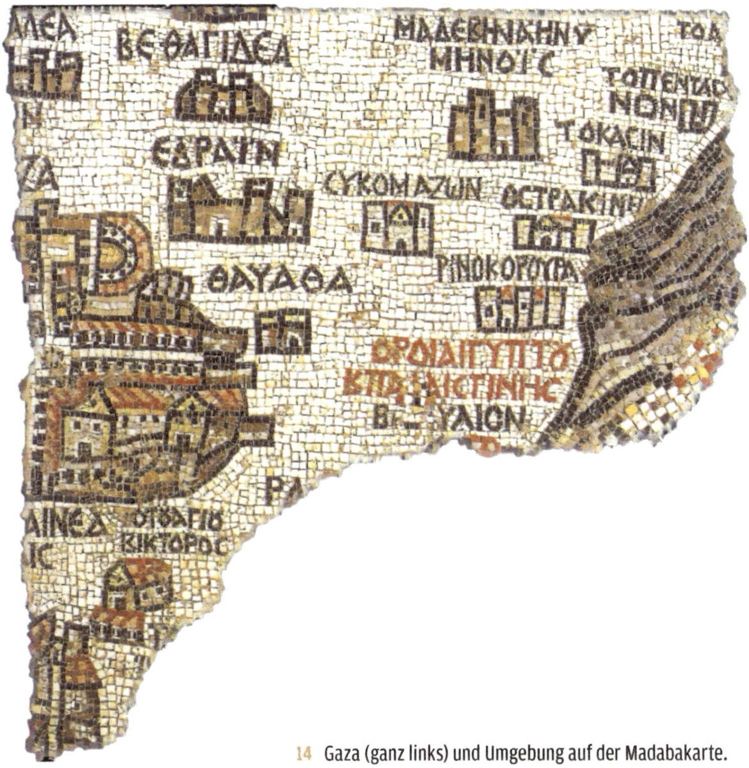

14 Gaza (ganz links) und Umgebung auf der Madabakarte.

In den genannten Reden hat Choricius auch die unter Marcianus erbauten Kirchen St. Stephanus und St. Sergius beschrieben.[139] (Nebenbei erwähnt er darin auch die Restaurierung einer „Kirche der Apostel“ und die „kleine Kirche des Märtyrers Timotheus“, 50 Stadien von der Stadt entfernt.)

Bei der Beschreibung der Sergius-Kirche, einer Basilika mit Vierungskuppel, lobt er u. a. das luftige Atrium, in dem der Bischof auch offizielle Empfänge abhält, beschreibt das von Säulen umgebene Baptisterium und das Apsismosaik, wo Maria mit Christus im Schoß dargestellt ist, sowie der Stifter Stephanus, der Sergius die Kirche übergibt. Zahlreiche Mosaiken in den seitlichen Apsiden und in den Pendentifs zeigten Pflanzen, Weinranken und Wasserkrüge sowie immergrüne Obstbäume; sie scheinen jenen nicht unähnlich gewesen zu sein, die man in den wenig später errichteten Bauten der Omaijaden in Damaskus und Jerusalem findet.[140]

Außerdem wird auch der Zyklus von Wandmalereien im Hauptschiff von Choricius ausführlich vorgestellt.[141] Er zeigte Szenen der Kindheitsgeschichte[142], elf Wunderdarstellungen (von der Hochzeit zu Kana bis zur Auferweckung des Lazarus) sowie Bilder von Passion, Auferstehung und Himmelfahrt, wobei die ausdrücklich erwähnte Kreuzigungsszene eine der ältesten bekannten monumentalen Darstellungen dieses Themas ist. Bei den Beschreibungen der Kirche steht aber nicht die theologische Deutung des Baus im Vordergrund (wie etwa in der Kirchweihpredigt des Eusebius aus dem Jahr 310 in Tyrus), sondern die möglichst kunstvolle Darstellung.[143]

15 Frühislamisches Mosaik, Schatzhaus im Hof der Omaijaden-Moschee in Damaskus, Detail.

16 Vermögende Frauen, die in der Kirche von Kissufim (in der Nähe des heutigen Gazastreifens) als Stifterinnen dargestellt sind (6. Jh.) (heute im Israel-Museum).

Beim Loblied auf die Stephanuskirche aus der Zeit zwischen 536 und 548 (die wie andere byzantinische Martyrien außerhalb der Stadt lag) werden drei Bereiche ausführlich beschrieben – ein Fußbodenmosaik (vermutlich im Narthex) mit „allem, was die See hervorbringt und die Erde schenkt“, Wandbilder in den Seitenschiffen (vermutlich auch Mosaiken), die eine Nil-Landschaft darstellten,[144] und die Apsis mit dem Bild Christi und zweier Heiliger.[145] Auch hier steht die kunstvolle Beschreibung im Vordergrund – mehr jedenfalls als der Inhalt der Darstellung:

> „Auf einem Band der Apsis, nämlich dem höchsten, liegt eine neuartige Form auf. Einen Halbzapfen nennt dies die Geometrie, wie ich gehört habe, wobei die Bezeichnung folgenden Ursprung hat: Es hat vielleicht schon einer bei euch den Pinienbaum betrachtet, und (sich gefragt), ob dieser vorher ein Mädchen war – es gibt Leute, die diesen Mythos erzählen; Boreas hat nämlich aus erotischer Eifersucht das Mädchen zugrunde gerichtet, und aus tiefem Mitleid mit dem Leiden hat die Erde eine Pflanze mit dem gleichen Namen wie die Jungfrau hervorgebracht – weder glaube ich denen, die das erzählen, noch ist es meine Absicht, es wiederzugeben, sondern nur zu sagen, dass der Baum eine Frucht trägt, die Zapfen genannt wird. Dies ist der Grund für die Benennung der Form. So viel kann ich dir durch ein Bild sagen. Wenn du aber das Ganze zu hören begehrst, so verhält es sich folgendermaßen: Ein Tischler, der aus dem Material, das ihm sein Handwerk gegeben hat, Kreise geschnitten hat, fünf an der Zahl, und zwar jeden in zwei gleiche Teile, und von den Segmenten neun an ihren Spitzen verbunden hat, an ihren Mitten aber … hat er – nachdem er sie gewölbt hat –

> in gleicher Anzahl wie diese Holzbretter darauf gelegt, die von unten breit anfangen und allmählich schmaler werden und sich zu einem spitzen Scheitelpunkt krümmen, so dass sie sich an die Wölbung der Mauer fügen; und indem er die Spitzen von allen an einem Punkt zusammengeführt hat und sie allmählich gebogen hat, hat er einen äußerst angenehmen Anblick geschaffen. Aber während ich zwar fünf Kreise entzweischneide, aber nur die Bearbeitung von neun Segmenten beschreibe, bemerke ich, dass ihr wahrscheinlich den übrig gebliebenen Teil des Kreises vermisst. Ebendieser Teil ist in zwei gleiche Stücke geteilt, und das eine liegt auf der einen Spitze der neun Segmente, das andere auf der anderen. Auf beiden liegt ein Bogen aus demselben Material auf, der vorne gewölbt ist und zur größeren Schönheit des Bildes beiträgt, das auf ihm gemalt ist, in der Mitte, nämlich das des Herrschers aller Dinge. Gold und Farben lassen dieses ganze Werk erstrahlen."[146]

Choricius gilt manchen Forschern heute als Inbegriff einer Verschmelzung von paganer und christlicher Tradition und dafür, dass der Übergang von der einen Religion zur anderen als eine Art Transformation und nicht als Bruch gesehen werden sollte.[147] Andererseits macht gerade dieser Text deutlich, wie „unter der Hand" auch ein mythisches Thema integriert (und Kritik daran gleich abgewehrt) wird: Der Bezug auf das zentrale Christusbild wirkt eher wie ein Anhängsel.[148] Nicht umsonst hat Photius, Patriarch von Konstantinopel im 9. Jh., über Choricius geurteilt:

> „Er ist ein Liebhaber der Frömmigkeit und ehrt die Feste und Heiligtümer der Christen, nur mischt er irgendwie aus Nachlässigkeit und ohne jegliche Überlegung Mythen und pagane Geschichten in seine Schriften, obwohl es nicht nötig wäre."[149]

Zumindest bei einigen Gelehrten scheint die „Christianisierung Gazas" auch im 6. Jh. noch eher äußerlich gewesen sein bzw. es bestanden mehrere „Weltsichten" nebeneinander fort teilweise bei ein und derselben Person fort. Es erscheint in jedem Fall nicht zufällig, dass Städte mit einer klassischen Rhetorenschule eher „traditionalistisch" eingestellt waren und lange am paganen Erbe festhielten.[150]

Auch der Kirchenhistoriker Zacharias Rhetor (um 465 – vor 553), wahrscheinlich ein Bruder des Procopius, stammte aus Maiuma und erhielt seine erste Ausbildung im Umfeld der Rhetorenschule von Gaza. Neben einer Kirchengeschichte, die die Jahre 450 bis 491 umfasst, verfasste er ein antimanichäisches Werk und den Dialog „Ammonius", in dem es ebenfalls um die Schöpfung und die Endlichkeit der Welt geht. Für Gaza besonders wichtig sind die drei hagiographischen Werke, die Viten von Severus von Antiochien, Isaias von der Sketis und Petrus dem Iberer, die aus den genannten Gründen nur auf Syrisch erhalten sind. Schon darin wird seine gemäßigte Haltung in Fragen der Christologie deutlich – als Bischof von Mytilene auf Lesbos (ab 527) bekannte er sich ausdrücklich zum Neuchalkedonismus und behandelt in seiner Kirchengeschichte ausführlich die diesbezüglichen Synoden.[151]

Leider sind die sichtbaren Überreste dieser byzantinischen Epoche Gazas weit weniger eindrucksvoll als die literarischen.

6. „Eine prächtige und schöne Stadt“

Archäologische Spuren des frühen Christentums in der Gaza-Region

Archäologisch nachweisbar sind im Gebiet von Gaza nur wenige Bauten aus frühchristlicher Zeit.[152] Bei der – laut Vita des Porphyrius – von Eudoxia finanzierten Kirche, der Hauptkirche von Gaza, die an der Stelle des alten Marnas-Tempels stand, ist nicht einmal sicher, wo sie lag: an der Stelle der heutigen Großen Moschee, die zu großen Teilen identisch ist mit der Hauptkirche der Kreuzfahrer? Im Sinn einer „Kultkontinuität“ wäre das zu erwarten. Aber die leider zu einem guten Teil zerstörte Darstellung der Stadt Gaza auf der Mosaikkarte von Madaba (s. o. S. 53) zeigt an dieser Stelle, im südöstlichen Stadtviertel, kein kirchliches Gebäude, sondern v. a. ein halbkreisförmiges Theater. Der große Platz im Zentrum (am linken Bildrand), wo sich die beiden Hauptstraßen kreuzen, könnte der in der Vita das Porphyrius erwähnte „Tetramphodos“ sein, wo die Artemisstatue stand.[153] Eine große Kirche (erkennbar immer an einem roten Dach) findet sich dagegen westlich des Cardo – in dieser Gegend liegt heute die Porphyrius-Kirche. Die kleinere Kirche stellt möglicherweise eine der von Choricius beschriebenen Kirchen dar.[154]

Zu sehen ist die byzantinische Hauptkirche Gazas vermutlich auf der Stadtvignette von Gaza, die sich neben anderen auf dem Fußbodenmosaik der Stephanus-Kirche im ostjordanischen Umm er-Rasas findet, das aus dem 8. Jh (!) stammt. Von daher ist auch unklar, ob die Eudoxiana – wie von manchen vermutet – schon im 7. Jh. (bei der persischen Eroberung oder durch ein Erdbeben 672) zerstört worden ist.

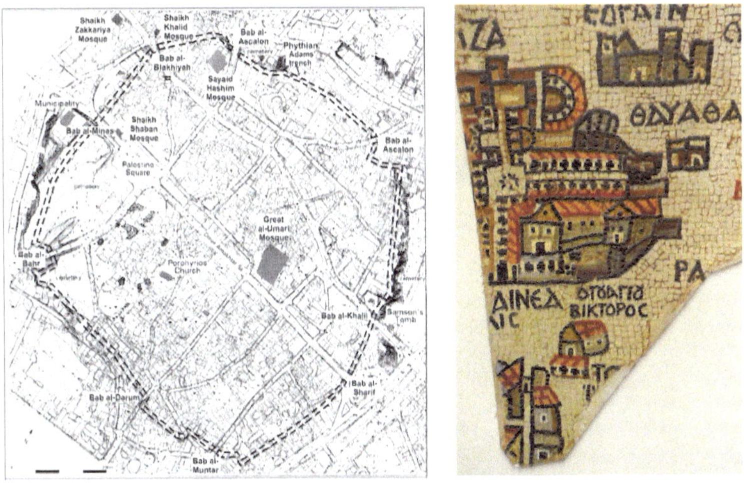

17 Stadtplan von Gaza mit dem vermuteten Verlauf der ehemaligen Stadtmauer und der Großen Moschee nördlich der noch deutlich zu erkennenden Hauptstraße aus römisch-byzantinischer Zeit (vgl. den entsprechenden Teil der Madabakarte mit eben dieser Hauptstraße Abb. 14).

Das Mosaik in der Akropoliskirche von Ma'in (um 720) zeigt – wenn auch nur fragmentarisch – ebenfalls die Hauptkirche von Gaza und auf einer anderen Vignette vermutlich die Bischofskirche von Maiuma, die anscheinend eine Zentralkuppel besaß – als hätte man zumindest dort ein wichtiges Element des einstigen Marneion übernommen.[155] Auch davon existieren keine Spuren – es ist lediglich nördlich von Maiuma (al-Mina) im Gebiet von Iblakhiya ein christlicher Friedhof aus byzantinischer Zeit entdeckt worden.[156]

18 Die Stadtvignette Gazas auf einem Fußbodenmosaik im ostjordanischen Umm er-Rasas (8. Jh.).

19a / b Nachzeichnungen der Stadtvignetten von Gaza (a) und Maiuma (b) auf einem Fußbodenmosaik der Akropoliskirche in Ma'in.

In der Nähe von Maiuma, von dem auf der Mosaikkarte von Madaba nur das von Türmen gesäumte Osttor und die Straße zum Meer zwischen einigen Häusern zu sehen sind, zeigt dasselbe Mosaik einen Ort „des heiligen Viktor“.[157] Das kleine Heiligtum mit einem Porticus ist archäologisch nicht sicher nachgewiesen, aber auch durch den anonymen Pilger von Piacenza bezeugt, der die Region Gaza um 570 auf seinem Weg zum Sinai besuchte und schreibt:

> „Danach erreichten wir die Stadt Maiuma Gazis, in der der hl. Märtyrer Viktor ruht. Die Entfernung von Maiuma bis Gaza beträgt eine Meile. Gaza aber ist eine prächtige und schöne Stadt; die Bewohner sind sehr wohlhabend und durch Höflichkeit ausgezeichnet, sie sind Freunde der Pilger.“[158]

Möglicherweise gehörte ein im heutigen Stadtgebiet von Gaza gefundener Mosaikfußboden (0981.1025) zu der kleinen Kirche.[159] Der Pilger berichtet auch, dass „zwei Meilen von Gaza der hl. Vater Hilario ruht“, und besuchte in Aschkelon das Heiligtum der drei ägyptischen Brüder, die in der diokletianischen Verfolgung getötet wurden.[160]

Klöster und Kirchen

Auf der Madabakarte ist südlich von Gaza auch Hilarions Geburtsort Thabata als kleines Symbol mit Tor dargestellt (heute Khirbat Umm Tuta [090.095], was „Mutter des Mandelbaums“ bedeutet, etwa 2,5 km südlich der Stadt an der Mündung des Wadi Gaza). Auf die leider zerstörte Darstellung des Klosters, wo er begraben liegt, weisen nur noch die Anfangsbuchstaben T(OY) und I(LAPIOY) hin. Dafür wurde in diesem Fall aber der Ort im Gelände nicht nur identifiziert, sondern in den Jahren nach der Entdeckung 1997 auch von der Antikenbehörde in Gaza in Zusammenarbeit mit Forschern der École biblique in Jerusalem (EBAF) sorgfältig ausgegraben.[161]

Es handelt sich um Khirbat Umm al-Amir (0896.0957) bei Deir al-Balah (was selbst „Kloster der Palmen“ bedeutet), 13 km südlich von Gaza und 11 km von Maiuma (was genau der Angabe in der Vita des Hieronymus entspricht).[162] Die Überreste stammen aus dem 4. bis 8. Jh. Den Kern der Klosteranlage bildet die Kirche – drei verschiedene Bauphasen konnten dabei identifiziert werden. Der jüngste Komplex des 6. Jh. hat als Kern eine große Krypta (die größte im byzantinischen Palästina), in der das Grab des Heiligen verehrt wurde; darüber befand sich die Kirche mit Vorhof und Springbrunnen. Eine Inschrift in der Kirche stellt die Verbindung zum Gründer her: *„Durch das Gebet und die Fürsprache unseres heiligen Vaters Hilarion werden wir erlöst.“* Auf der Nordseite des Baus lagen eine weitere Kapelle (mit gut erhaltenem Mosaikfußboden), ein Baptisterium und das Refektorium. Außerhalb, gleich nördlich der Anlage, befand sich ein großes „Pilgerzentrum“ mit Herberge, exquisitem dreiteiligen Badehaus (das noch im 8. Jh. benutzt wurde) und Brunnenanlage für Mensch und Tier. (Im Juli 2024 – während des Gazakriegs – wurde die Anlage zum UNESCO-Weltkulturerbe erklärt – und gleichzeitig auf die Liste des gefährdeten Welterbes gesetzt.[163])

20 Grundriss des Hilarion-Klosters.

21 Eingangsbereich des Hilarion-Klosters mit „Springbrunnen“.

22 Mosaik beim Baptisterium des Hilarion-Klosters.

Von den zahlreichen anderen aus den historischen Texten bekannten Klöstern wurde bisher nur sehr wenig gefunden – wenn sie überhaupt genau lokalisiert werden konnten.[164] Deutlich ist allerdings, dass sie – typisch für die byzantinische Epoche – Gruppen bildeten und zudem im Umfeld der bedeutenden Städte lagen, durch die sie mitgeprägt wurden.

Eine städtische Kirche zeigt die Madabakarte auch in Sykomazon (heute Khirbat Suk Mazin (088.087) im Stadtgebiet von al-Qarara[165]) – die Stadt war im 6. Jh. wie Anthedon (heute Khirbat Tida/Blakhiya [098.106]) und Raphia (heute Rafah), von dem nur der Anfang der Beischrift (PA) auf der Karte erhalten ist, sogar Bischofsitz. Bei Betylion, etwa 15 km südwestlich von Rafah und damit schon außerhalb des heutigen Gaza-Streifens, wo ein rotes Dach ebenfalls ein kirchliches Gebäude andeutet, verlief laut der roten Beischrift („Rubrik") die „Grenze von Ägypten und Palästina".[166] Möglicherweise verwechselt der Künstler hier aber (wie andere auch) den Ort mit Bethelea, der Heimat des Sozomenus, wo ja nachweislich eine Kirche stand.[167]

Im ebenfalls, sogar recht prominent auf der Madabakarte dargestellten Edrain (heute Khirbat al-Adara [096.093] auf der Nordseite des Wadi Gaza[168]) wurde eine dreischiffige Kirche mit einer Stiftungsinschrift aus dem Jahr 586 gefunden, und in Menois (heute Khirbat el-Ma'in/Horvat Ma'on [093.077]), etwa 20 km südlich von Gaza und außerhalb des heutigen Gaza-Streifens beim Kibbuz Nirim[169]) außer einer Synagoge mit schönem Mosaikfußboden auch eine Kapelle vom Anfang des 7. Jh.[170]

Mosaiken und mehr

Ein eindrucksvoller Kirchenkomplex wurde 1996 an einem Platz namens Mukheitim in Jabalia entdeckt und ebenfalls mit Hilfe der EBAF ausgegraben. (Möglicherweise lag hier das ebenfalls auf der Madabakarte dargestellte Asalea, die Heimat des Alaphion.[171]) Eine reiche Familie hatte hier, an der Straße Richtung Aschkelon, wo zahlreiche Tote bestattet waren, im 6. Jh. einen dreiteiligen Komplex aus Kirche, Kapelle und Baptisterium errichtet, der weit mehr war als eine familiäre Gedächtnisstätte und, wie eine der Inschriften belegt, noch im 8. Jh. in Funktion war. Die Fußbodenmosaiken (400 qm) zeigen u. a. feine geometrische Muster, einen Palmbaum und Jagdszenen. Er wurde 2022 mit einem modernen

23 Plan der Anlage von Mukheitim.

Schutzbau gesichert, der die Umrisse des antiken Baus nachahmt.[172] Im Krieg, der dem 7. Oktober 2023 folgte, wurde die Anlage weitgehend zerstört.

Ähnlich qualitätvolle und im Stil verwandte Mosaiken wurden auch in der Synagoge von Maiuma aus dem 4. bis 7. Jh. gefunden, die wegen des ungewöhnlichen Grundrisses (fünfschiffige Basilika mit Apsis) und ihrer Größe (30 m x 26 m) von den ägyptischen Ausgräbern 1965 zunächst für eine Kirche gehalten wurde. Dann wurde ein Teilstück entdeckt, dass eine gekrönte Gestalt zeigt, die durch die hebräische Beischrift als David identifiziert wurde. Es zeigt den König als Orpheus, der mit seiner Musik wilde Tiere um sich schart – auch ein Beleg für die Integration paganer Mythen in die eigene religiöse (in diesem Fall jüdische) Bildwelt.[173] (Eine christliche Adaption des Themas bietet ein byzantinisches Fußbodenmosaik aus Jerusalem, das sich heute im Archäologischen Museum Istanbul befindet.) Es wird vermutet, dass von Ägypten beeinflusste Künstler einer „Gaza-

24 Fußbodenmosaik in der Anlage von Mukheitim (Ausschnitt).

25 Der Ausstellungsraum im Hotelkomplex al-Mathaf (2023).

Schule" Urheber dieses Fußbodens waren und dass die gleiche Werkstatt diese Mosaiken gefertigt hat, die auch in anderen Kirchen der Gaza-Region wie der von Abu Baraka (Deir al-Balah), in Hazor-Aschdod oder Shellal tätig war.[174]

Nur ein paar kleine Museen im Gazastreifen selbst bewahren bzw. bewahrten das Erbe der Region. Der ehemalige Palast des Pascha am Rand der Altstadt, Sitz des Gouverneurs in mamlukischer und osmanischer Zeit, wurde in ein archäologisches Museum verwandelt, und das Qarara-Kulturzentrum im Süden des Gazastreifens besaß eine Sammlung byzantinischer Keramik. Der Bauunternehmer Jawdat Khoudary erbaute 2008 im nördlichen Gazastreifen (etwa im Bereich des antiken Anthedon) direkt an der Küstenstraße einen „al-Mathaf" („Das Museum") genannten Hotel- und Restaurantkomplex, in dem er u.a. seine Sammlung archäologischer Artefakte ausstellte.[175] Darunter waren Säulen, Kapitelle, Kleinkunst und einige christliche

26 Byzantinische Grabsteine - rechts der des Priesters und Archimandriten Alexander.

Grabsteine aus byzantinischer Zeit – u. a. der des Priesters und Archimandriten Alexander († 505).[176] (Ende 2003 wurde der gesamte Komplex verwüstet.) Einige wertvolle Objekte blieben nach einer Ausstellung 2006 im Museum für Kunst und Geschichte (MAH) in Genf.

Im Israelmuseum wird ein sogenannter Brotstempel (für die Kennzeichnung eucharistischer Brote) mit eine Darstellung Marias zwischen zwei Soldatenheiligen (?) aus Khirbat Deir Dusawi (106.101) östlich von Gaza gezeigt.[177]

Aus Gaza soll schließlich auch ein bemerkenswertes Objekt stammen, das sich heute in einer Pariser Privatsammlung befindet.[178] Es handelt sich um eine antike Jaspis-Gemme mit der Darstellung eines Gekreuzigten. Der Beginn der Beischrift lautet vermutlich (grammatisch nicht ganz korrekt): *Yie Pater Iesou Christe* („Sohn des Vaters, Jesus Christus …). Auf der Außen- bzw. Rückseite findet sich oben eine Vokalisation des Gottesnamens (*IOE*); es folgen teilweise unverständliche Beschwörungsformeln. Die Gemme wird als magisches Amulett aus Ägypten gedeutet, und wenn die von Forschern vorgenommene Datierung auf das Ende des 2. oder den Anfang des 3. Jh. korrekt ist, wäre das eine der frühesten Kreuzigungsdarstellungen überhaupt – auch wenn der Kontext und mehr noch der Glaube von Graveur und Träger unbestimmt bleiben müssen. Die Kombination von „starken“ Zeichen, Worten und Formeln aus verschiedenen „Religionen“ war in dieser Zeit nicht unüblich.

27 Jaspis-Gemme mit Darstellung eines Gekreuzigten (Vorder- und Rückseite).

7. Heilige Soldaten Christi

Die frühislamische Zeit

Wie an vielen Stellen im Heiligen Land ist auch für Gaza unklar, ob und welche Zerstörungen die persische Eroberung im Jahr 614 angerichtet hat. Sicher ist aber, dass Gaza die erste Stadt in Palästina war, die sich mit den muslimischen Arabern auseinandersetzen musste: Schon im Februar 634 erfolgte ein Angriff aus Richtung der Arava und des Negev, wo die Muslime zunächst die Arabisch sprechenden, halb-nomadischen Stämme unter ihre Kontrolle brachten – ein christliches Heer unter dem Statthalter Sergius wollte nach Gaza fliehen, wurde aber in dieser ersten Schlacht zwischen Byzantinern und Arabern geschlagen. Zu einer weiteren Schlacht kam es wohl im Juli des gleichen Jahres – auch das größere Heer unter dem Bruder des Kaisers, Patricius, wurde nördlich von Gaza geschlagen. Für kurze Zeit lag dann Gaza wie eine Insel in einem von Feinden besetzten Umland, bis im Mai 637 die Belagerung unter Amr ibn al-As, der das südliche Palästina durch Handelsreisen kannte, begann. Nach Übergabe der Stadt zog er weiter und eroberte wenig später Ägypten, wohin sich die byzantinischen Truppen zurückgezogen hatten.[179]

Dabei gingen der Übergabe Verhandlungen mit der Bevölkerung voraus, die denn auch verschont wurde. Möglicherweise gab es an diesem Endpunkt der Handelsstraße durch die arabische Wüste auch schon eine Kolonie von Arabern – nicht umsonst berichtet die Überlieferung, dass Mohammeds Urgroßvater, Hashem ben Abed Munaf (nach dem die Haschemiten benannt sind), im Jahr 510 in Gaza gestorben und der spätere Kalif Omar in Gaza reich geworden sei.[180] Von den christlichen Soldaten der dort stationieren Garnison – eine der wenigen, die der arabischen Eroberung des Landes militärisch Widerstand leistete – wurde der Übertritt zum Islam verlangt. Weil sie sich weigerten, wurden sie zu den ersten Märtyrern im Kampf zwischen Christen und Muslimen.

Neue Märtyrer

28 Die vierzig Märtyrer von Sebaste. Elfenbeinrelief, 10. Jh., Museum für Byzantinische Kunst, Berlin.

Eine sogenannte „Passio“ (Leidensgeschichte) berichtet – mit legendenhaften Elementen, aber doch wohl weitgehend zuverlässig – die Geschichte dieser 60 Märtyrer von Gaza ausführlich:[181]

> „1. Das Martyrium der 60 Soldaten Christi, die während der Herrschaft unseres Herrn Jesus Christus im 27. Jahr des gottgekrönten Kaisers Heraklius von den gottlosen Sarazenen in der christusliebenden Stadt Gaza gefangen genommen wurden. Zu jener Zeit belagerten die gottlosen Sarazenen die christusliebende Stadt Gaza. Aus der Not heraus suchte die Stadt nach einer Einigung, und diese wurde erzielt. Sie gaben den Sarazenen ihr Wort, abgesehen von den Soldaten, die in derselben Stadt gefangen genommen worden waren. Als sie in die Stadt eindrangen und die meisten christlichen Soldaten gefangen nahmen, warfen sie sie ins Gefängnis. Am nächsten Tag befahl Ambrus[182], die heiligen Soldaten Christi vorzuführen. Er versuchte, die vor ihn Geführten zu zwingen, ihr Bekenntnis zu Christus und dem kostbaren und lebensspendenden Kreuz unseres Herrn Jesus Christus aufzugeben. Als sie sich jedoch nicht fügten, befahl Ambrus, sie von ihren Frauen, Söhnen und Waffen zu trennen und erneut ins Gefängnis zu werfen ... (Schließlich) besann sich der böse Ambrus, gab den Sarazenen Befehle, holte sie aus dem Gefängnis und befahl, sie in der Heiligen Stadt ins Gefängnis zu werfen.[183] Als er dies erfuhr, besuchte der heiligste Patriarch Sophronius sie bei Nacht und ermahnte und bat sie, nicht von ihrem Bekenntnis zu Christus, der für uns gelitten hat, abzuweichen, und dass nicht einer von ihnen vom Glauben an

unseren Herrn Jesus Christus getrennt werde. Auch der Oberste der heiligen Märtyrer Christi, Callinicus mit Namen, tat es ihnen gleich, indem er sie täglich ermahnte und bat, die 40 heiligen Märtyrer[184] nachzuahmen. Doch der Teufel inspirierte den gottlosen Ambrus erneut, und nach zehn Monaten schrieb er bezüglich der heiligen Märtyrer an Ammiras[185], den Anführer in der heiligen Stadt, und forderte ihn auf, zu den heiligen Märtyrern ins Gefängnis zu gehen und ihnen zu sagen, sie sollten ihren Glauben verleugnen. Und wenn sie sich bereit erklärten, Christus zu verleugnen, solle man ihnen die Eisen abnehmen und sie mit großer Ehre weiterschicken; wenn sie sich aber weigerten, sich zu unterwerfen, solle man ihren Anführer zusammen mit neun anderen vor ihren Augen enthaupten, damit die anderen, wenn sie dies sähen, vielleicht von Angst geleitet würden und ihren Glauben verleugneten.
2. Als er dies hörte, ruhte der heiligste Patriarch Sophronius in dieser Nacht nicht, sondern flehte jeden einzelnen unter Tränen an und erinnerte sie an ihren Glauben an Christus. So geschah es, dass, als Ammiras zu ihnen kam, sie aus dem Gefängnis entließ und ihnen vorlas, was Ambrus geschrieben hatte, die heiligen Märtyrer Christi sich seinen Befehlen nicht fügten, sondern sich alle gemeinsam zum Glauben an unseren Herrn Christus bekannten. Daraufhin ließ Ammiras im Zorn die Heiligen vor die Tore der Stadt werfen und befahl, ihren Anführer zusammen mit neun anderen Märtyrern zu enthaupten. Der heiligste Patriarch Sophronius nahm sie mit und begrub sie an dem Ort, an dem auch die Kirche des heiligen Stephanus, des ersten Märtyrers, steht. Dies sind die Namen der Heiligen, die in der heiligen Stadt Gottes gelitten haben: von der Einheit der Skythen - Callidicus, Imerius, Illustrius, Theodor, Stephanus; von der Einheit der Voluntarii - Petrus, Paulus, Theodor, Johannes und ein weiterer Johannes. Diese Märtyrer Christi starben am 11. November während der 13. Indiktion.
3. Die anderen Heiligen wurden ins Gefängnis zurückgebracht. Ammiras schrieb an Ambrus: ‚Ich habe gemäß deinem Befehl gehandelt, und als diese Soldaten sich nicht fügten, habe ich ihnen die Todesstrafe auferlegt, die anderen aber ins Gefängnis gesperrt. Schreibt mir zurück, welches Vorgehen euch am besten erscheint.' Nach dreißig Tagen aber pflanzte der Teufel wieder Böses in das Herz des Ambrus, und er befahl Ammiras, die anderen Heiligen in Eisen zu ihm zu schicken, und die Märtyrer Christi standen gemeinsam vor Ambrus. Ambrus befahl, ihre Frauen und Söhne vorzuführen. Als diese herbeigebracht worden waren, sagte Ambrus zu den heiligen Märtyrern Christi: ‚Wie halsstarrig seid ihr, dass ihr euch uns nicht unterwerfen wollt, was unsere Riten angeht! Wenn ihr euch uns unterwerft, werdet ihr eure Frauen und Söhne haben und wie wir sein und wie einer von uns geehrt werden; wenn ihr es aber nicht tut, werdet ihr auch das erleiden, was eure Mitstreiter erlitten haben.' Da antworteten die heiligen Märtyrer gemeinsam dem Ambrus und sagten: ‚Niemand kann uns von der Liebe Christi trennen, weder Frauen, noch Söhne, noch alle Reichtümer dieser Welt, sondern wir sind Diener Christi, des Sohnes des lebendigen Gottes, und wir sind bereit, für den zu sterben, der für uns gestorben und auferstanden ist.' Als der grausame Ambrus dies hörte, wurde er zornig, sein Gesicht veränderte sich, und

er befahl, die heiligen Märtyrer Christi von einer Schar Sarazenen zu umzingeln und sie auf diese Weise wegen ihres Glaubens an Christus auf bösartige Weise zu töten. Als sie auf diese Weise gestorben waren, kamen einige christusliebende Männer und kauften ihre Leichen und zahlten 3.000 solidi dafür. Und sie begruben die Märtyrer Christi mit großer Ehre, legten sie in Eleutheropolis zur letzten Ruhe und bauten dort eine Kirche, in der die heilige, lebenspendende und wesensgleiche Dreifaltigkeit angebetet wird.

4. Dies sind die Namen der Heiligen, die für ihren Glauben an Christus gestorben sind – aus der Einheit der Skythen: Johannes, Paulus und ein anderer Johannes, Paulus, Photinus, Zitas, Eugenius, Musilius, Johannes, Stephanus, Theodor, Johannes und sein Sohn Theodor, Georg, Theopentus, Georg, Sergius, Georg, Theodor, Quiriacus, Johannes, Zitas und Johannes, Philoxenus, Georg, Johannes, Georg. Aus der Einheit der Voluntarii: Theodor, Epiphanius, Johannes, Theodor, Sergius, Georg, Thomas, Stephen, Conon, Theodor, Paulus, Johannes, Georg, Johannes und Johannes, Paulinus, Galumas, Habramius, Mermicius und Marinus. Diese Märtyrer Christi starben am 17. Dezember, am 5. Tag der Woche, zur 6. Stunde, in der 13. Indiktion, im 28. Jahr des Kaisers Heraklius, während der Herrschaft unseres Herrn Jesus Christus, der mit dem Vater und dem Heiligen Geist lebt und regiert in alle Ewigkeit. Amen.

Ein größerer Teil der Bewohner von Gaza und Umgebung dürfte bald den Islam angenommen haben. Ob und wann nach der Eroberung der Stadt Kirchen in Moscheen umgewandelt wurden bzw. an ihrer Stelle islamische Neubauten errichtet wurden, ist nicht klar. Prinzipiell ist bzgl. der Hauptkirche (der „Eudoxiana“) erneut ein ähnliches Vorgehen wie in Damaskus vorstellbar, wo am Ort der Kathedrale – die ihrerseits den früheren Haupttempel ersetzt hatte – die Omaijaden-Moschee entstand und die Umfassungsmauer des Tempels weiterhin erhalten blieb, die ja schon beim Bau der Kirche verschont worden war. Der Jerusalemer Geograph al-Muquddasi sah jedenfalls im Jahr 985 eine Moschee in Gaza.[186] Andere Bauten wurden zweifellos neu errichtet – so z. B. ein Heiligtum über dem Grab von Mohammeds Urgroßvater. (Die heutige Sayed al-Hashem-Moschee ist allerdings erst seit dem 12. Jh. an dieser Stelle bezeugt.)

Mönche und Pilger

29 Kosmas der Melode, Fresko, Seitenkapelle (Parekklesion) der Chora-Kirche, Istanbul.

Dennoch war in der Region Gaza – wie auch andernorts – die arabische Eroberung nicht mit einem Verschwinden der nicht-islamischen Religionen verbunden. Es gab weiterhin Juden und Samaritaner – und Christen. Das belegt für die frühislamische Zeit u. a. die Lebensgeschichte des Kosmas von Maiuma († 773 oder 794) – besser bekannt unter dem Namen Kosmas der Melode. Er wurde in Jerusalem geboren und von Sergius, einem hohen Beamten am Kalifenhof und Vater des Johannes von Damaskus, als Waisenknabe als dessen Milchbruder erzogen. Zusammen mit diesem zog er sich später ins Sabas-Kloster zurück, bis er 743 Bischof von Maiuma wurde. Er war einer der bedeutendsten Dichter von griechischen Hymnen der orthodoxen Kirche, die ursprünglich nur für den Bereich der Kirche von Jerusalem bestimmt waren, aber später von der gesamten östlichen Kirche übernommen wurden. (Von ihm stammen insgesamt 14 Kanones in den heutigen liturgischen Büchern, darunter als bekannteste Komposition *Axion estin* …, „Ehrenhafter als die Cherubim …").[187] Er wird von der orthodoxen und der katholischen Kirche als Heiliger verehrt.

Nicht zuletzt Pilger besuchten weiterhin die Region von Gaza – wenn auch deutlich weniger als zuvor. Erhalten ist etwa der Bericht über die Reise des Willibald, später erster Bischof von Eichstätt, der als bewusst heimatloser Wanderer ab 724 mehrere Jahre das Heilige Land durchstreifte. Darin schreibt die Verfasserin, die Nonne Hugeburc, der Willibald selbst über seine Reise berichtet hat, über die Erlebnisse nach dem Besuch des Klosters Mar Saba in der judäischen Wüste:

> „Und von da kamen sie an den Ort, wo Philippus den Eunuchen taufte. Und dort ist eine kleine Kirche in einem großen Tal zwischen Bethlehem und Gaza.[188] Und von da gingen sie nach Gaza. Dort ist eine heilige Stätte. Und daselbst beteten sie und gingen zum heiligen Matthias."[189]

Unklar ist, welche „heilige Stätte" Willibald mit seinen Gefährten in Gaza besuchte – ob er angesichts seines Interesses an Heiligengräbern, von denen er schon auf seiner Reise ins Heilige Land viele besucht hatte, das Grab des Hilarion oder das des Viktor aufgesucht hat? Das in der genannten Lebensbeschreibung mit dem Reisebericht im Anschluss an den Besuch in Gaza erwähnte Matthias-Heiligtum lag jedenfalls nicht dort,[190] sondern in Bethamar (heute Beit Ummar bei Hebron, mit einem Heiligtum von „Nabi Matta"). Auch Bernhard der Mönch kam bei seiner Pilgerreise 867/870, die er in Ägypten begann, mit seinen Begleitern über Gaza, *„das Simsons Stadt war und voll (ist) von Gütern aller Art"*.[191]

Dennoch begann in dieser Zeit auch der Verfall der Klöster und Kirchen in und um Gaza – verstärkt noch durch verschiedene Erdbeben. Statt bedeutenden Mönchen kamen nun v.a. islamische Gelehrte aus Gaza – der berühmteste war Mohammad Ibn Idris al-Shafi'i (ca. 767–820), nach dem später die Anhänger einer der vier islamischen Rechtsschulen, die Schafiiten, benannt wurden. Auch für den Handel blieb Gaza bedeutsam: Über den Hafen der Stadt wurde nun zwar nicht mehr Wein in den Westen geliefert – dafür gelangten im 10. Jh. die ersten Orangenbäume aus Indien über Gaza in den Mittelmeerraum.[192]

30 Willibald von Eichstätt als Pilger. Mosaik von Br. Radbod Commandeur OSB in der Dormitio-Abtei, Jerusalem, um 1939.

Sulaiman von Gaza

Trotz der langsam fortschreitenden Islamisierung der Region bestand aber die christliche Gemeinde von Gaza weiter. Um das Jahr 1000 wirkte dort Sulaiman ibn Hasan al-Ghazzi (Salomo von Gaza), der erste christliche Dichter in arabischer Sprache der islamischen Zeit. Er war als junger Mann kurzzeitig Mönch geworden, hatte dann aber bald geheiratet. Nach dem Tod von Frau und Sohn wurde er als alter Mann Anfang des 11. Jh. zum Bischof geweiht. Er verfasste sechs Prosawerke, darunter eines über die Trinität und eine Apologie des chalkedonensischen Glaubens. Dabei übernahm Sulaiman vieles von Theodor Abu Qurrah (um 750–830), einem der frühesten arabisch schreibenden christlichen Theologen. In den Schriften „Über die Erlösung durch das Kreuz" und „Über das Universum und den Menschen als Mikrokosmos aus geistlichen und sinnlichen Elementen" macht er aber auch eigenständigen Gebrauch von kosmologischen Ideen, die denen der muslimischen „Brüder der Reinheit" ähneln.[193]

Sein bedeutendstes Werk ist jedoch der „Diwan" – die 97 Oden (mit insgesamt 3.000 Versen) geben nicht nur Auskunft über sein Leben, sondern behandeln neben vielen geistlichen Themen auch die diskriminierenden Maßnahmen des fatimidischen Kalifen al-Hakim gegen die Christen und beklagen die Zerstörung der Jerusalemer Grabeskirche im Jahr 1009. Er erwähnt den Islam nicht direkt, meint ihn aber wohl, wenn er andere ältere Häresien beschreibt und bekämpft: *„Und eine Gruppe sagt, dass der Christus Gottes zu ehrenhaft ist, um die Strafe eines brutalen Verbrechers zu erhalten."*[194] Das Ziel des Werkes war es aber in erster Linie, *„Gott wie in den Psalmen zu loben"*, und *„Nichtchristen den christlichen Glauben in Ausdrücken vorzustellen, die sie lieben"*.[195]

Zwei Texte vermitteln einen Eindruck seiner Poesie. Der eine beschreibt mit Freude die Kirche und die Vielfalt in ihr:

> „Die Weisheit hat ihr ein Haus errichtet / Das sich auf Pfeilern und Säulen zum Himmel erhebt, / Gebildet aus Chrysolith, / Edelsteinen, Saphiren und Perlen. / Ihr Fundament ist der Fels des Glaubens, / Tief verwurzelt mit Pfeilern und Mauern. / Alle Geschöpfe sind erfreut, sie zu sehen / Wenn sie in Ethnien und Farben erscheint. / Byzantiner, Russen und Franken / Verbunden mit Indern, Abchasen und Alanen / Armeniern und Petschenegen in Einigkeit / Mit dem Volk der Dschazira, nämlich Harran. / Und auch Kopten, in Unterägypten, versammeln sich / Von Oberägypten bis Kusch und Assuan.

> /Das Volk von Schiraz und Ahwaz in Eintracht/Mit dem Irak, bis ins fernste Khorasan./Von der Stätte des Sonnenaufgangs bis zur Stätte des Sonnenuntergangs./ Weiß, blond und braun in ihren Kirchen/Lobt Gott mit den Gelben und den Schwarzen./Sie alle sind zum Glauben an Christus gekommen/Und werden geführt, gewinnen Gewinn aus Verlust./Siebzig Nationen, jede mit einer eigenen Sprache/Von der einen syrischen Sprache abzweigend./Hebräisch war die Sprache der Apostel Gottes[196]/Bevor sie mit der Mission des Evangeliums aufbrachen."[197]

Eine Besonderheit von Sulaimans Dichtung ist zudem die Verbindung seiner persönlichen Geschichte mit dem Glauben. Besonders deutlich wird das in einem anderen Gedicht, das man fast „Zwiegespräch eines Lebensmüden mit seiner Seele"[198] nennen könnte:

> „Meine Seele, suche nicht nach flüchtigem Reichtum,/Auch wenn du gierig nach dieser Welt strebst./Hast du nicht eine Lektion aus dem Evangelium gehört,/die uns beide zur Frömmigkeit führen wird?/Der Herr hat nicht die Reichen seine Brüder genannt,/sondern die Schwachen und Elenden./O Seele, höre nicht auf die, die von der Wahrheit abgewichen sind,/sondern gehorche mir im Glauben./
> Ich habe einen Sohn großgezogen, von dem ich dachte, er würde mich nach dem Tod beerben,/Aber mein Sohn starb vor mir./Die Nacht holte ihn ein,/und hinterließ einen Vater, der traurig und verzweifelt war./In seiner Jugend war sein Körper gebogen wie ein Weidenzweig,/oder wie ein Basilikumzweig./Ich begrub einen zwanzigjährigen Sohn, und hier bin ich/Ein alter Mann, der achtzig Jahre alt geworden ist./Könnte ich ihn erlösen, würde mich sein Tod nicht so betrüben,/Aber wie kann ich denjenigen erlösen, der mich erlösen sollte?/Ich bin abgeneigt gegenüber denen, die mir freundlich gesinnt sind./Ich weine um ihn, und keiner von ihnen kann mich trösten./
> Ich wünschte, den Rest meines Lebens/in Klöstern Buße zu tun, damit meine Seele nicht bereut,/Wenn ich nicht einen Haushalt zu versorgen und zu unterhalten hätte,/Die mich an der Entsagung hindern./O Seele, sei demütig zu allen Menschen/Und vergib denen, die Böses tun./Gib den Hungrigen zu essen und den Durstigen zu trinken,/Tu, was das Evangelium befiehlt./Bekleide die Nackten, tröste alle, die Schmerzen haben,/Nimm die Fremden und die Betrübten auf./Lass dich nicht von der Welt und ihrer Schönheit täuschen./Sie wird nicht unverändert bleiben./Mein Körper ist aus Staub, und in Staub wird der Tod mich auflösen./Weine, o Seele, wenn ich nachts auf meinem Sterbebett liege,/Umgeben von meinen Lieben/So dass ich sterben kann und sie mir beim Abschied helfen können,/Und mich in einen Sarg legen./Sie tragen mich auf ihren Schultern und lassen mich nicht fallen,/und legen mich in die Gruft./O Herr, bedecke meine Taten, wenn sie offenbart werden,/Am Tag der Auferstehung, geschrieben auf einer Schriftrolle./Die Kirche

> Gottes ist mir lieber und behütet mich mehr / als jedes Kindermädchen, das mich einst aufzog."[199]

Sulaiman al-Ghazzi starb 1027 – nur gut 70 Jahre später eroberten Christen aus dem Westen, die Kreuzfahrer, das Heilige Land und beeinflussten damit auch das Schicksal der einheimischen Christen für alle Zukunft.

8. „Die uralte Stadt Gaza wiederaufzubauen“

Die Zeit der Kreuzfahrer

Während der Kreuzfahrerzeit geriet Gaza v. a. ab Mitte des 12. Jh. in den Blick der Verantwortlichen des Lateinischen Königreiches Jerusalem: 1099 war Jerusalem von den Christen erobert worden, aber das nördlich von Gaza gelegene Ascalon (wie die Kreuzritter Aschkelon nannten) war als Vorposten der ägyptischen Fatimiden immer noch in feindlicher Hand. Nach und nach versuchte man, es durch neu errichtete Burgen im Norden und Osten (z. B. Blanchegarde und Bethgibelin) „einzukreisen“. Das südlich direkt an der Straße nach Ägypten gelegene Gaza schloss dann den Kreis.

Gaza als Kreuzfahrerfestung

Bischof Wilhelm von Tyrus berichtet in seinem zwischen 1168 und 1186 verfassten Werk „Historia rerum in partibus transmarinis gestarum“ (Geschichte der Geschehnisse in den überseeischen Gebieten) ausführlich über die Ereignisse des Jahres 1149 und die Errichtung einer Burg in Gaza unter König Balduin III. (1143–62):

> „Sie beschlossen nämlich, um ihre gräulichen Feinde in Askalon noch mehr im Zaume zu halten und sie wie von Mitternacht und von Morgen her, wo sie sie mit Burgen gleichsam umlagert hatten, so auch auf der Mittagsseite einzuschließen, die uralte Stadt Gaza, die zehn Meilen von Askalon in der Richtung gegen Mittag unbewohnt und zerstört dalag, wieder aufzubauen, damit sie auch von hier aus ihre Feinde ununterbrochen beunruhigen könnten. Am festgesetzten Tage also versammelte sich das ganze Volk wie ein Mann an dem genannten Ort und griff einmütig das Werk an, die Stadt um die Wette wieder aufzubauen. Dieses Gaza war nämlich eine sehr alte Stadt und eine der fünf Philisterstädte, deren einstige Herrlichkeit aus den Trümmern der Kirchen und großen Gebäude, aus dem vielen Marmor und den großen Steinen

> wie aus der Menge der Zisternen und Behälter von lebendigen Wassern sattsam zu ersehen war. Sie war auf einer kleinen Anhöhe gelegen und hatte einen großen Umfang innerhalb ihrer Mauern. Da aber die Unseren sahen, dass es gerade ungelegen kam und vielleicht auch nicht möglich wäre, die ganze Stadt wieder aufzubauen, so nahmen sie bloß von einem Teil des genannten Hügels Besitz. Hier legten sie nun tiefe Fundamente und bauten und vollendeten mit Gottes Hilfe in kurzer Zeit und glücklich ein festes Werk mit Mauern und Türmen. Als es fertig und nach allen Teilen vollendet war, übergaben sie es nach gemeinschaftlichem Beschluss samt dem ganzen umliegenden Land den Brüdern der Tempelritterschaft zur Bewachung und zum immerwährenden Besitz. Diese hielten die Burg als tapfere und mutige Männer mit Treue und Klugheit bis auf den heutigen Tag instand und setzten der Stadt durch häufige Angriffe, die sie bald versteckt, bald offen auf sie machten, so zu, daß die, die früher zum Schrecken der Unsrigen das ganze Land durchstreift und verheert hatten, es jetzt für das höchste Gut hielten, wenn sie mit Geld oder Bitten auf einige Zeit Frieden erhalten und in Ruhe hinter ihren Mauern leben durften.
> Der Platz war aber nicht nur für die Zeit, wo die genannte Stadt, gegen die man ihn erbaut hatte, noch widerspenstig gegen uns war, von großem Nutzen, sondern auch nach Eroberung dieser Stadt gewährte er als der mittägliche Grenzort gegen Ägypten dem Land guten Schutz. Nachdem aber um Frühlingsanfang, als die innere Stadt zum Teil vollendet war, der König und der Patriarch die Sorge für das Weitere den Tempelrittern anvertraut hatten und nach Jerusalem zurückgekehrt waren, geschah es, daß die ägyptischen Hilfsmannschaften, welche jährlich drei- oder viermal zur Verstärkung der Bürger von Askalon gesandt wurden, in schwerer Menge vor dem genannten Platz erschienen und die Besatzung, welche sich aus Furcht vor den Feinden hinter die Mauer zurückgezogen hatte, mit großer Hitze bestürmte. Als aber die Anführer der Heere nach einigen Tagen sahen, dass sie nichts ausrichten können, zogen sie nach Askalon. Von diesem Tag an gaben sie es also auf, das umliegende Land zu beunruhigen, denn ihre Kräfte waren völlig aufgerieben, und es war ihnen unmöglich gemacht worden, den Unseren weiteren Schaden zuzufügen. Aber auch das ägyptische Heer, das wie früher gesagt bisher so oft der bedrängten Stadt zu Hilfe gekommen war, kam aus Furcht, daß die Besatzung der genannten Burgmächte ihnen einen Hinterhalt lege, von jetzt nur noch zur See heran."[200]

Tatsächlich konnte das für die Fatimiden danach nur noch von See her erreichbare Aschkelon 1153 von den Christen erobert werden.

Von Gaza aus versuchten sie ab 1164 dann sogar Ägypten selbst zu erobern, was jedoch scheiterte. Stattdessen geriet das Land am Nil 1169 unter die Kontrolle von Salah ad-Din (Saladin), der als Herr von Syrien, dem Ostjordanland und Ägypten den Kreuzfahrerstaat so von Norden, Osten und Süden in die Zange nehmen konnte.

31 Belagerung von Artah 1097 durch Kreuzfahrertruppen, französische Buchmalerei, 14. Jh., Bibliothèque nationale de France.

Deshalb errichteten die Templer, denen Gaza – oder wie es nun oft hieß: Gazara[201] –übergeben worden war, weil nur die Orden solchen Aufgaben noch gewachsen waren, südlich von Gaza in Darum (so der damalige Name des heutigen Deir al-Balah[202]) bald eine zusätzliche, kleine Festung mit vier Türmen. Zu dieser gehörten auch ein Dorf und eine Kirche.[203] Doch bei seinem ersten Angriff auf Gaza 1170 umging Saladin diesen Vorposten und griff die Stadt direkt an, wobei es viele Opfer gab, die nicht in die Zitadelle aufgenommen worden waren. Nur diese Burg konnte von den Templern gehalten werden. Auch Saladins zweiter Angriff 1177 blieb erfolglos – im nördlich gelegenen Gezer / Montgisard, wohin er weiterzog, erlitt er eine Niederlage, die dem christlichen Königreich Jerusalem noch einmal ein friedliches Jahrzehnt mit Waffenstillstand bescherte.

Doch 1187, nach der für die Kreuzfahrer vernichtenden Schlacht bei den Hörnern von Hattin, musste auch Gaza an Saladin übergeben werden – im Austausch gegen den gefangen genommenen Hochmeister der Templer, Gerhard von Ridefort. Aus Sorge vor einer Rückeroberung durch die Ritter des 3. Kreuzzuges unter Richard Löwenherz ließ Saladin die Mauern der Stadt Gaza und die Burg 1191 schleifen. Als die Rückeroberung dennoch gelang, ließ Richard sie 1192 noch einmal reparieren, doch schon ein Jahr später wurden die Mauern – wie im Vertrag von Jaffa / Ramla 1192 festgelegt – erneut niedergerissen, und Gaza kam auf Dauer in den Besitz der Muslime.[204]

Gaza ist auch mit dem endgültigen Ende der Kreuzfahrerherrschaft in der Levante verbunden: Beim sogenannten „Kreuzzug der Barone“ (1239–41) wurde gleich zu Anfang ein christlich-muslimisches Heer unter Führung von Theobald, Graf der Champagne und König von Navarra, bei Gaza vernichtet. 1242 konnte man in der Nähe noch einmal einen Erfolg gegen ein ägyptisches Heer erringen, das nach Gaza zurückgetrieben wurde, aber 1244 besiegten die ägyptischen Mamluken das Hauptheer der Kreuzfahrer bei La Forbie, nördlich von Gaza. Die kurze Zeitspanne der erneuten lateinischen Oberhoheit über Jerusalem und die heiligen Stätten, die mit dem Vertrag zwischen Kaiser Friedrich II. und Sultan al-Kamil 1229 begonnen hatte, fand damit ihr Ende. Das siegreiche muslimische Heer wurde unterstützt von Choresmiern, die sich – von den Mongolen vertrieben – in den Dienst der Mamluken gestellt und kurz zuvor Jerusalem erobert hatten. Befehlshaber der Mamluken war Baibars (1223–77), dessen Aufstieg damit begann und der als Sultan ab 1260 – als Gaza kurzzeitig der westlichste Punkt des Reiches der Mongolen war – diese Feinde aus dem Osten besiegte und dann das Ende der letzten verbliebenen Kreuzfahrer-Städte an der Küste des Heiligen Landes einleitete.[205]

Spuren der Kreuzfahrerzeit

Jahrhunderte später berichtet ein Besucher Gazas von einer Volksetymologie für das Wort „Gazette“: Weil die Kreuzritter vom Hafen Gaza aus Briefe in die Heimat geschickt hätten, seien auch die ersten Zeitungen in Europa Gazette genannt worden.[206] (Tatsächlich geht der Begriff auf das venezianische Wort *gazeta* für eine in Venedig geprägte Münze von geringem Wert zurück. Sie war der Preis für die ersten von der venezianischen Regierung herausgegebenen handschriftlich hergestellten periodischen Blätter, die *gazeta delle novità* genannt wurden und Neuigkeiten über venezianische Unternehmungen verbreiteten.) Ähnliches gilt für das Wort „Gaze“: Es leitet sich wahrscheinlich vom arab. *qazz* für Seidengewebe ab, aber vermutet wurde auch ein Zusammenhang mit dem mittellateinischen Wort *gazzatum*, das sich angeblich von Gaza ableite, dem Hafen, über den „Gaze“ im Zeitalter der Kreuzzüge nach Europa gekommen sei.[207]

32 Die große Moschee von Gaza, die ehem. Kreuzfahrerkirche, 2023.

33 Die große Moschee von Gaza, Blick ins Innere, 2023.

Archäologische Spuren dieser Epoche finden sich v. a. in den noch vorhandenen Kirchen: Tatsächlich wurde die Hauptmoschee von Gaza zu großen Teilen aus den Überresten einer Kreuzfahrerkirche erbaut, die fälschlich oft als Kathedrale St. Johannes bezeichnet wird. Gaza besaß in der Kreuzfahrerzeit keinen Bischof, und der Bezug zu Johannes wurde erst später in muslimischer Zeit hergestellt. Von daher handelt es sich rechtlich gesehen um die ehemalige Pfarrkirche, die in ihren Dimensionen allerdings Bischofskirchen in anderen Orten der Levante ähnelt. (Ob diese Kirche am Ort der früheren Hauptmoschee errichtet wurde und ob diese wiederum andere Kultbauten ersetzte, ist – wie oben erwähnt – unklar.)

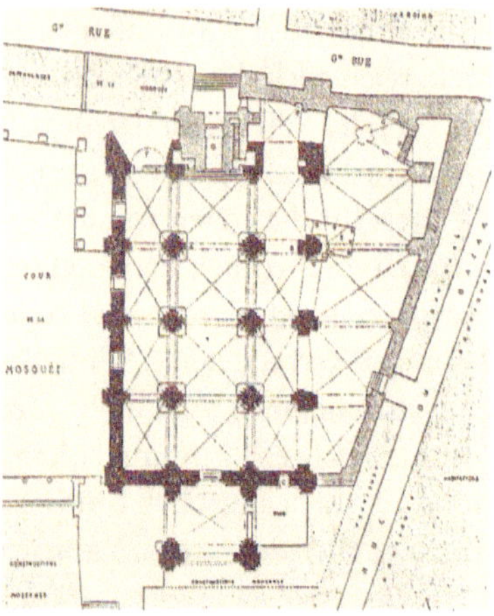

34 Grundriss der Großen Moschee (Kreuzfahrerkirche) von Gaza 1873/74.[209]

Der dreischiffige Bau aus der Zeit um 1150/60 blieb nach der muslimischen Eroberung weitgehend erhalten – Pfeiler, Kapitelle und Gewölbe blieben zum guten Teil unverändert. Über dem schön gestalteten, spitzbogigen Westportal blieb das Okulus-Fenster zu erkennen, das einst vielleicht eine Rose besaß. Im Inneren waren und sind mehrere Spolien, nicht zuletzt ältere Kapitelle verbaut; u. a. konnte man bis zur Beseitigung oder Übertünchung zur Zeit der Ersten Intifada (1987–93) an einem der Pfeiler zudem ein jüdisches Relief mit einer Menorah in einem Siegeskranz und einer zweisprachigen Stifterinschrift finden.[208]

35

36

37

35/36/37 Die Porphyrius-Kirche in Gaza 2023, dahinter das Minarett der Khatib al-Wilaya-Moschee.

Die kleine, einschiffige Porphyrius-Kirche stammt aus der gleichen Zeit. Ihre Lage deutlich unter dem heutigen Bodenniveau deutet an, dass hier ein älterer Vorgängerbau gestanden haben könnte. Sie wurde wohl schon 1173 dem „syrischen“ Bischof Meletus von Eleutheropolis übergeben und dient wohl seitdem als Kirche der einheimischen, orthodoxen Christen. Auch in ihr wurden Spolien verbaut; besonders an der Südseite ragen mehrere antike Säulenstümpfe aus der Mauer. Dort wurde auch eines der Fenster zu einem Zugang der Frauenempore erweitert. Neben der nördlichen Tür finden sich dagegen mehrere eingeritzte Pilgerinschriften.[210]

Heute steht direkt neben der Kirche die Khatib al-Wilaya-Moschee aus mamluckischer Zeit – dort nimmt angeblich eine Inschrift Bezug auf die Zerstörung des Marneion unter Bischof Porphyrius.

Möglicherweise geht die älteste Moschee von Deir al-Balah auf die kreuzfahrerzeitliche Kirche von Darum zurück (der einzigen bezeugten Kirche der Epoche in der Region Gaza neben den beiden genannten): In ihr ist v. a. eine Apsis mit zwei daneben liegenden Nischen bis heute gut zu erkennen; sie stammt entweder noch aus byzantinischer Zeit oder aus dem Mittelalter. Später wurde die Kirche in eine Moschee bzw. ein Heiligtum von al-Khadr („der Grüne“) umgewandelt.[211] Unter diesem Namen wird in der Region auch der hl. Georg verehrt. Vermutlich gehen Kirche und Moschee ursprünglich auf die Kultstätte eines kanaanäischen Fruchtbarkeitsgottes zurück.[212] 2016 wurde der Bau restauriert und seitdem als Bibliothek genutzt.

38 El-Khadr-Heiligtum von Deir al-Balah (nach der Renovierung).

In der Kreuzfahrerzeit waren zudem in der westlichen Christenheit die Simson-Erzählungen der Bibel besonders populär: Zum einen waren die biblischen Bücher Josua, Richter, Könige, in denen zahlreiche Kriegszüge und kriegerische Taten geschildert werden, in der Schicht des Rittertums beliebt – Simson und andere werden auch in Kreuzzugspredigten gern als „exempla", als Beispiele für vorbildliches Verhalten genannt.[213] Eine altfranzösische Auswahlübersetzung der Bibel aus dieser Zeit, die v. a. die genannten Schriften umfasst, behauptet sogar, diese „Geschichtsbücher" seien ausdrücklich für Ritter geschrieben worden. Zahlreiche Darstellungen zeigen deshalb, wie Simson die Stadttore von Gaza fortträgt oder den Palast der Philister zum Einsturz bringt.[214]

39 Simson mit den Stadttorenvon Gaza. Glasfenster aus dem ehem. Kloster Alpirsbach, um 1200.

40 Simsons Tod, Fußbodenmosaik in St. Gereon, Köln, um 1170.

9. „Die Stadt an einem schönen lustigen Ort"

Spätmittelalter und frühe Neuzeit

Mit Baibars und seinen Nachfolgern begann die Zeit der Mamlukenherrschaft. Nach den Erfahrungen der Kreuzfahrerzeit wurde nun der Bekehrungsdruck auf die einheimischen Christen erhöht. In Gaza wurde die Pfarrkirche der Kreuzfahrerzeit zur Omar-Moschee: Der Ostteil mit der Apsis wurde beseitigt, und von Sultan al-Mansur Husam ad-Din Lajin (1297–99), der Gerüchten zufolge zuvor christlicher Ordensritter gewesen war, wurde ein neues Osttor erbaut. Darüber ließ er zudem ein achteckiges Minarett errichten. Auch die Südwand wurde durchbrochen, so dass zusätzlicher Raum entstand und ein Mihrab (Gebetsnische) angefügt werden konnte. Der Zugang zur Moschee erfolgte seitdem von Norden, wo ein großer Hof angebaut wurde.[215] Zusätzlich zur Omar-Moschee wurde aber wohl im 14. Jh. eine neue Hauptmoschee in der Stadt errichtet, die der berühmte Reisende Ibn Battuta erwähnt.[216]

Die verbliebenen einheimischen orthodoxen Christen scharten sich im Südteil der Stadt um die Porphyrius-Kirche, so dass – ähnlich wie in Jerusalem – je ein muslimisches und ein christliches „Viertel" entstand.

41 Flucht nach Ägypten, koptische Ikone, Sergius und Bacchus-Kirche, Kairo.

Westliche Christen kamen weiterhin als Pilger, da Gaza eine wichtige Station auf dem Weg zum Katharinenkloster auf dem Sinai war. Es waren diese Pilger, die die Stadt auch mit einem Kurzaufenthalt der Heiligen Familie auf ihrer Flucht nach Ägypten (vgl. Mt 2,13–15) in Verbindung brachten – tatsächlich lag und liegt Gaza ja an der praktisch einzigen Straße, die vom Heiligen Land dorthin führt. Zu den frühen Zeugen dieser Tradition gehören Rudolph von Fraymensberg und Jakobus von Verona im 14. Jh.[217]

Einzelne Besucher kamen allerdings nicht als Pilger, sondern als Missionare. Zumindest einer von ihnen – der möglicherweise auch mit eben diesem Wunsch nach Gaza gekommen war – starb den Märtyrertod: 1370 predigte der Franziskaner Johannes von Neapel in Gaza und wurde zur Strafe „in Stücke gerissen". So berichtet es später mit Hinweis auf eine Ordenschronik der Kustos im Heiligen Land, Franziskus Quaresmius. Der weiß auch von zwei weiteren Pilgern, die 1555 in Gaza getötet wurden. Sie wurden sogar in der Kirche der Griechen, d. h. in oder bei der Porphyrius-Kirche, begraben.[218]

Doch in der Regel konnten die christlichen Pilger unbehelligt reisen; die größte Schwierigkeit für sie war oft die Tatsache, dass Wein nicht nur nicht zu bekommen war, sondern mitgebrachte Vorräte von strengen Muslimen vernichtet wurden.

Der russische Kaufmann Basilius erwähnt 1465/66 die Porphyrius-Kirche als Gotteshaus der „Allerreinsten" (Jungfrau Maria) – anscheinend war das ursprüngliche Patrozinium zeitweise in Vergessenheit geraten.[219] Einem jüdischen Besucher wie Meshullam von Volterra zeigte man 1481 auch angebliche Ruinen vom Dagon-Palast und vom Haus der Delila (die Simson durch das Abschneiden seiner Haare seiner Kraft beraubt hatte). Er berichtet außerdem:

> „In Gaza gibt es ungefähr fünfzig jüdische Familienoberhäupter. Sie arbeiten als Handwerker, wobei es unter ihnen auch Leute von großem Ansehen gibt. Sie verfügen über eine schöne und kleine Synagoge. Außerdem gehören ihnen Weinberge, Felder und Häuser ... Die Juden leben auf einer Anhöhe (und möge der Herr sie weiter erhöhen!). Auch das Haus der Delila befindet sich auf einem Hügel, und zwar am Eingang zur Giudecca."[220]

Pilger aus dem Abendland und ihre Abenteuer

Eine ausführliche Beschreibung ihrer Erlebnisse in Gaza überliefern auch der Mainzer Domherr Bernhard von Breydenbach und der Ulmer Dominikaner Felix Fabri, die 1483 gemeinsam Richtung Katharinenkloster unterwegs waren. Hinter Gaza zeigte man ihnen eine Raststation der Heiligen Familie und bei Gaza den Hügel, auf den Simson die Stadttore getragen haben soll – dieser „Verlegung“ des Bergs bei Hebron begegnet man hier zum ersten Mal. Die Reisenden waren beeindruckt von der Größe der Stadt („doppelt so groß wie Jerusalem“), trafen hier aber keine Lateiner, sondern nur orientalische Christen an. Allerdings war das Verhältnis der Konfessionen nach der Kreuzfahrerzeit bereits schwer gestört, so dass die Orthodoxen den Wunsch der Pilger, in der Kirche ihre Sonntagsmesse zu feiern, abschlägig beschieden. Felix Fabri berichtet:

> „Es gab in der ganzen Stadt keine lateinische Kirche, sondern nur eine griechische, die in unserer Nähe stand. Wir nahmen also unseren Kelch, unser Buch, unsere priesterlichen Gewänder und Altardecken, die wir alle aus Jerusalem mitgebracht hatten, und gingen mit all diesen Dingen in die griechische Kirche, um dort die Messe zu feiern. Wir schickten nach den Priestern dieser Kirche und baten sie demütig, uns einzulassen und uns einen Altar zu zeigen, an dem wir den Gottesdienst feiern könnten. Aber die Griechen weigerten sich, uns in ihre Kirche einzulassen, und schenkten unseren Bitten nicht mehr Beachtung, als wenn wir Juden gewesen wären, indem sie erklärten, sie wollten nicht, dass ihre Kirche durch unsere Gottesdienste entweiht und verunreinigt würde, und zwar mit einem neuen Anflug jenes unausrottbaren Hasses, den sie immer gegen die Kinder der lateinischen Kirche hegen. Alle Pilger ertrugen diese üblen Beleidigungen mit ungewöhnlicher Geduld und Gelassenheit, und so kehrten wir mit einiger Verwirrung zu unserem Hof zurück. Nachdem wir die ganze Angelegenheit überdacht hatten, schrieben wir diese Abfuhr, die uns die Griechen erteilten, der göttlichen Güte zu, die es nicht zuließ, dass wir die Messe in einer schismatischen und ketzerischen Kirche feierten, damit es nicht so aussah, als würden wir das Sakrament im Widerspruch zu den Gesetzen der katholischen Kirche zu uns nehmen.“

Er fährt fort:

> „Da wir von den Griechen so verächtlich behandelt wurden, erfanden wir eine andere Art, den Gottesdienst zu feiern, damit wir unsere Sonntage nicht verlieren. Wir trugen einen Haufen roher Steine in eine Ecke des Hofes, bauten einen Altar ohne Mörtel,

> stellten einen tragbaren Altar darauf, bedeckten ihn mit Tüchern, banden Seile um ihn herum, an denen Teppiche und Tücher hingen, und machten so eine Art Kapelle. Hier zündeten wir dann Kerzen an, verriegelten die Tür zum Hof und feierten unsere Sonntagsmesse in Ruhe, Stille und Andacht. Damit niemand während des feierlichen Gottesdienstes an die Tür klopfte, stellten wir Elphahallo, den Sarazenen, vor die Tür, um die Leute bis nach der Messe davon abzuhalten, dort anzuklopfen."

Sieht man von der Belästigung durch einen in der Lehmmauer hausenden Wespenschwarm ab, konnte die Messe von da an jeden Tag ungestört gefeiert werden.

Die bald nach dieser Reise erfolgte osmanische Eroberung des Heiligen Landes betraf auch Gaza: Nach seinem Sieg über den letzten Mamlukensultan zog Sultan Selim I. (1512–20) am 30. Dezember 1516 von Ramla nach Jerusalem, um dort die Gräber von David und Jesus zu besuchen sowie den Haram ash-Sharif (Tempelberg). Am nächsten Tag besuchte er Hebron, bevor er nach Gaza und dann nach Ägypten weiterzog. In Gaza verbreitete sich aber das Gerücht, dass die Türken dort geschlagen worden seien, und man ermordete die zurückgelassene Garnison. Als Vergeltung richtete der Sultan bei seiner Rückkehr ein Massaker unter den Bewohnern der Stadt an.[221]

Aus osmanischer Zeit sind Steuerlisten erhalten, die etwa für 1596 in Gaza 456 muslimische, 294 christliche, 73 jüdische und acht samaritanische Haushalte aufführen. Auch in Deir al-Balah gab es (neben 175 muslimischen) 125 christliche Familien – es waren die beiden Orte, wo sich die christli-

42 Jakobus der Ältere als Pilger mit drei Pilgerzeichen auf der Pilgerhutkrempe (die Pilger konnten sie sich „an den Hut stecken"); Detail im Predellabild des Flügelaltars von 1481 in der Filialkirche St. Anna in Frommengärsch, Vorarlberg.

che Bevölkerung konzentrierte. Günstig an der Küste und der Küstenstraße gelegen, war das relativ große Gaza die wichtigste Stadt Palästinas in osmanischer Zeit.

Der Bericht eines Pilgers aus dem 16. Jh. vermittelt einen guten Eindruck davon, wie diese die Stadt erlebten und was ihnen an biblischen Erinnerungsorten gezeigt wurde. Er stammt von Johannes Helffrich aus Leipzig, der in den Jahren 1565/66 ins Heilige Land, nach Ägypten und zum Sinai reiste. Er brachte die ersten Septembertage in Gaza zu, übernachtete in einem Haus für auswärtige Kaufleute und schreibt über Gaza:

> „... die Stadt an einem schönen lustigen Ort dergleichen ich auf der ganzen Reise nicht gefunden habe. Sie hat an drei Seiten schöne lustige und fruchtbare Gärten und Bauernhäuser. An der vierten Seite zum Meer hin ist lauter Sand und Wüstenei. Sie liegt etwa eine halbe deutsche Meile vom Meer gegen in Richtung Sonnenuntergang auf einem Hügel, weit und groß umgeben. Die Häuser sind aus Lehm und Holz, etliche sind auch aus Steinen erbaut. Es gibt dort auch viele türkische Kirchen, die sie Moscheen nennen, mit hohen schmalen Türmen verziert. Die Wohnung, in der der Saniaco[222], das ist der oberste Gubernator dieses Orts, Hof hält, ist ein fein lustiges Haus, auf seine Art aus Steinen erbaut. Außerhalb der Stadt (am Ende des Hügels, auf dem die Stadt steht) ist ein schöner, fester und tiefer Platz aus Mauerstücken in die Höhe eingefasst und gemauert. Dies zeigt man als das Fundament, auf dem der Palatium oder das Schloss der Philister gestanden sei, welches Samson zum Einsturz gebracht hat, wovon in der Bibel Lib[er] Iudicum Cap. 16 [Ri 16] Meldung erstattet wird. Auch sei Gaza eine Stadt der Philister gewesen, die dann als solche ihren alten Namen bis jetzt behalten hat, wobei diese von ihren Einwohnern in jetziger Zeit auch Gazaro genannt wird.
>
> Es wohnen in dieser Stadt sehr viel Christen. [Sie hat] auch besondere Kirchen und einen griechischen Bischof, der sich von den Almosen der Christen aushalten lassen muss. Sie haben neben der Kirche, in der der Bischof ist, noch zwei andere, aber benutzen sie nicht. Der Bischof hält alle seine Zeremonien auf Griechisch, obwohl die Christen als Einwohner die Morische [Arabische] Sprache reden und die Griechische nicht verstehen. In dieser Stadt Gaza bekommt man Brot, Hühner, Eier, Fleisch, Öl, Käse, Reis, Zwiebeln, Knoblauch und allerlei Obst, Pomerantzen [Bitterorangen], Zitronen, Limonen, Granatäpfel, Gurken und Augurien, eine Gurkenart, oder großen runden Kürbis [Melone?], gesund und gut zu essen für den Durst, so dass wir also die ganze Zeit keinen anderen Mangel hatten als Wein, welcher dort gar nicht zu bekommen war, so dass wir die ganze Zeit Wasser tranken. Da es an diesem Ort sehr viele Weintrauben gibt, habe ich davon einige Körbe voll gekauft und daraus in einem Christenhaus in einem Wassertrog Wein gemacht.“ [223]

Im Jahr 1588 wollten dann die Franziskaner, die ja seit 1342 als „Wächter der Heiligen Stätten" wieder im Heiligen Land tätig waren, ihre Tätigkeit auch auf Gaza ausweiten. In Abwesenheit des Kustos erwarb ein P. Klemens ein Haus als Unterkunft für Pilger. Es hatte zwei, später vier Zimmer und wurde verwaltet von einem einheimischen Christen namens Ibrahim, später von dessen Sohn. Es ist unklar, wie lange der Platz in Händen der Kustodie war – Anfang des 19. Jh. bestand diese Niederlassung jedenfalls nicht mehr.[224]

Insgesamt war die Zeit ab dem Ende des 16. Jh. von einem gewissen Niedergang der osmanischen Autorität, v. a. auch in den Randgebieten des Reiches, geprägt. Wohl deshalb verließ beispielsweise die Mehrheit der christlichen Bevölkerung von Shoubak (im heutigen Südjordanien), wo einst die Kreuzfahrerburg Mons regalis / Montreal gestanden hatte, ihre Heimat und ließ sich in Gaza nieder, das als sicher galt und das so zu einer der wichtigsten Städte mit christlicher Bevölkerung in Palästina wurde. Manche sahen Gaza in dieser Zeit als Hauptstadt Palästinas an.[225]

Eine kuriose Episode ereignete sich Mitte des 17. Jh.: Der Jerusalemer Patriarch Paisius I. (1645–1660) ernannte den griechischen Abenteurer Paisius Ligarides (1610–78) zum Metropoliten von Gaza. Dieser war in Wirklichkeit ein griechisch-katholischer Kleriker im Dienst der vatikanischen Kongregation „Propaganda fide", der angeblich die Union der „schismatischen" Griechen mit Rom befördern wollte. Er betrat Gaza nie, wurde schließlich in den 1670er Jahren entlarvt und auch von Rom fallengelassen.[226]

Ein Besucher des 17. Jh. berichtet dann nicht nur von der griechischen, sondern auch von einer armenischen Kirche, beschreibt die Ruinen der Kreuzfahrerfestung, von der noch Reste des Zentralturms und der vier Ecktürme zu sehen waren, und auf dem Hügel mit dem Serail wurden ihm auch die angeblichen Überreste des Dagon-Tempels gezeigt.[227] Neben der jüdischen sollen in osmanischer Zeit auch eine jüdisch-karäische und eine samaritanische Gemeinde in Gaza bestanden haben.

Es folgten relativ ruhige Jahrzehnte – bis eines Tages erneut eine „christliche Armee" vor den Toren Gazas auftauchte.

10. „Ein großer Kontrast“

Der Beginn der Moderne

Im Februar 1799 begann für Gaza die Neuzeit. Der von Ägypten aus Richtung Akko vorrückende Napoleon Bonaparte besetzte Gaza, das keine Stadtmauer (mehr) besaß und zerstörte es teilweise. Während er im Radwan-Palast residiere, schrieb er in einem Brief, dass ihn die vielen Olivenbäume (die es in Ägypten ja nicht gibt) an das Languedoc erinnerten.

Obwohl die Episode nur wenige Monate dauerte (nämlich bis Mai desselben Jahres), flohen im Gefolge der Ereignisse viele Bewohner – darunter auch die Christen und die Juden der Stadt, die damals eine Synagoge und einen Friedhof besaßen, weil sie sich nicht mehr sicher fühlten.[228] Wenige Jahrzehnte später eroberte – gleichfalls von Ägypten kommend und mit Gaza beginnend – Mohammed Ali Palästina. Auch wenn dessen Herrschaft ebenfalls nur relativ kurz währte (1831–40), brachten die in der Folge vereinbarten „Kapitulationen“ zwischen den europäischen Mächten und dem Osmanischen Reich vielfältige Erleichterungen für europäische Christen mit sich – und damit neue Möglichkeiten für ausländische Niederlassungen. (Zwei weitere, auf europäischen Druck hin ergangene Sultanserlasse in den Jahren 1839 und 1856 enthielten auch gewisse Zugeständnisse an die einheimischen Christen.).

Forscher statt Pilger

Zunächst aber kamen – wie in Ägypten in den Jahrzehnten nach Napoleon und Mohammed Ali – vermehrt Forschungsreisende aus dem Westen in die Region, die etwas anderes suchten als die Pilger vergangener Jahrhunderte. So besuchte 1817 Johann Ludwig Burkhardt (1784–1817), der „Entdecker“ der Nabatäer-Hauptstadt Petra, auch Gaza (das ja Endpunkt der von den Nabatäern kontrollierten Weihrauchstraße gewesen war). 1838 kam der deutsch-amerikanische protestantische Theologe Ed-

43 David Roberts, Gaza, kolorierte Lithographie 1839. Das Kuppelgebäude rechts auf dem Berg zeigt den angeblichen Ort, wo Samson die Stadttore hintrug; im Mittelgrund zieht eine Gruppe ägyptischer Soldaten von Gaza nach Sidon.

ward Robinson (1794–1863), der seine ausgiebige Orientreise in Ägypten begann und die moderne biblische Geographie begründete. Gaza war damals noch immer größer als Jerusalem; es gab 4000 steuerpflichtige Muslime und 100 Christen (57 Familien), was Robinson auf ca. 16.000 Einwohner hochrechnete. Er beschrieb Gaza – wegen der Lage an der wichtigen Straße nach Ägypten – als relativ wohlhabend, und vermittelt von einem orthodoxen Kaufmann, der als „fränkischer Agent" agierte, konnte Robinson ohne Probleme die große Moschee besuchen, die er (erstmals) mit der Eudoxiana identifizierte.[229] Fast zur gleichen Zeit und auf ähnlicher Route kam der Maler David Roberts in den Nahen Osten, unter dessen romantisierenden Bildern sich nicht zuletzt eines von Gaza befindet.

Auch der aus Bayern stammende Katholik Johann Nepomuk Sepp (1816–1909) beschrieb in einem zweibändigen Werk, das auf seine Reise der Jahre 1845/46 zurückging, Gaza und Umgebung ausführlich.[230] Er schätzt die Zahl der Christen (sicher fälschlich) auf ein Zehntel der Bevölkerung (1.500) und fügt hinzu:

> „Außer den Griechen haben nur noch die Armenier hier eine Kirche: wie lange kann noch eine Niederlassung der Lateiner ausbleiben?"

44 „Grenzsäulen“ zwischen Asien und Afrika.

Wie andere Reisende beschreibt auch er die zwei Säulen eines antiken Tempels bei Rafia, die für ihn sozusagen das Gegenstück zu den „Säulen des Herakles“ an der Straße von Gibraltar bildeten und die Grenze zwischen Asien und Afrika markierten.

Eine bedeutende Monographie über die Geschichte von Gaza bis zur arabischen Eroberung (immerhin fast 700 Seiten stark) verfasste kurze Zeit später (1852) der deutsche Archäologe Carl Bernhard Stark.[231]

Die Stadt war zu dieser Zeit – abgesehen von der Meerseite mit ihren Sanddünen – überall von gut bewässerten Gärten umgeben,[232] die durch typische Kaktushecken voneinander abgegrenzt waren, und hatte angeblich 50 Moscheen. Der Templer Gottlieb Schumacher (1857–1925), der Gaza 1886 im Auftrag des Palestine Exploration Fund besuchte, schreibt von inzwischen 20.000 Einwohnern, darunter 200 Christen, und meint: *„Die Bevölkerung, die zwanzig Jahre hinter der Zeit herhinkt und sich auf einem sehr niedrigen zivilisatorischen Niveau befindet, hält immer noch an der alten Lebensweise fest. Sie lebt sehr ärmlich.“* Selbst die Reichen hätten als tägliche Mahlzeit nur etwas Ful (Bohnen), eine Zwiebel und grobes Brot. Baulich bestehe allerdings ein großer Kontrast zwischen einigen recht gut aus Sandstein errichteten Häusern und Vierteln mit bloßen Hütten aus Lehmziegeln. Die Muslime seien fanatisch und verböten allen Fremden (Christen) den Besuch der Großen Moschee, d. h. der ehemaligen Hauptkirche.[233]

Kurz darauf heißt es dann im ersten Baedeker-Reiseführer, der auch Gaza behandelt,[234] dass unter den 35.000 Einwohnern 700 Griechen, 50 Lateiner und 100 Juden seien. Im Südwesten der Stadt wird der Ort gezeigt, wo Simson die Stadttore weggenommen haben soll, und hinter dem Serail im Osten der Stadt (außerhalb des Bab al-Khalil und schräg gegenüber der Post) steht ein modernes Gebäude mit dem Grab Simsons, der von den Muslimen „Abu al-Azm“, „Vater der Stärke“, genannt wird. (Im Koran wird Simson nicht direkt erwähnt, aber von manchen Auslegern, die auch biblische Traditionen aufgreifen, wird ein Vers von Sure 97 über die „Nacht der Bestimmung“ auf ihn bezogen: Diese ist „besser als tausend Monate“ – und diese Zeitspanne gilt nun als die Zeit, in der „Shamsun“ gegen die Ungläubigen kämpfte.[235]) Tatsächlich gehörte das Grab in Gaza ursprünglich wohl einem Sheikh gleichen Namens.[236]

Ein Gedenkort für die Rast der Heiligen Familie, der Pilgern auch in dieser Zeit im Südosten der Stadt gezeigt wurde, wird nicht erwähnt, wohl aber die Porphyrius-Kirche und – ganz neu – eine protestantische Mission.

Missionare und neue Kirchen

Nach Errichtung des anglo-preußischen Bistums in Jerusalem 1841 und der Wiederrichtung des Lateinischen Patriarchats 1847 zeigte auch das Griechisch-orthodoxe Patriarchat Jerusalem unter Kyrillos II. (1845–76), der ebenfalls nicht mehr in Konstantinopel, sondern dauerhaft in Jerusalem residierte, den Willen zu Erneuerung.[237] An vielen Orten im Heiligen Land wurden Kirchen (mit russischer Unterstützung) restauriert; auch die Porphyrius-Kirche, Zentrum der orthodoxen Gemeinde, wurde 1856 grundlegend renoviert. Eine Inschrift auf Griechisch und Arabisch über dem Westportal und der davor errichtete Portikus geben davon Zeugnis. Auch die heutige Ikonostase stammt aus dieser Zeit. Offiziell gab es weiterhin einen orthodoxen Bischof von Gaza, doch residierte der in Jerusalem; vor Ort betreuten schon damals ein Archimandrit und ein arabischsprachiger Priester die Gemeinde.[238] In einer kleinen Schule wurden zumindest die männlichen Kinder der Gemeinde unterrichtet.

Seit 1878 war dann die anglikanische Church Missionary Society (C.M.S.) in Gaza tätig, von der auch der erste Bischof des anglo-preußischen Bistums Jerusalem, Samuel Gobat, in den Nahen Osten entsandt worden war.[239] Sie übernahm die zwei Jungen- und zwei Mädchenschulen (mit immerhin 250–300 Schülerinnen und Schülern), die ein Mr. Pritchard einige Jahre zuvor gegründet hatte. Ein Leseraum war eröffnet worden, der Muslime der Oberschicht anziehen sollte. Seit 1882 wurden auch medizinische Dienstleistungen angeboten, und 1891 war ein erstes Krankenhaus mit Apotheke (in einem bereits bestehenden Gebäude) eröffnet worden.

Unter den Pfarrern und Ärzten der ersten Jahrzehnte war auch der deutsche Rev. J. Huber, der im Krankenhaus eine Frauen-Abteilung eröffnete und einen Gebetsraum errichtete. Er verstarb 1893, und sein Nachfolger wurde Rev. Dr. Robert Sterling (1859–1917), der die Arbeit der C.M.S. in Gaza über 20 Jahre prägen sollte. Das Krankenhaus war für viele Bewohner von Gaza deshalb auch „Sterling's Hospital“.[240] Unter ihm wurde 1908 durch den anglikanischen Bischof von Jerusalem – die anglo-preußische Bistumsunion war 1886 aufgelöst worden – ein neues Krankenhaus (mit 46 Betten) eingeweiht und 1911 eine Ambulanz errichtet. Eine Kapelle auf dem Gelände wurde – gut biblisch – nach dem Diakon Philippus (vgl. Apg 8,26) benannt. Sterling war außerdem Autor von zwei Arabisch-Büchern.[241]

In der Zwischenzeit war aber 1879 – mit maßgeblicher Unterstützung des Deutschen Vereins vom Heiligen Lande (DVHL) – auch eine katholische Missionsstation errichtet worden, und zwar durch den österreichischen Priester Georg Gatt. Der hatte mit Genehmigung des Lateinischen Patriarchen, aber „ganz auf eigenes Risiko“, mehrere Grundstücke erworben und auf einem davon ein Pfarrhaus errichtet, in dem sich auch eine kleine Kapelle befand. Sozusagen nebenbei pastorierte er die kleine katholische Gemeinde von 30 bis 100 Personen. Aus dieser Gründung entstand nach dem 1. Weltkrieg die Kirchengemeinde „Zur Heiligen Familie“ des Lateinischen Patriarchats. (Vgl. den Exkurs im Anschluss an dieses Kapitel.)

45 Gelände des anglikanischen Krankenhauses vor dem 1. Weltkrieg mit der Philippus-Kapelle.

46 N. Tassaert, Versuchung des heiligen Hilarion, um 1857, Museum of Fine Arts, Montreal.

Unabhängig von dieser Gründung wurde im Jahr 1895 von römisch-katholischer Seite das „Bistum Gaza“ und wie schon zuvor das „Bistum Anthedon“ wiederbelebt – wenn auch nur in Form eines „Titularbistums“: Der jeweilige formelle Inhaber dieses Bischofssitzes ist i. d. R. Weihbischof in irgendeiner Diözese der Welt.[242] In späteren Jahren kamen dann auch die anderen antiken Bischofssitze hinzu: Sykomazon, Maiuma (beide 1933) und Raphia (1936).

Wenn dagegen in dieser Zeit einzelne Maler wie Nicolas François Octave Tassaert (1800–74) die „Versuchung des heiligen Hilarion“ als Bildmotiv wiederentdeckten, so stand dahinter weniger Interesse an Gaza als vielmehr an einem exotisch-phantastischen Motiv.[243]

Exkurs:

Georg Gatt und die Entstehung der katholischen Pfarrgemeinde „Zur Heiligen Familie“

Geboren am 8. Februar 1843 in Vinaders am Brenner, hatte Georg Gatt in Brixen Theologie studiert. Schon während des mit Auszeichnung abgeschlossenen Studiums wurde er 1867 zum Priester geweiht. Seine intellektuellen Fähigkeiten waren mit ein Grund dafür, dass er 1871 vom Wiener Kardinal Josef O. Rauscher zum Vizedirektor des 1863 gegründeten Österreichischen Pilgerhospizes in Jerusalem ernannt wurde. Als seine Amtszeit 1874 endete, wurde er Mitarbeiter von Maria Alphonse Ratisbonne (1814–84) und leitete bis 1879 dessen Waisenhaus „St. Peter von Sion“. Während seiner Zeit in Jerusalem verfasste Gatt erste Schriften zu topographischen Fragen und war auch erstmals nach Gaza gekommen, wo er Schwierigkeiten hatte, eine Herberge zu finden – die franziskanische Niederlassung (s. o. S. 89) bestand ja nicht mehr. (Seit 1869 kamen immerhin ganz selten lateinische Priester zu seelsorglichen Besuchen nach Gaza.[244])

47 Georg Gatt.

Da Gatt weiter im Orient bleiben wollte, kehrte er nicht in seine Heimatdiözese zurück, sondern schlug dem damaligen Lateinischen Patriarchen, Vincenzo Bracco (1835–89), vor, „ganz auf eigene Rechnung und auf eigene Verantwortung“ eine Missionsstation in Gaza zu errichten. Der Weltpriester „Don Gatt“, wie er genannt wurde, mit dem Titel eines „apostolischen Missionars *ad suum bene-*

placitum", betrat damit in gewisser Weise Neuland, weil kein Orden und keine ausländische Macht Schutz und Finanzierung garantierten. Entsprechend musste sich Gatt auch gleich zu Beginn seiner Tätigkeit nach Europa begeben, um Spenden zu sammeln. Ein maronitischer Priester namens Namatullah Dumith, der ihn unterstützte, war es deshalb, der noch 1879 ein Haus im christlichen Zaytun-Viertel von Gaza anmietete, das als erster Sitz der Station diente.[245]

In Zeitungsartikeln warb Gatt – etwas schönfärberisch – um Siedler mit dem Hinweis, „dass in Syrien und Palästina alles vortrefflich laufe":

> „Von Latakia bis Gaza ist alles im Überfluss vorhanden, sodass die Leute gar nicht wissen, wo sie ihre Sachen hintun sollen. Dazu keine Spur von irgendeiner Plage. Von Palästina und Syrien werden ganze Schiffsladungen von Gerste und Weizen nach Griechenland gebracht. Selbst Ägypten holt Getreide von hier. Daher wäre es besser, wenn diejenigen, die in Europa Haus und Hof verlassen müssen, anstatt nach Amerika auszuwandern in den viel näheren Orient übersiedeln würden, wo noch Raum genug für Millionen Siedler wäre." [246]

Gatts Missionsstation – und die Unterstützung durch den DVHL

Schon 1880 konnte dann im Südwesten der Stadt ein eigenes Grundstück erworben werden, das bisher als Obstgarten genutzt wurde und eine eigene Quelle besaß. Es umfasste einen halben Hektar (5 Dunam); dort sollte zunächst das Pfarrhaus mit Kapelle errichtet werden. Dazu war eine erneute „Spendenreise" nach Europa notwendig, wobei Gatt der Generalkommissar des Heiligen Landes in Österreich das Sammeln kurz vor Ostern untersagte. Angesichts der geringen Erträge mussten nach seiner Rückkehr Dumith und der inzwischen angestellte Lehrer entlassen werden.[247] Und auch Siedler kamen nicht.

Große finanzielle Unterstützung erhielt Gatt dann aber aus Deutschland: Der 1855 gegründete „Verein vom Heiligen Grabe" mit Sitz in Köln (der sich 1895 mit dem „Palästinaverein der deutschen Katholiken" zum „Deutschen Verein vom Heiligen Lande" zusammenschloss) wurde sein wichtigster Geldgeber.[248] So konnte im Mai 1882 mit dem Bau eines Pfarrhauses begonnen werden; errichtet wurde es unter der Leitung des Maurermeisters Franz Sales Keller aus Lottstetten in Baden, den Gatt anscheinend auf einer seiner Reisen „angeheuert" hatte.[249] Der Bauplatz

48 Das von Gatt erbaute Pfarrhaus.

(15 x 13 m groß) hatte – wie überall in Gaza – sandigen Untergrund: Um die Fundamente auf festen Grund zu setzen, mussten 10 bis 12 m tiefe Löcher gegraben werden, was (wie Gatt bemerkt) das Bauen in Gaza sehr teuer macht. Das Gelände lag im Stadtteil „harat el-jehud", dem (ehemaligen) jüdischen Viertel – und tatsächlich fand man im Schutt eine Säule mit einer „modernen" hebräischen Inschrift. Nach Auskunft der Bewohner hatte sich dort früher (d. h. wohl bis 1799) auch eine Synagoge befunden. Der dreigeschossige Neubau, der endgültig erst 1888 fertiggestellt wurde, besaß eine Kapelle und 15 Zimmer; in einem Raum erteilten nun ein Lehrer und Gatt selbst Unterricht. Von der Terrasse des Hauses aus übersah man die ganze Stadt und bis zum Meer.[250]

Durch Zukauf konnte das Gelände noch erweitert werden; dort sollten in Zukunft Kirche, Schule und Friedhof Platz finden. Allerdings blieb die Zahl der Gemeindeglieder gering. Neben der Familie des österreichischen Quarantänearztes wurden in den ersten 30 Jahren zwischen 30 und 100 einheimische Lateiner und Maroniten betreut, wie aus den regelmäßigen Berichten Gatts an das Patriarchat hervorgeht. Die Schwankungen erklären sich u. a. durch die Händler, die oft nur zeitweise in Gaza wohnten. Gatt betonte, dass er keine Proselyten machen wollte: *„Ich missioniere gar nicht; ich pastoriere die kleine katholische Gemeinde von Gaza."*[251] Er verwies auch auf die guten Beziehungen, die man zu den örtlichen griechisch-orthodoxen Christen habe – viel bessere als im Rest des Landes.[252]

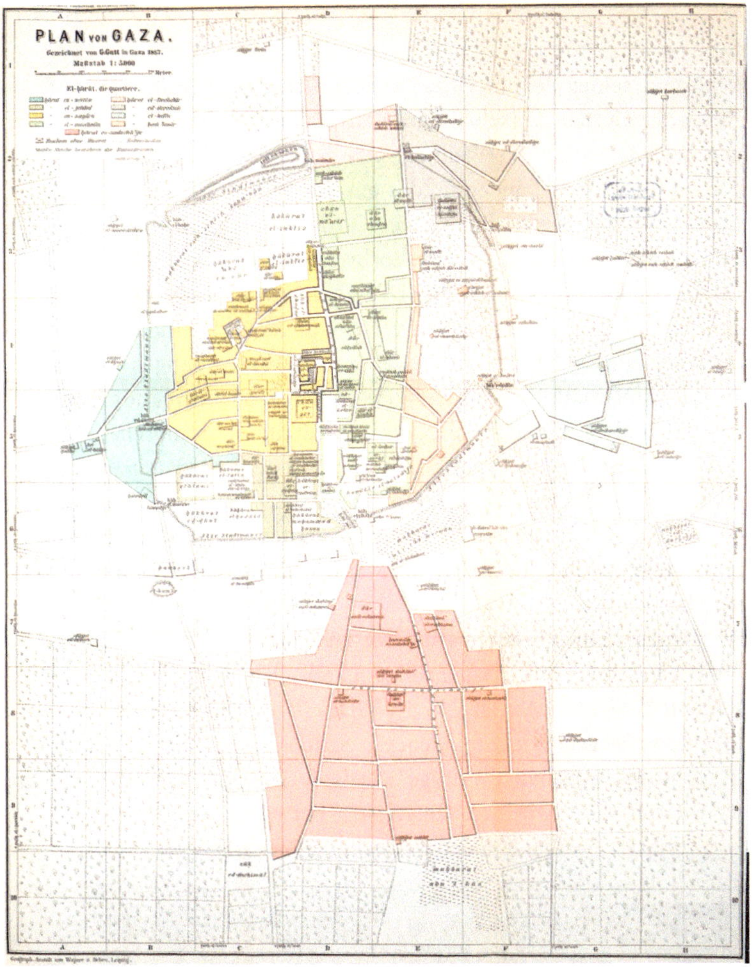

49 Gatts Stadtplan von Gaza

Gatts Schriften

Während seiner Zeit in Gaza veröffentlichte Gatt weiterhin Aufsätze in renommierten Zeitschriften[253] und Bücher zu topographischen Fragen bzgl. Jerusalem.[254] Wichtiger waren jedoch seine Veröffentlichungen zu Gaza und Umgebung, das ansonsten wegen seiner abgelegenen Lage von Forschern kaum beachtet wurde. Besonders bedeutsam ist sein „Plan von Gaza“ mit der dazugehörigen Legende in der „Zeitschrift des Deutschen Palästina-Vereins“ (ZDPV).[255] Darin ist zum einen der Verlauf der ehemaligen, heute gänzlich verschwundenen Stadtmauer inklusive der Tore eingezeichnet. Zum anderen sind die damaligen neun Stadtviertel farbig markiert: Nördlich des ehemaligen Decumanus (der heutigen Omar al-Mukhtar-Straße) lag rund um die Hauptmoschee das muslimische, südlich davon das christliche mit dem ehemaligen jüdischen Viertel, wo sich auch „der Garten der Lateiner“ befand – so nennt Gatt das Grundstück. Auch alle anderen markanten Einrichtungen und Bauten (Friedhöfe, Moscheen, Khane, Märkte, Schulen, Brunnen und Wege) sind bezeichnet.

Hinzu kamen weitere Aufsätze zu Gaza in der ZDPV[256] und im DVHL-Vereinsorgan „Das Heilige Land“. Sie behandeln Kirchengeschichte[257], Siedlungsgeographie[258], Klima[259], wichtige Wirtschaftszweige (Töpferei / Ziegelbrennerei, Weberei, Seifensiederei, Getreidehandel)[260], Brauchtum[261] und auch die Frage, wie die Stelle in der Apostelgeschichte, wo Gaza erwähnt wird, zu deuten ist.[262] Für ein französisches Bibellexikon verfasste Gatt zudem den Artikel über Gaza.[263]

50 „Don Gatt“ (links neben der Tür) mit Einheimischen vor einer Ziegelbrennerei.

Darüber hinaus steuerte Gatt häufig Inhalte zur Rubrik „Nachrichten aus dem Heiligen Land“ im genannten Vereinsorgan bei und behandelte verschiedenste Themen – u. a. die Situation der Christen im Heiligen Land[264], wobei jene über die Spaltung zwischen höherem Klerus und Volk in der orthodoxen Kirche besonders aufschlussreich ist.[265] (Später konnte der Eindruck entstehen, dass Gatt nicht zuletzt aus finanziellen Gründen zu einem „Vielschreiber zwischen Orient und Okzident“ geworden sei.[266])

Nebenbei unterstützte Gatt seinen österreichischen „Kollegen“ Alois Musil (1868–1944), der als Priester und Orientwissenschaftler Anfang des 20. Jh. mehrfach den Orient bereiste.[267] 1901 war es Gatt, der in Gaza die Kamele für die erste Exkursion in Richtung Negev und Ostjordanland besorgte. 1902 war Gaza Ausgangspunkt der großen Expedition zur Erforschung der „Arabia Petraea“, als deren Ergebnis Musil 1907/08 das gleichnamige Standardwerk veröffentlichen konnte.

Gatts deprimierte Bilanz

Für Gaza erhoffte Gatt einerseits eine große Zukunft durch die Wiederbelebung der „Via maris“ zwischen Ägypten und dem Vorderen Orient:

> „Der Eisenbahnbau von Asien nach Afrika ist nur eine Frage der Zeit, und dadurch wird die alte Völkerstraße durch die Wüste wiederhergestellt. Dann werden die Pilger das hl. Land in Gaza betreten, beziehungsweise verlassen.“[268]

Andererseits waren seine Erfahrungen mit den Einheimischen inklusive der Christen oft eher ernüchternd und enttäuschend. In einem Aufsatz über „Ziel und Aufgabe der Mission des Heiligen Landes“ legt er 1902 aufgrund seiner Erfahrungen einerseits eine realistische Strategie für die zukünftige Arbeit dar, kommt aber andererseits zu dem Fazit:

> „Das Volk, welches dieses Land bewohnt, ist dieser Gabe nicht wert, wohl aber das heilige Land, in dem es wohnt. Aus Liebe zum heiligen Lande nehmen wir uns auch der Bewohner desselben an, denen wir sonst ohne Bedauern den Rücken kehren würden.“[269]

Nicht zuletzt die „Entbehrungen und Mühen und Einsamkeiten", von denen Gatt spricht,[270] scheinen ihre Spuren hinterlassen zu haben. Später meint der ihm durchaus wohlgesonnene österreichische Konsul Friedrich Kraus (1878–1958), dass sich bei Gatt „eine tiefe seelische Depression eingestellt" habe.[271]

Vor dem 1. Weltkrieg, als Gatt sich Gedanken über die Zukunft seines „Ein-Mann-Unternehmens" machte, war er kurz davor, es dem DVHL zu überschreiben, nachdem zuvor Versuche gescheitert waren, es direkt unter den Schutz der österreichischen oder deutschen Regierung zu stellen. Doch noch während des Krieges (1915) nahm ein Priester des Lateinischen Patriarchats die Station in Besitz. So wurde nach dem Krieg der Weg frei für die Errichtung der Pfarrgemeinde „Zur Heiligen Familie" – ein Fest zu deren Ehren war 1893 vom Papst für die Gesamtkirche eingeführt worden, und ein entsprechendes Patrozinium lag angesichts der Laga Gazas am angenommenen Fluchtweg der Familie nach Ägypten nahe. Seitdem wurde die Gemeinde fast durchgehend von einheimischen Pfarrern betreut – im Blick auf die Zukunft und die Entstehung einer echten katholischen Ortsgemeinde war diese Übernahme sicher die beste Entscheidung![272]

51 Grabplatte von Georg Gatt.

Gatt selbst war 1915 nach Jerusalem übergesiedelt und durfte – obwohl er das unbedingt wollte – auch nach dem Krieg nicht mehr nach Gaza zurückkehren. Er wurde noch zum Kanonikus der Grabeskirche ernannt und starb – nach über 50 Jahren im Heiligen Land – a, 5. Juni 1924 und wurde in der Gruft unter der römisch-katholischen Konkathedrale vom Allerheiligsten Namen Jesu in Jerusalem begraben.[273]

11. „Es bricht einem das Herz ...“

Das 20. Jahrhundert

Noch stärker als zuvor beeinflusste im 20. Jahrhundert die Weltpolitik das Schicksal auch der Christen in Gaza.[274] Knapp 120 Jahre nach Napoleon stand erneut die Armee eines christlichen Landes vor Gaza: Im 1. Weltkrieg bekämpfte Großbritannien im Nahen Osten das Osmanische Reich, das mit dem Deutschen Reich verbündet war. Im März 1917 hatten die Briten, von Ägypten kommend, die Türken auf die Linie Gaza – Beersheba zurückgedrängt; sie selbst standen in Khan Yunis.

Nach zwei „Gaza-Schlachten“ – Ende März 1917 scheiterte der Versuch einer Einkreisung, und Mitte April brachte auch ein Beschuss von See für die Briten nicht den gewünschten Erfolg – wurde Gaza Ende Oktober aus der Luft bombardiert. Heftige Zerstörungen waren die Folge. Anfang November 1917 erfolgte daraufhin die Evakuierung der Stadt.[275] (Genau gleichzeitig, nämlich am 2. November 1917 erklärte der englische Außenminister, Lord Balfour, dass Großbritannien die Schaffung einer „jüdischen Heimstätte in Palästina“ unterstützen werde.) Die Türken zogen sich auf die Linie Jaffa – Jerusalem zurück, und Gaza geriet unter britische Kontrolle. Wieder einmal war Gaza der Schlüssel zu Palästina gewesen, dessen Inbesitznahme für viele Briten gleichsam eine religiöse Mission war.[276] Ab 1920 war die Region dann Teil des Mandatsgebietes Palästina, das die Briten im Auftrag des Völkerbundes verwalteten. Die Einwohnerzahl der Stadt war von etwa 40.000 vor dem Krieg auf 20.000 gesunken.

Britische Soldaten-Friedhöfe und Ausgrabungen

Zeugnis der sogenannten Gaza-Schlachten sind nicht zuletzt die zwei Kriegsgräber-Friedhöfe in Nord-Gaza und in al-Zuweidan bei Nuseirat. Der erste, größere, wurde 1920 im Stadtteil Suffah an der Saladin-Straße angelegt. Über 3.000 Soldaten der Commonwealth-Truppen des 1. Welt-

52 Kriegsgräber-Friedhof in Gaza (2010).

kriegs sind dort beigesetzt; hinzu kommen 234 von Toten anderer Nationen (darunter auch Türken und mindestens ein Deutscher[277]) sowie 800 unbekannte Soldaten. Die Mehrheit der Soldaten waren Christen, aber auch Muslime und (indische) Hindus waren darunter. Später wurden dort auch 210 Gefallene des 2. Weltkriegs und 30 UN-Soldaten beerdigt, die während der Jahre 1956–67 im Gazastreifen und im Sinai getötet wurden.[278]

Ein Mosaikfußboden aus der nicht weit von Gaza gelegenen frühchristlichen Kirche von Shellal wurde zudem im Gefolge des 1. Weltkriegs nach Australien gebracht und ist heute Teil des „Australian War Memorial“ in Canberra![279]

Auch wenn die Region Gaza von den arabisch-jüdischen Unruhen weniger berührt war als andere Teile des Landes, wurden doch auch hier 1929 die Juden, die sich zwischenzeitlich wieder in der Stadt angesiedelt hatten, vertrieben. Als 1936 der sogenannte „arabische Aufstand“ ausbrach, beteiligten sich auch die Christen Gazas daran. Bei einer großen Demonstration gegen die Mandatsregierung begann ein Zug an der Moschee, ein anderer an der Kirche – Zeichen für den neuen palästinensischen Nationalismus, der beide Gruppen verband.

In diesen Jahren des britischen Mandats begann auch die (bis heute nur sehr unvollständig durchgeführte) archäologische Erforschung der Region: In der Stadt Gaza selbst, archäologisch Tell Harribe / Tell Azzah genannt (0995.1015), grub 1922 der Palestine Exploration Fund (PEF) unter William J. Pythian Adams (1888–1967), der aber wegen der modernen Überbauung nur geringe Reste von fünf Stadtmauern nachweisen konnte.[280] Sir Flinders Petrie (1853–1942), der Vater der modernen wissenschaftlichen Archäologie, der erstmals den Charakter der „Tell" genannten Ausgrabungsstätten im Nahen Osten beschrieb und eine Methode zur chronologischen Datierung von deren Schichten anhand von Keramik entwickelte, grub ab 1930 den südlich von Gaza gelegenen Tell al-Ajjul (0934.0976) aus (wobei er die Ruinen für die des vorhellenistischen Gaza hielt).[281]

Der 2. Weltkrieg brachte es mit sich, dass die Zahl der Katholiken und Anglikaner in Gaza zeitweise stark anstieg: Viele Soldaten besuchten die Gottesdienste, die auch von den Feldkaplänen in den jeweiligen Kapellen gefeiert wurden. 1946 hatte Gaza 19.500 Einwohner, davon 720 Christen. Doch dies sollte sich wenig später drastisch verändern.

Im „Gazastreifen"

Die Ereignisse von 1948 – von den jüdischen Israelis als „Unabhängigkeitskrieg" bezeichnet, von den Palästinensern als „Nakba" (Katastrophe) erlebt – hatten auch für Gaza und Umgebung dramatische Folgen: Während des Krieges zwischen Israelis und Ägyptern wurde Gaza erneut bombardiert. Nachdem der Versuch einer Unabhängigkeitserklärung im September 1948 gescheitert war, regelte die Vereinbarung von Rhodos am 24. Februar 1949, dass der im Teilungsplan der UNO vorgesehene Südteil des Staats Palästinas, der bis kurz vor Aschdod reichen und Teile des Negev umfassen sollte, deutlich verkleinert und unter ägyptische Verwaltung gestellt wurde. Der „Gazastreifen" war geboren.

Während der Kämpfe waren zahllose Flüchtlinge in dieses Gebiet geströmt – zu den 50.000 bis 60.000 Bewohnern vor 1948 kamen nun über 200.000 heimatlos gewordene Palästinenser hinzu. Allein Gaza-Stadt wuchs von 35.000 auf 170.000 Einwohner an – 75% waren nun Flüchtlinge. Ab 1950 richtete die UNRWA auf mehreren Grundstücken, die für 99 Jahre gepachtet wurden, große Flüchtlingslager ein. 1954 wurden die bis dahin gebräuchlichen Zelte durch Baracken und einfache Häuser ersetzt. Für die Kirchen bedeutete das auch einen Zuzug von nicht wenigen Christen. Doch kamen mit ihnen auch neue Probleme auf die Gemeinden zu.

53 Der Lateinische Patriarch Alberto Gori zu Besuch in der Pfarrei „Zur Heiligen Familie“.

So entstand etwa auch auf dem Gelände der katholischen Kirchengemeinde ein (nicht von der UNRWA anerkanntes) Flüchtlingslager – zunächst ein Zeltdorf für 800 Menschen (davon 150 Katholiken), später ein Barackenlager mit 30 Hütten und 20 Zelten für Menschen ohne Einkommen. Ein besonderes Ereignis war für die Gemeinde der erste Besuch eines Jerusalemer Patriarchen, und zwar von Alberto Gori (1949–1970), im Februar 1952, der dabei aufgrund der politischen Verhältnisse nur mit einem Flugzeug der UN anreisen konnte.

Für die größer gewordene Pfarrei wurde dann endlich die schon lange geplante Kirche errichtet. Die ersten Planungen sahen aufgrund der geringen Mittel, die die 1926 von Papst Pius XI. gegründete „Catholic Near East Welfare Association“ (CNEWA) zur Verfügung stellen konnte, nur einen sehr bescheidenen Bau vor. Doch dank einer Erbschaft des Pfarrers Hanna Nimri (1950–73), der 1932/33 ein Jahr als angehender Mönch in der Dormitio-Abtei in Jerusalem gelebt hatte, bevor er 1936 zum Priester des Lateinischen Patriarchats geweiht wurde, konnte ein Bau mit Betonskelett und aus Stein (und nicht nur aus Ziegeln) mit drei Schiffen errichtet werden. Erneut musste für die Fundamente der Boden bis zu einer Tiefe von 12 Metern ausgehoben werden. Tatsächlich konnte am 26. August 1955 die erste Messe in der Kirche gefeiert werden; eine offizielle Einweihung durch den Patriarchen wurde durch die Suezkrise und den damit verbundenen Einmarsch der Israelis in den Gazastreifen (November 1956 bis März 1957) verhindert. Die anschließende Stationierung von UNO-Soldaten begünstigte dann aber sogar die Fertigstellung und Ausgestaltung der von ihnen mitgenutzten Kirche – so stifteten z. B. brasilianische Soldaten den Hochaltar. Die Ausmalung mit eher naiv anmutenden Bildern der Heiligen Familie und der Kindheitsgeschichte Jesu erfolgte dagegen erst Mitte der 1970er Jahre.

Im Gegensatz zu vielen der von Flüchtlingen abstammenden Katholiken gehörten die orthodoxen und armenischen Christen von Gaza eher der gehobenen Mittelschicht an; sie arbeiteten etwa als Juwelier oder Fotograf[282]; auch das spätere Kino wurde von ihnen betrieben. Seit 1948 waren zudem einige wenige Mitglieder der Southern Baptists in Gaza aktiv. Sie überahmen 1954 das Anglikanische Krankenhaus, das seitdem als „Baptist Hospital" bezeichnet wurde (und teilweise bis heute so genannt wird). Daneben wirkte seit 1952 das „Near East Council of Churches" (NECC), eine von verschiedenen evangelischen Kirchen und Hilfswerken (u. a. „Brot für die Welt") getragene Organisation, in der Gaza-Region – zunächst v. a. im Bereich humanitäre Hilfe, später im Bildungsbereich.

Das Jahr 1967 brachte erneut dramatische Veränderungen für die Bewohner von Gaza. Im Zuge des sogenannten „Sechstagekrieges" wurde die Luftwaffe der Ägypter vernichtet und ihre Truppen wurden aus dem Gazastreifen (und der gesamten Sinaihalbinsel) vertrieben. Gaza war nun Teil der „besetzten Gebiete". Eine Volkszählung ergab eine Einwohnerzahl des Gaza-Streifens von 356.000 Einwohnern, davon 207.000 Flüchtlinge. 50% der Bevölkerung waren jünger als 14 Jahre.

54 Die Kirche „Zur Heiligen Familie" nach ihrer Fertigstellung 1955.

Die Besatzung bedeutete einerseits eine neue Freizügigkeit in Richtung Israel, andererseits entstand das Problem, ob und wie man mit dem „Feind“ umgehen sollte. Wohl v. a. weil man ihm Kollaboration mit den Israelis vorwarf, wurde am 26. Februar 1973 Pfarrer Nimri in seinem Pfarrhaus ermordet – eine Tat, die nie wirklich aufgeklärt wurde. Am gleichen Tag trafen Schwestern vom Orden der Mutter Theresa (Missionarinnen der Nächstenliebe) in Gaza ein, die zunächst v. a. für die weiterhin zahlreichen Flüchtlinge da sein sollten. Auch dies war durch die neue Situation leichter möglich. 1977 kam eine Gruppe von „Kleinen Schwestern“ des Charles de Foucauld hinzu, die sich im Lager Rimal niederließen (und ihre Präsenz dort 30 Jahre lang aufrechterhalten konnten). Außerdem wurde – dank Unterstützung durch österreichische und deutsche Grabesritter – mit dem Bau einer Schule auf dem Gelände der katholischen Gemeinde begonnen. Die Einweihung – damals unter dem Namen „Georg Gatt-Schule“ – erfolgte im Dezember 1980; die Leitung wurde den Rosenkranz-Schwestern (Rosary Sisters), der einzigen von einer Einheimischen gegründeten Ordensgemeinschaft, übertragen.

Auch die anderen Kirchen führten ihre sozialen und pädagogischen Aktivitäten unter den veränderten Umständen fort – so gab es eine Berufsschule und mehrere Zentren für die Beratung von Müttern mit Kindern. Schon lange existierte zudem eine Gruppe der YMCA, die während der ägyptischen Zeit ein kleines Gebäude erworben hatte. Die kleine Gemeinde der Baptisten unterhielt im Stadtteil Rimal ein Kulturzentrum mit Bibliothek. 1982 übernahmen allerdings die Anglikaner (nun in Gestalt des Bistums Jerusalem) wieder das ihnen zuvor übergebene Krankenhaus, das seitdem „al-Ahli Arab Hospital“ heißt.[283]

Im autonomen Palästina

Es war im Flüchtlingslager Jabalia, wo 1987 die sogenannte „Erste Intifada“ begann. Nachdem Yassir Arafat (1929–2004) in deren Folge 1994 in Rafah (wieder) palästinensischen Boden betreten hate, erhielt der Gazastreifen 1995 im Rahmen des sogenannten Oslo-Abkommens („Gaza und Jericho zuerst“) einen autonomen Status als Teil eines geplanten zukünftigen Staates Palästina. Doch die Hoffnungen, die viele in den Oslo-Prozess gesetzt hatten, erfüllten sich nicht. Nach Jahren der „Zweiten Intifada“ wurden 2005 zwar die nach 1967 errichteten jüdischen Siedlungen im Gazastreifen geräumt, und dieser wurde als Ganzes Teil der „palästinensischen Autonomiegebiete“, gleichzeitig aber war das Gebiet durch eine Sperranlage mehr isoliert und abgegrenzt vom Rest des Landes als je zuvor. Viele Einheimische und Besucher erlebten und beschrieben seitdem den Gazastreifen als großes „Freiluftgefängnis“. Bei den palästinensischen Parlamentswahlen im Jahr 2006 errang die Hamas, die wenige Jahre zuvor, zu Beginn der Zweiten Intifada in Gaza entstanden war, dort die absolute Mehrheit und übernahm nach einer Art Bürgerkrieg im Juni 2007 die Macht im Gazastreifen.

Auch für die Kirchen galt es, auf diese Entwicklungen zu reagieren. Während die Leitung der orthodoxen Kirche im Heiligen Land noch immer in den Händen von Griechen liegt, trat im lange italienisch dominierten Lateinischen Patriarchat ein Wandel ein. Schon 1987 war mit Michel Sabbah (*1933) aus Nazaret zum ersten Mal ein Einheimischer Patriarch von Jerusalem geworden, was die palästinensische Identität dieser Kirche stärkte. Und auch der 1995 ernannte katholische Pfarrer von Gaza, Manuel Musallam (*1938), engagierte sich politisch im Sinn der palästinensischen Sache. Er betonte dabei die Einheit von Christen und Muslimen.[284] Seine klare Positionierung führte aber auch zu Schwierigkeiten mit den israelischen Behörden.

Da sich Musallam schon an seinem früheren Dienstort Zababdeh (bei Jenin) den Respekt auch von Muslimen erworben hatte, sollte eine seiner Aufgaben in Gaza sein – neben der Sorge für die Gemeinde – zwischen den bereits zerstrittenen palästinensischen Fraktionen der Fatah und der Hamas zu vermitteln. Befragt nach der Mitgliederzahl seiner Pfarrei antwortete Pfr. Musallam, der auch Gründer eines christlich-islamischen Forums war: *„Wir sind 1,3 Millionen Menschen. Von ihnen sind nur 3000 getauft, die anderen sind es nicht, gehören aber zu meiner Pfarrei.“*[285]

2006 führte die sogenannte Regensburger Rede Papst Benedikts XVI. dann dazu, dass in manchen Moscheen von Gaza zu Gewalt gegen Christen aufgerufen wurde. Pfr. Musallam gelang es, vom damaligen Mufti der Stadt Gaza, Ismail Haniye, und von den staatlichen Stellen im Gazastreifen Garantien zum Schutz der kirchlichen Einrichtungen zu erwirken. Im Bürgerkrieg 2007 wurde der Konvent der Rosenkranz-Schwestern von Unbekannten angegriffen, und es kam zu Zerstörungen. Musallam verurteilte das als barbarischen Akt und schrieb ihn Kräften zu, die Zwietracht zwischen Muslimen und Christen säen wollten.

55 Pfarrer Manuel Musallam

Die Hamas, die nach Ansicht Musallams andere Religionen nicht bekämpft, sorgte später für die Reparatur der Schäden. Während des sogenannten „Weihnachtskrieges“ 2008 wurde das Dach des Pfarrhauses durch eine israelische Rakete ebenso beschädigt wie die (neue) Schule der Rosenkranz-Schwestern. Musallam beklagte in dem Zusammenhang u.a. die Schließung der Grenze zwischen Gaza und Ägypten und verwies auf das Schicksal der Heiligen Familie, die bei ihrer Flucht wenigstens sich selbst und ihr Kind in Sicherheit bringen konnten.[286] Schon zuvor hatte er den Frieden selbst als eine Art Kind beschrieben, das neu geboren werden muss:

> „Für den Krieg ist ein Augenblick genug. Der Frieden ist wie ein Kind, das zuerst im Schoß seiner Mutter, im Herzen eines Volkes, gezeugt werden muss, dann muss es in die Welt geboren und jeden Augenblick bewacht werden, sonst stirbt es.“[287]

Musallam bezog aber auch alttestamentliche Bibelstellen sehr konkret auf die aktuelle Situation der Palästinenser in Gaza:

> „Schlagen Sie Ihre Bibel auf und lesen Sie die Klagelieder des Jeremia, denn das ist es, was wir alle erleben. Die Menschen weinen, sind hungrig, durstig und verzweifelt. Selbst wenn es Lebensmittel zu kaufen gibt, haben die Menschen kein Geld, um sie zu kaufen. Der Preis für Lebensmittel hat sich in dieser Situation natürlich verdoppelt und verdreifacht. Sie haben kein Einkommen, keine Möglichkeit, sich außerhalb des Gazastreifens mit Lebensmitteln zu versorgen, und keine Möglichkeit, sich innerhalb des Gazastreifens Geld zu beschaffen. Keine Arbeit. Kein Lebensunterhalt. Keine Zukunft. Sie haben keine Hoffnung, und viele sehr arme Menschen irren ziellos umher und versuchen, bei anderen, die auch nichts haben, um etwas zu betteln. Es bricht einem das Herz, das zu sehen.“[288]

56 Heba Zagout, Gaza Peace (2021).

Damit stand Musallam mit vielen anderen für eine neue Generation von palästinensischen Theologen: Statt die alttestamentlichen Texte wegen ihres Zusammenhangs mit dem jüdischen Volk und „Israel" zumindest reserviert zu betrachten, war und ist ihre Hermeneutik mehr und mehr davon geprägt, dass man sie „kontextualisiert" und – wie in diesem Fall – als Texte sieht, die von und für eine unterdrückte, leidende Gemeinschaft geschrieben wurden.[289]

Verschiedene kirchliche Institutionen förderten und initiierten Projekte in Gaza, die allen Bewohnern der Region offenstanden und so indirekt auch das Miteinander der Menschen fördern sollten. Beispielhaft sei die Arbeit von Dar al-Kalima in Bethlehem genannt. Die von der dortigen lutherischen Gemeinde initiierte Universität hat ihren Schwerpunkt im Bereich Kunst und Kultur und führte in Gaza immer wieder Mal-Workshops und Wettbewerbe durch, an denen u.a. Heba Zagout (1984–2023) teilnahm. Die muslimische Künstlerin fügte in ihre Bilder von Gaza neben dem Halbmond immer wieder christliche Kreuze ein – angesichts der Realität eher „surreal", aber Ausdruck einer Hoffnung.

57 Suhaila Tarazi.

Das al-Ahli-Krankenhaus, 2003 von einer israelischen Rakete getroffen, war im Bürgerkrieg zumindest noch einer der wenigen neutralen Orte. Die langjährige Verwaltungsleiterin Suhaila Tarazi, eine griechisch-orthodoxe

Christin, betonte immer wieder: „*We want to let people feel Christianity, not through preaching but through doing.*“[290]

Das Leben für die Christen wurde jedoch im Lauf der Zeit eher schwieriger – die radikale Minderheitensituation und islamistische Propaganda sorgten dafür, dass die Akzeptanz von Christen bei vielen Bewohnern des Gazastreifens geringer wurde. Trotz der von offizieller Seite oft betonten guten Beziehungen der Christen zur Mehrheitsgesellschaft gab es immer wieder Gewalttaten: Auf den seit 1999 bestehenden christlichen Buchladen wurde 2006 ein Bombenanschlag verübt, und 2007 wurde der Geschäftsführer Rami Ayyad, der zur baptistischen Gemeinde gehörte, ermordet. So wurde die Situation für die wenigen verbliebenen Christen nicht einfacher – manche sprachen von einer „doppelten Besatzung“, unter der sie litten.

12. „Hyper-surreal“

Die jüngste Vergangenheit

2023 war die Zahl der Christen in Gaza noch weiter gesunken – immer wieder hatten Familien die „permits“, die manchmal zu den Feiertagen erteilt wurden und einen Besuch der Heiligen Stätten ermöglichen sollten, zur dauerhaften Ausreise bzw. Auswanderung genutzt. So machten die Christen schließlich nur noch ca. 0,05% der Bevölkerung aus. Die meisten von ihnen lebten im Stadtteil al-Rimal von Gaza-Stadt. Trotz der geringen Zahl waren ihre Institutionen – darunter fünf Schulen und zwei Berufsbildungszentren – von großer Bedeutung für viele Menschen im Gazastreifen.

Die Situation der einzelnen Kirchen

Dabei gehörte die Mehrheit der Christen (ca. 900) weiterhin zur orthodoxen Kirche, nachdem sich ihre Zahl 1981 noch auf 3.000 belaufen hatte. Formell gibt es weiterhin einen Titularbischof von Gaza (und einen von Anthedon), doch ist der Posten nicht immer besetzt. Vor Ort kümmerten sich Bischof Alexios von Tiberias (*1954) und ein einheimischer Priester, P. Silas Habeb, um die Gemeinde, deren Mittelpunkt noch immer die Porphyrius-Kirche war. In Form von Reliquien sind die Gründergestalten Hilarion und Porphyrius dort allzeit gegenwärtig, und auch die vor wenigen Jahren erfolgte „Ausmalung“ (durch Anbringen von bemalter Leinwand an den Wänden und Decken) ist geprägt von der reichen Geschichte des christlichen Gaza. Medaillons zeigen u. a. die Mönchsväter Barsanuphius und Johannes, Dorotheus und Dositheus. Neben den großen Darstellungen der christlichen Hauptfeste finden sich auch Szenen aus der Vita des Porphyrius – u. a. seine Vision des Gekreuzigten an Golgota und den Befehl zur Schließung der heidnischen Tempel durch den Täufling Theodosius (s. o. S. 34).[291] Zu den sozialen Einrichtungen der Gemeinde gehörte u. a. ein Kindergarten.

58 Innenansicht der Porphyrius-Kirche.

Die anglikanische Kirche war weiterhin Trägerin des kleinen Krankenhauses. Es hatte 50 Betten (und konnte im Notfall auf 100 erweitert werden) und betreute bis zu 4.000 stationäre Patienten im Jahr. Hinzu kamen 30.000 ambulante Behandlungen. Besonders bedeutsam war, dass (nur von hier aus!) durch Vermittlung des Krankenhauses auch Chemotherapie für Krebspatientinnen und -patienten im Auguste Viktoria-Krankenhaus auf dem Ölberg in Jerusalem möglich waren.

Die kleine baptistische Gemeinschaft war nach den genannten Vorfällen öffentlich kaum mehr sichtbar.

Die lateinische, römisch-katholische Gemeinde wurde inzwischen – wie zu Gatts Zeiten – von ausländischen Priestern betreut: 2009, nach der Pensionierung von Pfr. Musallam, war (nicht zuletzt wegen Schwierigkeiten, wieder einen einheimischen Priester zu installieren) die Seelsorge in die Hände des „Instituts des Fleischgewordenen Wortes" ge-

59 Eingang zum al-Ahli-Krankenhaus.

60 Innenansicht der Kirche „Zur Heiligen Familie".

legt worden. Die argentinischen Priester haben schon aufgrund ihrer Herkunft einen anderen theologischen Hintergrund und sind nicht mehr in die lokalen politischen Auseinandersetzungen verwickelt.[292] Seit 2019 betreut P. Gabriel Romanelli (*1969) zusammen mit einem Vikar aus Ägypten und drei Ordensschwestern des Instituts die Gemeinde. Trotz der geringen Zahl von Katholiken entfalteten die Kirchengemeinde und die katholischen Organisationen ein beispielhaftes soziales Engagement. Während der Corona-Epidemie waren die Teams der Caritas mit ihren mobilen Stationen die einzigen, die zu den Kranken nach Hause gingen – Christen und Muslime. Die Missionarinnen der Nächstenliebe betreuten ca. 70 Schwerstbehinderte (oft Kinder und Erwachsene aus Verwandtenehen) – in der einzigen kostenlosen Einrich-

61 Die Pfadfinder der lateinischen Kirchengemeinde mit P. Gabriel an Palmsonntag 2023.

62 Palmsonntagsgottesdienst 2023 auf dem Schulhof/Sportplatz der Holy Family School.

tung dieser Art. Nicht nur der Pfarrer nennt sie die „Engel von Gaza“. Die drei katholischen Schulen – in den Jahren 2000 und 2001 waren eine neue Schule der Rosenkranz-Schwestern und die Holy Family School des Patriarchats hinzugekommen – boten über 2.000 Kindern eine hervorragende Ausbildung (davon weit über 90% Muslime). Dabei war es nicht immer einfach, die Errungenschaft einer koedukativen Ausbildung beizubehalten. Das Zentrum St. Thomas Aquinas – neben den vier Zentren des NECC eine weitere Einrichtung zur beruflichen Bildung – bemühte sich u.a., die Anstellungschancen für junge Christen zu erhöhen: In der fast vollständig muslimisch geprägten und z.T. fanatisierten Gesellschaft fiel es oft schwer, eine Arbeitsstelle zu finden. Es war dies nur eine der zahlreichen Herausforderungen für die winzige christliche Gemeinde.

Ein Besuch in Gaza

Christophe Oberlin (*1952), ein französischer Medizinprofessor, der seit 2001 immer wieder in Gaza gearbeitet hat, erzählt in einem kleinen Buch über die Christen von Gaza eindrucksvoll mehrere Einzelschicksale nach.[293] Matthias Vogt, der Generalsekretär des DVHL, schrieb nach seinem Besuch vor Ort im Frühjahr 2023 über die Situation:

> „Die Menschen sind Überlebenskünstler. Wir sitzen zusammen mit Pater Gabriel Romanelli in seiner Küche ... Das Pfarrzentrum oder ‚Kloster der Lateiner', wie es vor Ort heißt, besteht aus der Kirche, dem Pfarrhaus, Räumlichkeiten für Veranstaltungen, einer kleinen Bibliothek, einem Sportplatz und einer Schule mit 224 Schülerinnen und Schülern, davon 28 Christen. Alles hinter hohen Mauern und gesichert durch ein großes Metalltor. ‚Manchmal werfen Jugendliche Steine über die Mauer oder gegen das Tor', berichtet Pater Gabriel. ‚Dann muss ich den Imam der benachbarten Moschee anrufen, dass er die Kinder zur Ordnung ruft.' Pater Gabriel stellt uns selbst zubereitete Tortillas auf den Tisch. Dann erzählt er weiter. ‚1066. Eins. Null. Sechs. Sechs,' buchstabiert er quasi die Zahl. 1066 Christen gibt es noch in Gaza. ‚Jetzt wahrscheinlich schon einige weniger, die Zählung stammt aus dem letzten Jahr.' ... ‚Hört ihr das Brummen?' fragt er uns. ‚Das sind die israelischen Überwachungsdrohnen. Solange man die hört, ist alles gut. Wenn sie weg sind, dann wird es brenzlig.' Statt Drohnen fliegen dann Raketen. Zwar sind kirchliche Einrichtungen nicht Ziel der israelischen Angriffe, aber Angst haben alle. Nur wenige Stunden vorher hat uns unser Fahrer auf seinem Handy Videos vom letzten Krieg gezeigt. Bombeneinschläge nur wenige Hundert Meter von seinem Haus entfernt, vom Balkon aus gefilmt. Ich wäre in den innersten Winkel der Wohnung oder in den Keller geflohen, statt vom Balkon aus zu filmen. Aber für die Menschen im Gazastreifen gehört es fast zum Alltag. ‚Eine hyper-surreale Situation' nennt es Pater Gabriel."[294]

Selbst Kinder und Jugendliche empfanden das Unnatürliche der Situation. Es war eine der Aufgaben der christlichen Schulen, ihnen zu helfen, friedliche, kreative Wege zu finden, damit umzugehen. Wie das gelingen konnte, zeigt eindrucksvoll das „surrealistische" Aquarell einer Neuntklässlerin der Holy Family School, das die verwundete Schönheit Gazas eindrucksvoll ins Bild setzt.

63 „Die blutenden Orangen von Gaza", Bild einer Schülerin der 9. Klasse. Auf der Rückseite steht in Versform: „Palästina erleidet in seiner Orange ein Martyrium. Aus seiner Orange fließt Blut."

13. „Mein Herz bleibt in Gaza“

Der 7. Oktober 2023 und die Folgen

Dann kam 7. Oktober 2023. Das ungeheuerliche, schreckliche Massaker von Terroristen aus Gaza an mehr als 1.300 Israelis. Zahlreiche Unschuldige wurden als Geiseln genommen. Am Tag danach begann der israelische Gegenschlag. Unmöglich, das Elend zu schildern, das dieser Krieg auch für die Christengemeinde von Gaza mit sich brachte.

Überall Opfer. Verschüttete. Hunger, Durst, Angst. Keine ausreichende medizinische Versorgung. Furchtbare Einzelschicksale. Nicht zuletzt die Künstlerin Heba Zagout,[295] Mutter von vier Kindern, starb bei einem Bombenangriff.

Sowohl auf dem Gelände der orthodoxen als auch auf dem der katholischen Kirche fanden Hunderte von Gläubigen (und auch Muslime) Zuflucht. Beide Gemeinden feierten weiterhin in großer Treue ihre Gottesdienste und bemühten sich gleichzeitig darum, die schlimmste Not zu lindern. Soweit möglich, wurden auch die Menschen in der Umgebung mitversorgt – nicht zuletzt mit Brot, das in improvisierten Öfen gebacken wurde (auch unter Mithilfe der Priester, die blieben oder – wie P. Gabriel – zurückkehrten zu ihrer Gemeinde).

Doch auch in den abgeschlossenen Compounds waren die Menschen nicht sicher. Ein Luftangriff auf ein benachbartes Gebäude tötete 18 Menschen im Bereich der Porphyrius-Kirche. Scharfschützen töteten zwei Frauen auf dem Weg zum Waschraum auf dem Gelände der katholischen Kirche „Zur Heiligen Familie“. Das dortige Schwesternhaus und das Behindertenheim wurden mehrfach von Artilleriegeschossen getroffen. Als sich die Kämpfe noch auf den Norden des Gazastreifens konzentrierten, flohen 40 bis 50 Familien in den Süden – und konnten dann nicht mehr zurückkehren. Die Holy Family-Schule, wo ebenfalls Zivilisten Schutz gesucht hatten, blieb ebenso wenig von Zerstörungen verschont wie die Schule der Rosenkranz-Schwestern. Das anglikanische Krankenhaus, auch dies Zufluchtsort zahlreicher Menschen, wurde mehrfach schwer getroffen; es gab viele Opfer. Später musste es den Be-

64 Die zerstörte Große Moschee (ehemalige Kreuzfahrerkirche) in Gaza.

trieb zeitweise ganz einstellen, und auch die inzwischen als Krankensaal genutzte Kirche wurde beschädigt.

Dass in diesem Zusammenhang auch historische christliche Gebäude zerstört wurden, mag nebensächlich erscheinen und ist dennoch ein schmerzlicher Verlust. Die Ausgrabungsstätte von Mukheitim ist Berichten zufolge komplett zerstört, auch die Überreste des Hilarion-Klosters wurden beschädigt: Symbolische Ereignisse für die existentielle Bedrohung christlicher Präsenz in Gaza und Umgebung.

Einige Christen konnten seit dem 7. Oktober 2023 mit Sondergenehmigungen den Gazastreifen verlassen – und sorgen dadurch für ein weiteres Schrumpfen der Gemeinden. Ob und in welcher Form diese nach dem Krieg eine Zukunft haben werden, scheint ungewisser denn je – auch wenn die Kirchen jede Art von Vertreibung oder Umsiedlung der Palästinenser aus Gaza ablehnen.

Eine der Ausgereisten ist Sr. Nabila Saleh. Die Rosenkranz-Schwester war 13 Jahre lang Direktorin der von ihrem Orden getragenen Schule im Viertel Tel al-Hawa. Nach dem Angriff auf die Schule konnte kein Schulbetrieb mehr stattfinden. Dieser Angriff *„war nicht nur eine physische, sondern auch eine emotionale und geistige Zerstörung. Die Schule, ein Leuchtturm der Hoffnung und des Lernens, liegt in Trümmern und ist ein Symbol für die allgemeine Zerstörung. Jetzt beherbergt die Schule – oder das, was von ihr übrig ist – etwa 400 Binnenvertriebene“* – so Sr. Nabila in einem Gespräch in Jerusalem im Frühsommer 2024.[296]

65 Gottesdienst 2024 in der Porphyrius-Kirche während des Krieges.

Hin- und hergerissen zwischen Dankbarkeit und Schuldgefühlen, schildert sie die Situation vor Ort und die Haltung der verbliebenen Christen:

> „Das Leben der Christen in Gaza ist ein Zeugnis der Widerstandsfähigkeit inmitten von Widrigkeiten und Verzweiflung. Obwohl Christen eine Minderheit sind, haben sie wesentlich zum sozialen Gefüge beigetragen, den interreligiösen Dialog und den kulturellen Austausch gefördert. Dabei war ihre Existenz nicht ohne Herausforderungen, denn sie mussten die Kämpfe und Härten des Lebens in der Krisenregion und angesichts der vollständigen Belagerung meistern und gleichzeitig ihren Glauben und ihre kulturelle Identität bewahren.“

Über die Familien, die auf dem Grundstück der lateinischen Kirche Zuflucht gefunden haben, sagte sie:

> „Das Durchhaltevermögen, das diese Familien angesichts der extremen Entbehrungen an den Tag legen, ist geradezu heldenhaft. Dass sie trotz aller Widrigkeiten überleben, spricht Bände über die Stärke des palästinensischen Geistes ... Der Glaube ist etwas, das die kleine Gemeinschaft ermutigt. Neben der täglichen Messe, der Katechese und dem Rosenkranzgebet organisiert die Pfarrei auch Aktivitäten für Kinder und Gebetstreffen zur Traumaheilung."

Sie schloss mit einem persönlichen Bekenntnis:

> „Mein Herz bleibt in Gaza. Der Wunsch, eines Tages zurückzukehren, um zum Wiederaufbau von zerstörtem Leben und von Gemeinschaft beizutragen, ist stark. Trotz der Entbehrungen und der Narben, die der Krieg hinterlassen hat, gibt es immer noch Hoffnung ..."

66 Sr. Nabila, die Direktorin vor der Schule der Rosenkranz-Schwestern, 2023.

14. „… das Feuer auslöschen“

Ein Epilog

„Eine Stadt vieler Schlachten“, so wurde Gaza schon vor den jüngsten Ereignissen genannt. Ihre Zukunft ist ungewiss. Gleichzeitig ist Gaza verbunden mit biblischen Traditionen und weist eine fast ununterbrochene christliche Präsenz auf. Haben die Geschichten und das Christentum für die Gegenwart Gazas noch eine Bedeutung? Können sie helfen, die Hoffnung am Leben zu erhalten?

Simson – immer noch aktuell?

Ein zorniger junger Mann. Seine Heimat ist – teilweise – besetzt von Leuten, die er als Ungläubige ansieht. Er weiht sein Leben dem Kampf gegen sie. Er unternimmt spektakuläre Guerilla-Aktionen. Meist allein. Medienwirksam. Bilder, die sich einprägen. Bis er eines Tages den Feinden doch ins Netz geht. Er wird verurteilt und öffentlich zur Schau gestellt. Doch dann gelingt ihm – er ist überzeugt: nur dank Gottes Hilfe – eine letzte spektakuläre Tat: Ein Symbolgebäude des Feindes, ein Heiligtum, bringt er zum Einsturz. Er selbst, aber auch unzählige andere werden darunter begraben, kommen ums Leben. Ewiger Ruhm ist ihm, dem Selbstmordattentäter und „Märtyrer“, bei seinen Glaubensgenossen sicher.

Man kann die Geschichte von Simson und seinen Taten in und um Gaza als Geschichte eines Terroristen erzählen – der israelische Schriftsteller David Grossmann, der sich in seinem Roman „Löwenhonig“ ausführlich mit der Gestalt Simsons auseinandersetzt, sieht in ihm tatsächlich einen frühen Selbstmordattentäter. Er hat den Eindruck, dass das Prinzip, Unschuldige mitzunehmen in den Tod, der das Leben eines Kämpfers abschließt, im Nahen Osten tief im Bewusstsein der Menschen verankert ist.[297]

Simson ist bis heute für manche Juden ein Symbol für den Kampf gegen die Feinde des Volkes Israel – nicht umsonst wurde 1948 eine

67 Simson-Skulptur von Baruch Wind, Ashdod.

israelische Armeeeinheit mit dem Namen „Shualei Shimshon“ („Simsons Füchse“) gegründet,[298] die in der Region Gaza agierte: Sie knüpfte an die biblische Erzählung an, dass Simson einst die Schwänze von 300 Füchsen zusammengebunden und mit Fackeln versehen hatte, um diese dann in die Felder der Philister zu jagen, so dass deren Ernte vernichtet wurde (vgl. Ri 15,1–8). Im israelischen Aschdod, einer ehemaligen Philisterstadt, steht seit 2008 eine große moderne Skulptur (von Baruch Wind), die Simson zeigt, wie er zwei Säulen zum Einsturz bringt.

Darüber hinaus gibt es bis heute als Teil der israelischen Militärstrategie eine sogenannte „Simson-Option“, die in Friedenszeiten der Abschreckung dienen soll: Im Fall einer existentiellen Bedrohung wäre man bereit, „mit den Philistern zu sterben“ (Ri 16,30). Konkret soll Moshe Dajan (1915–81) während des Jom Kippur-Krieges 1973, als die militärische Lage sehr ernst war, für den Fall einer drohenden Niederlage den Einsatz von Atomwaffen geplant haben, auch wenn die Konsequenz möglicherweise der eigene Untergang gewesen wäre.[299]

Aber auch manche Palästinenser greifen auf Muster und Bilder von Simsons Taten zurück: Ob man im Jahr 2018 beim Anzünden der israelischen Felder im Grenzgebiet zum Gazastreifen durch von dorther geschleuderte Brandsätze bewusst an Simsons Aktion angeknüpft hat, ist nicht klar. Aber beim Auftauchen von Graffiti auf der Sperrmauer zwischen Betlehem und Jerusalem, die „Simson“ beim Umstürzen von israelischen Wachtürmen zeigen, ist der Bezug zur Zerstörung des Dagon-Tempels in Gaza eindeutig.

Dabei hatte schon der aus Gaza gebürtige Dichter Muin Bseiso (1926–84) in einem Theaterstück von 1970 darauf hingewiesen, dass der starke, aber wenig weise Simson die Vorfahren der heutigen Gazäer getötet habe, und stattdessen Delila gepriesen, die ihn unschädlich machte.[300] Am Schluss des Stückes heißt es:

> „Das alte Gaza erzählt dem heutigen Gaza, das dem israelischen Simson widersteht, dass die Tyrannei dazu verdammt ist, an die Mühle gefesselt zu sein und für immer den Mühlstein zu drehen. Die Tyrannei wird sich selbst zerstören.“

Tatsächlich sind aber alle genannten Texte, Bilder und Aktionen Teil einer Gewaltspirale, die nur schwer zu durchbrechen ist, da jedes Unrecht neues Unrecht provoziert, jede Beleidigung und Verletzung nach Vergeltung ruft.

Simson – eine christliche Perspektive

Schon frühchristliche Theologen hatten Mühe zu erklären, „was Simson in der Bibel macht“.[301] Immerhin taugt dieser selbstmörderische Gewalttäter mit seinen Frauengeschichten nicht direkt als christliches Vorbild. Trotzdem wird er im Hebräerbrief als Zeuge des Glaubens genannt (vgl. Hebr 11,32).

Frühchristliche Exegeten (u.a. Hieronymus) deuteten die Simson-Gestalt deshalb symbolisch, und zwar als Vor-Bild (Typos) Christi. Sie

68 „Simson“ stürzt die Wachttürme um. Graffiti auf der Sperrmauer zwischen Betlehem und Jerusalem.

bezogen etwa seine Ehen mit mehreren Frauen aus einem fremden Volk auf den Bund Christi mit der Kirche aus verschiedenen Nationen.[302] Das heißt: Einzelne Elemente der Erzählung wurden als Allegorie, als bildliche Darstellung eines dahinter liegenden Sinnes gedeutet.

Der Kampf Simsons mit einem Löwen (vgl. Ri 14,5f) wurde gern als Bild für den Kampf jedes Christen gegen den Teufel (der nach dem 1. Petrusbrief „wie ein brüllender Löwe umhergeht", vgl. 1 Petr 5,3) aufgefasst. Diese Sicht findet sich auch bei Procopius von Gaza, der aber auch die Frage diskutiert, ob man denn Simsons Taten wirklich als geistgewirkt ansehen kann.[303] Der Tod Simsons, der mit ausgebreiteten Armen die beiden tragenden Säulen des Tempels in Gaza zum Einsturz bringt (vgl. Ri 16,23–31), wurde wegen der damit verbundenen Körperhaltung schon früh sogar als Vor-Bild des Opfertodes Christi am Kreuz gesehen. Caesarius von Arles schrieb dazu im 6. Jh.:

> „Simson streckte seine Hände nach den Säulen aus, und das Haus der Philister stürzte mit seinen Fürsten; Christus streckte seine Hände nach den beiden Balken des Kreuzes wie nach zwei Säulen aus und stürzte und zerstörte das Haus oder Reich des Teufels und seiner Engel."[304]

Im Mittelalter, in der Zeit der Kreuzzüge, gab es dann vermehrt auch bildliche Darstellungen von solchen allegorischen, typologischen Szenen aus dem Leben Simsons: Da war zum einen der Löwen-Kampf – wobei man an ähnliche Darstellungen des Herkules anknüpfen konnte, mit dem man Simson sehr früh verglich.[305] Häufiger stellte man nun aber auch dar, wie Simson (nach dem Besuch bei der Dirne) in der Nacht die Stadttore von Gaza aus den Angeln hebt und wegträgt (vgl. Ri 16,1–3). Darin sah man nun ein Vorbild Christi, der die Pforten des Totenreichs zerbricht. Schon Papst Gregor I. schreibt, ebenfalls im 6. Jh.:

> „Was bedeutet die Stadt Gaza, wenn nicht die Hölle, der Aufenthaltsort der Toten? ... Als die Juden sahen, dass der Herr tot war und sein Leichnam in das Grab gelegt wurde, stellten sie Wachen um das Grab auf. Sie freuten sich, dass Jesus, den der Urheber des Lebens verherrlicht hatte, nun in den Toren des Todes gefangen gehalten wurde, so wie die Philister sich freuten, dass sie Simson in Gaza gefangen gehalten hatten. Doch mitten in der Nacht entkam Simson nicht nur, sondern trug die Tore mit sich fort. So machte es auch unser Erlöser, der auferstand, bevor es hell wurde, nicht nur frei aus dem Tod und der Hölle ging, sondern auch die Tore der Hölle selbst zerstörte."[306]

69 Simson mit den Stadttoren von Gaza. Fußbodenmosaik in St. Gereon, Köln, um 1170.

Deshalb wurden die Simson-Szene und ein Bild der Auferstehung in der mittelalterlichen Kunst auch mehrfach miteinander dargestellt – und zwar im Rahmen der sogenannten *Sacra parallela*, d. h. in der Gegenüberstellung von alt- und neutestamentlichen Szenen, die eine ähnli-

70 Simson mit den Stadttoren von Gaza. Verduner Altar, 1181, Stift Klosterneuburg.

che Botschaft verkünden. Auf diese Weise sollte gezeigt werden, nach welchem „Muster“ Gott immer wieder in der Geschichte handelt. Beispiele dafür sind u. a. die Deckenfresken der Kölner Kirche St. Maria in Lyskirchen (13. Jh.) und der Altar des Nikolaus von Verdun im österreichischen Stift Klosterneuburg (1181): Dort ist der Kampf mit dem Löwen das Vor-Bild für den Sieg über die Mächte der Unterwelt bei Christi „Abstieg in das Reich des Todes“ und das Tragen der Stadttore das Vor-Bild der Auferstehung.[307]

71 Simsons Tod. Emaille von einem Vortragekreuz, 12. Jh., Schnütgen-Museum, Köln.

Auch den erwähnten Tod Simsons mit ausgebreiteten Armen stellte man nun häufiger dar, und zwar u. a. ebenfalls auf dem Fußbodenmosaik in St. Gereon (s. o. S. 126) sowie – zusammen mit anderen biblischen Vorbildern der Kreuzigung wie der Erhöhung der „ehernen Schlange“ – auf einem Vortragekreuz des 12. Jh., das sich heute im Kölner Schnütgen-Museum befindet.

Auf diesen Bildern stehen die Taten Simsons, wie gesehen, (auch) für etwas anderes, Christliches. Diese „allegorische“ Interpretation, die davon ausgeht, dass die biblischen Erzählungen (auch) etwas anderes ausdrücken wollen – das griechische „allegorein“ bedeutet „etwas anderes sagen“[308] –, erscheint heute eher als abwegig oder gekünstelt. Andererseits wird diese Art mit alten Texten umzugehen schon in der Bibel selbst angewandt: So wird etwa der Durchzug durch das Rote Meer bei Paulus zum Vor-Bild der Taufe (vgl. 1 Kor 10,2). Und: Damit die biblischen Texte Bedeutung für jede Zeit haben, müssen sie in die jeweilige Gegenwart übertragen werden – aber nicht eins zu eins: Sonst ließe sich nicht zuletzt aus den Simson-Erzählungen tatsächlich die Rechtfertigung von Gewalttaten ableiten. Nur wenn man jene „Muster“ entdeckt, die darin dem „roten Faden“ der Bibel, dem Heilswillen Gottes, entsprechen, können aus Texten, die äußerlich nur von Gewalt und Gegengewalt erzählen, Hoffnungsbilder werden.[309]

Das Nachtragen überwinden – die Perspektive der Gaza-Mönche

Zumindest im zwischenmenschlichen Bereich wollten auch schon die frühchristlichen Mönche den teuflischen Kreislauf von Verletzung und Vergeltung durchbrechen. Dorotheus von Gaza schreibt deshalb in einer seiner „Unterweisungen“ über das zerstörerische „Feuer“ des Nachtragens:

> „Wer einen Herd anzündet, hat zuerst nur eine kleine Glut. Dem entspricht ein Wort eines verletzenden Bruders. Sieh, noch ist es eine kleine Glut, denn was ist schon das Wort eines Bruders? Wenn du es erträgst, hast du die Glut ausgelöscht. Wenn du aber dabei bleibst zu denken: ‚Warum hat er das zu mir gesagt? Auch ich habe ihm etwas zu sagen! Und wenn er mich nicht hätte verletzen wollen, so hätte er es nicht gesagt. Glaube nur – auch ich habe das Recht ihn zu verletzen!‘, sieh, dann hast du kleine Hölzer oder etwas ähnliches (in die Glut) geworfen wie der, der den Herd anzündet und Rauch, das heißt Erregung, entfacht. Erregung aber ist die Bewegung und das Zusammenströmen der Gedanken, die das Herz aufbringen und frech machen. Hochmut aber ist ein Aufstehen gegen den Verursacher der Betrübnis, das vergelten will ... Sieh, es entstand Erregung, die man auch Jähzorn nennt. Wenn du willst, kannst du sie auslöschen, bevor sie zum Zorn wird. Aber wenn du dabei bleibst, zu verletzten und verletzt zu sein, erscheinst du wie einer, der Hölzer in den Herd wirft und das Feuer noch mehr anheizt: So werden sie schließlich zu Kohlen, und das ist dann der Zorn ...
> Wenn jemand am Anfang der Erregung, wenn sie beginnt, wie wir sagten, Rauch zu entwickeln und Funken zu sprühen, sich rechtzeitig selbst die Schuld gibt und um Verzeihung bittet, bevor lodernde Erregung entstanden ist, bleibt Friede. Wenn er nicht zur Ruhe kommt, nachdem er in Wut geraten war, sondern aufgeregt und frech bleibt, gleicht er einem, der Hölzer für das Feuer beschafft, das brennt, bis er große glühende Kohlen hergestellt hat. Wie nun die glühenden Kohlen, zu Holzkohlestücken geworden und beiseite gelegt, über viele Jahre nicht verfallen und sich nicht einmal auflösen, wenn man Wasser über sie schüttet, so ist es auch mit dem Zorn: Wenn er andauert, wird er zum Nachtragen, und wenn man sich nicht schließlich selbst überwindet, wird man nicht von ihm befreit.“ [310]

72 Dorotheus von Gaza. Malerei in der Porphyrius-Kirche.

Bleibt zum Schluss die Frage, ob und wieweit Christen von heute aus diesen Traditionen eine Perspektive auf die Situation in Gaza entwickeln.

Hoffnung gegen alle Hoffnung – Die einheimischen Christen und der jüngste Krieg in Gaza

Die Einbettung der Kirchengemeinden von Gaza in ein größeres Netzwerk sorgt zunächst einmal dafür, dass sie auch aktuell mit ihren Glaubensgeschwistern verbunden bleiben. Sogar Papst Franziskus rief täglich persönlich an, um der katholischen Gemeinde Mut zuzusprechen. Sobald es möglich war, begannen die kirchlichen Hilfsorganisationen – u. a. die Malteser – die Menschen vor Ort mit dem Lebensnotwendigsten zu versorgen.

Aber die Situation ist auch theologisch eine Herausforderung. Angesichts des unsäglichen Leids der Bevölkerung sagte der evangelische Pfarrer von Bethlehem, Munther Isaac (*1979), kurz nach dem 7. Oktober in einer Predigt: „Christus ist unter den Trümmern von Gaza.“[311] Und die Krippe in seiner Pfarrkirche zeigte Weihnachten 2023 das Christkind in Trümmern liegend. Mitri Raheb (*1962) fragt, was es bedeutet, wenn Vertreibung und Vernichtung (von sogenannten christlichen Zionisten) biblisch und theologisch gerechtfertigt werden. Wie kann es gelingen, sowohl die Bibel als auch Palästina zu „kolonialisieren“, so dass Israelis und Palästinenser, Christen, Juden und Muslime im Land auf Augenhöhe miteinander leben können?[312]

Einzelne christliche Theologinnen und Theologen fordern gar eine „Theologie nach Gaza“. In dem Ausdruck „Theologie nach Gaza“[313] klingt auch an, dass sie eine Art Gegenstück zur „Theologie nach Auschwitz“ sein soll, die nach der Shoah von jüdischen und christlichen Theologen entwickelt wurde. Tatsächlich erleben oder beschreiben viele Palästinenser – Muslime wie Christen – die jüngsten Ereignisse als eine Art Genozid. Gleichzeitig riefen die Ereignisse des 7. Oktober und der darin sichtbare Vernichtungswille der Terroristen bei vielen jüdischen Israelis Erinnerungen an die Shoah wach.

Angesichts dessen ist es tatsächlich ein erster wichtiger Schritt zu erkennen: *„Niemand hat ein Monopol auf Schmerz.“*[314] So hat es schon bald nach Beginn des Krieges der Lateinische Patriarch von Jerusalem, Pierbattista Pizzaballa (*1965) formuliert, der zuvor auch – von Journalisten danach gefragt – seine Bereitschaft erklärt hatte, sich gegen israelische Geiseln austauschen zu lassen, wenn diese dafür freigelassen würden.

Zu Pfingsten 2024 besuchte der Patriarch dann zum ersten Mal während des Krieges die Christen in Gaza. Bei dieser Gelegenheit konnte auch P. Gabriel Romanelli, der am 7. Oktober zufällig außerhalb des Gazastreifens war, wieder zu seiner Gemeinde zurückkehren. Pizzaballa formulierte in einer seiner Predigten:

> „Wir wollen keine Macht, aber wir wollen stark sein, und ich habe festgestellt, dass Sie sicherlich müde sind, sehr müde, aber dass Sie stark sind. Ein Zeichen dafür ist, dass ich in all meinen Gesprächen mit Ihnen kein einziges Wort des Ärgers gehört habe. Das ist ein Zeichen von Stärke.“[315]

P. Gabriel bestätigt das:

> „Die Situation ist paradox: Bei vielen unserer Gemeindemitglieder herrscht Gelassenheit. Trotz des wirklich enormen Leids bleiben sie gelassen und geben sich vertrauensvoll in die Hände des Herrn. Natürlich sind sie sehr besorgt über das, was passieren wird. Einige sind krank, einige sind verletzt, viele sind abgereist und einige denken daran, abzureisen, aber viele, viele, viele denken daran, zu bleiben.“[316]

Es bleibt abzuwarten, ob nicht doch viele Christen – wenn sich die Gelegenheit bietet – nach dem Krieg und der Zerstörung ihrer Häuser die Region verlassen werden, aber es scheint, dass es denen, die zunächst vor Ort geblieben sind, tatsächlich gelungen ist, das Feuer des Ärgers, des Nachtragens bei sich zunächst einmal auszulöschen.

Doch gibt es darüber hinaus Grund zur Hoffnung für Gaza und die Christen dort? Der evangelisch-lutherische Bischof von Jerusalem, Ibrahim Azar (*1961), hat darauf hingewiesen, dass Hoffnung im Heiligen Land und angesichts dieser Situation kein frommes Gefühl ist, sondern eine Entscheidung![317] Die katholische Kommission für Gerechtigkeit und Frieden im Heiligen Land hat zu Ostern 2024 einen Text veröffentlicht, der zeigt, wie die Botschaft von den zerbrochenen Toren des Totenreiches auch und gerade in diesen Zeiten inspirieren kann. Darin heißt es:

> „Das Heilige Land erstickt an menschlichem Leid, Unterdrückung, Ungerechtigkeit und Zerstörung. Der Tod scheint das Leben besiegt zu haben; die Unmenschlichkeit blockiert weiterhin die Anerkennung des anderen als Ebenbild Gottes. Die schamlose Gleichgültigkeit zu vieler Menschen in der Welt, vor allem derjenigen in Führungspositionen, ermutigt die Beobachter, teilnahmslos zuzusehen oder sich abzuwenden. Indem wir zu hoffen wagen, müssen wir uns erinnern! Mitten in dieser Realität des

73 Patriarch Pizzaballa und P. Gabriel an Pfingsten 2024 in Gaza.

> Todes sind wir aufgerufen, uns daran zu erinnern, dass das Grab leer ist. Jesus ist triumphierend herausgekommen; der Tod konnte ihn nicht aufhalten. Das ist die Verheißung Gottes in der ganzen Heiligen Schrift, und Gott ist seinen Verheißungen treu. Die Auferstehung ist nicht unsere Antwort auf die Gewalt, sondern unsere Identität als Christen, die dazu berufen sind, Hoffnung zu verkünden, wenn Hoffnung unmöglich erscheint, Leben zu bezeugen, wenn unsere alltägliche Realität nur Tod zu verheißen scheint. Diese Hoffnung in unserer Kleinheit, im Senfkorn, in der Hefe im Brot, drückt sich darin aus, dass wir hartnäckig darauf beharren, uns weiterhin eine bessere gemeinsame Zukunft vorzustellen und uns dann an die Arbeit machen, sie jetzt zu leben. Wir, die wir in Jesu eigenem Land leben, bekräftigen weiterhin, dass das Grab leer ist. Es steht inmitten unseres Landes, inmitten unserer heiligen Stadt und weist auf seine eigene Leere hin, indem es die Macht des Lebens über den Tod und der Hoffnung über die Verzweiflung bekräftigt.“

Der Jesuitenpater David Neuhaus (*1962), Priester im lateinischen Patriarchat von Jerusalem, verbindet diese allgemeinen Gedanken in einem Text über die Situation in Gaza mit seiner sehr persönlichen Erfahrung am „Heiligen Grab“:

> „Als 15-jähriger Junge, der in eine jüdische Familie hineingeboren wurde, erinnere ich mich, wie ich am frühen Freitagmorgen in der Auferstehungskirche saß. Ich beobachtete die Gläubigen, die ein- und ausgingen, lange bevor die Touristen den Ort überfielen. Ich wusste noch nicht, wie man betet, und konnte nur diejenigen beobachten, die beteten. Ich sah, wie sie die Steine berührten und streichelten, sie küssten, und nicht wenige vergossen Tränen, die ihre eigenen Schmerzen und Ängste ausdrückten, vereint mit denen ihres gekreuzigten und auferstandenen Herrn. Ich war fasziniert von den Augen derer, die sich darauf konzentrierten, und ich fragte mich, was sie sahen. Mit der Zeit wurde mir klar, dass Christen dazu berufen sind, ein Reich zu sehen, das bereits da ist, weil wir die Frohe Botschaft gehört haben. Wir können dieses Reich nicht mit unseren Augen sehen. Unsere Augen sehen nur die Spuren des Krieges und der Zerstörung, die Bilder, die uns die Medien vermitteln, überlassen nichts der Fantasie. Aber Ohren, die die Verkündigung der Auferstehung gehört und geglaubt haben, können ein Reich sehen, in dem der Gott, der Leben statt Tod verspricht, bereits regiert. Mit zwei Füßen im Reich, in dem der Tod herrscht, ist die christliche Gewissheit, dass Gott diesen Kampf bereits gewonnen hat, das Herz der christlichen Hoffnung. Es ist diese Hoffnung, die zu Worten werden muss, die helfen zu sagen, dass inmitten des Reiches dieser Welt das Reich Gottes schon hier ist.“[318]

Die Christen von Gaza sind Zeugen dieses Reiches. Patriarch Pizzaballa zitierte in seiner Predigt in Gaza zu Weihnachten 2024 ein Gemeindemitglied, das ihm einmal gesagt habe: *„Als Christen haben wir keine Gewalt im Blut. Wir wollen Christen bleiben und das Licht an diesem Ort bleiben.“* Solange es solche Christen in Gaza gibt, gibt es Hoffnung. Und der Kardinal schloss:

> „Danke für alles, was Sie tun. Ihr merkt es vielleicht nicht in eurem schwierigen Alltag, aber die ganze Welt merkt es. Wir sind alle stolz auf euch, nicht nur wegen dessen, was ihr tut, sondern auch, weil ihr eure Identität als Christen, die zu Jesus gehören, bewahrt habt. Ihr seid das Licht unserer Kirche in der ganzen Welt geworden.“ [319]

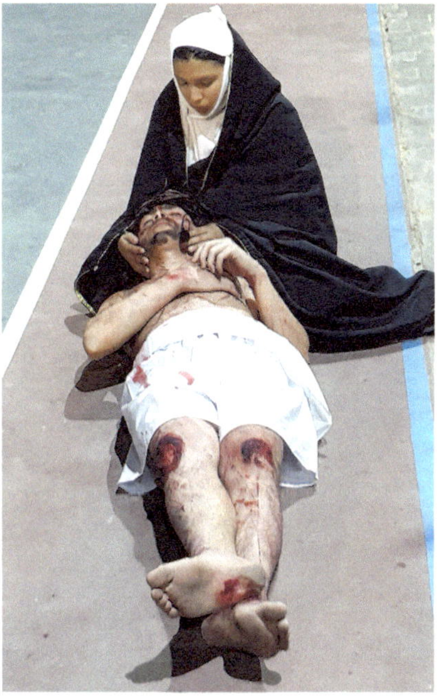

74 Pietà im Passionsspiel der Jugendlichen der lateinischen Kirchengemeinde vor Palmsonntag 2023.

Anmerkungen

1 Entdeckt wurden sie nach 1967 von israelischen Archäologen; vgl. O. Keel/M. Küchler, *Orte und Landschaften der Bibel* (OLB), *2: Der Süden*, Göttingen 1982, 102–106; NEAEHL 1, 343–347; T. Dothan, *Excavations in the Cemetery at Deir el-Balah* (Qedem 10), Jerusalem 1978; T. Dothan/B. Brandl, *Deir el-Balaḥ: Excavations in 1977–1982 in the Cemetery and Settlement. Volume I–II* (Qedem 49. 50), Jerusalem 2010.

2 Vgl. dazu OLB 2, 101f.

3 Zu Gaza in der Bibel vgl. St. Wimmer, *Gaza*, in: WiBiLex (https://www.die-bibel.de/ressourcen/wibilex/altes-testament/gaza).

4 Vgl. OLB 2, 78–80.

5 Vgl. OLB 2, 80.

6 „City of many battles" lautet der Untertitel des Buches von Th. E. Dowling, *Gaza*, London 1913.

7 Zur Geschichte Gazas insgesamt vgl. u. a. G. Butt, *Life at the Crossroads. A history of Gaza*, Nikosia 1995 (auch dort hat die Einleitung den Titel „Land of many battles"); W. Zwickel, *The Gaza strip. Archeology and History* (Ägypten und Altes Testament 129), Münster 2025 (in Vorb.).

8 Vgl. Aristeasbrief 115 (Ü: 207, Rießler), wo die Stadt neben Joppe und Aschkelon genannt wird.

9 Josephus Flavius, *Antiquitates Iudaicae/Jüdische Altertümer (AJ)* 3, 13, 3 (Ü: 189f, Clementz).

10 Vgl. dazu M.A. Meyer, *History of the City of Gaza*, New York 1907, 125–138.

11 Vgl. Josephus, *AJ* 17, 11, 4 (Ü: 496, Clementz); zum Ganzen auch OLB 2, 80–85.

12 Marcus Diaconus, *Vita sancti Porphyrii/Das Leben des heiligen Porphyrius* (*vit. Porph.*) 64 (T und Ü: FC 53, 174–177)

13 Zu Marnas vgl. G. Mussies, *Marnas. God of Gaza*, in: Aufstieg und Niedergang der römischen Welt II, 18, 4 (1990) 2412–2457.

14 Stephanus von Byzanz, *Ethnica* G 13 (Ü: 397, Billerbeck).

15 Vgl. dazu OLB 2, 82.

16 Vgl. Marcus Diaconus, *vit. Porph.* 76 (T und Ü: FC 53, 188f).

17 Vgl. *Chronicon paschale* (T: PG 92, 614B).

18 Lt. J. N. Sepp, *Jerusalem und das Heilige Land. Pilgerbuch nach Palästina, Syrien und Aegypten*. 2. Aufl. Regensburg 1878, 524 ist diese Tradition bezeugt bei Dorotheus von Tyrus (4. Jh.).

19 Vgl. dazu H. Brewer, *Kommodian von Gaza*, Paderborn 1906, 162–170, der immerhin Argumente für diese Herkunft bietet.

20 Eusebius, *De martyribus Palaestinae/Über die Märtyrer Palästinas* (*mart. Pal.*) 3, 1 (T und frz. Ü: SC 55, 124f; dt. Ü: BKV 9, 297).

21 Vgl. Marcus Diaconus, *vit. Porph.* 20 (T und Ü: FC 53, 124f).

22 Eusebius, *mart. Pal.* 3, 3f (T und frz. Ü: SC 55, 126f; dt. Ü: BKV 9, 280) – nach der längeren Version des Werkes stammte auch ein zweiter Märtyrer dieser Gruppe aus Gaza.

23 Eusebius, *mart. Pal.* 8, 4–8 (T und frz. Ü: SC 55, 146–149; dt. Ü: BKV 9, 292f)

24 Vgl. zu dieser Bestrafung W. Geerlings, *Ins Bergwerk verurteilt – die „damnatio ad metalla"*, in: ders., Fußnoten zu Augustinus (Instrumenta Patristica et Medievalia 55), Turnhout 2010, 329–346.

25 Eusebius, *mart. Pal.* 13, 1–10 (T und frz. Ü: SC 55, 168–173; dt. Ü: BKV 9, 309f) – nach

der längeren Fassung war Silvanus ursprünglich Soldat, dann Priester in Cäsarea und zeichnete sich dreimal als Bekenner aus, bevor er Bischof in Gaza wurde.

26 Eusebius, *Historia ecclesiastica / Kirchengeschichte* 8, 13, 5 (Ü: 376, Kraft).

27 Eusebius, *De vita Constantini / Über das Leben Konstantins* 4, 37f (FC 83, 452–455). Der erste namentlich bekannte Amtsträger als Bischof von Maiuma ist ein gewisser Zenon (ca. 395–400); s. u. S. 27f.

28 Sozomenus, *Historia ecclesiastica / Kirchengeschichte* (*h.e.*) 2, 5, 7 (T und Ü: FC 73/1, 220f).

29 Vgl. Marcus Diaconus, *vit. Porph.* 58 (FC 53, 170f).

30 Vgl. z. B. die aus dem 4. Jh. stammende *Expositio totius mundi* 29 (T und frz. Ü: SC 124, 162 f) für Ägypten und Syrien.

31 Vgl. dazu R. Downey, *Gaza*, in: Reallexikon für Antike und Christentum 8, 1123–1134, hier 1125. Auch in der römischen Hafenstadt Civita Vecchia finden sich Hinweise auf eine Verehrung des Marnas; vgl. OLB 2, 83.

32 Vgl. Marcus Diaconus, *vit. Porph.* 20 (T und Ü : FC 53, 122f).

33 Sozomenus, *h.e.* 3, 8, 1; 3, 12, 1 (T und Ü: FC 73/2, 356f; 370f).

34 Dort – auf dem Gelände der 2005 verlassenen israelischen Siedlung Elei Sinai – wurden auch Reste einer Kirche des 6. Jh. entdeckt; vgl. M. Sadeq, *Christian Topography of Byzantine Gaza*, in: International Journal of Humanities and Social Science 5 (2015) 47–54, hier 50.

35 Sozomenus, *h.e.* 5, 15, 14 (T und Ü: FC 73/2, 624–627) – dort wird auch Bethelea beschrieben, wo es u. a. ein Pantheon gab, das wie eine Akropolis auf einem künstlich errichteten Hügel lag und das ganze Dorf überragte. Vermutlich – so Sozomenus – habe der Ort davon seinen Namen, der aus dem Syrischen ins Griechische übertragen „Wohnsitz der Götter" heiße (vgl. Bet-El).

36 Hieronymus, *Vita Hilarionis / Leben des Hilarion* (*vit. Hil.*) (Hieronymus, *Leben des heiligen Einsiedlers Hilarion*, in: K. Greschat / M. Tilly (Hgg.) Die Mönchsviten des heiligen Hieronymus, Wiesbaden 2009, 129–170). Schon 392 lag eine griechische Fassung vor, die u. a. Sozomenus benutzt hat. Zu Hilarion vgl. auch H. Bacht, *Hilarion*, in: J.G. Plöger / J. Schreiner, Heilige im Heiligen Land, Würzburg 1982, 128–134.

37 Vgl. zum Aufenthalt des Hieronymus in Trier Hieronymus, *Epistula (ad Rufinum)* 3, 5 (T: CSEL 54, 17), zur Bekehrung der dort nicht namentlich genannten Hieronymus und Rufinus vgl. Augustinus, *Confessiones* VIII, 6, 13–15 (T: CSEL 33, 182f).

38 Hieronymus, *vit. Hil.* 3 (Ü: 131 f, Greschat / Tilly).

39 Hieronymus, *vit. Hil.* 14 (Ü: 139 f, Greschat / Tilly).
Genau zur gleichen Zeit entwickelte sich aus der Einsiedelei des Chariton im Wadi Faran eine erste Laura; vgl. dazu OLB 2, 479f. Zu den Überresten des Hilarion-Klosters s. u. 57f.

40 Vgl. Hieronymus, *vit. Hil.* 24–7 (Ü: 149–152, Greschat / Tilly).

41 Vgl. Hieronymus, *vit. Hil.* 1 (Ü: 129, Greschat / Tilly).

42 Vgl. Hieronymus, *vit. Hil.* 4–11 (Ü: 132–136, Greschat / Tilly).

43 Darstellungen der Versuchung des Hilarion selbst gibt es in der westlichen Kunst u. a. von Vinzenz von Beauvais und aus dem 19. Jh. (Octave Tassaert; Dominique Papety). In einer „Anbetung des Kindes" von Filippo Lippi (1455) taucht Hilarion zusammen mit Hieronymus und Maria Magdalena als Randfigur auf.

44 So z. B. H. G. Beck, *Kirche und Theologische Literatur im byzantinischen Reich* (HAW 12, 2, 1), München 1959, und A. Guillaumont, *Aux origines de monachisme chrétien*, Bellafontaine 1980.

45 Vgl. Hieronymus, *vit. Hil.* 23 (Ü: 148 f, Greschat / Tilly).

46 Vgl. Hieronymus, *vit. Hil.* 22 (Ü: 146–148, Greschat / Tilly) – wobei Hieronymus besonders bemerkenswert findet, dass der Dämon fließend Syrisch sprach und „jeder Zisch- und Hauchlaut gelungen" war.

47 Hieronymus, *vit. Hil.* 20 (Ü: 143–145, Greschat / Tilly).

48 Vgl. Hieronymus, *vit. Hil.* 33 (Ü: 158f, Greschat / Tilly).

49 Vgl dazu G. di Stefano, *Eremiten und Pilger zwischen Palästina und dem kaiserli-*

chen Sizilien: der Fall des heiligen Hilarion, in: E. Dassmann / J. Engemann (Hgg.), Akten des XII. Internationalen Kongresses für Christliche Archäologie, Bonn, 22.–28. September 1991 (JbAC.E 20, 2), Münster 1995, 1219–1221.

50 Seine Reliquien gelangten später nach Konstantinopel und kamen im Zuge der Kreuzzüge nach Dorival in Südwest-Frankreich. Auf Zypern erinnert das Kastell St. Hilarion im nördlichen Teil der Insel an den Aufenthalt des Heiligen.

51 Sozomenus, *h.e.* 3, 14, 28 (T und Ü: FC 73/2, 388f). Die Heimatorte der drei genannten Männer liegen in der Umgebung von Gaza; Asalea ist auch auf der Madabakarte dargestellt (s. u. S. 53), evtl. auch Bethagaton (als Bethagidea, das mit Khirbat al-Jundi, 12 km sö von Gaza, identifiziert wird; vgl. Donnmer, *Mosaic Map* 74).

52 Sozomenus, *h.e.* 6, 32, 5–8 (T und Ü: FC 73/3, 800–803). Das Kloster lag vermutlich im Bereich von Khirbat Umm Jerar / Horvat Gerarit (außerhalb des heutigen Gazastreifens), wo zwei Kirchen entdeckt bzw. ausgegraben wurden (0962.0918 und 0967.0918 lt. Palestine Grid); vgl. dazu Y. Hirschfeld, *The Monasteries of Gaza: An Archaeological Review,* in: B. Bitton-Ashkelony / A. Kofsky (Hgg.), Christian Gaza in Late Antiquity, Leiden 2004, 61–88, hier 70f. (Der Ort ist nicht zu verwechseln mit dem biblischen Gerar, das noch weiter östlich lokalisiert wird.) Ein späterer Leiter des Kloster in Gerara, Zacharias, war wichtig bei der Entdeckung des Grabes des Propheten Sacharja in Bet-Sacharja, weil er auf eine apokryphe Schrift stieß, die den Tod des Propheten schildert (vgl. Sozomenus, *h.e.* 9, 17, 4f [T und Ü: FC 73/4, 1100–1103]).

53 Es sind die Apophthegmata 856–867, hier 860 (Ü: *Weisung der Väter / Apophthegmata Patrum,* übers. von B. Miller, Trier 1980, 280–283).

54 Siehe die Apophthegmata 235–242 (Ü: 92–95, Miller).

55 Das Kloster lag außerhalb des heutigen Gazastreifens bei Kfar Shearta (heute Khirbat Se'arta / Horvat Se'orah; 0983.0906); Überreste sind bisher nicht gefunden worden; vgl. Hirschfeld, *Monasteries* 72f. Zu Johannes Rufus s. u. S. 39f.

56 Sozomenus, *h.e.* 7, 28, 4–6 (T und Ü: FC 73/3, 942–945).

57 Vgl. Hieronymus, *Epistula* 108, 11 (T: CSEL 55, 318; Ü: 152, Donner). Tatsächlich haben sie aber wohl nicht Gaza selbst, sondern nur die Straße nach Gaza bis zur Taufstelle des Kämmerers bei Halhul besucht.
Der einzige frühchristliche Pilgertext, der Gaza erwähnt, ist der „Reiseführer" eines gewissen Theodosius aus dem 6. Jh. Er nennt aber nur die Entfernung zwischen Aschkelon und Gaza (12 Meilen) und die zwei Städte, die „dazwischenliegen" (Anthedon und Maiuma); vgl. *De situ terrae sanctae* 3 (T: CCL 175, 116; Ü: 192 f, Donner).

58 Die griechische Bibelübersetzung (Septuaginta) hat an Stelle der „Kaftoriter" (s. o. S. 14) „Kappadozier". Die Heimat der gemeinten Bewohner könnte tatsächlich die südöstliche Türkei sein; vgl. OLB 2, 78.

59 Eusebius / Hieronymus, *Liber locorum / Onomastikon (onomast.)* 303 (T und Ü: FC 68, 158f).

60 Vgl. OLB 2, 97.

61 Vgl. OLB 2, 76f. Es ist nicht klar, ob Hieronymus bei diesem Hinweis auch an Apg 8, 26 gedacht hat, wo es im Urtext bzgl. der Straße nach Gaza heißt, dass sie (die Straße oder die Stadt) „eremos" sei. Vgl. dazu auch G. Gatt, *Erklärung der Stelle: Apostelgeschichte 8, 26,* in: HL 58 (1914) 49–51. Dort plädiert dieser dafür, dass sich „Gaza eremos" nicht auf ein zerstörtes Gaza, sondern auf die ländliche Vorstadt beziehe, was sprachlich ebenfalls möglich ist.

62 Vgl. zum Ganzen OLB 2, 76–89; NEAEHL 2, 464–467.

63 Vgl. Ambrosius, *Epistula* 40, 15 (T: PL 16, 1154). Vgl. auch Gregor von Nazianz, *Reden gegen Julian* 4, 93; 4, 86 (T und frz. Ü: SC 309, 235. 218).

64 Sozomenus, *h.e.* 5, 9 (T und Ü: FC 73/2, 596–601).

65 Sozomenus, *h.e.* 5, 3, 6–9 (T und Ü: FC 73/2, 576–579).

66 Vgl. dazu Sozomenus, *h.e.* 6, 4, 6 (T und Ü: FC 73/3, 686f). Er wird auch erwähnt in Marcus Diaconus, *vit. Porph.* 11 (T und Ü: FC 53, 112f).

67 So Marcus Diaconus, *vit. Porph.* 18 (T und Ü: FC 53, 120f).

68 Zur Vita, die in einer griecischen und einer georgischen Version überliefert ist, vgl. A. Hübner, *Einleitung* zu: Marcus Diaconus, Vita sancti Porphyrii / Leben des heiligen Porphyrius (FC 53), Freiburg 2013, 20–48. Beide Fassungen gehen auf ein syrisches Original zurück; dabei ist die georgische dem Original näher, die griechische ausführlicher und weiter ausgeschmückt. Aber auch deren Autor war nicht literarisch-rhetorisch gebildet.

69 Marcus Diaconus, *vit. Porph.* 4 (T und Ü: FC 53, 102 f).

70 Marcus Diaconus, *vit. Porph.* 4–10 (T und Ü: FC 53, 103–113).

71 Vgl. Marcus Diaconus, *vit. Porph.* 17 (T und Ü: FC 53, 120f).

72 Vgl. Marcus Diaconus, *vit. Porph.* 11–19 (T und Ü: FC 53, 113–123).

73 Vgl. Marcus Diaconus, *vit. Porph.* 19 (T und Ü: FC 53, 122f).

74 Vgl. Marcus Diaconus, *vit. Porph.* 25 (T und Ü : FC 53, 132f).

75 Das Edikt von Theodosius I. aus dem Jahr 391 mit dem theoretischen Verbot aller nichtchristlichen Kulte ist jenes, das man gern als „Einführung des Christentums als Staatsreligion" ansieht.

76 Vgl. Marcus Diaconus, *vit. Porph.* 26–27 (T und Ü: FC 53, 132–135).

77 Kaiserin Eudoxia war Unterstützerin des nizänischen Glaubens, wurde aber von Johannes Chrysostomus wegen ihrer Verschwendungssucht heftig kritisiert, was letztlich zu dessen Verbannung führte.

78 Vgl. Marcus Diaconus, *vit. Porph.* 32. 38–54 (T und Ü: FC 53, 140f. 146–167).

79 Vgl. *Arabisches Kindheitsevangelium* 10, 1–2 (T und Ü: FC 18, 178–181).

80 Marcus Diaconus, *vit. Porph.* 66 (T und Ü: FC 53, 178f).

81 Marcus Diaconus, *vit. Porph.* 76 (T und Ü: FC 53, 188f).

82 Die beiden Versionen der Vita berichten da unterschiedlich.

83 Vgl. Marcus Diaconus, *vit. Porph.* 75–78. 84. 92–93. (T und Ü: FC 53, 186–207).

84 Vgl. Marcus Diaconus, *vit. Porph.* 85–91. 95f. 103 (T und Ü: FC 53, 196–205.206–209.216 f mit Anm. 131 und 132).

85 Vgl. A. Hübner, *Einleitung* zu: Marcus Diaconus, Vita sancti Porphyrii / Leben des heiligen Porphyrius (FC 53), Freiburg 2013, 48–68.

86 Vgl. dazu Sozomenus, *h.e.* 7, 15, 11 (T und Ü: FC 73/3, 884f).

87 Hieronymus, *Epistula (ad Laetam)* 107, 2 (T: CSEL 55, 292).

88 Hieronymus, *in Isaiam* 7, 17, 2.3 (T: CCL 73, 268).

89 Zum Gazamönchtum vgl. v. a. B. Bitton-Ashkelony / A. Kofsky, *The Monastic School of Gaza*, Leiden 2006; dies., *Gazan Monasticism in the Forth-Sixth Centuries: From Anachoretic to Cenobitic*, in: POC 50 (2000) 14–62; A. Kofsky, *Monophysite Monasticism in Gaza*, in: B. Bitton-Ashkelony / A. Kofsky, Christian Gaza in Late Antiquity, Leiden 2004, 183–194.

90 Vgl. dazu L. Perrone, *Christus-Frömmigkeit im Zeitalter der christologischen Auseinandersetzungen: Das Zeugnis des Mönchtums von Gaza*, in: Th. Hainthaler u. a. (Hgg.), Jesus der Christus im Zeugnis der einen Kirche, Freiburg 2019, 187–216, hier 190.

91 Vgl. dazu L. Regnault, *Les Apophthegmes des Pères en Palestine au Ve-Vie siècle*, in: Irenikon 54 (1981) 320–330.

92 Vgl. dazu F. Heyer, *Kirchengeschichte des Heiligen Landes*, Münster 2000, 85–102; L. Perrone, *La Chiesa di Palestina e le Contoversie cristologiche. Dal Concilio di Efeso (431) al secondo Concilio di Constantinopoli (533)*, Brescia 1980, 148–151.234.340.

93 Vgl. dazu N. Egender, *Das palästinensische Mönchtum und das Konzil von Chalkedon*, in: ders., Vermächtnis Heiliges Land (JThF 30), Münster 2018, 163–170, hier 166.

94 Das Kloster lag war wahrscheinlich bei Khirbat Idmita (0908.0918); lt. Hirschfeld, *Monasteries* 74, ist davon jedoch nichts erhalten.

95 Zacharias Rhetor, *Leben des Isaias* (Ü: 268, Ahrens / Krüger). Zu ihm und seinem Asketikon vgl. u. a. N. Egender, *Gebet und Meditation nach dem Asceticon des Abba Isaias*, in: ders., Vermächtnis Heiliges Land (JThF 30), Münster 2018, 170–182.

96 Siehe die Apophthegmata 248–258, hier 250; 256 (96–98, Miller).

97 Zacharias Rhetor, *Leben des Isaias* (Ü: 267.269f, Ahrens / Krüger). Vgl. auch Heyer, *Kirchengeschichte* 58; Perrone, *Christus-Frömmigkeit* 196f.
98 Vgl. Perrone, *Christus-Frömmigkeit* 196; s. unten S. 44 .
99 Vgl. Zacharias Rhetor, *Leben des Isaias* (Ü: 270f, Ahrens / Krüger).
100 Zacharias Rhetor, *Historia ecclesiastica / Kirchengeschichte* 3, 7 (Ü: 268, Ahrens / Krüger).
101 Evtl. stand das Kloster in Tell esh-Sheikh Radwan (0995.1041), wo heute der namengebende Scheich verehrt wird, doch bleibt das unsicher; vgl. Hirschfeld, *Monasteries* 69.75.
102 Vgl. zu Petrus u. a. Cl. Horn, *Ascetism and Christological Controversy in Fifth-Century Palestine. The Career of Peter the Iberian*, Oxford 2006; B. Bitton-Ashkelony / A. Kofsky, *Imitatio Mosis and Pilgrimage in the Life of Peter the Iberian*, in: Le Muséon 118 (2005) 51–70; A. Kofsky, *Peter the Iberian. Pilgrimage, Monasticism, and Ecclesiastical Politics in Byzantine Palestine*, in: LA 47 (1997) 209–222.
103 Vgl. dazu (die nur syrisch erhaltene) Vita des Petrus in R. Raabe, *Petrus der Iberer: Ein Charakterbild zur Kirchen- und Sittengeschichte des fünften Jahrhunderts*, Leipzig 1895.
104 So die Hypothese von Sh. Nutsubidze, *Mystery of Pseudo-Dionys Areopagita*, Tbilisi, 1942, und E. Honigmann, *Pierre l'Iberian et les écrits du Pseudo-Denys l'Areopagite*, Brüssel 1952. Sie wurde noch einmal überprüft von M. van Esbroeck, *Peter the Iberian and Dionysius the Areopagite: Honigmann's thesis revisited*, in: Orientalia Christiana Periodica 59 (1993) 217–227, und von B. Lourié, *Peter the Iberian and Dionysius the Areopagite: Honigmann – van Esbroeck's Thesis Revisited*, in: Scrinium 6 (2010) 143–213.
105 *Vita Petrus des Iberers* 143–145 (Ü: 130f, Raabe).
106 Vgl. E. Schwartz, *Johannes Rufus, ein monophysitischer Schriftsteller* (SHAW.PH 16), Heidelberg 1912; V. Menze, *Die Stimme von Maiuma. Johannes Rufus, das Konzil von Chalkedon und die wahre Kirche*, in: B. Aland u. a. (Hgg.), Konstituierung von Identitätsfiguren in der Antike (Studien und Texte zu Antike und Christentum 16), Tübingen 2003, 215–232. Die Plerophorien sind ediert in der Patrologia Orientalis 8.
107 Der Ort des Klosters ist unbekannt; vgl. Hirschfeld, *Monasteries* 76.
108 Vgl. dazu Bitton-Ashkelony / Kofsky, *Gazan Monasticism* 42f.
109 Vgl. Hieronymus, *vit. Hil.* 14 (138f, Greschat / Tilly).
110 Vgl. A. Hübner, *Einleitung* zu: Marcus Diaconus, Vita sancti Porphyrii / Leben des heiligen Porphyrius (FC 53), Freiburg 2013, 79–95.
111 Vgl. dazu: A. Kofsky, *What happened to the Monophysite Monasticism of Gaza?*, in: B. Bitton-Ashkelony / A. Kofsky (Hgg.), Christian Gaza in Late Antiquity (Jerusalem Studies in Religion and Culture 3), Leiden / Boston 2004, 183–194.
112 Vgl. L. Perrone, *Christus-Frömmigkeit* 200–210.
113 Vermutlich handelt es sich dabei um Deir an-Nuseirat (0903.0952), 1 km südlich von Thabata und 2 km südlich des Wadi Gaza. Lt. Hirschfeld, *Monasteries* 76f, wurde hier eine entsprechende Anlage ausgegraben, doch sind die Ergebnisse nicht publiziert. Andere halten aber das ihrer Meinung nach fälschlich so bezeichnete Hilarionkloster Khirbat Umm al-Amir für das Seriduskloster; s. u. S. 57.
114 Vgl. Evagrius Scholasticus, *Historia ecclesiastica / Kirchengeschichte* 4, 33 (FC 57/2, 520f)
115 Die Korrespondenz umfasst fünf Bände der Sources Chrétiennes (426, 427, 450, 451, 468); vgl. auch die deutsche Übersetzung von E. Häcki, *Schulung des Herzens (Teil I und II). Begleitung in ein geistliches Leben nach den Schriften des hl. Barsanuphios und des hl. Johannes von Gaza* (Weisung der Väter 12–13), Beuron 2011–12. Vgl. dazu auch: J. Pauli, *Barsanuphius und Johannes*, in: LACL 109f; L. Perrone, *Aus Gehorsam zum Vater. Mönche und Laien in den Briefen von Barsanuphius und Johannes von Gaza*, in: A. Carnplain / G. Filoramo (Hgg.), Foundations of Power and Conflicts of Authority in Late-Antique Monasticism, Leuven 2007, 217–243; F. Neyt, *La formation au monastère de l'abbé Sériodos à Gaza*, in: B. Bitton-Ashkelo-

ny / A. Kofsky (Hgg.), Christian Gaza in Late Antiquity (Jerusalem Studies in Religion and Culture 3), Leiden / Boston 2004, 151–163.

116 C 109, 12–23 (Ü: Perrone, *Christus-Frömmigkeit* 208).

117 Er ist nicht zu verwechseln mit jenem Wüstenvater Dorotheus, von dem Palladius in seiner „Historia Lausiaca" (Kap. 2) berichtet. (Dessen Text wurde dann auch von Sozomenus in seine Kirchengeschichte übernommen.)

118 *Vita Sancti Dosithei Über Abbas Dositheus* (*vit. Dos.*) 1 (T und Ü: FC 37/1, 98–121; hier: 98f).

119 Wo sich das Kloster befand, ist unbekannt; vgl. Hirschfeld, *Monasteries* 77.

120 Vgl. Dorotheus von Gaza, *Doctrinae diversae / Verschiedene Unterweisungen* (*Dd.*) I, 4 (T und Ü: FC 37/1, 126f).

121 Die geistliche Lehre des Dorotheus ist dargestellt unter dem treffenden Titel: „Menschsein und Menschwerden" von J. Pauli (St. Ottilien 1998).

122 Dorotheus, *Dd.* VI (77) (T und Ü: FC 37/1, 258f).

123 Dorotheus, *Dd.* VI (78) (T und Ü: FC 37/1, 258–261).

124 Vgl. *vit. Dos.* 10 (T und Ü: FC 37/1, 112–115); vgl. auch Perrone, *Christus-Frömmigkeit* 112–114.

125 Vgl. Leontius, *Vita S. Ioannis Eleemosynarij*, in: Acta Sanctorum 2, Antwerpen 1643, 495ff.

126 Vgl. *Totius orbis descriptio* 32 (T und frz. Ü: SC 124, 166 f). Vgl. auch Downey, *Gaza* 1130; OLB 2, 86.

127 Libanius, *or.* 55, 33f.

128 Zur Gaza-Schule im Allgemeinen vgl. K. Seitz, *Die Schule von Gaza*, Heidelberg 1892; G. Downey, *The Christian Schools of Palestine: A Chapter in Literary History*, in: Harvard Library Bulletin 12 (1958) 297–319; ders., *Gaza in the Early Sixth Century* (Centers of Civilisations 8), Norman 1963, 99–115; E. Amato u.a (Hgg.), *L'école de Gaza: espace littéraire et identité culturelle dans l'antiquité tardive*, Leuven 2017.

129 Vgl. Meyer, *History* 68.

130 Vgl. M. Wacht, *Äneas von Gaza*, in: LACL 9; ders., *Aeneas von Gaza als Apologet. Seine Kosmologie im Verhältnis zum Platonismus*, Bonn 1969. Vgl. auch noch G. Schalkhauser, *Aeneas von Gaza als Philosoph*, Erlangen 1898.

131 Vgl. OLB 2, 87f (inkl. Zeichnung).

132 Vgl. H. Diels, *Über die von Prokop beschriebene Kunstuhr von Gaza*, Berlin 1917.

133 Vgl. dazu P. Friedländer, *Johannes von Gaza und Paulus Silentiarius. Kunstbeschreibungen Justinianischer Zeit*, Leipzig / Berlin 1912 (mit Rekonstruktion / Nachzeichnung).

134 Vgl. P. Bruns, *Prokop von Gaza*, in: LACL 593.

135 Vgl. Prokop von Gaza, *Der Genesiskommentar*, Proömium (Ü: GCS.NF 23, 1).

136 Prokop von Gaza, *Der Exoduskommentar, Proömium* (Ü: GCS.NF 28, 1).

137 Vgl. Origenes, *hom. in Num.* 27, 9, 1f (T und frz. Ü: SC 461, 308–311).

138 Das in *Dd.* VI (78) (s. o.) benutzte Beispiel aus der Geometrie zeigt, dass Dorotheus nicht ungebildet war. Und in *Dd.* II (36) (T und Ü: FC 37/1, 176f) benutzt er einen Rhetor als Beispiel für jemanden, bei dem das Geübte und das Erlernte zu einer Haltung werden.

139 Vgl. dazu die Zusammenfassung in C.B. Stark, *Gaza und die philistäische Küste*, Jena 1852, 626–630; R.W. Hamilton, *Two Churches at Gaza as described by Choricius of Gaza*, in: PEQ 62 (1930) 178–191; F.M. Abel, *Gaza au VIe siècle d'après le rhéteur Chorikios*, in: RB 40 (1931) 5–31.

140 Vgl. dazu Downey, *Gaza in the Early Sixth Century*, 117–139, bes. 127–129.

141 Berühmt ist auch die Beschreibung eines Freskos mit der Geschichte von Phädra und Hippolytus durch Procopius; vgl. OLB 2, 87f (inkl. Zeichnung).

142 Besonders ausführlich wird das Bild der Geburt Christi und aller damit zusammenhängenden Szenen beschrieben – ein fernes Echo davon ist die Beschreibung des Mosaiks in der Geburtsgrotte durch Johannes Phokas von 1177; vgl. *Enchiridion Locorum Sanctorum*, hg. von D. Baldi, Jerusalem 1955, Nr. 133.

143 Vgl. T. Polanski, *The Cycles of Childhood and Miracles in Saint Sergius' Church of Gaza in the Ecphrasis of Choricius*, in: Hortus Historiae (FS J. Wolski), Krakau 2010, 737–757; H.G. Thümmel, *Die Schilderung der Sergioskirche in Gaza und ihre Dekoration bei Chorikios von Gaza*, in: U. Lange / R. Sörries (Hg.), Vom Orient bis an den Rhein (FS P. Poscharsky) (Christliche Archäologie 3), Dettelbach 1997, 49–64.

144 Vgl. dazu auch T. Hachlili, *Iconographic Elements of Nilotic Scenes on Byzantine Mosaic Pavements in Israel*, in: PEQ 113 (1998) 106–120; H. Maguire, *Earth and Ocean. The Terrestrial Worldin Early Byzantine Art*, London 1987. (Letzterer vermutet die in der Bibel erwähnte Flucht nach Ägypten als einen Grund dafür, warum solche Szenen auch in Kirchen beliebt waren. In Tabgha am See Gennesaret sind solche Szenen auf den Fußbodenmosaiken der Querschiffe aus dem 5. Jh. erhalten.)

145 Vgl. zur gesamten Beschreibung: T. Polanski, *The Mosaic and Painting Decoration in the Church of Saint Stephen of Gaza and the Christian Ekphrasis (Choricius of Gaza, Asterius of Amaseia, Nilus of Sinai)*, in: Folia Orientalia 48 (2011) 183–210.

146 Choricius, *Oratio* 2, 41–44, zitiert nach J. Stenger, *Chorikios und die Ekphrasis der Stephanoskirche von Gaza: Bildung und Christentum im städtischen Kontext*, in: JAC 53 (2010) 83; Vgl. dazu auch T. Polański, *The mosaic and painting decoration in the church of Saint Stephen of Gaza and Christian ecphrasis (Choricius of Gaza, Asterius of Amaseia, Nilus of Sinai)*, in: Folia Orientalia 48 (2011) 183–210.

147 Vgl. dazu C. Tiersch, *Zwischen Hellenismus und Christentum – Transformationsprozesse der Stadt Gaza vom 4.-6. Jh. n. Chr.*, in: Millenium 5 (2008) 57–91.

148 Vgl. J. Stenger, *Chorikios* 81–103.

149 Photius, *bibl. cod.* 160, 102b (T: 2, 121–123, Henry).

150 Vgl. dazu G. Stemberger, *Juden und Christen im Heiligen Land. Palästina unter Konstantin und Theodosius*, München 1987, 155.

151 Vgl. C. Schmidt, *Zacharias Rhetor*, in: LACL 730.

152 Vgl. C. Glucker, *The City of Gaza in the Roman and Byzantine Periods* (BAR International Series 325), Oxford 1987.

153 S. o. S. 30.

154 Zu Gaza und Umgebung auf Mosaikkarte vgl. H. Donner, *The Mosaic Map of Madaba*, Kampen 1992, 73–77.

155 S. o. S. 15. Vgl. R. De Vaux, *Une mosaiique byzantine à Main*, in: RB 47 (1938) 227–258, hier 246f; Abbildung auch in: M. Piccirillo, *The Mosaics of Jordan*, Amman 1995, 201.

156 Vgl. Sadeq, *Christian Topography* 49.

157 Es handelt sich vermutlich um einen unter Antoninus Pius (138–161) in Ägypten getöteten Märtyrer (BHL 2, 1237f). Das Heiligtum wird lokalisiert im Bereich des Vororts al-Fawayda; vgl. Sadeq, *Christian Topography* 49.

158 *Itinerarium Antonini Placentini* 33 *(Anon. Plac.)* (T: CCL 175, 145; Ü: 278, Donner).

159 Er lag angeblich ca. 300 m vom ehem. UNRWA-Hauptquartier entfernt; vgl. Sadeq, *City of Gaza*, 33. Vgl. aber zu Zweifeln an dieser Identifizierung Zwickel, *Gaza strip* (in Vorb.).

160 Vgl. *Anon. Plac.* (T: CCL 175, 145; Ü: 277, Donner)

161 Vgl. dazu R. Elter / A. Hassoune, *Le monastère de saint Hilarion: les vestiges archéologiques du site de Umm el-Amr*, in: C. Saliou (Hg.), Gaza dans l'antiquté tardive. Archéologie, rhétorique et histoire. Actes du colloque international de Poitiers (6–7 mai 2004) (Cardo 2), Salerno 2005, 13–40; R. Elter, *„Gaza, le plus ancien monastère de Terre Sainte"*, in: *Archéologia* 505 (2012) 34–51; Sadeq, *Christian Topography* 51. Eine 3D-Rekonstruktion findet sich unter: https://drive.google.com/file/d/1MyGKexQQwNxBEE77WvAmYoRaeyeSkfY-/view?pli=1.

162 Es wird allerdings von einzelnen Forschern mit dem Seridus-Kloster (s. o.) identifiziert; vgl. dazu L. di Segni, *Late-antique Gaza: Hilarion, Choricius, Giraffes, Mimes and Ecphrasis. Review of C. Saliou (ed.), Gaza dans l'Antiquité Tardive, Salerno 2005*, in: Journal of Roman Archaeology 20, 2 (2007) 643–655, hier 645–647.

163 Die Aufnahme geschah übrigens zusammen mit einer anderen religiösen Gemeinschaftssiedlung, dem Ensemble der Brüdergemeine im sächsischen Herrnhut.
164 Vgl. dazu Hirschfeld, *Monasteries*; Zwickel, *Gaza strip* (in Vorb.).
165 Vgl. Donner, *Mosaic Map* 75. Der Ort wird heute auch Durebat esh-Sheikh Hammuda genannt.
166 Vgl. dazu auch Eusebius / Hieronymus, *onomast.* 232 (FC 68, 140 f), wo der Grenzort Bethaffu / Bet-Tappuach genannt wird.
167 Vgl. Donner, *Mosaic Map* 77.
168 Vgl. ebd. 74.
169 Vgl. ebd. Auch Eusebius / Hieronymus, *onomast.* 683 (FC 68, 262f) erwähnt Menois „bei der Stadt Gaza", verwechselt es aber mit dem biblischen Madmanna / Madebena (Jos 15,31). Dem folgt auch die Madabakarte bzw. die Beischrift („Madebena, nun Menois").
170 Vgl. dazu Sadeq, *Christian Topography* 52. Asalea als Heimatort des Alaphion wird u. a. erwähnt von Sozomenus, *h.e.* 111, 14 (FC 73/2, 388f); vgl. auch oben S. 25.59.
171 So Sadeq, *Christian Topography* 50.
172 Vgl. dazu J.-B. Humbert u. a., *Mukheitim à Jabaliya, un site byzantin*, in: J.-B. Humbert (Hg.), Gaza méditerranée: histoire et archéologie en Palestine. Ausstellungskatalog. Paris 2000, 121–126.
173 Vgl. OLB 2, 91–96; NEAEHL 2, 464–466. Das David-Mosaik befindet sich heute im Israel-Museum, weitere Teile des Fußbodens im Mosaikenmuseum „Herberge des guten Samariters" zwischen Jerusalem und Jericho.
174 So A. Ovadiah, *Les mosaïstes de Gaza dans l'antiquité chrétienne*, in: RB 82 (1975) 552–557; M. Piccirillo, *Les mosaiiques de la Bande de Gaza*, in: M. A. Haldimann u. a. (Hgg.), Gaza à la croisée des civilisations. Contexte archéologique et historique. Ausstellungskatalog, Neuchâtel 2007, 171–187.
175 Vgl. den Katalog von A. Chambon (Hg.), *Gaza. From Sand and Sea*, Gaza 2012; zu byzantinischen Fundstücken 133–158.
176 Er wurde 1945 in der ehem. jüdischen Siedlung Beerot Yishaq gefunden; vgl. dazu Cambon, *Gaza* 146f.
177 Vgl. dazu L. Y. Rahmani, *A Eulogia Stamp from the Gaza Region*, in: IEJ 20 (1970) 105–108.
178 Erstmals beschrieben von P. Derchain, *Die älteste Darstellung des Gekreuzigten auf einer magischen Gemme des 3. (?) Jahrhunderts*, in: K. Wessel (Hg.), Christentum am Nil, Recklinghausen 1964, 109–113. Die Herkunftsbezeichnung „Gaza" findet sich bei F. Carotta, *Orfeo Baquico – La Cruz Desparecido*, in: Isidorianum 35 (2009) 188.
179 Vgl. dazu Ph. Meyerson, *The First Muslim Attacks on Southern Palestine (A.D. 633–634)*, in: Transactions and Proceedings of the American Philological Association 95 (1964) 155–199; F.M. Donner, *The Early Islamic Conquests*, Princeton 1981, 116–118. 151–153. Vgl. auch P. Medebielle, *Gaza und seine christliche Geschichte*, Jerusalem 1982 (ergänzt von Johannes Rupnik, Wien 1985), 18–20.
180 Vgl. dazu Butt, *Life at the Crossroads* 78 mit Anm. 6.
181 BHL 5672m. Vgl. dazu A. Guillou, *Prise de Gaza par les Arabes*, in: Bulletin de Correspondence Hellénique 81 (1957) 393–404; Chr. Sahner, *Christian Martyrs under Islam. Religious Violence and the Making of the Muslim World*, Princeton 2018.
182 Ambrus ist wohl die gräzisierte bzw. latinisierte Form von Amr ibn al-As.
183 D.h. nach Übergabe der Stadt Jerusalem im Jahr 638.
184 Es handelt sich um die damals bereits hoch verehrten 40 Märtyrer von Sebaste (heute Sivas) in Kleinarmenien, die dort um 320 als Soldaten, die ihrem Glauben treu blieben, das Martyrium erlitten haben sollen.
185 Wohl die Transkription des arabischen "Amir" (Emir) für „Heerführer".
186 Vgl. D. Pringle, *The Churches of the Kingdom of Jerusalem. Volume I: A-K*, Cambridge 1993, 217.
187 Vgl. H.G. Beck, *Kirche und Theologische Literatur*, 515f.

188 Gemeint ist das Heiligtum am Philippusbrunnen an der Straße nach Gaza beim heutigen Halhul, das u. a. auf der Madabakarte dargestellt ist; vgl. OLB 2, 715–718.
189 Hugeburc, *Vita Willibaldi* 99, 8–10 (T und Ü: 64f, Bauch). Zu Willibalds Reise insgesamt vgl. R. Aist u. a. (Hgg.), *Willibald in Jerusalem: The Travel's of Willibald of Eichstätt* (Koinonia-Oriens), Trier (in Vorb.), darin u. a.: G. Röwekamp, Willibald und das Konzept der *peregrinatio a patria*.
190 So fälschlich Meyer, *History* 76, der auch die dort eintretende Blindheit Willibalds mit den zahlreichen Augenkrankheiten im modernen Gaza in Verbindung bringt.
191 Bernhardus Monachus, *Itinerarium* 9, in: Itineraria Hierosolymitanae et descriptiones Terrae Sanctae (hg. von T. Tobler / A. Moliner), Genf 1879, 314.
192 Vgl. Wimmer, *Gaza*.
193 Vgl. dazu S. Noble, *Sulayman al-Ghazzi*, in: S. Noble / A. Treiger, (Hgg.), The Orthodox Church in the Arab World, 700–1700: An Anthology of Sources, Cornell University Press 2014, 160–163, hier 161.
194 Vgl. ebd. 165.
195 Vgl. zum Ganzen: Heyer, *Kirchengeschichte* 107f; G. Graf, *Geschichte der christlichen arabischen Literatur 2* (Studi e Testi 133), Rom 1947, 84–86; N. Edelby, *Sulaïman al-Ġazzī (xe - xie siècles)*, Jounieh 1984; Sulaiman Ibn Hasan Al-Gazzi, *Al Diwan*, hg. von N. Edelby, Jounieh 1985. Die Texte des Sulaiman sind heute auch Teil des Stundengebetes in der lateinischen Kirche des Heiligen Landes.
196 Syrisch (Aramäisch) galt – wie man sieht – als Ursprache, und der „hebräische" Ursprung des Evangeliums wird betont.
197 Eigene Übertragung von Teilen der englischen Übersetzung des Gedichtes „Nicht alle mit Wasser Getauften sind Christen" in: Noble, *Sulayman* 163–167.
198 So die übliche Bezeichnung eines berühmten Textes aus dem Alten Ägypten.
199 Eigene Übertragung von Teilen der englischen Übersetzung des Gedichtes „Seele, betrau're nicht den Tod" in: Noble, *Sulayman* 167–170.
200 Wilhelm von Tyrus, *Historia rerum in partibus transmarinis gestarum / Geschichte der Kreuzfahrerstaaten* (*chron.*) XVII, 12 (T: CCM 63 A, 775–777) (Ü: manfredhiebl.de / Wilhelm-von-Tyrus / wilhelm-von-tyrus.htm).
201 Diese Namensform ist erstmals bezeugt beim Pilger Theoderich (um 1170).
202 Der Name leitet sich entweder ab von „Deir er-Rum" (Kloster der Griechen) oder einfach vom gebräuchlichen Namen „Darum" (hebräisch: darom) für „Süden"; vgl. auch OLB 2, 102.
203 Wilhelm von Tyrus, *chron.* XX, 19.20 (T: CCM 63 A, 936–939).
204 Vgl. zum Ganzen auch: R. Amitai, *Gaza in the Frankish an Ayyubid Periods*, in: C. Hillenbrand (Hg.), Syria in Crusader Times – Conflict and Co-Existence, Edinburgh 2020, 225–244.
205 Vgl. St. Runciman, *Geschichte der Kreuzzüge*, München 1989, 762. 1004–1007.
206 Vgl. Sepp, *Jerusalem* 526f.
207 Vgl. den Artikel „Gaze" im „Krünitz", der „Oeconomisch-technologischen Encyklopädie" von J. G. Krünitz (1728–1796) – aber der Hafen war dafür zu dieser Zeit wohl nicht mehr bedeutend genug.
208 Vgl. OLB 2, 91; D. Pringle, *The Churches of the Kingdom of Jerusalem. Volume I: A–K*, Cambridge 1993, 208–216. Die Moschee wurde beim Bombardement im Rahmen des 1. Weltkrieges stark und im Gazakrieg 2023/24 total zerstört.
209 Ch. Clermont-Ganneau, *Archaeological researches in Palestine during the years 1873–1874*, 2 Bde., London 1896–99, 384.
210 D. Pringle, *The Churches of the Kingdom of Jerusalem. Volume I: A–K*, Cambridge 1993, 216–219.
211 Vgl. D. Pringle, *The Churches of the Kingdom of Jerusalem. Volume I: A–K*, Cambridge 1993, 46. In osmanischen Aufzeichnungen wird der Ort deshalb auch als „Deir Mar Jiryis" oder „Deir al-Khidr" bezeichnet; vgl. M. Sharon, *Corpus Inscriptionum Arabicarum Palaestinae* (HdO 30/3), Leiden 2017, 14.
212 Vgl. dazu u. a. A. Augustinovic, *„El-Khadr" and the Prophet Elijah*, Jerusalem 1972.

213 Vgl. V. Cramer, *Die Kreuzzugspredigt zur Befreiung des heiligen Landes 1095–1270. Studien zur Geschichte und Charakteristik der Kreuzzugspropaganda*, Köln 1939.
214 S. u. S. 121–123.
215 Vgl. zu diesem und anderen bedeutenden islamischen Bauten in Gaza: *Pilger, Sufis und Gelehrte. Die Islamische Kunst im Westjordanland und Gazastreifen*, Tübingen / Berlin 2004, 218–229.
216 Vgl. Dazu D. Pringle, *The Churches of the Kingdom of Jerusalem. Volume I: A–K*, Cambridge 1993, 209.
217 Vgl. Meyer, *History* 90.
218 Vgl. F. Quaresmius, *Historica, Theologoca et Moralis Terrae Sanctae Elucidatio* 8, 6, Antwerpen 1639, 926.
219 Vgl. D. Pringle, *The Churches of the Kingdom of Jerusalem. Volume I: A–K*, Cambridge 1993, 216.
220 Meshillam da Volterra, *Von der Toskana in den Orient. Ein Renaissance-Kaufmann auf Reisen*, übers., komm. und eingel. von D. Jütte, Göttingen 2012, 70.
221 Vgl. Medebielle, *Gaza* 33f.
222 Gemeint ist der türkisch „sancak" genannte Gouverneur einer gleichnamigen Verwaltungseinheit.
223 Johann Helffrich, *Kurtzer vnd warhafftiger Bericht Von der Reis aus Venedig nach Hierusalem*, 1579.
224 Vgl. Medebielle, *Gaza* 53f.
225 Vgl. dazu C.A. Panchenko, *The „Dark Age" of Middle Eastern Monasticism. Arabic Christianity between the Ottoman Levant and Eastern Europe*, Leiden 2021, 33–36.
226 Vgl. Dazu H.T. Hionides, *Paisius Ligarides*, New York 1972, 38–40.
227 Es war der Chevalier d'Arvieux im Jahr 1660; vgl. Meyer, *History* 98f.
228 Vgl. Medebielle, *Gaza* 46–48.
229 Vgl. E. Robinson, *Palästina und die südlich angrenzenden Länder* 2, Halle 1841, 634–647.
230 Vgl. J. N. Sepp, *Jerusalem und das Heilige Land. Pilgerbuch nach Palästina, Syrien und Aegypten*. 2. Aufl. Regensburg 1878, II, 522–532.
231 Vgl. Stark, *Gaza*.
232 Einen relativen Wasserreichtum (viele Brunnen) bezeugt für Gaza auch schon Marcus Diaconus, *vit. Porph.* 80 (T und Ü: FC 53, 192f), für Gerar und das nahe gelegene Aschkelon auch Eusebius / Hieronymus, *onomast.* 921 (T und Ü: FC 68, 322f).
233 G. Schumacher, *Researches in Southern Palestine*, in: Palestine Exploration Fund Quarterly Statement 18 (1887) 171–197, hier 175f.
234 Vgl. *Palästina und Syrien*, hg. von K. Baedeker, Leipzig 1897, 140–143. Die palästinakundlichen Texte stammen vom Schweizer Orientalisten Albert Socin.
235 Vgl. A. Rippin, *The Muslim Samson: Medieval, modern and scholarly interpretations*, in: *Bulletin of the School of Oriental and African Studies* 71/2 (2008) 239–253.
236 Lt. biblischem Bericht (Ri 16,31) wurde Simson zwischen Zora und Eschtaol bestattet – dort zeigt man auch bis heute sein Grab.
237 Vgl. dazu Heyer, *Kirchengeschichte* 203f; H. Kildani, *Modern Christianity in the Holy Land*, Bloomington, IN, 2010, 57–60.
238 So berichtet es z. B. für das Jahr 1912 Th. E. Dowling, *Gaza. A City of Many Battles*, London 1913, 63f.
239 Zu den ersten Jahren der Tätigkeit der CMS vgl. Dowling, *Gaza* 90–93. Zum CMS vgl. J. Murray, *Proclaim the Good News. A Short History of the Church Missionary Society*, London 1985.
240 Ähnlich erging es der Mädchenschule des DVHL in Jerusalem, die nach einem ihrer ersten Leiter, P. Wilhelm Schmidt S.M., lange Zeit „Schmidt's Girls College" genannt wurde und noch heute „Schmidt-Schule" heißt (obwohl auch dort die Gründerin eine Privatperson, namens Teresa Saxe, war).
241 *A Grammar of the Arabic Language*, London 1904, und *Arabic and English Idiom—Conversational and Literary*, Jerusalem 1912.

242 Grund ist die Tatsache, dass auch größere Diözesen offiziell ja nur einen Bischof haben können. Einer der ersten Titularbischöfe von Anthedon, Charles Louis Gay, unterstützte Gatt zumindest finanziell (vgl. Gatt, *Kurzer Bericht* 89). Der bekannteste spätere Inhaber dieses Bischofsstuhles war von 1947–48 der spätere Traditionalist Marcel Lefebvre. Der Bischofssitz Gaza ist seit 1964 vakant.
243 Allerdings illustrierte Tassaert auch Bücher von F.-R. de Chateaubriand, der Anfang des 19. Jh. eine Reise ins Heilige Land unternommen hatte, die das Bild der Region in der Folgezeit mitprägte.
244 Vgl. Medebielle, *Gaza* 54f.
245 Zur Biographie vgl. F. Schiemer, *Im Auge des Orkans. Die Hauschroniken des Österreichischen Pilger-Hospizes in Jerusalem und ihre Verortung im historischen Kontext*, Heiligenkreuz 2021, 207f. Der Bericht über Gatts Wirken in Gaza folgt v.a.: N. Dumith / G. Gatt, *Bericht über die Eröffnung der Missions-Station zu Gaza in Palästina*, in: HL 23 (1879) 172f; G. Gatt, *Rechenschaftsbericht über die Gründung der Katholischen Mission zu Gaza*, in: HL 29 (1885) 20–25; Ders., *Bericht über die katholische Mission in Gaza*, in: HL 40 (1896) 75–78; Ders., *Kurzer Bericht über die Mission Gaza*, in: Journal des österreichisch-ungarischen Hospizes 3 (1905) 80–91; H. Goren, *„Echt katholisch und gut deutsch". Die deutschen Katholiken und Palästina 1838–1910*, Göttingen 2009, 383–390; Medebielle, *Gaza* 55–64.
246 Zitat aus dem Grazer Volksblatt vom 29.8.1880 und Information zum Bruder aus Franz Schausberger, „Alles im Überfluss vorhanden", in: Salzburger Nachrichten vom 24.8.2024.
247 Gatt, *Kurzer Bericht* 83.
248 Zu dem „Wohltätern der Mission" vgl. Gatt, *Kurzer Bericht* 84–86.
249 Keller kehrte danach nicht in die Heimat zurück, sondern arbeitete u.a. für die Franziskaner in Tiberias. Nachdem er den Palästinaverein der deutschen Katholiken auf das Grundstück in Tabgha aufmerksam gemacht und dieser es gekauft hatte, siedelte er dorthin über. Als er Tabgha im Streit verließ, zog er ins Österreichische Hospiz, wo er während des 1. Weltkrieges starb.
250 Zum Bau des Hauses vgl. Gatt, *Umgebung* 8–10; Gatt, *Kurzer Bericht* 87f.
251 Vgl. Gatt, *Kurzer Bericht* 87. Ein Grund dafür, die Zahl der Gemeindemitglieder klein zu halten war auch, dass der jeweilige Pfarrer ggf. auch die Steuer zahlen musste, die vom Militärdienst befreite – deshalb wurden einige übertrittswillige ärmere griechische Familien abgelehnt; vgl. ebd.
252 Vgl. Gatt, *Bericht* 78
253 Vgl. z.B.: *Zur Zion-Akra-Frage*, in: Tübinger Theologische Quartalsschrift 66 (1884) 34–84; *Zur Akra-Frage*, in: Tübinger Theologische Quartalsschrift 71 (1889) 77–125.
254 *Die Hügel von Jerusalem: Neue Erklärung der Beschreibung Jerusalems bei Josephus Bell. Jud. V, 4, 1 u. 2*, Freiburg 1897. Eine Zusammenfassung findet sich in HL 42 (1898) 32–39 (die wohl versehentlich? ebd. 111–117 noch einmal abgedruckt wurde). In der Hauschronik des Österreichischen Hospizes schreibt Gatt selbst dazu: *„Es ist ausschließlich (mein) bisher allerdings noch zweifelhaftes Verdienst, die Unhaltbarkeit der traditionellen Interpretation der Beschreibung bei Josephus dargetan und dieselbe durch die einzig Richtige ersetzt zu haben."* Vgl. Schiemer, *Auge des Orkans* 208. Im Buch *Sion in Jerusalem, was es war und wo er lag*, Brixen 1900, verteidigt er – wie man heute weiß: fälschlicherweise – die traditionelle Lokalisierung des alttestamentlichen Zion auf dem Südwesthügel der Stadt.
255 *Legende zum Plane von Gaza*, in: ZDPV 11 (1888) 149–159. Pl. II.
256 *Bemerkungen über Gaza und seine Umgebung*, in: ZDPV 7 (1884) 1–14.
257 *Die Einführung des Christentums in Gaza*, in: HL 24 (1880) 55–57.
258 *Verzeichnis der bewohnten Ortschaften der Kaimakamije Gaza*, in: ZDPV 7 (1884) 293–298.
259 *Thermometer-Beobachtungen in Gaza*, in: HL 26 (1882) 58–61.
260 *Industrielles aus Gaza*, in: ZDPV 8 (1885) 69–79; *Technische Ausdrücke der Töpferei*

und Weberei in Gaza, in: ebd. 179f; *Der Getreidemarkt in Gaza*, in: HL 37 (1893) 121–125.

261 *Todtenklage der Männer und Frauen in Gaza*, in: HL 29 (1885) 51–57; *Ein Besuch bei Abu Suweirih*, in: ZDPV 10 (1887) 54–56; *Die Ebene des Philisterlandes*, in: HL 37 (1893) 115–121; *Ein Rechtsstreit in Gaza*, in: HL 44 (1900) 85–90; *Wie man im Lande der Philister Brunnen gräbt*, in: HL 49 (1905) 117–120; *Kreuz und quer durch das Land der Philister*, in: HL 58 (1914) 176–180. 211–216.

262 *Erklärung der Stelle: Apostelgeschichte 8, 26*, in: HL 58 (1914) 49–51.

263 Vgl. die Zusammenfassung des Artikels für das von F. Vigouroux herausgegebene „Dictionnaire de la Bible“ (Paris 1912), in: HL 43 (1901) 129–133.

264 *Die maronitische Hierarchie*, in: HL 24 (1880) 122–124; *Die angebliche Heterodoxie der Maroniten*, in: HL 30 (1886) 183–199; *Die äußere Feier der Sonn- und Feiertage im Oriente*, in: HL 40 (1896) 143–146; *Verzeichnis der Kirchen der Christen in Jerusalem*, in: HL 41 (1897) 123f; *Kirchen und Kapellen der Katholiken in Jerusalem*, in: HL 41 (1897) 131–133.

265 *Spaltung zwischen dem orthodoxen (griechisch-schismatischen) Klerus und dem Volke in Palästina und Syrien*, in: HL 38 (1894) 1–11.

266 Vgl. B. Haider-Wilson, *Österreichs friedlicher Kreuzzug 1839–1917. Das Heilige Land in Außenpolitik, Gesellschaft und Mentalitäten der Habsburgermonarchie* (Archiv für Österreichische Geschichte 144), Wien 2001, 685.

267 Zu Musil vgl. J. Bauer, *Alois Musil – Nomade zwischen Nationen, Religionen, Kulturen und Wissenschaften*. In: Ch. Trümpler (Hg.): Das Große Spiel. Archäologie und Politik zur Zeit des Kolonialismus (1860–1940), Köln 2008, 125–135; D. Winkler, *Der Priester, Orientalist und Arabienforscher Alois Musil (1868–1944) und der Christliche Orient*, in: S. H. Griffith / S. Grebenstein (Hgg.): Christsein in der islamischen Welt (FS M. Tamcke), Wiesbaden 2015, 495–512; zu Musil und Gatt vgl. E. Feigl, *Musil von Arabien*, München 1985, 48.53f.

268 Gatt, *Bericht* 76f.

269 G. Gatt, *Ziel und Aufgabe der Mission des Heiligen Landes*, in: HL 46 (1902) 77–83, hier: 79.

270 Vgl. Gatt, *Kurzer Bericht* 91.

271 Vgl. Haider-Wilson, *Friedlicher Kreuzzug* 696.

272 Zur weiteren Entwicklung der Gemeinde vgl. Medebielle, *Gaza* 67–118.

273 In der DVHL-Zeitschrift „Das Heilige Land“ wird in der Nummer 68 (1924) kurz berichtet: *„Domkapitular Georg Gatt †. Am 5. Juni 1924 starb gegen 10.00 Uhr morgens der bekannte frühere Pfarrer von Gaza Georg Gatt. Geboren im Jahre1843 in Vinaders am Brenner, 1867 zum Priester geweiht, kam er 1871 nach Jerusalem und wirkte still und beharrlich im Heiligen Lande. Einen ausführlichen Bericht können wir hoffentlich in der nächsten Nummer bringen.“* Der angekündigte Text ist leider nie erschienen. Auch deshalb sollen Gatt und die Geschichte der Gemeinde ausführlicher dargestellt werden in: G. Röwekamp, *Georg Gatt (1843–1924) und die Kirchengemeinde „Zur Heiligen Familie“ in Gaza*, in: Th. Kremer u. a. (Hgg.), Ab Oriente et Occidente (FS P. Bruns) (in Vorb.).

274 Zur modernen Geschichte Gazas vgl. J.-P. Filiu, *Histoire de Gaza*, Paris 2012; Alternative Tourism Group, *Palästina-Reisehandbuch*, Heidelberg 2013, 401–405.

275 Vgl. dazu P. Jung, Die Präsenz Österreich-Ungarns „Bewaffneter Macht“ im Heiligen Land bis 1918, in: B.A. Böhler (Hg.), Mit Szepter und Pilgerstab. Österreichische Präsenz im Heiligen Land seit den Tagen Kaiser Franz-Josefs, Wien 2000, 317–340, hier 324f.327–334. Vgl. auch N. Schwake, Deutsche Soldatengräber in Israel. Der Einsatz deutscher Soldaten an der Palästinafront im Ersten Weltkrieg und das Schicksal ihrer Grabstätten, Münster 2009, 59–76.93–96.

276 Vgl. dazu B. Tuchmann, *Bibel und Schwert. Palästina und der Westen*, Frankfurt ^{3}2004, v. a. 302–336.

277 Vgl. Schwake, *Soldatengräber* 96.

278 2004 kam es (nach den Missbrauchsfällen im irakischen Abu Ghraib) zu Vandalis-

mus an 33 Grabsteinen, und mehrfach wurde der Friedhof bei israelischen Luftangriffen beschädigt. 2022 gab es Pläne der Hamas, mit den Überresten der Gefallenen politischen Druck auf Großbritannien auszuüben.
Vgl. zum Ganzen: https://en.wikipedia.org/wiki/Gaza_War_Cemetery

279 Vgl. dazu A.D. Trendall, *The Shellal Mosaic*, Canberra 1957. Der Innenhof des Memorial hat dabei Ähnlichkeit mit dem des Rockefeller-Museums in Jerusalem.

280 Vgl. W.J. Pythian-Adams, *Reports on Soundings at Gaza etc.*, in: PEQ 55 (1923), 11–17; ders., *Second Report on Soundings at Gaza*, in: PEQ 55 (1923), 18–30; ders., *The Problem of „Deserted" Gaza*, in: PEQ 55 (1923), 30–36.

281 Vgl. F. Petrie, *Ancient Gaza*, 5 Bde., London 1931ff. Tatsächlich handelt es sich dabei entweder um Scharuhen (OLB 2, 96–101, vgl. oben S. 28) oder um Bethagla, das (nur) bei Eusebius / Hieronymus in deren Onamastikon der biblischen Ortsnamen bezeugt ist (*onomast.* 221 [T und Ü: FC 68, 138f]).

282 Die Geschichte der drei von Armeniern betriebenen Fotostudios wird erzählt unter dem Titel „Photo Koko / Photo Kegham / Photo Hrant" in einem Buch, das zahlreiche aktuelle Zeugnisse über Leben und Kultur im Gazastreifen enthält: M. Muna / M. Teller (Hgg.), *Daybreak in Gaza. Stories of Palestinian Lives and Culture*, London 2024, 127–148. Ein Erbe der Fotografen kam zusammen mit seiner Frau beim Angriff auf das Nachbargebäude der Porphyrius-Kirche im Oktober 2023 ums Leben.

283 Vgl. Z. Arenstein, *Christian Influence in Gaza*, in: Jerusalem Post 23.5.1978.

284 Vgl. Zu seiner Person: M. Musallam (mit), *Curé à Gaza: Un Juste en Palestine*, La Tour d'Aigues 2010; ders. (mit Nandino Capovilla), *Un parroco all'inferno: Abuna Manuel tra le macerie di Gaza*, Rom 2009. Vgl. auch https://en.wikipedia.org/wiki/Manuel_Musallam; Chr. Oberlin, *Chrétiens de Gaza*, 2017, 163–175.

285 Vgl. dazu und zur Situation dieser Jahre insgesamt: J. Zang, *Gaza – ganz nah, ganz fern …*, Berlin 2013.

286 M. Musallam, *The Christmas war*, in: G. Cubeddu (Hg.), 30 Days 12 (2008).

287 M. *Musallam, Chronicles from prison*, in: G. Cubeddu (Hg.), 30 Days *9 (2006).*

288 Zitiert nach: R. Parry, *Lamentations*, Grand Rapids, MI, 2010, 179.

289 Vgl. dazu u.a. U. Gräbe, K*ontextuelle palästinensische Theologie* (Missionswissenschaftliche Forschungen. NF 9), Erlangen 1999, bes. 230–274, zu Musallam ebd. 238; R. Khoury, *Palestinian Contextual Theology. A general survey*, in: R. Khoury / R. Zimmer-Winkel (Hgg.), Christian Theology in the Palestinian Context, Berlin 2019, 9–49.

290 Vgl. zu S. Tarazi u.a. J. Zang, *Gaza* 27–29.

291 Vgl. Marcus Diaconus, *vit. Porph.* 7. 48f (FC 53, 106–109.158–161).

292 Vgl. dazu – durchaus kritisch – Chr. Oberlin, *Les Chrétiens de Gaza*, 2017, 157.

293 Vgl. Oberlin, *Chrétiens* 119–163.

294 M. Vogt, *Hyper-surreal. Von Überlebenskünstlern und Überwachungsdrohnen*, in: HL 155/2 (2023) 32–35. Zur Situation rund um den Gazastreifen vgl. auch J. Zang, *Kein Land in Sicht? Gaza zwischen Besatzung, Blockade und Krieg*, Köln 2024.

295 S. oben S. 107.

296 N. Saleh, *„Mein Herz bleibt in Gaza"* (aufgezeichnet von R. Akroush), in: HL 165/2 (2024) 44–47.

297 Vgl. D. Grossmann, *Löwenhonig. Der Mythos von Samson*, Berlin 2006.

298 Vgl. https://en.wikipedia.org/wiki/Samson%27s_Foxes. Die Hymne dieser Einheit wurde dabei vom späteren Friedensaktivisten Uri Avnery (1923–2018) geschrieben.

299 Vgl. https://en.wikipedia.org/wiki/Samson_Option

300 Vgl. zum Ganzen Y. Elkhoudary, *Ghuzze*, in: This Week in Palestine 229 (May 2017) 16–19.

301 Vgl. D. Böhler, *Was macht denn Simson in der Bibel?*, in: ThPh 80 (2005) 481–489.

302 Vgl. Hieronymus, *Adversus Jovianum* 23 (T und frz. Ü: SC 637, 314–317).

303 Vgl. dazu Prokop, *Commentarii in Iudicum* (T: PL 87/1, 1077f). Tatsächlich konnte Simson auch als Beispiel gelten für einen Menschen, der seine *virtus*, seine Tugend-

kraft und Gnade durch die Begierde verliert; vgl. dazu u. a. Ambrosius, *De spiritu sancto* II prol. 4–16 (T: CSEL 79, 86–93).

304 Caesarius von Arles, *sermo* 120, 4.

305 Vgl. dazu u. a. Augustinus, *De civitate Dei* 18, 19 (T: CSEL 40/2, 293). Dabei verwies man auf die Ähnlichkeiten in ihrem Leben (u. a. Tötung des Löwen, Verrat durch eine Frau etc.). Bildliche Darstellungen davon finden sich sogar schon in den frühxchristlichen Katakomben.

306 Gregor, *sermo in Evv.* 21 (T: FC28/2, 386–389). Und bei Caesarius von Arles heißt es dazu: „*Außerdem hat er die Stadttore entfernt, das heißt, er hat die Tore der Hölle weggenommen. Was bedeutet es, die Tore der Hölle wegzunehmen, außer dass er die Macht des Todes wegnimmt? … Und was hat unser Herr Jesus Christus getan, nachdem er die Pforten des Todes weggenommen hatte? Er ging auf den Gipfel eines Berges. Wahrlich, wir wissen, dass er sowohl aufgestanden als auch in den Himmel aufgefahren ist*“ (sermo 118, 5).

307 Vgl. zur Darstellung Simsons in der christlichen Kunst: W. Bulst, *Samson*, in: Lexikon der Christlichen Ikonographie 4, 30–38.

308 Vgl. dazu u. a. J. Vette, *Bibelauslegung, christliche* 2.2, in: WiBiLex (https://www.die-bibel.de/ressourcen/wibilex/altes-testament / bibelauslegung-christliche).

309 Vgl. K. Berger, *Hermeneutik des Neuen Testaments*, Tübingen 99, 110–206 zur Methode der „Applikation“ biblischer Texte. – Schon Origenes hatte sich mit dieser Frage anlässlich seiner Auslegung der kriegerischen Josua-Geschichten beschäftigt und die allegorische Deutung auf „innere Kämpfe“ als einzige Möglichkeit gesehen. Vgl. dazu Origenes, *hom. in Jos.* 5, 2; 15, 1 (T und frz. Ü: SC 71, 166.330). Vgl. zu dieser Thematik auch Th.R. Elsner, *Josua und seine Kriege in jüdischer und christlicher Rezeptionsgeschichte*, Stuttgart 2008.

310 Dorotheus, *Dd.* VIII (90–91) (T und Ü: FC 37/2, 280–285).

311 Vgl. dazu auch M. Isaac, Christ in the Rubble. Faith, the Bible, and the Genocide in Gaza, Grand Rapids 2025.)

312 Vgl. dazu https://www.presbyterianmission.org/story/the-rev-dr-mitri-raheb-brings-precision-and-passion-to-a-talk-at-new-york-avenue-presbyterian-church/?fbclid=IwY2xjawFeD1JleHRuA2FlbQIxMQABHbgk5VMRHcHo0XQu22_pMWEsPfU1DZFfaJJMRG2f5H5ZpobYIzAQB3OPEg_aem_h5CBYvipJKYt4DQO-byNhA

313 So das DARE Regional Forum in the Middle East Region, organisiert vom Council for World Mission (CWM), in Zusammenarbeit mit der Dar al-Kalima-Universität (Istanbul, 21.–24. Mai 2024); vgl. dazu: https://www.cwmission.org/dare-regional-forum-explores-theology-after-gaza

314 Vgl. https://www.tagesschau.de/israel-gaza-patriarch-jerusalem-100.html

315 Vgl. https://www.americamagazine.org/faith/2024/05/21/cardinal-pizzaballa-gaza-holy-family-247991

316 Vgl. https://www.vaticannews.va / de / welt / news/2024–05/gaza-krieg-kirche-pizzaballa-kardinal-romanelli-pfarrei-konflikt.html

317 I. Azar, *Hoffnung ist eine Entscheidung*, in: HL 165/2 (2024) 20 f.

318 D. Neuhaus, *Auch jetzt Hoffnung wagen*, in: HL 156/2 (2024) 35f.

319 https://lpj.org/en/news/patriarch-to-gaza-you-are-the-light-of-the-world

Anhang

Dank

Dieses Buch wäre nicht geschrieben worden ohne einen persönlichen Bezug zu den Christen in Gaza und ohne die Anregung und Mithilfe ganz verschiedener Menschen. Deshalb danke ich

- Abt Nikolaus Egender OSB, von dem ich und die anderen TeilnehmerInnen des Theologischen Studienjahr der Dormitio-Abtei 1981/82 in seiner Vorlesung über „Palästinensisches Mönchtum“ erstmals etwas vom „Gaza-Mönchtum“ gehört haben;
- Judith Pauli, meiner damaligen Mitstudentin, die später die Schriften des Dorotheus von Gaza ins Deutsche übersetzt hat und heute als Sr. Theopisti den dort aufgezeigten geistlichen Weg geht;
- Abu Schauki, dem Koch aus Gaza, der uns und viele Studierende im Josefshaus der Dormitio-Abtei „bekocht“ hat und uns durch seine völlig unfanatische Frömmigkeit ein Bild des Islam vermittelt hat, das wir nicht vergessen haben;
- den äthiopischen Mönchen an der Grabeskirche, die in früheren Jahren meinen Reisegruppen gern den biblischen Text über die Bekehrung des äthiopischen Kämmerers an der Straße nach Gaza vorlasen – und dabei das Wort „Gaza“ immer besonders betonten;
- Sami el-Yousef, CEO des Lateinischen Patriarchats in Jerusalem, der im Frühjahr 2023 meinen Besuch im Gazastreifen ermöglicht hat;
- P. Gabriel Romanelli, der mich im Frühjahr 2023 überaus gastfreundlich im Pfarrhaus der Kirchengemeinde „Zur Heiligen Familie“ in Gaza aufgenommen hat und durch seine „Hirtensorge“ sehr beeindruckt hat;
- Jeries Michael, dem Fahrer während dieses Besuches, und den anderen jungen Leuten der Gemeinde, die mir nicht zuletzt durch ihr bewegendes Passionsspiel unvergesslich sind;
- Matthias Vogt, Generalsekretär des DVHL, der mich auf dieser Reise begleitet hat und dank seiner Sprachkenntnisse Zugänge zu vielen Menschen in den dortigen christlichen Einrichtungen eröffnet hat;

- Wolfgang Zwickel, der mit seinem Buch über Archäologie und Geschichte des Gazastreifens Großes geleistet hat und mir schon während der Entstehung bereitwillig das gesamte Material zugänglich gemacht hat;
- Fr. Aziz Halaweh und Osama Salsa vom Archiv des Lateinischen Patriarchats sowie Rektor Markus St. Bugnyar vom Österreichischen Hospiz, die bei der Suche nach Originalquellen, v. a. zu Georg Gatt, sehr behilflich waren;
- und besonders meiner Frau, die mich zu der besonderen Reise im März 2023 ermutigt und während des Schreibens an diesem Buch wieder einmal auf manches verzichtet hat.

Tabgha, am Passionssonntag 2025 Georg Röwekamp

Abkürzungen

BKV	Bibliothek der Kirchenväter
CCM	Corpus Christianorum. Continuatio Medievalis
CSEL	Corpus Scriptorum Ecclesiasticorum Latinorum
FC	Fontes Christiani
HL	Das Heilige Land
LACL	Lexikon der antiken christlichen Literatur
NEAEHL	New Encyclopaedia of Archeological Excavations in the Holy Land
PEQ	Palestine Exploration Quaterly
POC	Proche Orient Chrétien
RB	Révue Biblique
SC	Sources Chrétiennes
T	Text
Ü	Übersetzung
WiBiLex	Wissenschaftliches Bibel-Lexikon (https://www.die-bibel.de/ressourcen/wibilex)
ZDPV	Zeitschrift des Deutschen Palästina-Vereins

(0934.0976) Solche und ähnliche Zahlenreihen geben die Lage von Orten gemäß dem sogenannten „Palestine Grid“ an. Dieses Koordinatensystem wurde 1922 entwickelt vom britischen Survey Department of Palestine und dient bis heute zur korrekten Lokalisierung bzw. Identifizierung von Ortslagen und Ruinen im Gelände und in Kartenwerken.

Ausgewählte Quellen und Literatur

Dorotheus von Gaza, *Doctrinae diversae / Verschiedene Unterweisungen* (FC 37/1–2), Freiburg 2000.

E. Häcki, *Schulung des Herzens (Teil I und II). Begleitung in ein geistliches Leben nach den Schriften des hl. Barsanuphios und des hl. Johannes von Gaza* (Weisung der Väter 12–13), Beuron 2011–12.

Marcus Diaconus, *Vita sancti Porphyrii / Leben des heiligen Porphyrius* (FC 53), Freiburg 2013

Hieronymus, *Leben des heiligen Einsiedlers Hilarion*, in: K. Greschat / M. Tilly (Hgg.), Die Mönchsviten des heiligen Hieronymus, Wiesbaden 2009, 129–170.

Hieronymus, *Vita Pauli, Vita Malchi, Vita Hilarionis – Drei Mönchsviten* (FC 104), Freiburg (im Erscheinen.)

E. Amato u.a (Hgg.), *L'école de Gaza: espace littéraire et identité culturelle dans l'antiquité tardive*, Leuven 2017.

Alternative Tourism Group, *Palästina-Reisehandbuch*, Heidelberg 2013, 391–427.

B. Bitton-Ashkelony / A. Kofsky, *The Monastic School of Gaza*, Leiden 2006.

B. Bitton-Ashkelony / A. Kofsky (Hgg.), *Christian Gaza in Late Antiquity*, Leiden 2004, 183–194.

G. Butt, *Life at the Crossroads. A History of Gaza*, Nikosia 1995, 2. Aufl. 2010.

A. Chambon (Hg.), *Gaza. From Sand and Sea*, Gaza 2012.

Th. Dowling, *Gaza. A City of Many Battles*, London 1913.

G. Downey, *Gaza*, in: Reallexikon für Antike und Christentum 8, 1123–34.

–, *The Christian Schools of Palestine. A Chapter in Literary History*, in: Harvard Library Bulletin 12 (1958) 297–319.

–, *Gaza in the Early Sixth Century* (Centers of Civilisations 8), Norman, OK 1963.

J.-P. Filiu, *Gaza. A History of Gaza*, Oxford 2014.

G. Gatt, *Kurzer Bericht über die Mission Gaza*, in: Jahrbuch des österreichisch-ungarischen Pilgerhospizes 3 (1905) 80–91.

–, *Gaza*, in: F. Vigouroux (Hg.), Dictionnaire de la Bible, Paris 1912.

Gaza. Brücke zwischen Kulturen. 6000 Jahre Geschichte. Begleitschrift zur Sonderausstellung des Landesmuseums Natur und Mensch Oldenburg 2010, Mainz 2010.

C. Glucker, *The City of Gaza in the Roman and Byzantine Periods* (BAR International Series 325), Oxford 1987.

H. Goren, *„Echt katholisch und gut deutsch". Die deutschen Katholiken und Palästina 1838–1910*, Göttingen 2009, 383–390.

M.A. Haldimann u. a. (Hgg.), *Gaza a la croisée des civilisations. Contexte archéologique et historique*. Ausstellungskatalog. Neuchâtel 2007.

F. Heyer, *Kirchengeschichte des Heiligen Landes*, Münster 2000.

Y. Hirschfeld, *The Monasteries of Gaza: An Archaeological Review*, in: B. Bitton-Ashkelony / A. Kofsky (Hgg.), Christian Gaza in Late Antiquity, Leiden 2004, 61–88.

J.-B. Humbert (Hg.), *Gaza méditerranée: histoire et archéologie en Palestine*. Ausstellungskatalog, Paris 2000.

O. Keel / M. Küchler, *Orte und Landschaften der Bibel, Bd. 2: Der Süden*, Göttingen 1982, 76–96.

P. Médebielle, *Gaza und seine christliche Geschichte*, Jerusalem 1982 (hg. vom Ritterorden vom Heiligen Grab. Statthalterschaft für Österreich, ergänzt von Johannes Rupnik, Wien 1985).

M.A. Meyer, *History of the City of Gaza*, New York 1906.

M. Muna / W. Teller, *Daybreak in Gaza. Stories of Palestinian Lives and Culture*, London 2024.

Chr. Oberlin, *Chrétiens de Gaza*. Photographies de Serge Nègre, Paris 2017.

J. Pauli, Menschsein und Menschwerden nach der geistlichen Lehre des Dorotheus von Gaza, St. Ottilien 1998.

G. Röwekamp, *Georg Gatt (1843–1924) und die Kirchengemeinde „Zur heiligen Familie" in Gaza*, in: Th. Kremer u. a. (Hgg.), Ab Oriente et Occidente (FS P. Bruns), erscheint 2026.

M. Sadeq, *The City of Gaza and the Surrounding Area during the Roman-Byzantine Period*, in: Adumatu 2 (2000) 27–42.

C. Saliou (Hg.), *Gaza dans l'Antiquité Tardive. Archéologie, rhétorique et histoire*. Actes du colloque international de Poitiers (6–7 mai 2004) (Cardo 2), Salerno 2005.

St. Wimmer, *Gaza*, in: WiBiLex (https://www.die-bibel.de/ressourcen/wibilex/altes-testament/gaza).

W. Zwickel, *The Gaza strip. Archeology and History* (Ägypten und Altes Testament 129), Münster 2025 (in Vorbereitung).

–, *Der Gazastreifen – ein verlorener Reiseführer. Die Kulturgeschichte des Gazastreifens*, Berlin 2025 (in Vorbereitung).

Bildnachweis

S. 9: © mauritius images / Yoram Biberman / Alamy / Alamy Stock Photos | Abb. 1-2, 4-11, 13-14, 16, 18, 21-22, 25-26, 29-30, 32-33, 35-40, 51, 58-63, 65-66, 68-69, 71-72, 74: Georg Röwekamp | 3: © mauritius images / Gokhan dogan / Alamy / Alamy Stock Photos | 12 und Karte hintere Klappe: Karte Peter Palm, Berlin (nach: Y. Hirschfeld, *The Monasteries of Gaza. An Archaeological Review*, in: B. Bitton-Ashkelony / A. Kofsky (Hgg.), Christian Gaza in Late Antiquity, Leiden 2004, Fig. 6) | 15: © akg-images / Jean-Louis Nou | 17 links: aus: J. Clarke u. a., Gaza Research Project: 1998 Survey of the Old City of Gaza, Levant 36 (2004) 32 | 19a / b: aus: M. Piccirillo, *The Mosaics of Jordan* (American Center of Oriental Research), Amman 1995, 201 | 20: aus: R. Elter / A. Hassoune, *Le complexe du bain du monastère de Saint Hilarion à Umm el-'Amr, première synthèse architecturale*, in: Syria 85 (2008), Fig. 4 | 23: aus: J.-B. Humbert u. a., *Mukheitim à Jabaliya, un site byzantin*, in: J.-B. Humbert (Hg.), Gaza méditerranée: histoire et archéologie en Palestine. Ausstellungskatalog. Paris 2000 | 24: © mauritius images / ZUMA Press, Inc. / Alamy / Alamy Stock Photos | 27a / b: © bpk / The Trustees of the British Museum | 28: © mauritius images / 360b / Alamy / Alamy Stock Photos | 31: © mauritius images / FM Archive / Alamy / Alamy Stock Photos | 34: © mauritius images / The History Collection / Alamy / Alamy Stock Photos | 41: © mauritius images / Signal Photos / Alamy / Alamy Stock Photos | 42: via https://memo.imareal.sbg.ac.at/wsarticle/memo/2023-kuehtreiber-shaping-matters-einleitung/; CC BY-SA https://creativecommons.org/licenses/by-sa/4.0/ | 43: © mauritius images / ART Collection / Alamy / Alamy Stock Photos | 44: aus: J. N. Sepp, *Jerusalem und das Heilige Land. Pilgerbuch nach Palästina, Syrien und Aegypten*. 2. Aufl. Regensburg 1878, II, 531 | 45: aus: Dowling, *Gaza. A City of Many Battles*, London 1913, 90 | 6: © mauritius images / Magite Historic / Alamy / Alamy Stock Photos | 47, 50: Archiv DVHL | 48, 53-54, 73: Archiv Lateinisches Patriarchat von Jerusalem | 49: ZDPV 11 (1888) 150 | 52: © mauritius images / Jeff Gilbert / Alamy / Alamy Stock Photos | 55, 57: © Johannes Zang | 56: © Heba Zagout | 64: © picture alliance / Anadolu | Abdulqader Sabbah | 67: © mauritius images / Historic Collection / Alamy / Alamy Stock Photos | 70: Bildarchiv Herder | Hintere Umschlagklappe: Karte Peter Palm, Berlin

Zum Autor

Georg Röwekamp, geb. 1959, Dr. phil., 1998–2016 Geschäftsführer und theologischer Leiter der Biblische Reisen GmbH, Stuttgart, 2016–20 Repräsentant des Deutschen Vereins vom Heiligen Lande (DVHL) in Jerusalem, seit 2020–2025 Leiter des Pilgerhauses des DVHL in Tabgha am See Gennesaret.

Namensregister

A

Abu al-Azm 92 (→ Simson)
Aeneas von Gaza 41, 51
Aias 31
Alaphion von Asalea 29, 63
Alexander (Archimandrit) 65f
Alexander der Große 17, 32
Alexander (Märtyrer) 22, 65f
Alexander Jannäus 17
Alexion von Bethagathon 29
al-Ghazzi 73–75
al-Hakim 73
al-Kamil 79
al-Khadr → Georg
al-Mansur 84
al-Muquddasi 70
al-Shafi'i 72
Alexios von Tiberias 113
Ambrus 68f
Ammiras 69
Ammonius 30
Amos 14
Amr ibn al-As 67
Anastasius (Kaiser) 44, 52
Antonius (Mönchsvater) 27f
Arafat, Yassir 108
Arcadius (Kaiser) 34
Asclepas (Asclepius) 26
Augustus 18
Aurelius von Anthedon 29
Ayyad, Rami 112
Azar, Ibrahim 131

B

Baal 19, 34
Baibars 79, 84
Balduin III. 76
Balfour, Arthur 103
Barsanuphius 45–47, 113
Basilius (Kaufmann) 85
Benedikt XVI. (Papst) 109
Bernhard der Mönch 72
Bernhard von Breydenbach 86
Boreas 55
Bracco, Vincenzo 96
Bseiso, Muin 123
Burkhardt, Ludwig 90

C

Caesarius von Arles 125
Callinicus 69
Choricius von Gaza 53f, 56
Commandeur, Radbod 72
Commodianus 21
Constantius (Kaiser) 28
Crispion 30
Cynegius 35
Cyrill von Alexandrien 39

D

Dajan, Moshe 123
Delila 15, 85, 119
Diokletian (Kaiser) 21
Dionysius Areopagita 42
Dioskur von Alexandrien 39
Dorotheus von Gaza 47f, 52, 113, 128f
Dositheus 46, 48, 113
Dumith, Namatullah 97

E

Elija 34
Eudokia 41
Eudoxia Aelia 34, 36, 58
Eusebius von Cäsarea 21, 23f, 54

Euthymius 40
Evagrius Ponticus 46
Evagrius Scholasticus 45

F
Felix Fabri 86
Flinders Petrie, William M. 105
Franziskus Quaresmius 85
Friedrich II. (Kaiser) 79
Fuscon 30

G
Gabinius 18
Gatt, Georg 94, 96–102, 114
Gerhard von Ridefort 78
Georg 82
Gobat, Samuel 93
Gori, Alberto 106
Gregor von Nazianz 47
Gregor I. (Papst) 125
Gregor von Tours 25
Grossmann, David 122

H
Habeb, Silas 113
Hadrian (Kaiser) 19f,
Haniye, Ismael 109
Hashem ben Abed Munaf 67
Helffrich, Johannes 88
Heraklius (Kaiser) 68, 70
Herodes der Große 18
Hierokles 51
Hieronymus 27–29, 31, 37f, 61, 124
Hilarion 26–29, 38f, 44, 61, 113
Huber, J. 94
Hugeburc 71

I
Ibn Battuta 84
Irenion 32
Isaac, Munther 129
Isaias von der Sketis 40f, 45, 51, 57

J
Jakobus von Verona 85
Jeremia 16, 110
Johannes der Barmherzige 49
Johannes von Beit Aphthonia 44
Johannes Chrysostomus 34
Johannes Rufus 42
Johannes von Cäsarea 33f, 37
Johannes von Damaskus 71
Johannes von Gaza 45, 47, 51
Johannes von Neapel OFM 85
Johannes Rufus 31, 42f
Jonatan (Makkabäer) 17
Joschija 16
Josephus Flavius 18
Julia (Manichäerin) 37
Julian (Kaiser) 29, 32
Justin I. (Kaiser 45
Justinian I. (Kaiser) 44, 50
Juvenal von Jerusalem 40f

K
Keller, Franz Sales 97
Khoudary, Jawdat 65
Klemens (OFM) 89
Kleopatra 18
Konstantin (Kaiser) 24,
Kosmas von Maiuma/der Melode 71
Kraus, Friedrich 102
Kyrillos II. 93

L
Libanius 50
Ligarides, Paisius 89

M
Maior (Märtyrer) 22
Malachion 30
Marcianus von Gaza 53f
Marcus Antonius 18
Marcus (Diakon) 32f, 37
Marnas 18f, 25, 34, 37, 44
Matthias 72
Maximinus Daia 23
Meletus von Eleutheropolis 82

Meshullam von Volterra 85
Mohammed 67, 70
Mohammed Ali 90
Musallam, Manuel 109–111, 114
Musil, Alois 101

N
Napoleon Bonaparte 90
Nikolaus von Verdun 127
Neuhaus, David 132
Nimri, Hanna 106, 108
Noach 13

O
Oberlin, Christophe 116
Omar (Kalif) 67
Origenes 39, 45, 50, 52

P
Paisius I. von Jerusalem 89
Patricius 67
Paula (Pilgerin) 31
Paulus (Apostel) 33, 42, 127
Paulus von Theben 28
Petrus der Iberer 41–43, 45, 57
Petrus (Mönch) 40
Philemon 21
Philippus (Diakon) 21, 72, 94
Photius von Konstantinopel 56
Pilger von Piacenza 60
Pius XI. (Papst) 106
Pizzaballa, Pierbattista 7–9, 130, 133
Plutarch 17
Pompeius 18
Porphyrius 33–38, 44, 82, 113
Praylius 33, 37
Pritchard, Mr. 93
Proclus von Gaza 50
Procopius von Cäsarea 52
Procopius von Gaza 51–53, 125
Pythian-Adams, William J. 105

Q
Quintianus 26

R
Raheb, Mitri 129
Ratisbonne, M. Alphonse 96
Rauscher, Josef O. 96
Richard Löwenherz 78
Roberts, David 91
Robinson, Edward 91
Romanelli, Gabriel 115, 117, 130
Röwekamp, Georg 7, 9
Rudolph von Fraymensberg 85
Rufinus (Architekt) 36

S
Sabbah, Michel 109
Saladin 77f
Salamines 30
Saleh, Nabila 119–121
Salomo 16
Salomon von Gaza → al-Ghazzi
Sanherib 16
Schumacher, Gottlieb 92
Selim I. 87
Sepp, Johann N. 91
Sergius (Märtyrer) 54
Sergius (Statthalter) 67
Seridus 45
Severus von Antiochien 44, 57
Silbel 16
Silvanus (Mönch) 30f
Simson 14–16, 83, 85f, 92, 122–127
Sophronius von Jerusalem 68f
Sozomenus 24, 26, 29–32, 37
Stark, Carl Bernhard 92
Stephanus von Byzanz 19
Sterling, Robert 94
Sulaiman von Gaza → al-Ghazzi

T
Tarazi, Suhaila 111
Tassaert, Nicolas 95
Thea (Märtyrerin) 22
Theobald von der Champagne 79
Theodor Abu Qurrah 73
Theodosius von Jerusalem 41
Theodosius I. (Kaiser) 34, 113

Theodosius II. (Kaiser) 34
Theodosius (Mönchsvater) 40
Theophlius (Patriarch) 39
Thutmoses III. 13
Timotheus (Märtyrer) 21f

U
Urbanus 22

V
Viktor (Märtyrer) 60, 72
Vitalis von Gaza 49
Vogt, Matthias 116

W
Wilhelm von Tyrus 76
Willibald von Eichstätt 71f
Wind, Baruch 123

Z
Zacharias Rhetor 40, 42, 56
Zagout, Heba 111, 118
Zefanja 16
Zenon (Bischof) 31f
Zenon der Prophet 31
Zeus-Marnas → Marnas
Zosimus von Gaza 50

Gwehenberger & Kubitzki

Schadenverhütung bei Fahrzeugflotten.

Wie Geschäftsführer, Chief-Financial-Officer und Fuhrparkleiter Sicherheit und Effizienz erhöhen.

Herausgegeben von der Allianz Versicherungs-AG – Firmen und Konzerne Kraftfahrtversicherungen.
Verlegt bei der Allianz Versicherungs-AG.

ISBN 3-924934-04-5

Königinstraße 28, 80802 München

Herausgegeben von der Allianz Versicherungs-AG – Firmen und Konzerne Kraftfahrtversicherungen

1. Auflage August 2005

Vorwort der Autoren

Schadenverhütung ist heute eines der, wenn nicht das zentrale Instrument zur Steigerung der Effizienz und Wirtschaftlichkeit von Fahrzeugflotten. Der zunehmende europäische Wettbewerb und die von Globalisierungseffekten getragene Entwicklung eröffnen dem Unternehmer neue Möglichkeiten, lassen zugleich aber auch seine finanziellen Handlungsspielräume enger werden. In diesem Rahmen kommt dem flottenspezifischen Kostenfaktor ein ungleich größeres Gewicht zu, und sein Senkungspotential ist durchaus höher als gemeinhin angenommen wird. Wirtschaftlichkeit durch Schadenverhütung, wie wir es in unserem hier vorgestellten Buch verstehen, heißt, einen fachübergreifenden Blickwinkel einzunehmen und sowohl wissenschaftliche als auch in der Praxis bewährte Modelle und Denkanstöße zu integrieren. Wir wollen Sie dabei unterstützen, diesen übergreifenden Blick zu schärfen. Schadenverhütung in der Flotte heißt interdisziplinär handeln. Insofern wollen wir unser Buch nicht als „Ratgeber" verstanden wissen, sondern als Stichwortgeber. Der Experte in Sachen Fahrzeugflotte sind Sie, der Leser.

Bei unserer Arbeit wurden wir von vielen Seiten hilfreich unterstützt, denen wir unseren Dank aussprechen wollen. Dieser gilt vor allem den Verlagen und Institutionen, die uns die Wiedergabe von Bildmaterial ermöglichten, wobei wir uns besonders beim Deutschen Verkehrssicherheitsrat und den Berufsgenossenschaften bedanken möchten. Von Reinhard Anger, Peter Buchhierl, Walter Heigl und Bernhard Seitz von der Allianz Versicherungs-AG, Firmen und Konzerne, wurden wir mit wichtigen Informationen versehen. Dank schulden wir weiter den Herren Jürgen Bente (Deutscher Verkehrssicherheitsrat), Christian Börner (Berufsgenossenschaft für Fahrzeughaltungen), Uwe-Peter Schieder (Gesamtverband der Deutschen Versicherungswirtschaft) sowie Frau Margit Ertlmaier (Allianz Versicherungs-AG) für ihre Anregungen. Heike Stretz, Christian Weishuber und Kirsten Becker lieferten eine Reihe namentlich gezeichneter Kurz-Informationen aus der Allianz Versicherungs-AG bzw. dem Allianz Zentrum für Technik (AZT). Seitens der Autoren wurden die Kapitel 1 bis 4 sowie die Kapitel Sicheres Fahrzeug und Ladungssicherung von Johann Gwehenberger bearbeitet. Kapitel 5 TOP-Technik, Organisation und Personal (ohne Sicheres Fahrzeug und Ladungssicherung) sowie Komfort/Ergonomie und 6 Kontaktadressen/Zeitschriften bearbeitete Jörg Kubitzki, der auch die Konzeption und die gesamtredaktionelle Gestaltung übernahm. Die Autoren wollen schließlich nicht versäumen, allen internen und externen Mitarbeitern zu danken, die diese Publikation betreut und realisiert haben.

Ismaning, im Juli 2005

Inhalt

Checkliste „Kostenreduktion, Qualität, Sicherheit, Motivation" zur Schadenverhütung in der Fahrzeugflotte (nach DVR) 8

1 Einführung 11

2 Risk-Management (RM) – Die bewährte Methode zum Erfolg 13

2.1 Phase 1: Unternehmensziele und -erwartungen 14

2.2 Phase 2: Risikoanalyse – Risiken erkennen und bewerten 14

2.3 Phase 3: Risikobewältigung 16

2.4 Phase 4: Risikoüberwachung – Controlling (Erfolgskontrolle) 17

3 Mehr Wirtschaftlichkeit durch Schadenverhütung 19

3.1 Was Sie ein Unfall wirklich kostet 19

3.1.1 Die direkten Unfallfolgekosten für Ihren Betrieb 19

3.1.2 Die indirekten Unfallfolgekosten für Ihren Betrieb 20

3.1.3 Unfallfolgekosten – am praktischen Beispiel ermittelt 21

3.2 Sicher fahren heißt wirtschaftlich fahren 24

3.3 Wirtschaftliche Aspekte zur Flottenversicherung 25

3.3.1 Die Flottenversicherung als Segment der Kraftfahrtversicherung in Deutschland 25

3.3.2 Beitragskomponenten der Flottenversicherung 26

3.3.3 Die Allianz als Flottenversicherer 26

Info kompakt: „Grünes A" für Allianz Flottenversicherung 27

4 Schaden- und Risikoanalyse in Ihrem Betrieb 29

4.1 Erfassung des Schadenaufkommens 29

4.2 Analyse des Schadenaufkommens 32

4.3 Ein Fall aus der Praxis 33

4.4 Das Schaden- und Risikoanalyse-Tool der Allianz 35

4.5 Denken in Szenarien 35

5 TOP – Technik, Organisation und Personal: Die Ansatzpunkte für effiziente Schadenverhütung bei Fahrzeugflotten 39

5.1 Verkehrssicherheit als Qualitätsziel: Zielvereinbarung Schadenverhütung 39

5.2 Fuhrparkleiter und Organisation des Flottenbetriebs 39

5.2.1 Der Fuhrparkleiter 39

Info kompakt: Was ist Verkehrssicherheit? . . . 40

5.2.2 „Car Policy" – Der dienstrechtliche Rahmen für die Fahrzeugnutzung 42

5.2.3 Information und Kommunikation in Ihrem Betrieb 42

5.2.4 Fuhrparkinformation und Routenmanagement 43

5.3 Verkehrsgesetze, Arbeitssicherheit und Sozialvorschriften 44

5.3.1 Das Straßenverkehrsgesetz und weitere Rechtsgrundlagen 45

5.3.2 Arbeitssicherheit 46

5.3.3 Lenk- und Ruhezeiten 47

5.3.4 Alkohol am Arbeitsplatz 50

5.3.5 Gurtpflicht, Warnweste und andere „Nebensächlichkeiten" des Fahralltags 52

5.4 **Das sichere Fahrpersonal** 53

5.4.1 Mitarbeiterfluktuation, Berufskraftfahrer, Aushilfsfahrer 53

Info kompakt: Definition – Was ist Fahreignung? 54

5.4.2 Fahrerauswahl 55

Info kompakt: Alkohol- und Drogenkonsum des Bewerbers 57

5.4.3 Einarbeitung 59

Info kompakt: Alter und Fahrerfahrung 60

5.4.4 Sicherheitseinweisung 61

Info kompakt: Sorgenkind Sehkraft und Sehtest 62

5.4.5 Mitfahrstudien 64

5.4.6 Der tägliche Einsatzplan: Auch das Fahrteam muss stimmen! 65

5.4.7 Unfallanalysegespräch und Besprechungen mit den Fahrern 65

5.4.8 Gibt es den „Unfäller"? – Unfallhäufungen und Punkte in Flensburg 66

5.4.9 Die Medizinisch-Psychologische Untersuchung (MPU) 68

5.4.10 Nachschulungskurse 69

5.4.11 Schulung und Fahrsicherheitstraining 70

5.4.12 Incentives und Mitarbeitermotivation 77

5.5 **Das sichere Fahrzeug** 79

5.5.1 Aktive Fahrzeugsicherheit 79

Info kompakt: Der Allianz Sicherheitspreis Genius 85

Info kompakt: Allianz Zentrum für Technik und Insassenschutz – Optimierte Sitzsysteme mindern Gefahr bei Auffahrunfällen 94

5.5.2 Passive Fahrzeugsicherheit 95

5.5.3 Ein Blick in die Zukunft 99

5.5.4 Diebstahlsicherung 101

Info kompakt: Certified Security – AZT-Zertifikat für Diebstahlschutz 102

5.5.5 Rund um Wartung, Pflege und Instandsetzung 103

5.6 **Die sichere Ladung** 106

5.7 **Das sichere Betriebsgelände** 107

5.8 **Die häufigsten Gefahren im Straßenverkehr** 110

Info kompakt: Definitionen der Unfalltypen und -arten 112

Info kompakt: C.A.R. – Der Fahrsimulator für Weiterbildung und Sicherheitsveranstaltungen 124

6 **Kontaktadressen und Zeitschriften** 127

Info kompakt: Der Fernfahrerstammtisch von Polizei und BGL 130

Info kompakt: Das Allianz Zentrum für Technik – Wissenschafts-Knowhow mit Geschichte 134

Literatur 139

Liste der Berufsgenossenschaften 142

Liste der Landesverkehrswachten 145

Stichwortverzeichnis 146

Zu den Autoren 148

Checkliste „Kostenreduktion, Qualität, Sicherheit, Motivation“

zur Schadenverhütung in der Fahrzeugflotte (nach DVR)

Die folgende Checkliste wurde 1998 vom Deutschen Verkehrssicherheitsrat (DVR) zusammengestellt. Im Vordergrund stand der Transportbetrieb; doch es lohnt sich für Sie, diesen Bogen unabhängig vom Nutzerprofil Ihrer Fahrzeugflotte in jedem Fall auszufüllen. Einige Fragen, z.B. zur Ladungssicherung, können Sie im übertragenen Sinn durchaus auch beantworten. Denn es soll hier nicht um eine Detailanalyse gehen, sondern vielmehr darum, einen groben Eindruck zu gewinnen, wo Sie mit Ihrer „Sicherheitsphilosophie“ in Ihrem Betrieb stehen. Das heißt natürlich auch: Antworten Sie so selbstkritisch wie möglich und antworten Sie im Zweifelsfall eher mit nein. Es muss Ihnen ja niemand über die Schulter schauen! Andererseits: Wenn Sie es einmal wissenschaftlich angehen wollen, dann lassen Sie diesen Bogen unabhängig voneinander (ggf. anonym) von verschiedenen Personen ausfüllen und vergleichen Sie die Antwortprofile. Selbst eine externe Beantwortung könnte interessant sein; was meinen Dritte, was getan wird, und was nicht. Sie gewinnen einen Eindruck vom Sicherheits-Image Ihres Unternehmens. Aber dieses Vorgehen setzt ein gewisses Vertrauen in die betreffenden Personen voraus.

Wir haben Ihnen ein Auswertungsblatt vorbereitet, in dem Sie die Antworten von 20 Personen eintragen können (vgl. Abbildung); Sie finden so die „Spitzen“ Ihrer Stärken und Schwächen – quasi im Mikrocensus. Wollen Sie es ganz streng wissenschaftlich angehen? Dann sollten die ausgewählten Beantworter Ihre personelle Betriebsstruktur spiegeln: Leitungsebenen, Funktionsträger, ältester Fahrer, erfahrenster Fahrer, jüngster Fahrer, unerfahrenster Fahrer, Männer, Frauen etc. Den Summenwert sollten Sie aber nicht interpretieren, dazu sind Checklisten nicht ausgelegt.

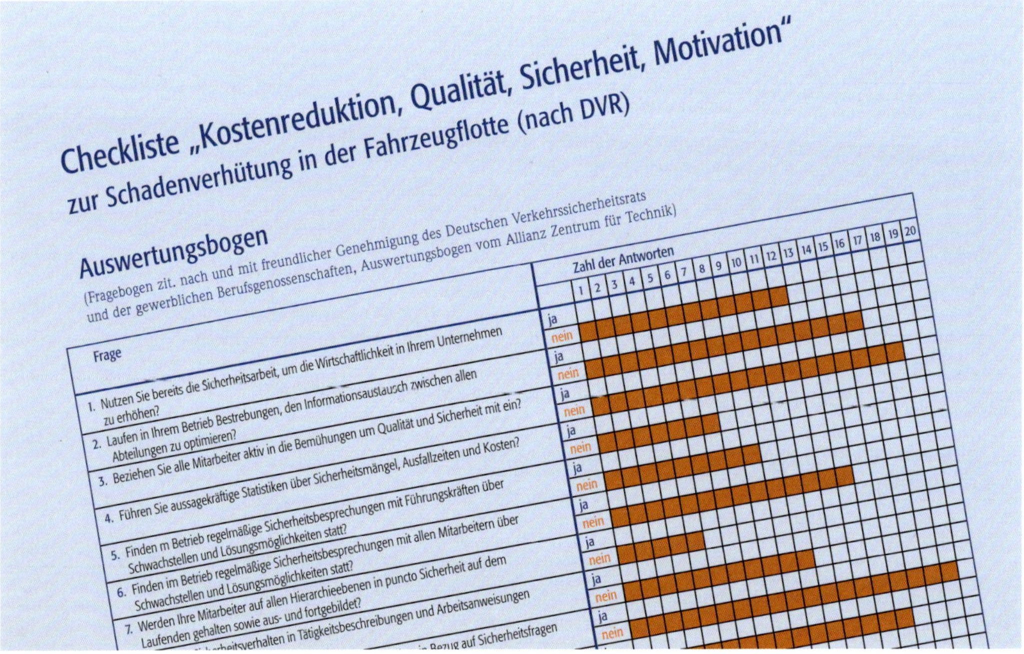

Fragebogen

(Fragebogen zit. nach und mit freundlicher Genehmigung des Deutschen Verkehrssicherheitsrats und der gewerblichen Berufsgenossenschaften; Frage zur Car Policy Ergänzung d.A.)

1.	Nutzen Sie bereits die Sicherheitsarbeit, um die Wirtschaftlichkeit in Ihrem Unternehmen zu erhöhen?	☐ ja	☐ nein
2.	Laufen in Ihrem Betrieb Bestrebungen, den Informationsaustausch zwischen allen Abteilungen zu optimieren?	☐ ja	☐ nein
3.	Beziehen Sie alle Mitarbeiter aktiv in die Bemühungen um Qualität und Sicherheit mit ein?	☐ ja	☐ nein
4.	Führen Sie aussagekräftige Statistiken über Sicherheitsmängel, Ausfallzeiten und Kosten?	☐ ja	☐ nein
5.	Finden in Ihrem Betrieb regelmäßige Sicherheitsbesprechungen mit Führungskräften über Schwachstellen und Lösungsmöglichkeiten statt?	☐ ja	☐ nein
6.	Finden in Ihrem Betrieb regelmäßige Sicherheitsbesprechungen mit allen Mitarbeitern über Schwachstellen und Lösungsmöglichkeiten statt?	☐ ja	☐ nein
7.	Werden Ihre Mitarbeiter auf allen Hierarchieebenen in puncto Sicherheit auf dem Laufenden gehalten sowie aus- und fortgebildet?	☐ ja	☐ nein
8.	Haben Sie Sicherheitsverhalten in Tätigkeitsbeschreibungen und Arbeitsanweisungen festgehalten?	☐ ja	☐ nein
9.	Sind die Verantwortungsbereiche und Weisungsbefugnisse in Ihrem Unternehmen in Bezug auf Sicherheitsfragen allen Mitarbeitern bekannt?	☐ ja	☐ nein
10.	Gibt es in Ihrem Betrieb eine schriftliche Niederlegung über die Nutzung der Fahrzeuge sowie über die diesbezüglichen Rechte und Pflichten der Nutzer (sog. „Car Policy“)?	☐ ja	☐ nein
11.	Verdeutlichen Sie auch durch Ihr eigenes Verhalten, wie wichtig Ihnen die Sicherheit im Unternehmen ist?	☐ ja	☐ nein
12.	Gibt es in Ihrem Betrieb Prämiensysteme für unfall- und schadenfreies Fahren und für sicherheitsfördernde Vorschläge?	☐ ja	☐ nein
13.	Berücksichtigen Sie die Kenntnisse, Erfahrungen und Interessen der Fahrer bei der Tourenplanung?	☐ ja	☐ nein
14.	Wird gewährleistet, dass vorgeschriebene Prüf- und Wartungsfristen eingehalten werden?	☐ ja	☐ nein
15.	Werden Schadenfälle mit den Fahrern und anderen Betroffenen ausgewertet?	☐ ja	☐ nein
16.	Werden die Fahrer regelmäßig über Ladungssicherungsvorschriften informiert und wird die ordnungsgemäße Ladungssicherung regelmäßig kontrolliert?	☐ ja	☐ nein
17.	Sind die Fahrzeuge zur Erfüllung ihrer unterschiedlichen Transportaufgaben mit allen notwendigen Hilfsmitteln zur Ladungssicherung ausgerüstet?	☐ ja	☐ nein
18.	Werden die Fahrer bei außergewöhnlichen Transportgütern über die Besonderheiten der Ladung informiert?	☐ ja	☐ nein
19.	Werden bei der Tourenplanung und der Einweisung der Fahrer vor der Tour die Platzverhältnisse sowie die besonderen Be- und Entladebedingungen beim Kunden berücksichtigt?	☐ ja	☐ nein
20.	Werden für Besonderheiten einer Route spezielle Materialien bestellt (Karten, genaue Anfahrtsskizzen) und an die Fahrer weitergegeben?	☐ ja	☐ nein
21.	Sind Ihre Fahrer für eine sichere, wirtschaftliche und umweltschonende Fahrweise geschult?	☐ ja	☐ nein
22.	Gibt es im Zusammenhang mit Pflege, Wartung und Instandhaltung von Fahrzeugen eine Fahrzeug/fahrerbezogene Analyse über den Verbrauch von Betriebsstoffen?	☐ ja	☐ nein
23.	Wissen Ihre Fahrer, wie wichtig gepflegte und sicherheitstechnisch einwandfreie Fahrzeuge für den Erfolg und das Image der Firma sind?	☐ ja	☐ nein
24.	Haben die Fahrer genügend fahrphysikalische Kenntnisse, um die Bedeutung ihres Fahrverhaltens in unterschiedlichen Situationen richtig einschätzen zu können?	☐ ja	☐ nein
25.	Sind Ihre Fahrer ausreichend geschult, um die Fahrzeuge sicher und zuverlässig führen zu können?	☐ ja	☐ nein
26.	Kennen Ihre Fahrer Verhaltensmuster für kritische Situationen im Straßenverkehr?	☐ ja	☐ nein
27.	Können Ihre Fahrer mit belastenden und stressauslösenden Situationen gut umgehen?	☐ ja	☐ nein

Checkliste „Kostenreduktion, Qualität, Sicherheit, Motivation"

zur Schadenverhütung in der Fahrzeugflotte (nach DVR)

Auswertungsbogen

(Fragebogen zit. nach und mit freundlicher Genehmigung des Deutschen Verkehrssicherheitsrats und der gewerblichen Berufsgenossenschaften, Auswertungsbogen vom Allianz Zentrum für Technik)

Frage	Zahl der Antworten																				
		1	2	3	4	5	6	7	8	9	10	11	12	13	14	15	16	17	18	19	20
1. Nutzen Sie bereits die Sicherheitsarbeit, um die Wirtschaftlichkeit in Ihrem Unternehmen zu erhöhen?	ja																				
	nein																				
2. Laufen in Ihrem Betrieb Bestrebungen, den Informationsaustausch zwischen allen Abteilungen zu optimieren?	ja																				
	nein																				
3. Beziehen Sie alle Mitarbeiter aktiv in die Bemühungen um Qualität und Sicherheit mit ein?	ja																				
	nein																				
4. Führen Sie aussagekräftige Statistiken über Sicherheitsmängel, Ausfallzeiten und Kosten?	ja																				
	nein																				
5. Finden im Betrieb regelmäßige Sicherheitsbesprechungen mit Führungskräften über Schwachstellen und Lösungsmöglichkeiten statt?	ja																				
	nein																				
6. Finden im Betrieb regelmäßige Sicherheitsbesprechungen mit allen Mitarbeitern über Schwachstellen und Lösungsmöglichkeiten statt?	ja																				
	nein																				
7. Werden Ihre Mitarbeiter auf allen Hierarchieebenen in puncto Sicherheit auf dem Laufenden gehalten sowie aus- und fortgebildet?	ja																				
	nein																				
8. Haben Sie Sicherheitsverhalten in Tätigkeitsbeschreibungen und Arbeitsanweisungen festgehalten?	ja																				
	nein																				
9. Sind die Verantwortungsbereiche und Weisungsbefugnisse in Bezug auf Sicherheitsfragen allen Mitarbeitern bekannt?	ja																				
	nein																				
10. Gibt es in Ihrem Betrieb eine schriftliche Niederlegung über die Nutzung der Fahrzeuge sowie über die diesbezüglichen Rechte und Pflichten der Nutzer (sog. „Car Policy")?	ja																				
	nein																				
11. Verdeutlichen Sie auch durch Ihr eigenes Verhalten, wie wichtig Ihnen die Sicherheit im Unternehmen ist?	ja																				
	nein																				
12. Gibt es in Ihrem Betrieb Prämiensysteme für unfall- und schadenfreies Fahren und für sicherheitsfördernde Vorschläge?	ja																				
	nein																				
13. Berücksichtigen Sie die Kenntnisse, Erfahrungen und Interessen der Fahrer bei der Tourenplanung?	ja																				
	nein																				
14. Wird gewährleistet, dass vorgeschriebene Prüf- und Wartungsfristen eingehalten werden?	ja																				
	nein																				
15. Werden Schadenfälle mit den Fahrern und anderen Betroffenen ausgewertet?	ja																				
	nein																				
16. Werden die Fahrer regelmäßig über Ladungssicherungsvorschriften informiert und wird die Ladungssicherung regelmäßig kontrolliert?	ja																				
	nein																				
17. Sind die Fahrzeuge zur Erfüllung der unterschiedlichen Aufgaben mit den notwendigen Mitteln zur Ladungssicherung ausgerüstet?	ja																				
	nein																				
18. Werden die Fahrer bei außergewöhnlichen Transportgütern über die Besonderheiten der Ladung informiert?	ja																				
	nein																				
19. Werden bei der Tourenplanung und der Einweisung der Fahrer vor der Tour die Platzverhältnisse sowie die besonderen Be- und Entladebedingungen beim Kunden berücksichtigt?	ja																				
	nein																				
20. Werden für Besonderheiten einer Route spezielle Materialien bestellt (Karten, Anfahrtsskizzen) und an die Fahrer weitergegeben?	ja																				
	nein																				
21. Sind Ihre Fahrer für eine sichere, wirtschaftliche und umweltschonende Fahrweise geschult?	ja																				
	nein																				
22. Gibt es für Pflege, Wartung und Instandhaltung eine Fahrzeug/ fahrerbezogene Analyse über den Verbrauch von Betriebsstoffen?	ja																				
	nein																				
23. Wissen Ihre Fahrer, wie wichtig gepflegte und sicherheitstechnisch einwandfreie Fahrzeuge für Erfolg und Image der Firma sind?	ja																				
	nein																				
24. Haben die Fahrer genügend fahrphysikalische Kenntnisse, um die Bedeutung ihres Fahrverhaltens in unterschiedlichen Situationen richtig einschätzen zu können?	ja																				
	nein																				
25. Sind Ihre Fahrer ausreichend geschult, um die Fahrzeuge sicher und zuverlässig führen zu können?	ja																				
	nein																				
26. Kennen Ihre Fahrer Verhaltensmuster für kritische Situationen im Straßenverkehr?	ja																				
	nein																				
27. Können Ihre Fahrer mit belastenden und stressauslösenden Situationen gut umgehen?	ja																				
	nein																				

1 Einführung

Der Mensch braucht Mobilität und den Transport von Gütern. Mobil sein gibt ihm ein hohes Maß an Freiheit und Lebensqualität. Mobilität garantiert auch Wirtschaftswachstum und wirtschaftliche Leistungsfähigkeit. Nicht zuletzt deshalb steigt der Bestand an Kraftfahrzeugen unaufhaltsam. Rund 54 Millionen Kraftfahrzeuge sind heute im Bundesgebiet zugelassen, davon etwa 45 Millionen Pkw und 3 Millionen Lkw und Sattelzugmaschinen (Kraftfahrtbundesamt, 2005). In Verbindung mit der zentralen geographischen Lage ist das nicht unproblematisch: Deutschland ist heute das Transitland Nr. 1 mit der höchsten Verkehrsdichte Europas.

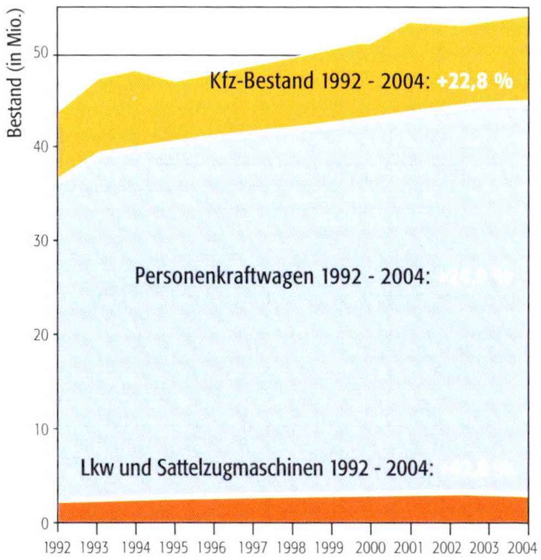

Bestand von Kraftfahrzeugen, Pkw und Lkw einschließlich Sattelzugmaschinen in Deutschland (Quelle: KBA, 2005).

Ungebrochen steigt auch die Verkehrsleistung auf der Straße im Personen- und Güterverkehr. Im Gegensatz zur Eisenbahn, Binnenschifffahrt oder Pipeline nahm die Gütertransportleistung von Lastkraftwagen in den Jahren 1992 bis 2004 um etwa 50 % zu, so dass derzeit 71 % der gesamten Verkehrsleistung vom Lkw erbracht wird (DIW, 2003). Ein Ende dieser Entwicklung ist nicht abzusehen. Im Gegenteil: Experten erwarten in den nächsten 10 Jahren einen weiteren Anstieg um 40 % beim Güterverkehr [vgl. Prognos, www.prognos.de].

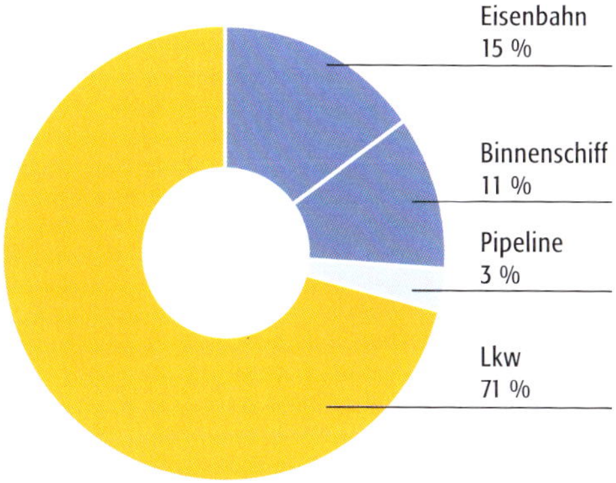

Verteilung der Gütertransportleistung in Deutschland (100 % = 524,2 Mill. Tkm), (Quelle: DIW, 2003).

Ein beträchtlicher Anteil des Personen- und Güterverkehrs wird von Unternehmen mit mehreren Fahrzeugen durchgeführt. Der Versicherer spricht hier im Allgemeinen von Fahrzeugflotten. Genaue Angaben zur Anzahl von Betrieben mit Fahrzeugflotten gibt es nicht. Einen Eindruck gibt jedoch die Statistik des Bundesamts für Güterverkehr (BAG, 2002). Über 46 % der Unternehmen des gewerblichen Straßengüterverkehrs und mehr als 55 % des Werkverkehrs haben mehr als vier Lastkraftwagen mit zulässigem Gesamtgewicht über 3,5 Tonnen im Einsatz (s. Bild links).

Hinzu kommen Kurierdienste, Auslieferungsfirmen, Handwerks- oder Industriebetriebe, die mehrere Kleintransporter oder Lieferwagen in ihrem Fuhrpark haben. Sie sind schnell, flexibel und ideal im Zeitalter des E-Commerce. Außerdem sind etwa 10 % der ca. 45 Mio. in der Bundesrepublik zugelassenen Pkw „gewerbliche Fahrzeuge" (zit. nach Buchhierl, 2005) deren Einsatzspektrum ebenso vielfältig ist. Schließlich werden von Unternehmen immer häufiger Subunternehmer für Transportleistungen verpflichtet. Auch diese Fahrzeuge können im erweiterten Sinne in den Fahrzeugflottenverbund eines Unternehmens gerechnet werden, insbesondere in Bezug auf die öffentliche Wahrnehmung von Qualität und Sicherheit.

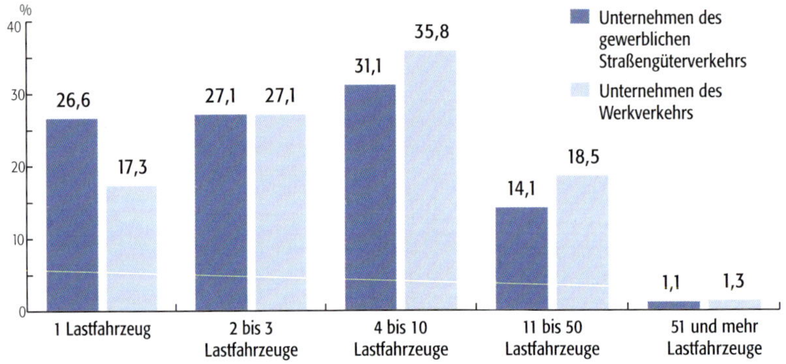

Unternehmen des gewerblichen Güterverkehrs (n = 59.301) und Werkverkehrs (n = 38.495) nach der Zahl der Lastkraftfahrzeuge über 3,5t zGG in % (Quelle: BAG, BGL, 2002).

Der verschärfte Wettbewerb sowie der damit verbundene zunehmende Kosten-, Leistungs- und Termindruck in der Gesellschaft erfordert heute besonders nachhaltiges Wirtschaften. Geschäftsführer, Chief-Financial-Officer (CFO) und Fuhrparkleiter müssen neben Umsatz- und Gewinnplanung verstärkt auch die Schadenverhütung als wesentlichen Erfolgsfaktor mit einbeziehen. Denn neben der gesellschaftlichen Verpflichtung ist Ziel und Zweck der Schadenverhütungsarbeit, die Kostenbelastung durch Haftpflicht-, Vollkasko-, Teilkasko- und nicht versicherte Eigenschäden sowie durch Arbeitsunfallkosten und -folgekosten auf ein unvermeidbares Maß zu reduzieren. Sicherheit und Wirtschaftlichkeit stehen dabei nicht im Widerspruch. Ein Mehr an Sicherheit hilft die Kostenbelastung im verschärften Wettbewerb zu reduzieren. Mit einem gut strukturierten und systematischen Risk-Management für Fahrzeugflotten kann dieses Ziel erreicht werden. Dabei ist es unerheblich, wie sich die Fahrzeugflotte eines Unternehmens hinsichtlich Einsatz und Fahrzeugarten zusammensetzt. Speditionen, Zustelldienste, Kurierdienste, Auslieferungsflotten, Industrie- und Handwerksbetriebe u.a. Flotten ab einer Anzahl von etwa zehn Fahrzeugen finden konkrete Vorschläge, wie sie ihre Schadenhäufigkeiten reduzieren können.

Das vorliegende Buch informiert den Unternehmer, Geschäftsführer, CFO, Risk-Manager und Fuhrparkleiter, wie durch Schadenverhütung bei Fahrzeugflotten Sicherheit und Effizienz erhöht werden können. Risk-Management ist heute in zahlreichen Wirtschaftsbereichen die bewährte Methode zur konsequenten Analyse und Steuerung von Risiken. Auch in der Schadenverhütungsarbeit kann diese Methode effizient eingesetzt werden. Kap. 2 beschreibt den Regelkreis des Risk-Managements und die Methode allgemein und speziell angewandt für die Schadenverhütungsarbeit bei Fahrzeugflotten. In Kap. 3 wird die Bedeutung der Schadenverhütung für Wirtschaftlichkeit und Effizienz dargelegt. Messbare und beeinflussbare Kostenfaktoren – *Costs of Risk* – wie Unfallfolge- und Versicherungskosten sowie Kraftstoff- und Verschleißkosten werden anhand von Beispielen aufgezeigt. Außerdem erfolgt ein Exkurs zur Fahrzeugflottenversicherung. Erläutert werden die Bedeutung der Kraftfahrtversicherung in der Gesellschaft und für den Unternehmer sowie die Flottenversicherung und deren Vorteil für den Kunden aus der Sicht der Allianz – dem in Europa und weltweit führenden aktiven Allfinanz-Unternehmen.

Von grundlegender Bedeutung ist die Risiko- und Schadenanalyse im Betrieb. Sie ist äußerst sorgfältig vorzunehmen und umfasst die Risikoerkennung und -bewertung anhand der Schadensituation in der Vergangenheit. Kap. 4 gibt einen Leitfaden mit Beispiel zur systematischen Erfassung und Analyse aller Schäden und Risiken im Fuhrpark. Weiter wird dargestellt, wie die Allianz die Analyse Ihrer Flotte unterstützen kann. Schließlich werden in Kap. 5 Sicherheitsmaßnahmen für effiziente Schadenverhütung bei Fahrzeugflotten behandelt. Dazu gehören wichtige Ansatzpunkte bei der Technik, Organisation und beim Personal, stets unter der Berücksichtigung eines ausgewogenem Kosten-/Nutzen-Verhältnisses und unter der Prämisse „Schadenverhütung als Produktionsfaktor".

2 Risk-Management (RM) – Die bewährte Methode zum Erfolg

Beschäftigt man sich mit Risk-Management (RM), so ist es zunächst zwingend erforderlich, die Begriffe Risiko und Sicherheit etwas näher zu betrachten. Als Risiko* bezeichnet man allgemein die Möglichkeit, dass Ziele und Erwartungen eines Unternehmens aufgrund von Störungen nicht erreicht werden (Gwehenberger, 1996, 2002). Risiko beschreibt demnach gewissermaßen den Unsicherheitsgrad zukünftiger unerwünschter Ereignisse, deren Eintreten negative Auswirkungen für das Unternehmen zur Folge haben können (Kühl, 1987; Piper, 1992). In unserem Zusammenhang sind diese Störungen Unfall- oder Schadenereignisse. Sicherheit* ist dagegen gekennzeichnet durch das Streben nach einem gefahrlosen Zustand, wobei dieser grundsätzlich nie ganz erreichbar ist.

Konsequent dazu ist Risk-Management* ein kontinuierlicher Prozess der systematischen und umfassenden Analyse sowie Steuerung aller unternehmerischen Risiken, mit dem Ziel, die Sicherheit des Unternehmens zu optimieren (Winterthur, 1992; Gwehenberger, 2002). Diese Methode ist heute in vielen Wirtschaftsbereichen anerkannt und lässt sich grundsätzlich für alle Risiken anwenden, denen ein Unternehmen heute ausgesetzt ist. Dazu gehören beispielsweise Geschäftsrisiken, Finanzrisiken, Sachrisiken, Produkthaftpflichtrisiken oder Umweltrisiken. Widmet man sich allen Risiken in ihrer Gesamtheit, so spricht man von „ganzheitlichem Risk-Management“. In einer zunehmenden Anzahl von Unternehmen, insbesondere bei börsennotierten Firmen, gibt es mittlerweile eigene Verantwortungsbereiche und Zuständigkeiten für das individuelle Risk-Management. Hintergrund ist dabei auch der wachsende aufsichtsrechtliche Druck zu solchen Maßnahmen.

Risk-Management in der Schadenverhütung wendet das Konzept des allgemeinen oder ganzheitlichen Risk-Managements auf die Schadenverhütungsarbeit an, also die systematische und umfassende Analyse und Vermeidung von Beinaheunfällen, Unfällen und Schäden sowie deren Risiken, mit dem Ziel, das Schadenaufkommen mit effizienten Sicherheitsmaßnahmen zu minimieren.

Risk-Management kann als Regelkreis mit vier Phasen dargestellt werden (s. Bild unten). Im Zentrum stehen dabei die Unternehmensziele und -erwartungen. Danach folgen Risikoanalyse, Risikobewältigung und Risikoüberwachung in wiederkehrender Reihenfolge. Im Folgenden werden die vier Phasen kurz allgemein erläutert und speziell die Relevanz für die Schadenverhütung bei Fahrzeugflotten herausgestellt. Details und Tipps zur praktischen Umsetzung in Ihrem Betrieb finden Sie in den Kap. 3, 4 und 5.

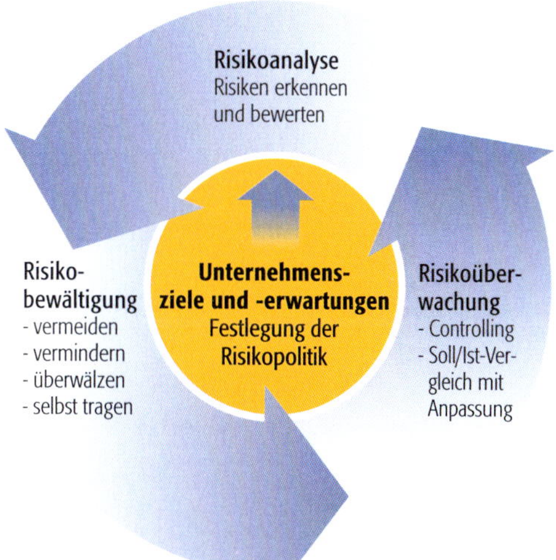

Risk-Management als Regelkreis.

* Darüber hinaus gibt es je nach Fachdisziplin weitere Definitionen. Häufig werden weitere Risiken, wie Kapitalrisiko, Umweltrisiko etc., einbezogen.

2.1 Phase 1: Unternehmensziele und -erwartungen

RM – allgemein: In der ersten Phase werden die Unternehmensziele und -erwartungen definiert. Die damit verbundene Festlegung der allgemeinen Risikopolitik liegt in der Verantwortung der Geschäftsleitung. Selbstverständlich können die Ziele nur in Verbindung mit konkreten Zahlen und Fakten zur Risikosituation des Unternehmens formuliert werden. Sie müssen im Einklang mit den Ergebnissen der drei Phasen Risikoanalyse, -bewältigung und -überwachung formuliert werden.

RM – Schadenverhütung bei Fahrzeugflotten: Angewandt auf den Bereich der Schadenverhütung gilt es grundsätzlich, die Unfall- und Schadenereignisse im Fuhrpark sowie die damit verbundenen finanziellen Folgen auf ein unvermeidbares Minimum zu reduzieren. Das Bild unten zeigt in diesem Zusammenhang schematisch die Kosten für Schäden und Sicherheitsmaßnahmen sowie die Gesamtkostenkurve – Summe aus beiden Kostenfaktoren – in Abhängigkeit vom Grad der Sicherheit. Deutlich wird, dass bei 0 % Sicherheit die Kosten für Schäden maximal sind und mit zunehmendem Sicherheitsgrad abnehmen. Auch die Gesamtkosten nehmen bis zu einem bestimmten Sicherheitsgrad (hier: 87 %) ab. Genau dieses Optimum, bei dem die Summe aus Schadenaufwendungen und Kosten für Sicherheitsmaßnahmen minimal sind, gilt es anzustreben. Verfolgt man den Kostenverlauf jenseits des Optimums, so wird deutlich, dass der Sicherheitsgrad von 100 % selbst mit dem größten finanziellen Einsatz nicht erreichbar ist bzw. die Kosten für Sicherheit ins „Unendliche“ anwachsen.

Sie werden sich fragen: Was ist das unvermeidbare vertretbare Minimum an Schäden? Welcher Sicherheitsgrad ist bei meinem Unternehmen optimal und anzustreben? Diese Fragen sind nicht pauschal zu beantworten. Hier bedarf es konkreter Zahlen und Fakten zum betriebsspezifischen Schadenaufkommen, die mit den Durchschnittswerten der Schadenhäufigkeit vergleichbarer Flotten verglichen werden müssen. Hilfe dazu erhalten Sie im Kap. 3.

2.2 Phase 2: Risikoanalyse – Risiken erkennen und bewerten

RM – allgemein: Die Risikoanalyse als zweite Phase ist von grundlegender Bedeutung, insbesondere zur Formulierung der Risikopolitik und zum Festlegen effizienter Maßnahmen. Sie umfasst die Risikoerkennung und die Risikobewertung. Bei der Risikoerkennung geht es zunächst um die Frage: Welchen Risiken in welchen Bereichen (z.B. Verwaltung, Lager, Werkstatt) ist das Unternehmen ausgesetzt? Im Anschluss daran befasst sich die Risikobewertung mit der Frage: Wie wahrscheinlich

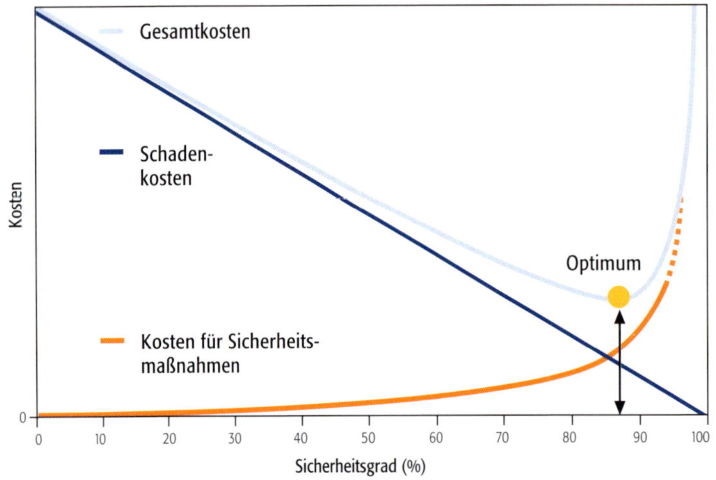

Schaden-/Sicherheitskosten in Abhängigkeit des Sicherheitsgrades in Prozent – schematisch.

und wie hoch ist das jeweilige bereichsspezifische Risiko? Beides, Risiken erkennen und bewerten, sind sehr sorgfältig vorzunehmen. Der Unternehmer muss sich für alle Bereiche sensibilisieren, die Erfahrungen in der Vergangenheit zu Rate ziehen und mögliche Risikoszenarien durchspielen. Nur so können die Risiken und Gefahren im Unternehmen vollständig erfasst und quantifiziert werden.

RM – Schadenverhütung bei Fahrzeugflotten: Im Zusammenhang mit der Schadenverhütungsarbeit bei Fahrzeugflotten befasst sich die Risikoanalyse in erster Linie mit der Analyse der Schadensituation in der Vergangenheit, aber auch mit der Abschätzung zukünftiger Risiken hinsichtlich Tragweite und Häufigkeit. Unter Tragweite versteht man das Ausmaß eines Schadens oder einer bestimmten Schadengruppe (z.B. Gesamtheit der Großschäden oder Bagatellschäden). Die Tragweite setzt sich zusammen aus direkten und indirekten Kosten. Die Häufigkeit beschreibt, wie oft ein Schaden oder eine Schadengruppe eintritt. Die Multiplikation der beiden Größen ergibt schließlich einen Wert für das Risiko (als mathematische Definition):

Risiko = Häufigkeit x Tragweite*

Zur Veranschaulichung des Risikos und dessen mathematischer Formulierung hat sich die Risikomatrix bewährt (vgl. Bild unten). Horizontal ist die Tragweite aufgetragen, mit zunehmender Schwere der Schäden von „gering“ bis „sehr groß“. Die vertikale Achse bildet die Schadenhäufigkeit ab von „sehr selten“ bis „sehr häufig“. Einsichtig ist, dass das Risiko mit zunehmender Häufigkeit und Tragweite steigt.

Exemplarisch ist in der Matrix die Bewertung der Risikosituation eines fiktiven Unternehmens dargestellt. Demnach sind Schäden mit (sehr) großer Tragweite und (sehr) häufigem Vorkommen für das Unternehmen „existenzzerstörend“. Selbst mittlere Schäden, die gelegentlich auftreten oder sehr große Schäden, die selten auftreten, können „existenzgefährdend“ sein. Bagatellschäden, deren Tragweite gering oder mittel ist und die gleichzeitig sehr selten bis gelegentlich eintreten, können vom fiktiven Unternehmen „selbst getragen“ werden. Auf die Praxis übertragen kann gesagt werden, dass grundsätzlich für alle Schadenarten vom Bagatellrisiko bis zum Katastrophenrisiko geeignete Gegenmaßnahmen gefunden werden müssen, denn jeder Schadenfall, ob klein oder groß, wirkt sich letztendlich negativ auf das Betriebsergebnis aus. Im Übrigen zeigt die Erfahrung, dass mit zunehmender Häufigkeit an Bagatellschäden auch das Großschadenrisiko steigt. Nicht nur deshalb ist eine strukturierte und effiziente Schaden- und Risikoanalyse zwingend erforderlich. Tipps und Details dazu finden Sie in Kap. 4.

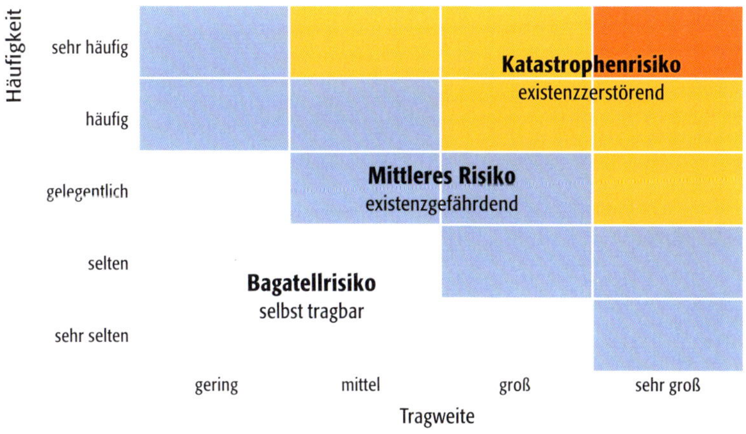

Risikomatrix mit Zuordnung verschiedener Risikostufen – schematisch.

* Diese Formel ist die Basisformel für Versicherungsmathematik, wobei der Parameter „Risiko“ meist als Risikoprämie oder Schadenbedarf bezeichnet wird.

Für den konkreten Fall der Fuhrparkversicherung stellt sich hier die Frage, welche Schadenszenarien der Betreiber selbst tragen möchte. Dies ist insbesondere bei der Frage der Selbstbehalte in den Kaskoverträgen relevant. Vor dem Hintergrund der potentiell möglichen Großschäden ist z.B. individuell zu beantworten, welche der angebotenen Deckungssummen in der Krafthaftpflicht-Versicherung ausgewählt werden, um die Existenz des Unternehmens im Eintrittsfall nicht zu gefährden.

2.3 Phase 3: Risikobewältigung

RM – allgemein: Abgestimmt auf Unternehmensziele und Risikoanalyse behandelt die dritte Phase die Bewältigung der Risiken mit Hilfe einer geeigneten Maßnahmenplanung. Allgemein unterscheidet man vier Möglichkeiten der Risikobewältigung:

Vermeiden: Auf die Übernahme eines bekannten Risikos wird vollständig verzichtet bzw. es wird einem Dritten übertragen. Beispiel: Das Unternehmen verzichtet gänzlich auf Gefahrguttransporte.

Vermindern: Durch effiziente Schadenverhütungsarbeit mit effizienten Maßnahmen wird ein Minimum an Schäden angestrebt (Hauptschwerpunkt des vorliegenden Buches).

Überwälzen: Nicht alle Risiken können vermieden oder vermindert werden und müssen deshalb auf eine Versicherung überwälzt werden.

Selbst tragen: Bagatellschäden und sehr selten auftretende mittelgroße Schäden können durch Rücklagenbildung oder Eigenkapital selbst bezahlt werden.

Erwähnt sei in diesem Zusammenhang, dass grundsätzlich die Risiken eines Unternehmens niemals vollständig identifiziert werden können und deshalb mit einem Rest an nicht identifizierbaren Risiken gerechnet werden muss. In manchen Wirtschaftsbereichen sind besonders politisch geprägte Risiken (z. B. Gentechnologie) oder Finanzrisiken (Aktienmarkt, Währung) schwer zu ermitteln. Auch hierfür sollten sich Unternehmen rüsten, beispielsweise mit einem geeigneten Krisenmanagement, das zeitnah Schadenbegrenzung ermöglicht.

RM – Schadenverhütung bei Fahrzeugflotten: Die Risikobewältigung – im engeren Sinne – angewandt auf die Schadenverhütungsarbeit im Fuhrpark befasst sich im Wesentlichen mit der Auswahl und Umsetzung von Sicherheitsmaßnahmen. Welche Maßnahmen sinnvoll sind, liefert die Risikoanalyse (Phase 2) unter Berücksichtigung von Kosten-/Nutzen-Gesichtspunkten. Man unterscheidet technische, organisatorische und personelle Maßnahmen.

Möglichkeiten der Risikobewältigung – schematisch.

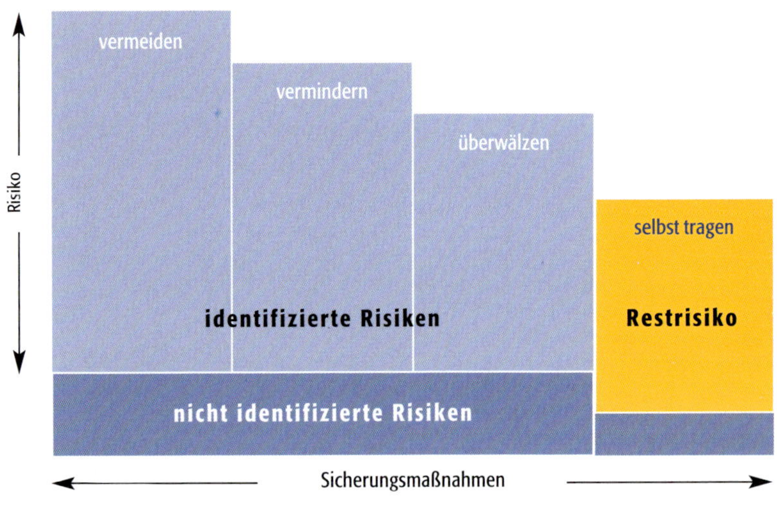

Die TOP Maßnahmen Technik, Organisation und Personal für mehr Sicherheit.

Technische Maßnahmen sind hauptsächlich aktive und passive Fahrzeugsicherheitssysteme. Dazu gehören ABS, ESP, Unterfahrschutzsysteme, Rückfahrassistenzsysteme, Klimaanlage, Sicherheitsgurt, Airbag und vieles mehr. Auch Ladungssicherungsmittel und Diebstahlschutz helfen Unfälle und Schäden zu vermeiden.

Organisatorische Maßnahmen werden nicht selten hinsichtlich ihrer Wirksamkeit unterschätzt. Sie prägen wesentlich die „Sicherheitsphilosophie" im Unternehmen und tragen somit besonders zur Reduzierung des Schadenaufkommens bei. Beispiele für organisatorische Maßnahmen sind die Festlegung der Verantwortlichkeiten im Risk-Management-Prozess, die effiziente Umsetzung der Maßnahmen oder die regelmäßige Information und Kommunikation im Betrieb.

Personelle Maßnahmen sind ebenso von besonderer Bedeutung, denn ein Blick in die Unfallstatistik zeigt, dass der Mensch nach wie vor die Hauptursache ist (Statistisches Bundesamt, 2004). Hier kommt es also darauf an, welche Möglichkeiten und Motivationen ein Unternehmen den Fahrern einräumt, um den pfleglichen und sicheren Umgang mit dem Fahrzeug zu praktizieren. Von der Fahrerauswahl und Einarbeitung über regelmäßige Schulung und Training bis hin zur Mitarbeitermotivation reichen die personellen Maßnahmen. Kap. 5 gibt einen guten Überblick über die bedeutendsten Sicherheitsmaßnahmen und deren Relevanz zur Erhöhung der Sicherheit in Ihrem Betrieb.

2.4 Phase 4: Risikoüberwachung – Controlling (Erfolgskontrolle)

RM – allgemein: Grundlage und Ausgangspunkt des Risk-Management-Prozesses ist die Absicht, die Ziele auch zu erreichen. Das meist komplexe Zusammenspiel der Einflussfaktoren ist aber Änderungen unterworfen. So kann auch nach sorgfältigster Planung und Realisierung von Maßnahmen das angestrebte Ziel hinter den Erwartungen zurückbleiben. Auch deshalb ist in der vierten und letzten Phase des Regelkreises „Risk-Management" die Risikoüberwachung bzw. eine Erfolgskontrolle erforderlich, mit Hilfe derer festgestellt wird, ob das angestrebte Ziel erreicht wurde. Falls Abweichungen bestehen, dient sie der Verbesserung und der Optimierung.

RM – Schadenverhütung bei Fahrzeugflotten: Die Risikoüberwachung oder Erfolgskontrolle im Sinne des Risk-Managements bei Fahrzeugflotten umfasst im Wesentlichen drei Aufgaben:

1. Erfassung des Ist-Zustandes: Was wurde mit Hilfe der eingeleiteten Sicherheitsmaßnahmen bis zum Kontrollzeitpunkt erreicht?

2. Soll-Ist-Vergleich: Inwieweit wurde das angestrebte Ziel der Schadenminderung erreicht, bzw. welche Abweichungen liegen noch vor?

3. Einleitung korrektiver Sicherheitsmaßnahmen bei festgestellten Abweichungen.

Die notwendigen Instrumente zur Erfüllung der Aufgaben 1 und 2 werden in Kap. 4 vorgestellt. Mit ihrer Hilfe können Abweichungen zur Zielsetzung erkannt und bewertet werden. Als erster Schritt ist dabei eine saubere Erfassung der Schadenhistorie unumgänglich. Der Fuhrparkbetreiber muss sich anhand der Schäden des abgelaufenen Geschäftsjahres – oder besser: mehrerer Jahre – einen Überblick über Schadenursachen und -aufwand seiner Flotte verschaffen. Für die Versicherer ist dies ebenfalls der Einstieg in die Bedarfsprämienkalkulation. Die Ergebniskontrolle unterscheidet sich grundsätzlich also nicht von der „ersten" Risikoanalyse. Sie entspricht einem fortlaufenden, wiederkehrenden Optimierungsprozess innerhalb des Risk-Managements mit den wesentlichen Erfolgsfaktoren, wie einfache und verständliche Maßnahmen, hohe Problemlösungsorientierung und kontinuierliche Verbesserung.

Fazit: RM ist ein Optimierungsprozess

Zeitpunkt und Häufigkeit der Risikoüberwachung hängen maßgeblich von der Art der Sicherheitsmaßnahmen, den gesetzten Zielen, der Fuhrparkgröße und der Einsatzart der Fahrzeuge ab und müssen deshalb individuell angepasst werden. Beispielsweise darf durch die Einführung eines Rückfahrassistenzsystems erst dann eine Schadenminderung erwartet werden, wenn alle Fahrer mit dieser Einrichtung durch Schulung vertraut sind und sie akzeptieren. Die Probleme bei der Ein- und Fortführung notwendiger organisatorischer, personeller und technischer Sicherheitsmaßnahmen wird treffend im folgenden Wortspiel zum Ausdruck gebracht (Gwehenberger, 1997):
„Gesagt ist noch nicht gehört!
Gehört ist noch nicht verstanden!
Verstanden ist noch nicht akzeptiert!
Akzeptiert ist noch nicht getan!
Einmal getan sichert noch keine Kontinuität!"

Es bedarf deshalb einer kontinuierlichen, intensiven Betreuung sowie einer Einbindung aller Mitarbeiter – Fahrer, Disponent, Werkstattleiter – in diese Erfolgskontrolle. Entsprechende Korrekturansätze zu komplexen Unfallgeschehen können im Team leichter gefunden werden, zugleich wird die Motivation des Personals gesteigert, und das nicht erst, wenn sich der Erfolg einstellt. Mit der Risikoüberwachung und Erfolgskontrolle schließt sich der Regelkreis des Risk-Management-Prozesses.

Und noch ein wichtiger Hinweis:

In der Praxis vieler Fuhrparkunternehmer, -leiter und Sicherheitsexperten hat sich herausgestellt, dass größtmögliche Verkehrs- und Arbeitssicherheit nicht durch Einzelmaßnahmen erreicht werden kann. Vielmehr muss Qualität und Sicherheit in der Unternehmenskultur fest verankert sein. Erst dann wird Schadenminimierung nachhaltig erreicht. Der Leser sollte daher ständig den gesamten Regelkreis des Risk-Managements mit seinen Elementen Zielsetzung, Risikoanalyse, Risikobewältigung und Risikoüberwachung im Fokus behalten.

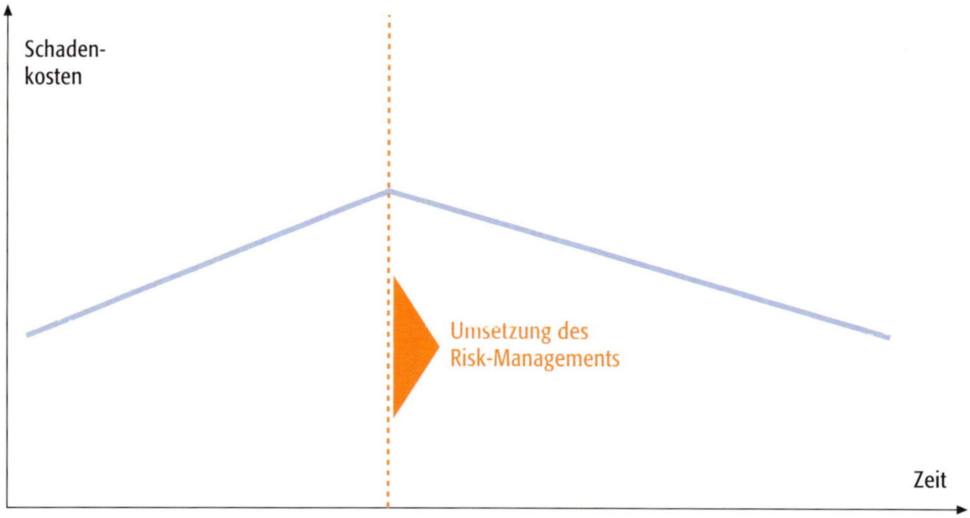

Risk-Management (RM) als Optimierungsprozess:
Erst mit Einführung eines nachhaltigen Risk-Managements sinken die Schadenkosten.

3 Mehr Wirtschaftlichkeit durch Schadenverhütung

Das Thema Schadenverhütung wird in vielen Unternehmen leider immer noch stiefmütterlich behandelt. Dies ist u.a. darauf zurückzuführen, dass manche Fahrer, Fuhrparkleiter aber auch Unternehmer der Meinung sind, die Kraftfahrtversicherung übernimmt sämtliche Kosten rund um den Unfall. Dieser Trugschluss geht bei manchen Fahrern sogar so weit, dass kleine und mittlere Schäden bewusst in Kauf genommen werden, um beispielsweise die Fracht rechtzeitig zum Kunden zu liefern. Die Erfahrungen zeigen hingegen einen Zusammenhang zwischen der Anzahl kleiner Unfälle und Unfällen mit Verletzten oder gar Todesfällen (Gwehenberger, 2002). Häufig gilt: Je mehr Kleinschäden ein Fuhrpark über das Jahr verursacht, desto größer ist die Wahrscheinlichkeit eines Großschadens (vgl. Eisbergschema nach Bild unten). Aber auch so genannte Klein- oder Bagatellschäden sowie die variablen Betriebskosten durch erhöhten Kraftstoffverbrauch und Verschleiß an Reifen, Bremse oder Kupplung wirken sich beträchtlich auf das wirtschaftliche Betriebsergebnis und die Schadenhäufigkeit aus.

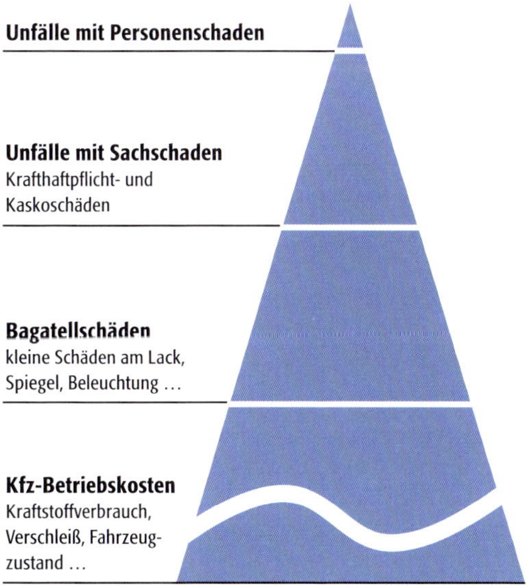

Zusammenhang von Häufigkeiten schwerer und leichter Schäden sowie Betriebskosten nach dem Eisbergschema.

Im Folgenden wird dargelegt, was Unfälle den Betrieb wirklich kosten. Detailliert erläutert werden Versicherungskosten sowie direkte und indirekte Unfallfolgekosten. Zudem wird auf Kostenfaktoren aufmerksam gemacht, die nicht immer quantitativ in Euro und Cent ausgewiesen werden können, deren Auswirkungen aber gegebenenfalls erhebliche Tragweite haben.

3.1 Was Sie ein Unfall wirklich kostet

3.1.1 Die direkten Unfallfolgekosten für Ihren Betrieb

Unter den direkten Unfallfolgekosten eines Unternehmens versteht man die Kosten, die einem Unfallereignis unmittelbar zuzurechnen sind und die nicht vom Versicherer getragen werden. Diese Kosten sind im Wesentlichen davon abhängig, wer den Unfall verursacht hat und welche Versicherungsdeckung für das betreffende Fahrzeug zum Unfallzeitpunkt besteht. Zu den häufigsten Aufwendungen gehören:

Selbstbeteiligungskosten in der Teil- und Vollkasko

Die meisten Teil- und Vollkaskoverträge werden mit Selbstbeteiligungen abgeschlossen. Im Falle eines Schadens muss der Versicherer die Kosten für die Beseitigung des Schadens, abzüglich der Selbstbeteiligung bezahlen. Die Selbstbeteiligung für Teilkasko beträgt i.d.R. 150,- € und je nach Fahrzeugart für Vollkasko 150,- bis 2.500,- €. Diese Kosten belasten den Fahrzeugbetreiber direkt.

Reparaturkosten am eigenen Fahrzeug

Aus wirtschaftlichen Gründen werden für alte Fahrzeuge häufig keine Voll- oder Teilkaskoversicherungen abgeschlossen. Besteht bei selbstverschuldetem Unfall keine Vollkasko- oder Teilkaskodeckung, gehen die Reparaturkosten voll zu Lasten des Fahrzeugbetreibers.

Schadenersatz zur Rettung des Schadenfreiheitsrabattes

Bei Verträgen mit Schadenfreiheitsrabatt (SFR) lohnt sich nicht immer die Inanspruchnahme der Haftpflicht- oder Vollkaskoversicherung. Gerade bei kleineren Bagatellschäden ist es ratsam, den Schaden aus eigener Tasche zu bezahlen, um den günstigen Schadenfreiheitsrabatt zu behalten. Die Grenze, bis zu der man einen Unfallschaden selbst bezahlen sollte, hängt von der Schadenfreiheitsklasse (SF-Klasse) zum Unfallzeitpunkt ab. Auskünfte darüber erteilen die jeweiligen Versicherungen.

Höhere Versicherungsbeiträge durch Rückstufung

Wird die Haftpflicht- oder Vollkaskoversicherung ein- oder mehrmals im Jahr in Anspruch genommen, erfolgt nach den Tarifbedingungen der Versicherungen eine Rückstufung in der Schadenfreiheitsklasse. Der Fahrzeugbetreiber muss für die folgenden Jahre höhere Prämien in Kauf nehmen, bis er wieder die SF-Klasse erreicht, die er vor dem Unfall hatte. Aufaddiert können sich Summen im 4-stelligen Euro-Bereich ergeben.

Mietwagenkosten

Bei Ausfall von Pkw oder Nutzfahrzeugen nach einem selbstverschuldeten Unfall muss häufig ein Ersatzfahrzeug gemietet werden. Die entstehenden Mehraufwendungen, die abhängig sind von der Fahrzeugart, Zeit der Inanspruchnahme und der Kilometerleistung des Mietwagens, belasten den Betreiber direkt. In der Voll- und Teilkaskoversicherung werden Mietwagenkosten nicht übernommen.

Kosten durch beschädigte Transportgüter

Werden bei einem selbstverschuldeten Unfall Transportgüter beschädigt, die nicht durch eine Transportversicherung gedeckt sind, muss der Unternehmer für diesen Schaden selbst aufkommen.

Ersatzfahrzeug zum Weitertransport von Gütern

Wird ein Fahrzeug im Gütertransport derart beschädigt, dass der Weitertransport von Gütern nicht mehr möglich ist, muss ein Ersatz- oder Reservefahrzeug vom eigenen Fuhrpark, falls verfügbar, eingesetzt werden. Dies schränkt die Annahme von neuen Aufträgen ein und erhöht gegebenenfalls die Bereitstellungskosten für Reservefahrzeuge.

Kosten für Ersatzfahrer bei unfallbedingtem Ausfall

Wird beispielsweise der Fahrer eines Güterverkehrsfahrzeugs verletzt, muss unter Umständen vom Unfallort die Ladung auf ein anderes Fahrzeug umgeladen und von einem Ersatzfahrer zum Zielort weitertransportiert werden. Die zusätzlich anfallenden Personalkosten einschließlich aller Lohnnebenkosten sind dem Unfall direkt zuzurechnen.

Sonstige direkte Kosten

Zusätzlich berücksichtigt werden müssen:

- Anwaltskosten (Rechts- und Beratungskosten)
- Bergungs- und Abschleppkosten
- Finanzierungskosten bei hohen Reparaturaufwendungen
- Sachverständigenkosten, soweit nicht von der Versicherung übernommen
- Taxikosten
- Standgeld auf Werkstattgelände
- Gebühr für Fahrzeugabmeldung bei Totalschaden

Im Allgemeinen werden diese Kosten bei nichtverschuldetem Unfall von der gegnerischen Haftpflichtversicherung getragen. Bei selbstverschuldetem Unfall können diese Ausgaben hoch zu Buche schlagen, beispielsweise Bergungs- und Abschleppkosten von schweren Lastkraftwagen.

3.1.2 Die indirekten Unfallfolgekosten für Ihren Betrieb

Neben den direkten Unfallfolgekosten wird ein Unternehmen auch mit weiteren indirekten Aufwendungen belastet, die meist nicht so ohne Weiteres zu ermitteln sind, aber im hohen Maße das Betriebsergebnis beeinflussen können. Unter Umständen liegt der indirekte Kostenanteil sogar höher als der direkte Anteil. Das ist beispielsweise dann der Fall, wenn Mitarbeiter nach einem selbstverschuldeten Unfall in den Krankheitsstand treten. Die wichtigsten indirekten Unfallfolgekosten sind:

Arbeitszeitverlust bei der Unfallabwicklung

Fahrer und Mitarbeiter werden durch die polizeiliche Unfallaufnahme am Unfallort sowie durch weitere administrative Tätigkeiten, die mit dem Unfall im

Zusammenhang stehen, von den eigentlichen Arbeitsaufgaben abgehalten. Dazu gehören u.a. Verhandlungen mit der Polizei, Gespräche mit dem Anwalt, Gerichtstermine und die interne Schadenbearbeitung, die häufig sehr zeitintensiv sind. Die daraus resultierenden Mehraufwendungen schlagen mittelbar zu Buche.

Gehalts- und Lohnfortzahlung im Krankheitsfall

Erleidet der Fahrer bei einem selbstverschuldeten Unfall Verletzungen, die zum Krankheitsfall führen, muss über einen tariflich festgelegten Zeitraum der Lohn fortgezahlt werden.

Kosten für Krankheitsvertretung

Fällt ein Fahrer unfallbedingt aus, muss eine Vertretung die Fahrten übernehmen. Nicht selten werden kurzfristig Aushilfen eingestellt oder andere Fahrer machen Überstunden. Zusätzliche Personalbeschaffungs- und Einarbeitungskosten treten auf oder Überstunden müssen bei Selbstverschulden abgegolten werden.

Umsatzverluste

Durch den unfallbedingten Fahrzeugausfall können Zeitverschiebungen auftreten, welche wiederum, insbesondere im Werkverkehr zu Umsatzeinbußen durch den Ausfall von (dringenden) Warenlieferungen führen können. Fehlen beispielsweise am Zielort wichtige Bauteile oder Werkstükke, so müssen unter Umständen Maschinen still stehen, was zu erheblichen Produktionsausfällen führen kann.

Wertminderung

Trotz sachgemäßer Unfallreparatur und einwandfreier Wiederherstellung fällt bei neueren Fahrzeugen ein merkantiler Minderwert an („Unfallwagen"). Das betreffende Fahrzeug kann deshalb nur mit einem Preisnachlass verkauft werden. Es entsteht also eine Wertminderung am Fahrzeug, die bei Selbstverschulden indirekt den Unfallkosten zuzuordnen ist.

Imageschaden

Das betriebliche Ansehen leidet bei Unfallhäufigkeit. Unfälle verursachen Ärger mit dem Kunden, weil Termine nicht eingehalten werden oder Kundeneigentum beschädigt wird. In der Presse erscheinen ggf. Unfallbilder mit erkennbaren Firmenaufschriften. Im schlimmsten Fall führt dies zum Verlust von künftigen Transportaufträgen.

Mitarbeiterunzufriedenheit

Häufige Unfälle beeinträchtigen die Zufriedenheit der Mitarbeiter. Durch Fahrer- oder Fahrzeugausfälle entstehen Stress-Situationen in der Disposition, beim Fuhrparkleiter sowie beim Fahrer. Gerade für Fuhrparkunternehmen, deren Effizienz von der Verkehrssicherheit abhängt und zudem starken Einfluss darauf hat, muss Sicherheit oberste Priorität sein.

3.1.3 Unfallfolgekosten – am praktischen Beispiel ermittelt

Eine Firma betreibt Lastkraftwagen im Werknahverkehr. Der Fahrer „Mustermann" der Firma fährt mit seinem Lkw Waren zu einer nahe gelegenen Betriebsfiliale. Auf der Landstraße dahin folgt er einem Personenkraftwagen, der plötzlich bremst und im Begriff ist, in eine rechts liegende Seitenstraße einzubiegen. Trotz Vollbremsung und Ausweichversuch gelingt es Herrn Mustermann nicht, seinen Lkw rechtzeitig zum Stillstand zu bringen, was zur Kollision führt. Die Unfallaufnahme der Polizei geht zu Ungunsten von Herrn Mustermann aus. Ihm wird die Unfallschuld allein zugewiesen, obwohl er sich sicher ist, dass der vorausfahrende Pkw-Fahrer sein Abbiegen nicht mit dem Blinker angezeigt hat. Dieser nicht selten auftretende Unfalltyp – Auffahren – soll hinsichtlich aller entstehenden Kosten, die mit dem Unfall verbunden sind, näher untersucht werden. Dabei wird von folgendem Versicherungsvertrag ausgegangen:

Lkw mit 7,5t zGG im Werknahverkehr

	Deckung	SF-Klasse	Beitragssatz [%]	Jahresprämie [€]
Haftpflicht	50 Mio.	3	40	1.564,-
Vollkasko	SB VK 500 €/ TK 150 €	3	55	533,-

Deckungsbeispiel mit Prämie – Lkw mit 7,5t im Werknahverkehr.

Die Kosten, die von der Versicherung für den Haftpflicht- und Kaskoschaden getragen werden, betragen insgesamt 7.380,- € und setzen sich wie folgt zusammen:

Haftpflichtschaden am Pkw		Kaskoschaden am Lkw	
Reparaturkosten einschl. Lackierung	3.750,-	Reparaturkosten einschl. Lackierung	3.250,-
Mietwagen für 8 Tage	280,-		
Sachverständigenkosten	225,-	Selbstbehalt	-500,-
Wertminderung	375,-		
Gesamt (€)	**4.630,-**	**Gesamt (€)**	**2.750,-**

Regulierungskosten für die Versicherung für Haftpflichtschaden am gegnerischen Pkw und Kaskoschaden am eigenen Lkw.

Weiterhin entstanden dem Fuhrparkunternehmer direkte und indirekte Unfallfolgekosten. Der Lkw wurde zur nächsten Werkstatt abgeschleppt, während der Reparaturzeit von acht Werktagen wurde ein Ersatzfahrzeug angemietet. Zusätzlich entstanden Kosten für den Arbeitsaufwand zur Schadenabwicklung. Außerdem schlagen der vereinbarte Selbstbehalt in der Vollkasko und die Rückstufung im folgenden Jahr negativ zu Buche. Gesamt gesehen teilen sich somit die Kosten wie folgt auf:

Aufwendungen		[€]
Selbstbeteiligung Vollkasko		500,-
Prämienmehraufwand für Haftpflicht durch Rückstufung von SF3 (40 %) nach SF2 (55 %)		587,-
Prämienmehraufwand für Kasko durch Rückstufung von SF3 (55 %) nach SF2 (75 %)		194,-
Mietwagen: 5 Tage à 125,- € 1.000 km à 0,70 €		 625,- 700,-
Abschleppkosten		150,-
Arbeitszeitverlust à Std. 50,- € am Unfallort	1 Std.	50,-
Gespräche mit Anwalt	3 Std.	150,-
Gerichtstermin	3 Std.	150,-
Administrativer Zeitaufwand für die interne Schadenabwicklung (Korrespondenz mit der Versicherung, Schadenmeldung)	2 Std.	100,-
Messbare Unfallfolgekosten [€]		**3.206,-**

Zusammenstellung der messbaren direkten und indirekten Unfallfolgekosten für den Unternehmer.

Die messbaren direkten und indirekten Unfallfolgekosten für diesen einen Unfall betragen gut 3.200,- €. Im Einzelfall kann also die Rechnung für das Unternehmen weitaus höher ausfallen, sogar die Zahlungen, die von der Versicherung geleistet wurden, überschreiten. Erinnert seien an die bereits erwähnten Umsatzeinbußen durch Ausfall terminierter Warenlieferungen, Verärgerung der Kunden aufgrund von Verspätungen oder die Wertminderung des Lkw beim Wiederverkauf, die hier noch nicht berücksichtigt sind.

Besonders dramatisch können die Kosten steigen, wenn ein Fahrer des Unternehmens bei einem Unfall verletzt wird. Neben unersetzbarem menschlichen Leid entstehen ggf. zusätzlich Kosten für die dann nötige Krankheitsvertretung sowie Personalbeschaffungs- und Einarbeitungskosten.

Die Gesellschaft für Sicherheit im Verkehrsgewerbe (GSV) hat eine mittelständische Spedition über einen Zeitraum von mehreren Jahren hinsichtlich aller Schäden untersucht und daraus einen durchschnittlichen Kostensatz pro Schaden ermittelt (GSV, 1995). Demnach ergeben sich die folgenden schadenbedingten Kosten (indirekt und direkt) pro Unfall (s. Bild unten).

Fazit: Risk-Management und Verkehrssicherheitsarbeit im Unternehmen zahlen sich aus!

	Einsatzart	Kosten pro Schaden
Gruppe 1 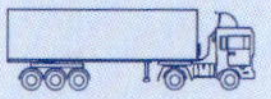	Fernverkehr Nahverkehr Werkverkehr	ca. € 2.900,- ca. € 2.550,- ca. € 2.400,-
Gruppe 2 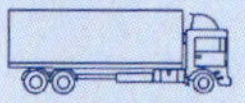	Fernverkehr Nahverkehr Werkverkehr	ca. € 2.500,- ca. € 2.150,- ca. € 2.050,-
Gruppe 3 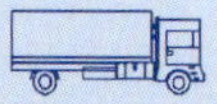	Fernverkehr Nahverkehr Werkverkehr	ca. € 2.200,- ca. € 1.900,- ca. € 1.800,-
Gruppe 4 	Pkw-Kombi	ca. € 1.650,-

Schadenbedingte Kosten pro Unfall für verschiedene Fahrzeuggruppen und -arten – nicht von der Versicherung bezahlt (Quelle: in Anlehnung an GSV, 1995).

Zusammenfassung der Unfallkosten und Unfallfolgekosten

Die direkten Unfallfolgekosten für Ihren Betrieb	Die indirekten Unfallfolgekosten für Ihren Betrieb
• Selbstbeteiligungskosten in der Teil- und Vollkasko	• Arbeitszeitverlust bei der Unfallabwicklung
• Reparaturkosten am eigenen Fahrzeug	• Gehalts- und Lohnfortzahlung im Krankheitsfall
• Schadenersatz zur Rettung des Schadenfreiheitsrabattes	• Kosten für Krankheitsvertretung
• Höhere Versicherungsbeiträge durch Rückstufung	• Umsatzverluste
• Mietwagenkosten	• Wertminderung
• Kosten durch beschädigte Transportgüter	• Imageschaden
• Ersatzfahrzeug zum Weitertransport von Gütern	• Mitarbeiterunzufriedenheit
• Kosten für Ersatzfahrer bei unfallbedingtem Ausfall	• Darüber hinaus gegebenenfalls: - Drohende Konventionalstrafen - Höherer Beitrag für die BG
• Sonstige direkte Kosten (z. B. Anwaltskosten, Bergungs- und Abschleppkosten, Sachverständigenkosten etc.)	

3.2 Sicher fahren heißt wirtschaftlich fahren

„Sicheres Fahren“ und „wirtschaftliches Fahren“ stehen im direkten Zusammenhang, nicht nur aufgrund der oben behandelten Senkung der Schadenhäufigkeit. Denn eine sichere vorausschauende und defensive Fahrweise reduziert den Kraftstoffverbrauch. Experten gehen davon aus, dass bei Pkw und Lkw bis zu 25 % Kraftstoff eingespart werden können (vgl. DVR Website). Auch der Verschleiß an Reifen, Bremsen und Kupplung kann durch sicheres Fahren positiv beeinflusst werden. Der sorgsame Umgang mit den Fahrzeugen schlägt sich ferner positiv auf Reparatur-, Wartungskosten und Fahrzeugwert nieder, eine wichtige Voraussetzung für den Wiederverkauf oder bei der Rückgabe von Leasingfahrzeugen. Nachfolgend einige wichtige Ausführungen dazu.

Vorausschauend fahren und Geschwindigkeit anpassen

Vorausschauend fahren heißt, alle Faktoren, die das Fahrverhalten beeinflussen könnten, möglichst frühzeitig bewusst wahrzunehmen und angemessen darauf zu reagieren. Das sind vor allem:

- Straßenverlauf
- Witterungsverhältnisse
- Sichtverhältnisse
- Verkehrsdichte
- andere Verkehrsteilnehmer
- Verkehrszeichen und -regeln

Geschwindigkeitsspitzen und große Geschwindigkeitsschwankungen – besonders im oberen Geschwindigkeitsbereich – verbrauchen unnötig viel Kraftstoff und belasten Fahrer und Fahrzeug. Ein Beschleunigungsvorgang von 80 km/h auf 90 km/h kostet zum Beispiel bei einem großen Lkw 0,2 l Kraftstoff, bringt aber keinen großen Zeitvorteil. Leider wird in der Praxis viel zu häufig argumentiert, dass die Fahrzeiten bei langsamerem Fahren zu lang werden. Aus Theorie und Praxis wird jedoch deutlich, dass der Zeitverlust minimal ist. Fährt man beispielsweise auf der Autobahn mit einem Pkw oder Kleintransporter statt 120 km/h mit 140 km/h, so ist der Zeitgewinn auf 100 km gerade mal 7 Minuten – und das gilt nur für den unrealistischen Fall, wenn das Fahrzeug die volle Stunde konstant 140 km/h fahren könnte (Gwehenberger, Meewes, Kiebach, 2004). Aus der Praxis berichten Transporteure, die Kleintransporter im Fernverkehr einsetzen, übereinstimmend von nur 10 bis max. 30 Minuten längerer Fahrzeit bei 800 km (!) Strecken, wenn statt höherer Geschwindigkeit mit etwa 120 km/h gefahren wird (Börner, 2004). Bei kürzeren Distanzen überlagern verkehrsbedingte Schwankungen die kaum messbaren Zeitunterschiede.

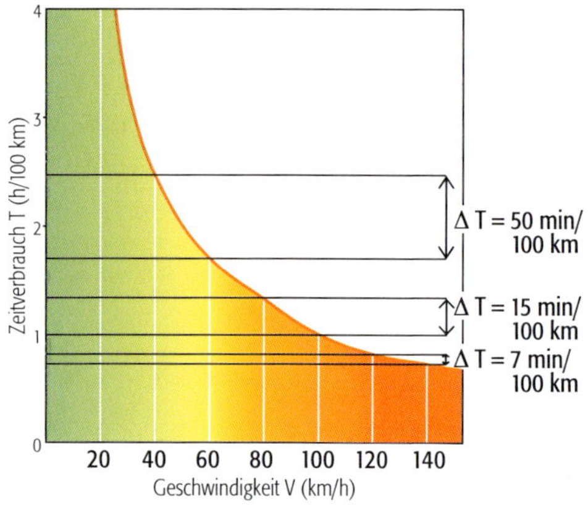

Zeitverbrauch in Abhängigkeit von der Geschwindigkeit (Quelle: Meewes, 1997).

Auch der erhöhte Kraftstoffverbrauch, der mit Erhöhung der Geschwindigkeit überproportional ansteigt, spricht für eine moderate und wirtschaftliche Fahrweise. Am Beispiel Kleintransporter lässt sich zeigen, dass bei einer Geschwindigkeit von 140 km/h etwa 20 % mehr Kraftstoff verbraucht wird als bei 120 km/h.

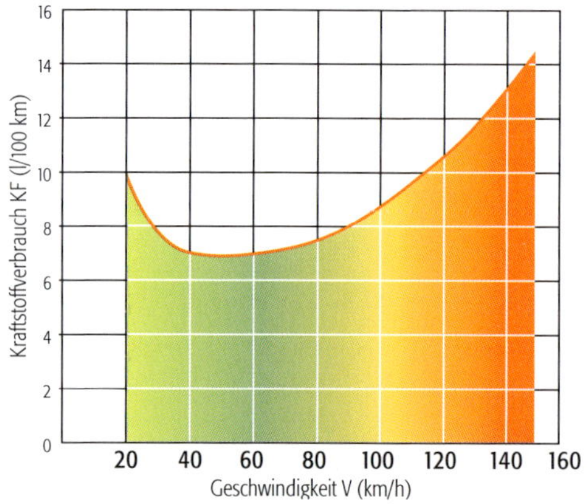

Kraftstoffverbrauch leichter Lkw in Abhängigkeit von der Geschwindigkeit (konstant), (Quelle: Meewes, 1997).

Der Kraftstoffverbrauch einer Flotte hängt neben der Fahrgeschwindigkeit maßgeblich von der jährlichen Fahrleistung und vom durchschnittlichen Verbrauch der einzelnen Fahrzeuge ab. Auch mit dem sicheren Fahrstil, wie eingangs erwähnt, lässt sich Geld sparen. Folgende Tabelle zeigt exemplarisch das Einsparpotential pro Jahr für Pkw, Transporter und Lkw, wenn die Möglichkeiten des „wirtschaftlichen Fahrens“ ausgeschöpft werden und dadurch 5, 10 oder 20 % weniger Kraftstoff verbraucht wird. Hochgerechnet auf den Flottenverbrauch liegen die Einsparungen durchaus im 5-stelligen Euro-Bereich. Nebenbei wird die Umwelt geschont und der Stress abgebaut.

Sorgfältiger, sicherer Umgang mit Ihrem Fuhrpark

Schadenverhütung bei Fahrzeugflotten umfasst auch den pfleglichen und sorgfältigen Umgang mit Ihren Fahrzeugen. Dazu gehört die regelmäßige Fahrvorbereitung mit Reifenkontrolle, Verzurren der Planen, das richtige Einstellen der Luftleitkörper, Kontrolle der Ladungssicherung u.a. Während der Fahrt mit dem Lkw sollten ferner immer dann, wenn Witterungs-, Straßen- und Verkehrsverhältnisse es erlauben, die verschleißfreien Bremsen (Motorbremse, Retarder) zum Einsatz kommen. Auch auf das richtige Abstellen auf dem Betriebshof oder Parkplatz, wie Feststellbremse betätigen oder Motor nachlaufen lassen nach längeren Volllastfahrten, ist zu achten. Zusammen mit der regelmäßigen Wartung und Pflege der Fahrzeuge werden die Betriebskosten Ihres Fuhrparks gesenkt und der Wert Ihrer Fahrzeuge bleibt erhalten.

3.3 Wirtschaftliche Aspekte zur Flottenversicherung

3.3.1 Die Flottenversicherung als Segment der Kraftfahrtversicherung in Deutschland

Die Kraftfahrtversicherung in Deutschland umfasste nach Veröffentlichung des Gesamtverbands der Deutschen Versicherungswirtschaft (GDV) in 2004 ein Prämienvolumen von rund 22,4 Mrd. Euro. Der exakte Anteil der Flottenversicherung lässt sich derzeit nicht genau statistisch ermitteln, da die Versicherer die Grenze für das Flottengeschäft individuell definieren. In der Regel wird ab 30 ziehenden Fahrzeugeinheiten, die eine wirtschaftliche Einheit bilden, von einer Flotte gesprochen. Aufgrund der Markterfahrung ist davon auszugehen, dass die Flottenversicherung aus Sicht der Risikoträger in den vergangenen Jahren ein sensibles Geschäftssegment darstellte. Als Beleg für diese These kann angeführt werden, dass einige namhafte Versicherungsunternehmen, die auf dem privaten Pkw-Sektor eine prominente Rolle spielen, das Flottengeschäft nicht bedienen. Dies hat im Wesentlichen zwei Gründe:

Aufgrund des intensiven Wettbewerbes um die – insbesondere bei größeren Flotten – beachtlichen Prämienvolumina war es häufig nicht möglich, risikogerechte Prämien für die Fahrzeuge zu erzielen. Die gegenüber privat genutzten Fahrzeugen höheren Schadenhäufigkeiten und -durchschnitte führten häufig dazu, dass die Versicherungsbeiträge nicht auskömmlich waren.

Fahrzeugart	Jährliche Fahrleistung [km]	Durchschnittsverbrauch [l/100 km]	Kraftstoffkosten pro Jahr [EURO]	Einsparung bei 5 % Verbrauchsreduktion [EURO]	Einsparung bei 10 % Verbrauchsreduktion [EURO]	Einsparung bei 20 % Verbrauchsreduktion [EURO]
Pkw	20.000	7	1.400	70	140	280
Transporter	60.000	12	7.200	360	720	1.440
Lkw	120.000	30	36.000	1.800	3.600	7.200

Kraftstoffkosten und Einsparpotential für verschiedene Fahrzeugarten bei 5, 10 und 20 % Verbrauchsreduktion, wobei 20 % aber nur in sehr seltenen Fällen erreicht werden (Kraftstoffkosten: 1 €/Liter).

Darüber hinaus ist im gewerblichen Bereich eine höhere Großschadenexponierung festzustellen. Dies hängt auch mit der intensiveren Verwendung der Fahrzeuge (hohe Laufleistung, unterschiedliche Fahrer, Schichtbetrieb u.a.) sowie dem Transport gefährlicher Güter (z.B. Gastank, umweltgefährdende Güter) zusammen. Auch die Kumulschaden-Problematik aus Brandschäden oder Überschwemmungen ist bei gewerblichen Fuhrparks mit zu berücksichtigen und nicht zu unterschätzen. Dies zeigte sich zuletzt bei den Hochwasserschäden in den neuen Bundesländern in 2002. Diese Argumente mögen verdeutlichen, dass die Flottenversicherung selbst bei gutem Verlauf der gesamten Kraft-Sparte als sehr riskantes und kapitalintensives Geschäftssegment einzustufen ist. Daher ist es für den Versicherer essentiell, eine risikogerechte Prämie für den jeweiligen Fuhrpark zu vereinbaren. Diese kann stark durch ein adäquates Risk-Management beeinflusst werden (vgl. Kap. 2).

3.3.2 Beitragskomponenten der Flottenversicherung

Der Weg zu einer risikogerechten Prämie für eine Kfz-Flotte führt zunächst über eine präzise Darstellung der Schadenhistorie des jeweiligen Fuhrparks. Hier ist der Fuhrparkmanager gefordert, schon aus Eigeninteresse die Anzahl der Schäden (Schadenhäufigkeit) sowie den durchschnittlichen Schadenaufwand (Schadendurchschnitt) unter Berücksichtigung der Fahrzeuganzahl (Einbeziehung der Zu- und Abgänge während eines Jahres) zu ermitteln und – als Kernaufgabe – kontinuierlich im Auge zu behalten. Mit diesen Angaben lässt sich unter Berücksichtigung der geleisteten Versicherungsprämie die Schadenquote der Flotte in der Vergangenheit errechnen. Aus Sicht der Versicherer ist es zwingend notwendig, für jede einzelne Kfz-Flotte einen Großschadenzuschlag zu berücksichtigen, da der Gesamtbestand aller Kfz-Flotten regelmäßig durch Großschadenereignisse in Mitleidenschaft gezogen wird, die natürlich aus der Prämieneinnahme bezahlt werden müssen. Aus psychologischer Sicht ist es durchaus nachvollziehbar, wenn der einzelne Fuhrparkbesitzer bei seinem Fuhrpark keine Großschadengefahr erkennen mag. Dennoch treten alljährlich Einzelschäden in Millionenhöhe auf, die gemäß dem Versicherungsprinzip von der Versichertengemeinschaft gesamt getragen werden müssen. Berücksichtigt ein Versicherer den Großschadenzuschlag in der Prämienfindung nur in unzureichendem Maße, läuft er Gefahr, dauerhaft Verluste in dem für Großschäden reservierten Beitragsvolumen zu erwirtschaften.

Mit Großschäden (auch schwere Unfälle mit Personenschäden) muss jeder Fuhrparkbetreiber rechnen (Quelle: GDV).

Als weitere Komponente der Flottenversicherung ist die Kostenquote des Versicherers anzusprechen, die sich neben der Provision bzw. Courtage für Versicherungsvermittler im Wesentlichen aus Betriebs- und Schadenkosten zusammensetzt. Auch diese sind für den Flottenmanager beeinflussbar: Die Betriebskosten können z.B. durch standardisierte Bedingungs- und Abrechnungsvereinbarungen minimiert werden. Auf der Schadenseite ist nahe liegend, dass durch eine reduzierte Schadenhäufigkeit geringere Kosten beim Versicherer anfallen. Dies muss sich natürlich als Vorteil für den Fuhrparkbetreiber in einem niedrigeren Versicherungsbeitrag niederschlagen. Positive Effekte aus den oben beschriebenen Maßnahmen auf den Versicherungsbeitrag wirken sich auch auf die Versicherungssteuer aus, die prozentual in Zusammenhang mit der Beitragshöhe steht.

3.3.3 Die Allianz als Flottenversicherer

Die Allianz versteht sich – trotz der oben beschriebenen kritischen Einschätzung des Marktes – als wichtiger Wettbewerber auf dem deutschen Flottenmarkt. Als Anbieter eines großen Produktspektrums im gewerblichen und industriellen Versicherungsgeschäft bedient die Allianz ihre Kunden mit vollumfänglichem Versicherungsschutz über die wichtigsten Versicherungssparten. Als Wettbewerbsvorteil sieht die Allianz die Expertise in der Zeichnung von Flottengeschäft und in der Schadenbearbeitung an, die durch die wissenschaftliche Arbeit des Allianz Zentrums für Technik (AZT) ergänzt und unterstützt wird. Ausgefeilte Analysemöglichkeiten werden für Risk-Manager und Fuhrparkverwalter bereitgestellt. Die Allianz zeichnet vom kleinen handwerklichen Fuhrpark bis hin zur großen Industrie-Flotte. Eigentragungsmodelle zur Aufwandsreduzierung und internationale Versicherungsprogramme versetzen den Risk-Manager in die Lage, Einsparungspotentiale europaweit zu realisieren. Grundlage für die Zeichnung von Flottengeschäft sind Kalkulationen auf Basis der oben beschriebenen Komponenten sowie die künftigen Anforderungen aus Rechnungslegungs- und Solvabilitätsvorschriften aus Solvency II. Dabei müssen zwangsläufig die Mindestanforderungen an die Eigenkapitalrendite erfüllt werden, um den Flottenmarkt als dauerhaftes Wettbewerbsfeld bedienen zu können.

Info kompakt: „Grünes A" für Allianz Flottenversicherung

Schon seit einigen Jahren wählen die Leser der Fachzeitschrift Autoflotte die Allianz an die Spitze der Flottenversicherer. Ausgezeichnet wird die Kompetenz in der Sparte Versicherung von Fuhrparks. Wie ein „grünes A" ist der Award der Zeitschrift Autoflotte gestaltet, den die Allianz für ihre Versicherung auch 2005 wieder errungen hat. Auf der Messe Automobil International (AMI) in Leipzig überreichten Vertreter der Zeitschrift Autoflotte der Allianz Versicherungs-AG den „Flotten-Award" 2005 für ihre Versicherungsprodukte rund um den Fuhrpark. Die Leser der Fachzeitschrift hatten zuvor in einer Befragung zum Thema „Autoflotte" ihr Votum per Fax oder online abgegeben. In elf verschiedenen Kategorien, vom einzelnen Fahrzeug über Reifenhersteller bis zu Fuhrparkmanagement-Anbietern, hatten die fachkundigen Autoflotte-Leser sowohl Service als auch Qualität bewertet. Das Thema Versicherung von Autoflotten war eines der zu bewertenden Kriterien. Die Zeitschrift richtet sich hauptsächlich an Fuhrparkmanager. Auf der AMI 2005 überreichte das Fachmagazin nun zum neunten Mal seinen Preis.

Allianz Sieger in Sparte Versicherung

Bei der Befragung wurde die Allianz als bester Versicherer von Autoflotten gewählt. Damit kam das Unternehmen erneut auf den ersten Platz. Peter Buchhierl, Leiter der Abteilung Firmen-Kfz-Versicherungen bei der Allianz Versicherungs-AG, sagte zum erneuten Gewinn des Flotten-Awards: „Die Auszeichnung freut uns sehr. Dass wir den Award zum fünften Mal in Folge erhalten, ist für uns ein großer und anhaltender Vertrauensbeweis für unsere Produkte und unseren Service im Flottenbereich". Die Allianz sieht damit ihre langjährige Praxis bestätigt, einen kundenorientierten Rundum-Service zu bieten. Dazu gehören eine streng am Schadenrisiko ausgerichtete Preispolitik und die kontinuierliche Beratung und Unterstützung beim Flottenmanagement.

Kirsten Becker

Wie ein „grünes A" ist der Award der Zeitschrift Autoflotte gestaltet, den die Allianz für ihre Versicherung erneut errungen hat.

4 Schaden- und Risikoanalyse in Ihrem Betrieb

Wirkungsvolle Schadenverhütungsmaßnahmen können grundsätzlich nur im Einklang mit einer sorgfältigen Schaden- und Risikoanalyse formuliert werden. Das Unternehmen muss das Schadenpotential anhand der Schäden in der Vergangenheit und durch die Bildung von Szenarien genau erkennen und bewerten. Erst wenn hinreichend bekannt ist, wann, wo und weshalb Schäden auftreten, kann für die Zukunft gezielt gegengesteuert werden. Wichtig ist außerdem ein vollständiger Überblick über die Schadenkosten, die in einem bestimmten Beobachtungszeitraum eingetreten sind. Nur so kann unter Kosten-/Nutzen-Gesichtspunkten eine geeignete Maßnahmenplanung erfolgen.

Dieses Kapitel enthält konkrete Empfehlungen zu Aufbau und Struktur eines Schaden- und Risikoanalysesystems. Hauptkomponenten sind Datenerfassungs- und Datenanalyseeinheit. Außerdem wird an einem Beispiel die Analyse erläutert. Schließlich wird auf das Schaden- und Risikoanalyse-Tool der Allianz für Kunden mit einem großen Fuhrparkbestand eingegangen. Es dient vor allem zur Unterstützung der Schadenanalyse der bei der Allianz gemeldeten KH-, VK- und TK-Schäden. Nicht alle Risiken können mit Hilfe der Schadensituation aus der Vergangenheit ermittelt werden. Deshalb ist es sinnvoll, Szenarien zu bilden und im Sinne von „Benchmarking" Informationen zu möglichen Gefahren aus der Branche und von Verbänden zu sammeln. Auch hierzu erhalten Sie Anregungen.

Hinweis: Auf dem Markt sind heute eine Vielzahl von Flottenmanagement-EDV-Programmen erhältlich, die Komplettlösungen anbieten mit Funktionen wie Mitarbeiterverwaltung, Fahrzeugstammdaten, Kraftstoff-, Reparatur- und Service-Management etc. In einigen Programmen sind zudem Schadenmanagement-Module integriert, die mehr oder weniger gut für Schaden- und Risikoanalyse geeignet sind. Einige Programme bieten die Möglichkeit, Eingabemasken und Analyseberichte zusätzlich zu entwerfen oder anzupassen. Auch hierfür sind die folgenden Ausführungen für Sie nützlich.

4.1 Erfassung des Schadenaufkommens

Inhalt, Aufbau und Struktur des Schaden- und Risikoanalysesystems entscheiden maßgeblich über Eingabe- und Analysemöglichkeiten. Bei der Datenerfassung sollte daher sehr sorgfältig ausgewählt werden, welche Datenbankstruktur, Felder und Merkmale für den Zweck einer umfassenden Analyse des Schadenaufkommens im eigenen Fuhrpark erforderlich sind. Gleichzeitig wird vor zu großer Komplexität einer Datenbank gewarnt, denn Unübersichtlichkeit schreckt Anwender ab und behindert die regelmäßige Benutzung. Im Folgenden wird daher ein sehr einfaches und überschaubares System mit lediglich einer so genannten Unfallschadentabelle beschrieben. Diese Tabelle kann mit geringem Aufwand in Ihrem Unternehmen auf der Basis eines Tabellenkalkulationsprogrammes (z.B. Excel) eingerichtet werden.

Die Unfallschadentabelle enthält die Gesamtheit der Unfälle in einem bestimmten Beobachtungszeitraum mit wichtigen Angaben zu Fahrzeug, Fahrer, Unfallursachen, (Un)Vermeidbarkeit, Unfallkosten für den Versicherer und Unfallfolgekosten für den Unternehmer. Es empfiehlt sich hierbei, drei getrennte Tabellen für Krafthaftpflicht, Kasko und den nicht der Versicherung gemeldeten Eigenschaden anzulegen. Die Abbildung auf S. 30 enthält einen Vorschlag für eine Unfallschadentabelle. Je genauer die Daten erfasst werden, desto detaillierter können die Auswertungen erfolgen. Für große Flotten bietet sich an, ergänzend weitere Felder und Merkmale aufzunehmen, wie

- **Ortslage**
  (Autobahn, Landstraße, innerorts, Betriebshof)
- **Lichtverhältnisse**
  (Tag, Nacht, Dämmerung)
- **Straßenzustand**
  (trocken, nass, winterglatt)
- **Unfalltyp und Unfallart**
  (Merkmale siehe Info kompakt S. 112f)

Damit ist zusätzlich die Vergleichbarkeit mit der amtlichen Unfallstatistik gewährleistet (vgl. Statistisches Bundesamt, 2004). Gemäß der Beispielabbildung unten ist in der ersten Spalte die Fahrzeugart einzutragen. Die Unterteilung muss jedes Unternehmen nach dem Einsatz und der Größe seiner Fahrzeuge selbst vornehmen. Für eine Spedition kann z. B. folgende Einteilung sinnvoll sein:

- Pkw
- Lieferwagen
- Lkw im Güternahverkehr
- Lkw im Güterfernverkehr
- Sattelzugmaschine im Güternahverkehr
- Sattelzugmaschine im Güterfernverkehr
- Anhänger und Auflieger

Darüber hinaus kann die Einteilung nach Einsatzarten wie Stückgut-, Silotransport, Gefahrgut, Tankfahrzeug etc. nützlich sein, da die Gefahrenbereiche unterschiedlich sind.

Der Eintrag in die Spalten 2 bis 4, also amtliches Kennzeichen, Fahrer, Schadentag und -uhrzeit ist eindeutig und bedarf keiner weiteren Erklärung. Für Krafthaftpflicht, Kasko- und Eigenschäden werden weitere Schadenursachen unterschieden in „Fehler beim Fahrzeugführer" und „Verkehrstüchtigkeit".

In Anlehnung an die amtliche Straßenverkehrsunfallstatistik empfehlen wir folgende Merkmale:

Schadenursachen – Fehler beim Fahrzeugführer

Klartext	Erläuterung
Abbiegen	Fehler beim Abbiegen nach rechts/links
Abstand	Ungenügender Abstand zum Vorausfahrenden
Be- und Entladen	Fehler beim Be- und Entladen
Geschwindigkeit	Unangepasste Geschwindigkeit, Geschwindigkeitsübertretung
Ladung	Fehlerhafte Beladung (Achslastverteilung, Ladungssicherung)
Parken	Falsches Parken
Rangieren, Rückwärtsfahren	Fehler beim Rangieren/Rückwärtsfahren
Falsche Straßenbenutzung	Rechtsfahrgebot/Einbahnstraßenregelung verletzt
Spurwechsel	Fehler beim Spurwechsel
Überholen	Fehler beim Überholen
Vorfahrt	Nichtbeachten der Vorfahrt
Sonstiges	

Schadenursachen – Verkehrstüchtigkeit

Klartext
Alkoholeinfluss
Medikamente, Drogen
Übermüdung
Ablenkung, Unaufmerksamkeit
Andere körperliche/ geistige Mängel (z.B. Stress)
Grobe Fahrlässigkeit
Vorsatz
Keine

Fahrzeugart	Amtliches Kennzeichen	Fahrer	Schadentag/zeit	Ursachen: Fehler beim Fahrzeugführer	Ursachen: Verkehrstüchtigkeit	Techn. Mängel	Vermeidbarkeit	Kosten für Versicherer [Euro]	Unfallfolgekosten [Euro]
Spalte 1	**Spalte 2**	**Spalte 3**	**Spalte 4**	**Spalte 5**	**Spalte 6**	**Spalte 7**	**Spalte 8**	**Spalte 9**	**Spalte 10**
Lkw	U-A 346	Meier	08.07.2005	Abstand	Übermüdung	Keine	Ja	7.340,-	1.250,-
Szm	U-D 243	Bauer	12.07.2005	Rangieren	Stress	Keine	Ja	3.465,-	2.050,-
Pkw	U-A 102	Renner	18.07.2005	Rangieren	Keine	Keine	Ja	1.960,-	850,-

Auszug aus einer Unfallschadentabelle für Haftpflichtschäden.

Die Parameter können betriebsspezifisch ergänzt werden. Nicht immer ist eine bestimmte „Schadenursache“ eindeutig zuzuordnen; das gilt für „Fehler beim Fahrzeugführer“ und „Verkehrstüchtigkeit“ gleichermaßen. So kann es z.B. vorkommen, dass ein Fahrzeug aufgrund zu hoher Geschwindigkeit und zu geringen Abstands auf ein voraus fahrendes Fahrzeug auffährt. Hier liegt es im Ermessen des Fuhrparkleiters in Abstimmung mit dem Fahrer, welche Unfallursache(n) eingetragen werden. Wertvoll ist in jedem Fall, beide Ursachen festzuhalten bzw. Mehrfachnennungen zuzulassen. Zweckmäßig kann es zudem auch sein, mit einer zusätzlichen Spalte zwischen primärer und sekundärer Schadenursache zu unterscheiden.

Zwar haben in heutiger Zeit Unfälle, die auf technische Mängel zurückzuführen sind, an Bedeutung verloren*, dennoch sollten bei größeren Flotten auch diese Fälle dokumentiert werden. Sie geben Aufschluss über eventuelle Schwachstellen der Fahrzeugtechnik oder über Wartungsmängel. Folgende Merkmale empfehlen wir:

Technische Mängel

Klartext
Beleuchtung
Bereifung
Bremsen
Lenkung
Zugvorrichtung
Sonstige technische Mängel
Keine technischen Mängel

Spalte 8 (unserer Abbildung S. 30) enthält weiter den wichtigen Eintrag zur Vermeidbarkeit/Unvermeidbarkeit des Unfalls. Dieser Eintrag muss grundsätzlich zwischen Fahrer und Fuhrparkleiter in einem persönlichen Gespräch geklärt werden. Nicht selten sind äußere Umstände, die der Fahrer nicht direkt beeinflussen kann, mit ursächlich für das Zustandekommen eines Unfallereignisses. Für Kaskoschäden sollten außerdem die zusätzlich üblichen Kaskoschadenarten aufgeführt werden. Damit erhält das Unternehmen z.B. Informationen über die Anzahl der zu Bruch gegangenen Scheiben oder über die Diebstahlsituation des Fuhrparks.

Schadenarten nur für Kasko

Klartext
Kollisionsschäden Kfz/Kfz
Sonstiger Vollkasko-Tatbestand
Brand/Explosion
Totalentwendung
Teilentwendung Radio/Phono/Navigationsgerät
Teilentwendung Sonstige
Glasbruch
Sturm, Hagel, Blitzschlag
Überschwemmung
Wildschaden
Schmorschaden durch Kurzschluss

Die Erfassung der Kosten pro Unfall in den letzten beiden Spalten 9 und 10 erfordert die Differenzierung nach Kosten, die der Versicherer deckt und den Unfallfolgekosten, die dem Unternehmen entstehen. Die Kosten, die den Versicherer betreffen, können direkt beim Versicherungsunternehmen eingeholt werden. Die Allianz stellt hierzu mit Hilfe eines Schadenanalyse-Tools Daten für Sie bereit. Näheres dazu in Kap. 4.4.

Die Unfallfolgekosten, die nicht von der Versicherung gedeckt sind, einschließlich der Schadenaufwendungen durch Eigenschäden, sind individuell pro Unfall zu ermitteln. Im Kap. 3 wurden hierzu zahlreiche Kostenfaktoren dargelegt. Für große Fuhrparkunternehmen empfiehlt es sich, auf dieser Basis eine eigene betriebsspezifische Berechnungsmethode der Unfallfolgekosten zu entwickeln. Eingeschränkt kann auch auf existierende Wirtschaftlichkeitsanalysen für Fahrzeugflotten zurückgegriffen werden. die Tabelle rechts auf Seite 22 enthält hierzu ein Beispiel durchschnittlicher Unfallfolgekosten unterteilt nach Fahrzeug und Einsatzart.

* Laut Statistischem Bundesamt sind etwa 1 % bis 2 % der Straßenverkehrsunfälle auf technische Mängel zurückzuführen.

Abschließend noch ein Tipp:
Fügen Sie in Ihrer Tabelle zusätzlich eine Spalte ein für eine kurze textliche Beschreibung von Unfallhergang, -ablauf und -folgen. Dies dient zur fortlaufenden Anpassung oder Ergänzung Ihrer Tabelle mit zunächst unerkannten Unfallschwerpunkten, die aus den bislang erfassten Daten nicht explizit hervorgehen. Beispiel: Aus den Kurzbeschreibungen könnte sich herausstellen, dass überproportional viele Höhenschäden auf dem eigenen Betriebsgelände mit einem bestimmten Fahrzeugtyp beim Rangieren auftreten. Das Merkmal „Höhenschaden" sollte folglich aufgenommen werden.

4.2 Analyse des Schadenaufkommens

Die Unfallschadentabelle bildet eine gute Basis für einfache Schadenanalysen. Filter-, Sortier- und Grafikfunktionen heutiger Tabellenkalkulationsprogramme erlauben es sehr schnell, einen guten Überblick über die Schadensituation in Ihrem Betrieb zu gewinnen. Beispielsweise können Unfälle oder Unfallfolgekosten nach Fahrzeugart, Schadenursachen, Schadenarten oder Schadendatum ausgewertet werden.

Dabei gilt stets: Je lückenloser und genauer die Angaben, umso präziser die Auswertungen! Die statistische Qualität der Auswertung hängt von der Größe des Unternehmens, der Anzahl der Schäden sowie der Qualität der Datenerfassung ab. Kleine Unternehmen müssen folglich längere Beobachtungszeiträume wählen, um auf eine geeignete Datenbasis zurückgreifen zu können. Werden die Daten zusätzlich mit Fahrzeugstamm- und Fahrerstammdaten angereichert, wie Laufleistung, Bestandsdaten oder Betriebszugehörigkeit, Fahreralter oder Führerscheinbesitzdauer, so können noch detailliertere und umfassendere Auswertungen durchgeführt werden. Die folgende Abbildung zeigt hierzu schematisch eine Datenbankstruktur mit drei Tabellen und deren Verknüpfungen. Auf weitere Details wird aus Platzgründen nicht eingegangen.

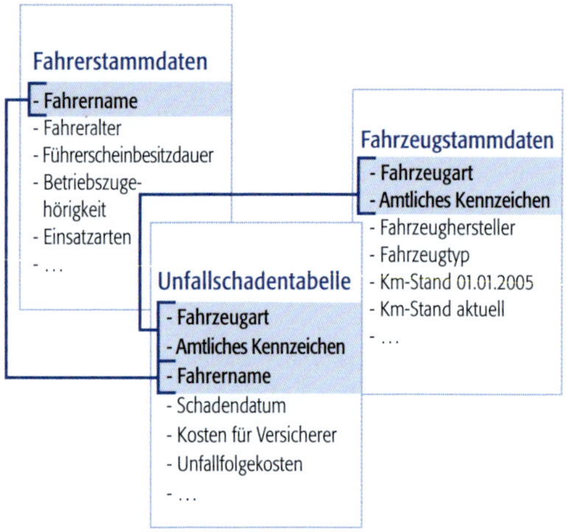

Struktur einer komplexen Risiko- und Schadenanalysedatenbank mit drei Tabellen – schematisch.

Allgemein unterscheidet man Fahrer-, Fuhrpark- und Wegstreckenanalyse. Einige wichtige Analysemöglichkeiten aus dem vielschichtigen Spektrum möglicher Untersuchungen sind:

Fahreranalyse
Analyse von Unfällen, Unfallhäufigkeiten oder Unfallfolgekosten nach
- **Altersklasse**
- **Führerscheinbesitzdauer**
- **Betriebszugehörigkeit**
- **Anzahl Unfälle** (Mehrfachverursacher)

Fuhrparkanalyse
Analyse von Unfällen, Unfallhäufigkeiten und Unfallfolgekosten nach
- **Schadenursachen**
- **Fahrzeugart**
- **Einsatzart**
- **Laufleistung** (z.B. je 100.000 km Fahrstrecke)
- **Tageszeit, Wochentag und Monate**
- **Größenklassen der Schadenaufwendungen**

Wegstreckenanalyse
Analyse von Unfällen, Unfallhäufigkeiten oder Unfallfolgekosten nach
- **Ortslage** (Region, Straßenkategorie, Betriebshof)
- **Straßenzustand** (Witterung)

Beispiele von Schadenanalysen in Ihrem Betrieb.

4.3 Ein Fall aus der Praxis

Aus der Vielzahl der Analysemöglichkeiten, die gezielt Schwachstellen bei Fahrer, Fuhrpark oder Fahrstrecken erkennen lassen, werden anschließend exemplarisch drei Analysen an einem praktischen Fallbeispiel erläutert. Die Auswertungen gelingen bereits mit der einfachen Unfallschadentabelle aus Kap. 4.2:

- Analyse der Unfallursachen bei KH-Schäden
- Analyse der Fahrer (Mehrfachverursacher)
- Analyse der Unfallfolgekosten

Analyse der Unfallursachen bei Krafthaftpflicht (KH)-Schäden

Im Rahmen der jährlichen Auswertung stellte die Firma „Musterfirma“ mit 160 Fahrzeugen im gewerblichen Güterfern- und Güternahverkehr sowie einem kleinen Anteil an Werkverkehr die in der folgenden Grafik dargestellte Unfallursachenverteilung und deren Krafthaftpflicht-Schadenaufwendungen für den Versicherer fest:

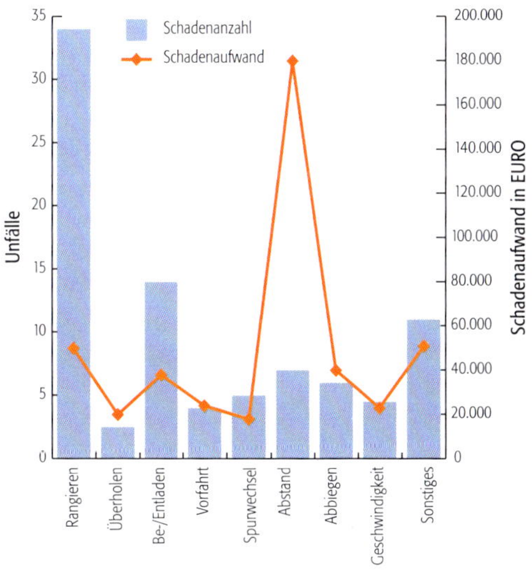

Unfallursachen und Schadenaufwand in der Krafthaftpflicht des Versicherers in einem Kalenderjahr.

Danach ereigneten sich insgesamt 90 KH-Schäden innerhalb eines Kalenderjahrs. An oberster Stelle stehen Rangierunfälle mit 34 Schäden (38 %). Der Schadenaufwand dieser Unfallgruppe betrug dabei 47.500 €. Am zweit häufigsten ereigneten sich Be- und Entladeunfälle mit insgesamt 14 Schäden (16 %). Dem Versicherer entstanden dafür etwa 35.000 € an Schadenaufwand. Betrachtet man den Schadenaufwand aller Schäden von insgesamt 436.500 €, so ist die Unfallursache „Abstand“ besonders auffällig. Die nähere Betrachtung des sehr hohen Schadenaufwandes dieser Unfallursache von etwa 180.000 € zeigt, dass dieser vorwiegend aus zwei Großschäden resultiert. Beide Schäden, deren Schadenaufwand zusammen 140.000 € betrug, waren für über ein Drittel der Gesamtschadensumme verantwortlich.

Den notwendigen Handlungsbedarf bei den Unfallursachen „Rangieren“ „Be- und Entladen“ sowie „Abstand“ zeigt sehr anschaulich die so genannte Pareto-Lorentz-Verteilung (vgl. Bild unten). Dabei wird die Anzahl aller Unfallursachen als Summenhäufigkeit dargestellt – sonstige Unfallursachen ausgenommen – und nach ihrer Rangfolge (Schadenanzahl) von links nach rechts, treppenförmig aufeinandergestapelt.

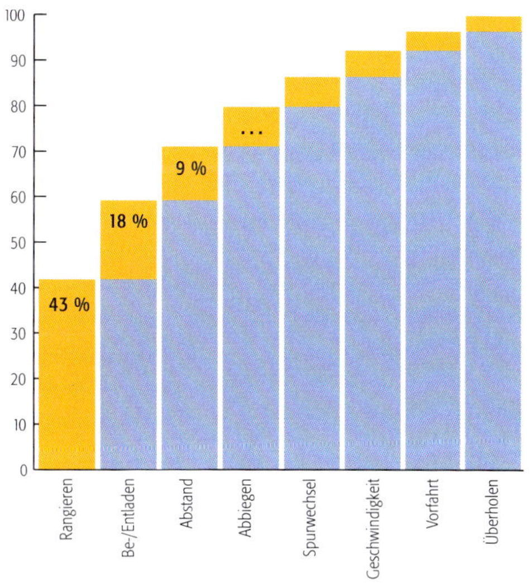

Die Pareto-Lorentz-Verteilung: Summenhäufigkeit der Anzahl der Unfallursachen – ohne Unfallursache „Sonstige“.

Der wesentliche Vorteil dieser Darstellung liegt darin, dass die Summenhäufigkeit in drei, nach ihrem erforderlichen Handlungsbedarf in der Schadenverhütung abgestufte Bereiche gegliedert werden kann:

A-Bereich **0 - 70 %**
Unfallursachen müssen unter dem Aspekt der Unfallzahlenminderung und unter Berücksichtigung des Nutzen/Aufwandverhältnisses sofort bekämpft werden (hier: Rangieren, Be- und Entladen und Abstand)

B-Bereich **70 - 90 %**
Unfallursachen sollten nach Ähnlichkeiten zu den Ursachen aus dem A-Bereich untersucht werden, mit dem Ziel, eventuell gekoppelte Ursachenbekämpfung zu betreiben, die keinen größeren Aufwand erfordert (hier: Abbiegen, Spurwechsel und Geschwindigkeit)

C-Bereich **90 - 100 %**
Behandlung der Unfallursachen wie die aus dem B-Bereich mit deutlich begrenztem Aufwand

Analyse der Fahrer (Mehrfachverursacher)

Weiter ergibt die Analyse des Fahrerpersonals, dass während des Kalenderjahres 52 Fahrer für alle 90 Unfälle mit Haftpflichtschaden als Hauptverursacher verantwortlich waren. Demnach haben in dieser Zeit einige Fahrer mehr als einen Unfall verursacht. In der folgenden Grafik sind alle Fahrer, die zwei oder mehrere Unfälle verursacht haben, aufgeführt. Legt man die Gesamtzahl von 108 Fahrern zugrunde, so zeigt sich, dass mit 56 Fahrern mehr als die Hälfte unfallfrei – bezogen auf KH-Schäden – geblieben sind.

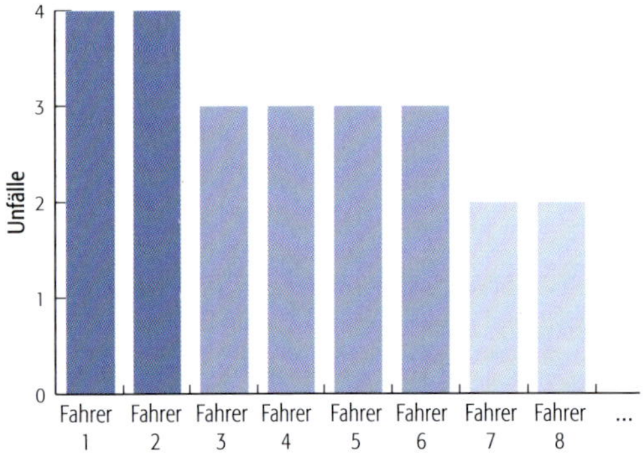

Fahrer mit mehr als einem Unfall während des Kalenderjahres.

Analyse der Unfallfolgekosten

Bisher wurden ausschließlich die Schadenkosten für den Versicherer betrachtet. Welchen Nutzen hat jedoch der Unternehmer? Legt man die Kalkulationsbasis aus dem Bild von S. 22 in Kap. 3.1.3 für Unfallfolgekosten zugrunde, so wird deutlich, dass das Unternehmen für die 90 Haftpflichtschäden mit 222.400 € belastet wurde:

Fahrzeuggruppe	Einsatzart	Anzahl der Unfälle	Kosten pro Schaden [EURO]	Kosten gesamt [EURO]
Sattelzugmaschine	Fernverkehr	32	2.900	92.800
	Nahverkehr	14	2.550	35.700
	Werkverkehr	0	2.400	0
Lkw über 7,5t	Fernverkehr	10	2.500	25.000
	Nahverkehr	16	2.150	34.400
	Werkverkehr	3	2.050	6.150
Lkw unter 7,5t	Fernverkehr	5	2.200	11.000
	Nahverkehr	1	1.900	1.900
	Werkverkehr	4	1.800	7.200
Pkw	Firmen-Pkw	5	1.650	8.250
Summe		**90**		**222.400**

Direkte und indirekte Unfallfolgekosten der Firma „Musterfirma" mit Kalkulationsbasis aus Bild von S. 22.

Was kann das Unternehmen „Muster" tun, um die Sicherheit zu erhöhen?

Besonders die Unfallfolgekosten untermauern den Handlungsbedarf für notwendige zukünftige Schadenverhütungsmaßnahmen. Natürlich können diese Unfälle nicht vollständig vermieden werden. Die Schadenhäufigkeit der Flotte von 56 Prozent, d.h. 56 Schäden pro 100 Fahrzeuge – berechnet aus 90 KH-Schäden/160 Fahrzeuge x 100 % – weist jedoch unter Berücksichtigung des Einsatzspektrums darauf hin, dass im ersten Ansatz eine Halbierung der Schadenhäufigkeit durchaus realistisch ist. Dies würde einer Einsparung von etwa 100.000 € pro Jahr entsprechen. Ein Großteil dieses Betrags könnte gezielt und problemlösungsorientiert für Schadenverhütungsmaßnahmen investiert werden. Ohne auf Kap. 5 vorzugreifen, sind bei unserer Musterfirma besonders Maßnahmen in den Bereichen Rangieren, Be- und Entladen und Abstand einzuplanen. Außerdem sollten die Fahrer mit mehr als einem Unfall informiert, sensibilisiert und vorrangig geschult werden. Vieraugengespräche und Fahrerschulung für die betroffene „Risikogruppe" können hier eine deutliche Verbesserung erreichen.

In diesem Zusammenhang sei erwähnt, dass die konsequente Dokumentation aller Unfalldaten auch tiefergreifende Untersuchungen zulassen. So kann beispielsweise durch Verknüpfung der Unfallursachen- und Wegstreckenanalyse herausgefunden werden, wo sich Rangierschäden besonders häufen. Eventuell sind enge Einfahrten, Laderampen beim Kunden oder neuralgische Stellen auf dem eigenen Betriebsgelände dafür verantwortlich.

4.4 Das Schaden- und Risikoanalyse-Tool der Allianz

Zur Unterstützung der Flottenkunden betreibt die Allianz ein Schaden- und Risikoanalyse-Tool. Basis sind die Versicherungsdaten, die im Bestand- und Schadensystem der Allianz geführt werden.

Die Datenbasis

Die Daten des Fahrzeugbestandes beziehen sich im Grunde auf alle policierungsrelevanten Angaben, die Ihre Fahrzeugflotte detailliert beschreiben und im Rahmen des Vertragsabschlusses in den Systemen hinterlegt werden. Die schadenbezogenen Daten gründen auf den Angaben, die bei der Schadenmeldung gemacht werden und die Schäden in ihrem jeweiligen Wesen und dem Umfeld, in denen sie aufgetreten sind, darstellen. Die Daten der Allianz können zusätzlich mit Ihren Daten aus der Unfallschadentabelle (siehe Kap. 4.2) angereichert werden. Ihre Angaben zu Unfallursachen, Unfallfolgekosten oder nicht gemeldeten Eigenschäden bilden eine wertvolle Ergänzung. Auch Angaben über die Organisationsstruktur Ihres Unternehmens (z.B. Niederlassungen und Kostenstellen) oder weitere risikorelevante Sachverhalte, die nur Ihr Unternehmen betreffen, runden den Informationsgehalt der Allianz Daten ab.

Die Analyse

Für die Auswertung wird zunächst die gesamte Flotte oder ein bestimmter Teil daraus als so genannte Analysemasse definiert und individuell strukturiert, beispielsweise nach Fahrzeugart oder Verwendungsart. Dies hat den Vorteil, dass sich die Analyse genau an die kundenspezifische Zusammensetzung der Flotte anpassen lässt.

Im zweiten Schritt wird der Zeitraum sinnvoll festgelegt, der für die Analyse gelten soll. Dabei spielt die Größe des Fuhrparks eine wichtige Rolle: Bei kleineren Unternehmen müssen längere Beobachtungszeiträume gewählt werden, um auf eine geeignete statistische Basis zurückgreifen zu können. Damit lassen sich schnell Analysen unter Kombination vieler Kriterien neu erstellen oder bestehende Analysen abändern. Beispielsweise erhalten Sie – tabellarisch oder graphisch aufbereitet – ausführliche Informationen zu Jahreseinheiten, Beitragsvolumen, Schadenanzahl, Schadenaufwand, Schadenquote, Schadendurchschnitt und Schadenhäufigkeit (Abb. S. 36f).

Das heißt also auch, dass die Daten nach den verschiedensten möglichen Merkmalen dargestellt und dort wiederum aufgegliedert werden können (z.B. Schadenanzahl nach Fahrzeugart oder auch Jahreszeit, Schadenquote nach versicherter Sparte usw.). Alle Daten können ad hoc auf unterschiedlichen Ebenen untersucht werden. Diese „flexible Gruppierung" geht somit weit über die übliche Berechnung der Kenngrößen als solche hinaus.

Weitere Informationen zu dieser besonderen Dienstleistung speziell für Flottenkunden in den Bereichen Firmen und Konzerne erhalten Sie von Ihrem Allianz Betreuer.

4.5 Denken in Szenarien

Die Schadenerfahrung im eigenen Fuhrpark ist nicht immer ausreichend zur vollständigen Erfassung aller Risiken. Einige verborgene Gefahren werden auch nach sorgfältiger Analyse unerkannt bleiben. Um dennoch möglichst umfassend informiert zu sein und Vorsorge für nicht identifizierte

Schadenanalyse/Risikoanalyse

Allianz

Betrachtungszeitraum: 01.01.2003 bis 31.12.2003
Referenznummer: 9354

Fahrzeugliste:

Lfd. Nummer	Kennzeichen	VSNR	Fahrzeugart	Versicherungssparte	Deckungsart
......	...	...	...	...	
124	U-HV 8893	GKR 90/10825/837261035	Pkw	KH KF	50 Mio EUR VK 500 SB / TK 150 SB
125	U-HV 2435	GKR 90/10825/837210636	Pkw	KH KF	50 Mio EUR VK 300 SB / TK 150 SB
126	U-HV 3716	GKR 90/10825/837160237	Pkw	KH KF	50 Mio EUR VK 300 SB / TK 150 SB
127	U-HV 3897	GKR 90/10825/837109838	Pkw	KH KF	50 Mio EUR VK 300 SB / TK 150 SB
128	U-HV 2343	GKR 90/10825/837059439	Pkw	KH KF	50 Mio EUR TK 150 SB
129	U-HV 2938	GKR 90/10825/837009040	Lkw	KH KF	50 Mio EUR VK 500 SB / TK 150 SB
130	U-HV 1928	GKR 90/10825/836958641	Lkw	KH KF	50 Mio EUR VK 300 SB / TK 150 SB
131	U-HV 6453	GKR 90/10825/836908242	Lieferwagen	KH KF	50 Mio EUR VK 500 SB / TK 150 SB
132	U-HV 9990	GKR 90/10825/836857843	Anhänger	KH KF	50 Mio EUR VK 500 SB / TK 150 SB
......	...	...	...	...	

Beispieldarstellung einer Schadenanalyse/Risikoanalyse der Allianz Versicherungs-AG (Alle VSNR sind fiktiv. Jede Übereinstimmung mit real existierenden VSNRn wäre rein zufällig. Quelle: Allianz Versicherungs-AG).

Schadenanalyse/Risikoanalyse

Allianz

Betrachtungszeitraum: 01.01.2003 bis 31.12.2004
Referenznummer: 9928

Schadenanzahl nach Versicherungssparte je Fahrzeugart:

Fahrzeugart	KH	KF		Summe
	KH	VK	TK	
Pkw	24	17	15	56
Lkw	17	19	8	44
Lieferwagen	8	10	6	24
Arbeitsm.	4	16	8	28
Anhänger	15	6	1	22
Alle Sonstigen	1	3	2	6
Summe	69	71	40	180

Beispiel von Analyse-Ergebnissen (Quelle: Allianz Versicherungs-AG).

Schadenanalyse/Risikoanalyse

Allianz

Betrachtungszeitraum: 01.01.2004 bis 31.12.2004
Referenznummer: 9187

Schadenanzahl nach Schadenwochentag:

Schadenwochentag	Schadenanzahl
Montag	24
Freitag	20
Dienstag	13
Mittwoch	11
Donnerstag	9
Samstag	4
Sonntag	1
Summe	82

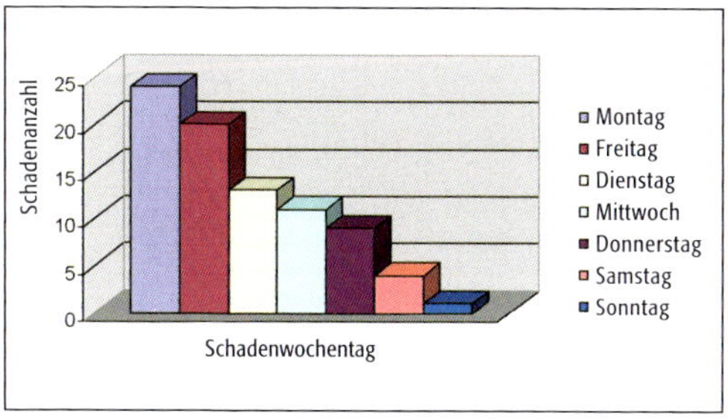

Beispiel von Analyse-Ergebnissen – tabellarisch oder grafisch aufbereitet (Quelle: Allianz Versicherungs-AG).

Risiken treffen zu können, ist es empfehlenswert, in Szenarien zu denken und ein „Risikofeeling" im Unternehmen mit entsprechenden Fähigkeiten und Werkzeugen zu entwickeln (Ibing, 1996).

Besonders in der Großindustrie ist das „Denken in Szenarien" weit verbreitet und zum Teil sogar überlebenswichtig. Es wird beispielsweise angewandt im Rahmen der Abschätzung des PML (Probable Maximum Loss = wahrscheinlicher Höchstschaden) oder bei technischen Versicherungs- und Feuerrisiken. Auch für kleine und große Flotten ist das „Denken in Szenarien" wichtig, besonders dann, wenn Großschadenpotentiale vorliegen. Betroffen sind Gefahrguttransporte, Transportunternehmen im „Just in Time" Verkehr oder Kraftomnibus-Unternehmen etc. Diese Unternehmen sollten spezielle betriebsspezifische Checklisten entwickeln zur regelmäßigen Überprüfung ihrer aktuellen Großschadenrisiko-Situation. Inhaltlich sollten beispielsweise folgende Fragen geklärt werden:

- Ist mein Fuhrpark ausreichend abgesichert im Falle von Kumulschäden (z.B. Überschwemmung, Brandschaden)?
- Gibt es ausreichend Vorsorgemaßnahmen bei mehreren gleichzeitigen Fahrzeug- oder Fahrerausfällen?
- Sind die Haftpflichtdeckungssummen ausreichend?
- ...

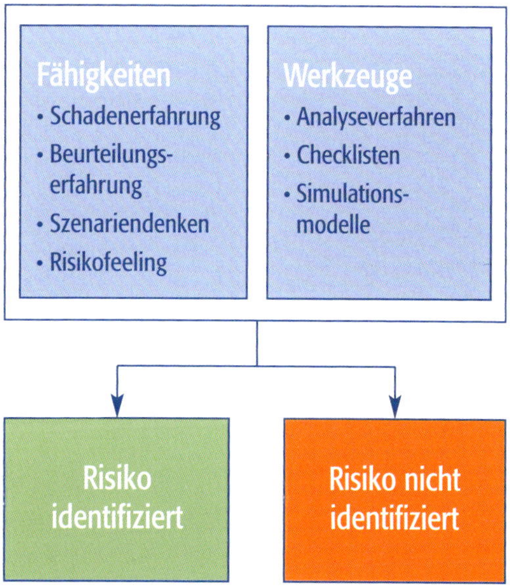

Qualifizierte Risikoidentifizierung mit Fähigkeiten und geeigneten Werkzeugen (Quelle: nach Ibing, 1996).

Dabei kann es sinnvoll sein, insbesondere für größere Unternehmen, externen Rat von Experten in Anspruch zu nehmen. Die Allianz verfügt mit ihrem Allianz Zentrum für Technik über langjährige Kompetenz im betrieblichen Risikomanagement (Allianz, 1992) mit dem ganzheitlichen Ansatz für alle Bereiche der Sach-, Haftpflicht-, Geschäfts- und Finanzrisiken. Weitere Informationen zu den kostenpflichtigen Dienstleistungen erhalten Sie im Internet unter [www.allianz.de und www.allianz-azt.de].

5 TOP – Technik, Organisation und Personal: Die Ansatzpunkte für effiziente Schadenverhütung bei Fahrzeugflotten

Die vorangegangenen betriebswirtschaftlichen Betrachtungen führen uns zu den erforderlichen Maßnahmen für erfolgreiche Schadenverhütung. Und die Optimierung der Effizienz in einer Flotte heißt hier zuallererst die Optimierung der Effizienz jeder einzelnen Fahrt. Nicht Risikokennwerte und Sicherheitsindices werfen die gesamte Wochendisposition über den Haufen, zwingen zu Stornierungen und erfordern die Suche nach einem raschen Ersatz, sondern der konkrete Verkehrsunfall. Ihr Fahrer war abgelenkt und der Gegner fuhr mit überhöhter Geschwindigkeit. Unfallgründe sind im Nachhinein immer plausibel – Ihr Plan für die kommende Woche ist dennoch Makulatur. Der Wert jeder Schadenverhütungsmaßnahme muss sich am Nutzen für die Verhinderung wirklicher Unfälle erweisen. Wirtschaftliche Effizienz in der Flotte setzt Handeln voraus, das einen reibungslosen Ablauf jeder Tour sicherstellt. Erst die kontinuierliche Sorgfalt in jeder einzelnen Maßnahme gewährleistet Nachhaltigkeit. Und das heißt auch, Schadenverhütung ist keine Einmalinvestition. Sie ist Bestandteil betriebswirtschaftlichen Denkens. Im Folgenden wollen wir Ihnen die zentralen Punkte von Schadenverhütungsmaßnahmen erläutern, die im Straßenverkehr wichtig sind, und die sich im Flottenbetrieb bewährt haben. Zunächst einige grundsätzliche Informationen:

5.1 Verkehrssicherheit als Qualitätsziel: Zielvereinbarung Schadenverhütung

Hauptziel von Verkehr ist der Transport von Gütern und Personen. Sicherheit als Qualitätsdimension von Verkehr ist nur im Dialog mit allen Qualitätsdimensionen wie Wirtschaftlichkeit, Termintreue, Transportdauer oder Sozial- und Umweltverträglichkeit zu erreichen (Schneider et al., 1992). Schadenverhütung muss daher im betrieblichen Prozess als Zielvereinbarung verankert sein. Ohne strategische Vorgabe aus der Geschäftsleitung oder seitens des verantwortlichen CFO bleiben einzelne Maßnahmen nur Taktik ohne langfristigen Nutzen. Schadenverhütung in der Fahrzeugflotte muss verbindlich schriftlich niedergelegt sein; Aufgaben und Ziele im Flottenbetrieb sollten mit Bezug zu Schadenverhütungsmaßnahmen formuliert werden. Zudem muss die Organisation eines Unternehmens mit Fahrzeugflotten die Verantwortlichen, vor allem den Fuhrparkleiter, in die Lage versetzen, ihre Aufgaben auch unter dem Blickwinkel der Schadenverhütung zu erfüllen. Hier können Qualitätssicherungssysteme mit regelmäßigen Audits zielführend sein. Verschiedene Anbieter wie Prüfdienste (z.B. DEKRA oder TÜV-Akademie) oder Deutscher Verkehrssicherheitsrat helfen mit Beratungs-, Schulungs- oder Zertifizierungs-Maßnahmen, die erforderlichen organisatorischen Schritte zur flottenspezifischen Qualitätssicherung zu installieren.

5.2 Fuhrparkleiter und Organisation des Flottenbetriebs

5.2.1 Der Fuhrparkleiter

Der Fuhrparkleiter ist die zentrale Instanz für den sicheren Flottenbetrieb. Er hat die wichtige Aufgabe, alle Prozesse des Flottenmanagements zu koordinieren und dabei ggf. noch zwischen Fahrer und Geschäftsleitung zu vermitteln. Sowohl in betriebswirtschaftlicher, rechtlicher als auch kraftfahrzeugtechnischer Hinsicht sind hohe Anforderungen an ihn gestellt. Und nicht selten fallen auf ihn aller Unmut und Schwierigkeiten zurück. Doch nur mit dem hohen Verantwortungsbewusstsein und Selbstanspruch des Fuhrparkleiters ist nachhaltige Flottensicherheit zu erreichen; besonders seine fachliche Fortbildung sollte daher gefördert werden. Sein Können und seine Qualitäten kommen immer der Wirtschaftlichkeit des Betriebs zugute. Ist die Schadenverhütung in den Vereinbarungen seiner Arbeitsplatzbeschreibung verankert, können Fuhrparkleiter und Geschäftsleitung die Rahmenbedingungen schaffen und deren Erfolg kontrollieren.

Info kompakt: Was ist Verkehrssicherheit?

Betriebssicherheit und **Rechtssicherheit** sind die beiden Säulen für sichere Verkehre (Pirath, 1952). Die sichere Inbetriebnahme eines Verkehrssystems heißt Gewährleistung der Sicherheit aller am Verkehr beteiligten Komponenten, hier also Fahrzeug, Straße, Verkehrstechnik und Fahrer. Die sichere Rechtsgrundlage gewährleistet Einheitlichkeit und Verbindlichkeit im Handeln und in den daraus resultierenden Konsequenzen.

Verkehrssicherheitsarbeit vollzieht sich auf den drei Feldern Engineering, Enforcement und Education, den „Three E": **Engineering** nutzt die Technik. Es optimiert Fahrzeugsicherheit oder entschärft z.B. Unfallbrennpunkte durch straßenbauliche Maßnahmen. Wissen Sie heute noch, dass die Fülle der dramatischen Autobahnunfälle der 50er Jahre durch den Gegenverkehr zustande kam? Die Abtrennung bestand nur aus einem Rasenstreifen. **Enforcement** setzt Regeln und kontrolliert sie. Geschwindigkeitsbegrenzungen oder das Flensburger Punkteregister gehören dazu. Aber auch die Vorgabe der politischen Ziele – das anspruchsvollste unter ihnen sicherlich „Vision Zero" der schwedischen oder schweizerischen Regierungen beispielsweise. Die EU hat in ihrer Charta festgelegt, die Zahl der Getöteten bis zum Jahre 2010 um 50 % zu senken, eine anspruchsvolle Zielvorgabe, angeregt von der *Aktion Minus 50 %* des schleswig-holsteinischen Verkehrsministers; die Bayerische Landesregierung hat sich mit ihrer *Aktion Verkehrssicherheit* die Reduzierung um 10 % bis zum Jahr 2006 zum Maß gesetzt – Bayern steht in der Getötetenstatistik gegenwärtig an der Spitze. **Education** betrifft den Fahrer: Fahrausbildung, Sicherheitskampagnen oder Trainingsmaßnahmen sind zu nennen. Aber erst eine integrierte Berücksichtigung aller drei E schafft einen Nutzen – die sog. **Verbundstrategie:** Der Sicherheitsgurt musste entwickelt und in der Praxis optimiert werden (Engineering), der Fahrer muss davon überzeugt werden, dass er ihn tatsäch-

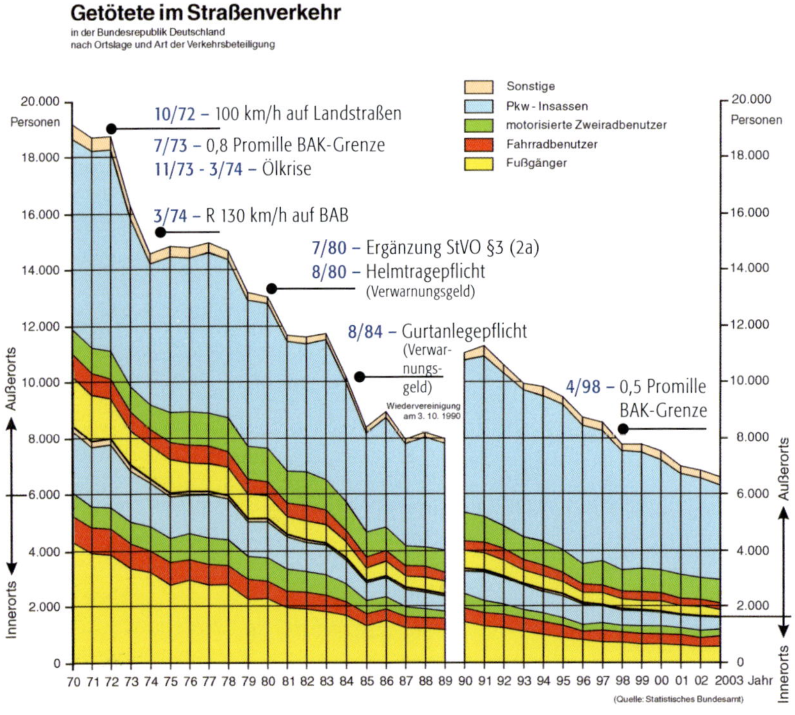

Meilensteine in der deutschen Verkehrssicherheit: Die langjährige Unfallentwicklung und die Einführung von Sicherheitsmaßnahmen (Quelle: BASt).

lich anlegt (Education) und der Einbau wie das Anlegen mussten gesetzlich festgelegt, kontrolliert und Fehlverhalten mit Bußgeld belegt werden (Enforcement) – nur so wurde der optimale Nutzen erzielt und in der Unfallstatistik ablesbar. Eine ganze Reihe an Maßnahmen der vergangenen Jahrzehnte konnte so erst die Sicherheit im Straßenverkehr erhöhen: Gurt- und Helmpflicht gehören dazu, der Führerschein auf Probe, die Promilleregelungen, aber auch Geschwindigkeitsbegrenzungen. Auch die Philosophie unseres Buches folgt dieser Strategie: Erst die Bündelung und Abstimmung verschiedener taktischer Maßnahmen im Betrieb versetzt die Verantwortlichen – vom CFO über den Risk-Management-Beauftragten bis zum Fuhrparkleiter – in die Lage, die Geschicke der Flotte aktiv zu lenken. Ohne ihr strategisches Denken kann Schadenverhütung in einem Betrieb mit mehreren Fahrern und Fahrzeugen nicht funktionieren.

Verkehrssicherheitsforschung vollzieht sich auf den drei Ebenen Mensch, Fahrzeug und Umwelt. Auch sie können nur im Verbund betrachtet werden. Denn erst die Interaktion von Mensch und Maschine definiert das Risiko im System Verkehr. Bekannt sind Phänomene der Risikoanpassung, wenn sich Fahrer mit Sicherheitstechnik in falscher Sicherheit wiegen; aber es gibt auch den umgekehrten Effekt: So beeinflusst die Geschwindigkeitsanzeige in einem sog. Head-up-display (HUD, auf Blickhöhe in der Windschutzscheibe) die gefahrene Geschwindigkeit sicherheitsfördernd; der Unfalldatenspeicher (UDS) senkt unter bestimmten Umständen das Unfallrisiko, denn das Wissen um die Aufzeichnung der eigenen Fahrdaten beeinflusst das Verhalten des Fahrers (siehe dazu S. 90). Grundsätzlich bestimmen objektive und subjektive *Kontrolldichte* und objektive und subjektive *Sanktionswahrscheinlichkeit* die Zahl der Verkehrsverstöße und das Unfallgeschehen. Ein wesentliches Instrument der Sicherheitsarbeit ist die *Unfallforschung*, die statistische und experimentelle Analyse des Unfallgeschehens nach Unfalltypen, -arten und -ursachen. Sie schafft die Grundlage für den gezielten Einsatz geeigneter Gegenmaßnahmen. So lassen sich der Nutzen bestimmter Fahrzeugtechniken abschätzen (Wirkpotentiale) oder die Notwendigkeit zu Änderungen der Rechtslage erkennen (Absenkung der Promillegrenze). Ihre Fahrzeugflotte ist der Verkehr im Kleinen: Auch hier kann mit gezielter Unfallanalyse, Unfallstatistik und im Verbund der drei E – hier TOP – Ihr System Flotte sicher gemacht werden.

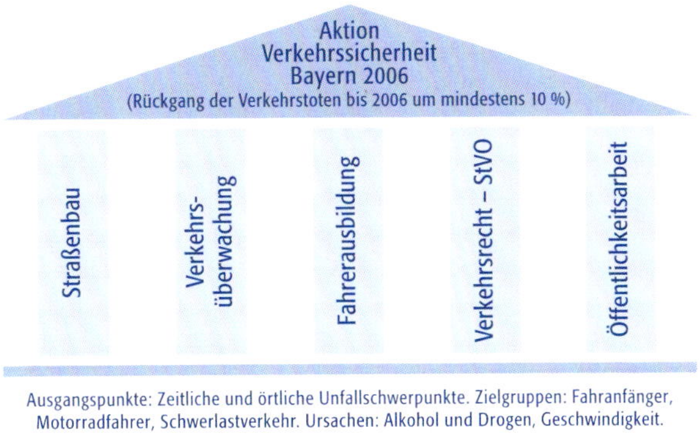

Die Säulen sicheren Verkehrs im hoheitlichen Handeln: Die Aktion Verkehrssicherheit Bayern 2006 (Quelle: StMI Bayern).

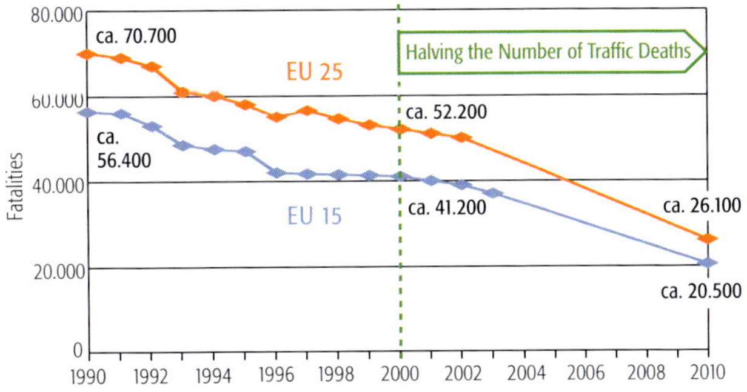

Das hohe Ziel der Europäischen Union: Reduzierung der Zahl der Verkehrstoten um 50 % bis zum Jahr 2010 (Quelle: EU Kommission).

Neben der fachlichen Fortbildung ist aber auch der Kontakt nach außen wertvoll. Er gewährleistet Informationstransfer und bedeutet für das Unternehmen Öffentlichkeitsarbeit. So kann ehrenamtliches Engagement bei Verkehrssicherheitsaktionen in Ihrer Kommune oder Kreis dazu beitragen, dass Ihr Unternehmen als solider Dienstleister der Region ins Gespräch kommt und Ihnen vielleicht sogar manche neuen Kontakte eröffnet. Eine solche „Win-Win-Situation" für Ihren Betrieb und für die Verkehrssicherheit in Ihrer Gemeinde ist seitens der Sicherheitsverbände durchaus gewünscht. Ansprechpartner können die Polizei, das Ordnungsamt, Landes- oder Kreis-Verkehrswachten, Berufsgenossenschaften und DVR sein. Als Beispiel sei die Aktion „Sicher kommt an" des Wirtschafts- und Verkehrsministers in Schleswig-Holstein genannt. Der Kontakt des Fuhrparkleiters zu den Sicherheitsgremien und Verbänden seiner Region kann zudem durchaus eine nicht zu vernachlässigende Komponente in der Mitarbeitermotivation sein, wenn beispielsweise betriebsinterne und -externe Veranstaltungen mit den Freizeitinteressen Einzelner harmonieren.

Lesetipp:

Kerler, S. (2003). Fuhrpark- und Flottenmanagement: Praxishandbuch für Unternehmen mit eigenem Fuhrpark.
München: Verlag Heinrich Vogel. Hardcover, 256 Seiten, ISBN 3-574-26010-5.

5.2.2 „Car Policy" – Der dienstrechtliche Rahmen für die Fahrzeugnutzung

Es dient der rechtlichen Absicherung zwischen Arbeitgeber und Arbeitnehmer, aber es dient auch der Absicherung des Fuhrparkbetreibers im Schadenfall, wenn die Nutzung der Fahrzeuge sowie die Rechte und Pflichten der Nutzer schriftlich niedergelegt sind. Das beginnt bereits mit der Frage, ob ein Fahrzeug tatsächlich ein Geschäftsfahrzeug im Sinne des Versicherungs- und Steuerrechts ist. Jeder Fahrer sollte schriftlich über die Nutzungsvoraussetzungen in Bezug auf die überlassenen Fahrzeuge informiert sein. Im konkreten Einzelfall kann es wünschenswert sein, dass die Dienstwagenüberlassung an Arbeitnehmer auch vertraglich niedergelegt ist (Überlassungsvertrag). Rechtliche Aspekte eines Dienstwagenüberlassungsvertrags werden beispielsweise von Fischer (2004) erläutert. Inland-/Ausland-Einsatz, private Nutzung, Haftung, Verhalten bei Unfällen u.a.m. wird angesprochen. Ein Mustervertragsbeispiel findet sich u.a. in der Zeitschrift *Arbeit und Arbeitsrecht* des HUSS-Verlags (2005, S. 271, [www.arbeit-und-arbeitsrecht.de]).

Lesetipp:

Fischer, L.D. (2004). Dienstwagenüberlassung an Arbeitnehmer. Rechtliche Aspekte der Vertragsgestaltung für die Praxis.
Flottenmanagement, 5, 22-26.

Abeln, Ch. & Meier, O. (2005). Dienstwagen. Entzug der Privatnutzung möglich?
Arbeit und Arbeitsrecht, 5, 264-271.

5.2.3 Information und Kommunikation in Ihrem Betrieb

Schadenverhütung setzt Informationsfluss voraus. Die wichtigsten Elemente sind regelmäßige, mindestens monatlich stattfindende Fahrerbesprechungen, Unfallanalysegespräche (siehe S. 65) und regelmäßige aktuelle Informationen mit für die Größe, die Struktur und die Branche des Betriebs geeigneten Mitteln. Auch neben der Fahrerschulung sind regelmäßige Sicherheitsunterweisungen in Form von Rundschreiben, Plakaten oder Aushängen erforderlich, um kontinuierliche Aufmerksamkeit zu erzielen. Über aktuelle Entwicklungen, die den Fahrer unmittelbar betreffen, muss er zeitnah informiert werden. Der Fuhrparkleiter sollte sich nicht darauf verlassen, dass der Fahrer „selbstverständlich" über Neuerungen, z.B. in der Straßenverkehrsordnung, informiert ist. In Großunternehmen hat sich auch die Intranet-Plattform und E-Mail-Kommunikation als gut angenommenes Medium für aktuelle Sicherheitsthemen erwiesen. Informationsmaterial von grundsätzlicher Bedeutung für die Sicherheit der Flotte sollten dem Fahrer nach Maßstäben der Qualitätssicherung mit Gegenzeichnung (Fahrerbestätigung) ausgehändigt werden.

Im Zuge der EU-Freizügigkeit stellen Mitarbeiter mit nichtdeutscher Muttersprache einen wachsenden Anteil am Fahrpersonalstamm. Hier sind Information und Kommunikation besonders wichtig, nicht nur der sprachlichen Hindernisse wegen. Zwischen ost- bzw. südosteuropäischen und westeuropäischen Erfahrungshintergründen von Kraftfahrern bestehen z.T. große Unterschiede. In der Sicherheitsunterweisung dieser Mitarbeiter sollte der Fuhrparkleiter Sorgfalt walten lassen. Der Fuhrparkleiter sollte sich davon vergewissern, dass Fahrern mit nichtdeutscher Muttersprache Sinn und Zweck der Information präsent sind.

Ein zweiter Aspekt betrifft die sog. Sicherheitskommunikation selbst. Sie beinhaltet *„alle medialen Botschaften und Informationen, die einen direkten oder indirekten Bezug zum sicheren Verhalten [im Straßenverkehr] haben und dazu beitragen sollen, die Anpassung der Verkehrsteilnehmer an die Anforderungen des Straßenverkehrs zu fördern“* (Pfafferott, 2002). Zur Automobilwerbung beispielsweise hat die Europäische Kommission Empfehlungen veröffentlicht: *„Werbung darf den Fahrer nicht ermutigen, gegen das Gesetz zu verstoßen und die Grundregeln für ein normales, vorsichtiges Fahren zu verletzen ... Werbung darf keine Bedürfnisse wecken, die mit Verkehrssicherheit unvereinbar sind ...“* (Pfafferott, 2002). Auch im Flottenbetrieb sollten die ausliegenden Info-Materialen, Werbeposter, Broschüren, Zeitschriften oder Flyer nicht die Leitsätze der Straßenverkehrsordnung konterkarieren. Auf sinnvolle Alternativen, etwa Poster oder Info-Blätter des DVR oder der Berufsgenossenschaften, werden wir an verschiedenen Stellen hinweisen. Wir wollen nicht puritanisch werden und Ihre Sozialräume zum Verkehrskindergarten machen – aber besagtes *Ichtrinkeweil-Poster* muss in der Kantine nicht hängen. Und noch ein offenes Wort zum Thema: Der Chef hat Vorbildfunktion. Auch er kommuniziert das Sicherheitsverständnis der Firma – nach außen wie nach innen!

5.2.4 Fuhrparkinformation und Routenmanagement

Die modernen Informationstechnologien für Verkehrswesen und für das Transport- und Logistikgewerbe werden zunehmend vernetzter (Fritsch,

Plakate mit Verkehrssicherheitswerbung der Verbände – die geeignete Sicherheitskommunikation für Ihren Betrieb (Quelle: DVR).

2003). In Kap. 5.5 werden wir hierauf noch eingehen und Ihnen einen Ausblick auf die sog. Telematik-Systeme geben. Flotten- und Routenmanagement in untereinander kommunizierenden Fahrzeugen wird sowohl der Sicherheit als auch der betriebsspezifischen Optimierung zugute kommen. Doch bereits heute unterstützen viele elektronische Systeme die Abläufe im Flottenbetrieb. In Abhängigkeit von der Flottenstärke und -zusammensetzung sowie der Charakteristik des Unternehmens sind angepasste Lösungen sinnvoll. Nicht nur Großflotten müssen von automatisierten Betriebsabläufen profitieren. Sind die administrativen Tätigkeiten wie Liefer- bzw. Frachtpapierverwaltung vereinfacht, wird auch der Fahrer entlastet; zudem dient es der innerbetrieblichen Statistik. Auch standardisierte Kunden- und Artikelergebnisrechnung oder Personal- und Werkstattverwaltung hilft bereits bei kleinen Einheiten, Kosten zu senken. Nähere Informationen über geeignete Kontakte für Beratung und Fortbildung können den u.g. Fachjournalen oder gewerblichen Verbänden unter dem Stichwort Fuhrparkmanagement entnommen werden. Im Zweifelsfall empfiehlt sich die Beiziehung eines externen Beraters.

Neben der Optimierung der betrieblichen und logistischen Abläufe im Allgemeinen ist in der Flottenaktivität mehr denn im Privatverkehr die Navigation des Fahrers unfallverhütend. Ein Insider-Scherz mit realem Hintergrund besagt, dass der häufigste Unfall eines Feuerwehrwagens der Zusammenstoß mit einem anderen Feuerwehrwagen ist, der den Weg zur Brandstelle sucht. Mit anderen Worten: Hoher Zeitdruck und hohe Arbeitsbelastung gepaart mit Ortsunkenntnis stellen ein hohes Gefahrenpotential dar. Navigations-Systeme sind im gewerblichen Verkehr eine wichtige Voraussetzung, Ablenkungen des Fahrers während der Fahrt zu reduzieren – vorausgesetzt, die Systeme werden ordnungsgemäß genutzt, das heißt vor allem: vor Fahrtantritt bedient. Im Kapitel *Das sichere Fahrzeug* werden wir Ihnen unter dem Stichwort *Telematik* (s. S. 92) einige Erläuterungen zu den heutigen Informationssystemen geben. Nicht jede Lösung wird auch für kleine mittelständische Betriebe erforderlich bzw. wirtschaftlich sinnvoll sein; entscheidend ist nicht die Elektronik, entscheidend ist das organisatorisch vernetzte Denken. Auch auf kleine Flotten können Informations-, Dokumentations- und Routensysteme adaptiert werden.

5.3 Verkehrsgesetze, Arbeitssicherheit und Sozialvorschriften

„Die Straße ist der gefährlichste Arbeitsplatz" lautet die griffige, aber traurige Wahrheit der Sachverständigen. 62 % aller tödlichen Arbeits- und Wegeunfälle ereignen sich im Straßenverkehr (vgl. BGF Website). Schadenverhütung in der Flotte ist daher zuallererst Arbeitssicherheit! Die Rechtsregelungen zur Verkehrs- und Arbeitssicherheit sind der verbindliche Rahmen, innerhalb dessen sich Ihr Flottenbetrieb bewegt. Ohne eine grundsätzliche Normtreue aller Wettbewerber sind gewerbliche Verkehre nicht zu gewährleisten. Im Übrigen unterliegt auch der freiberufliche Fahrer sicherheitlichen Bestimmungen, die sich aus dem Prinzip der Sorgfaltspflicht ergeben. Hier besteht Aufklärungsbedarf des Staates und der Verbände zum Wohle der Chancengleichheit und der Schadenverhütung.

Sicherheit für den gewerblichen Fahrer: Die Mitteilungsorgane der Berufsgenossenschaften bieten eine gute Informationsquelle für Fuhrparkleiter und fahrendes Personal (Quelle: VMBG und BGF).

5.3.1 Das Straßenverkehrsgesetz und weitere Rechtsgrundlagen

Neben dem Bürgerlichen Gesetzbuch (BGB), dem Strafgesetzbuch (StGB) und der Sozialgesetzgebung (SGB) bzw. dem Arbeitssicherheitsgesetz (ASiG) ist für den Flottenbetrieb vor allem das Straßenverkehrsrecht (StVR) von Relevanz. Die aktuelle

- Straßenverkehrs-Ordnung (StVO),
- Straßenverkehrs-Zulassungs-Ordnung (StVZO),
- Fahrerlaubnis-Verordnung (FeV) und das
- Straßenverkehrsgesetz (StVG)

gehören nicht nur im Rahmen einer regelgerechten Qualitätssicherung, sondern in jedem verantwortungsbewussten Flottenbetrieb zu den Informationen, die neben allen dienstlich jeweils erforderlichen Sozialvorschriften, Ausführungsbestimmungen, Leitfäden und Richtlinien etc. verfügbar sein sollten. Nicht nur der Fuhrparkleiter, sondern jeder Fahrer ist dafür verantwortlich, dass er den aktuellen Sachstand kennt. Viele Informationen können heute *online* abgerufen werden (etwa beim Kraftfahrtbundesamt. KBA), auch die Gesetzestexte sind im Internet leicht zu finden; doch das ersetzt nicht die *Handbibliothek* der wichtigsten Vorschriften für Ihren Betrieb! Dazu gehören gegebenenfalls weiterhin das

- Güterkraftverkehrsgesetz (GüKG)
- Personenbeförderungsgesetz (PBefG)
- Handelsgesetzbuch (HGB)
- Gesetz zur Neuregelung des Fracht-, Speditions- und Lagerrechts (Transportrechtsreformgesetz – TRG)

Darüber hinaus sind im Einzelfall europäisches und außereuropäisches Recht, etwa US-amerikanische Bestimmungen, zu beachten. Für den grenzüberschreitenden Kraftverkehr müssen Verkehrsrecht und Sozialvorschriften der Zielländer bekannt sein. Die Einhaltung aller Bestimmungen, vor allem der Sozialvorschriften, ist eine selbstverständliche Voraussetzung für den Flottenbetrieb. Überschreitung der Lenkzeiten, Missachtung der Ladungssicherungsvorschriften und Missachtung der Abregelung auf die vorgeschriebene Geschwindigkeit führen immer wieder zu Großschäden im Straßenverkehr, sind aber auch für viele geringfügigere Unfälle verantwortlich. Die Ursachen für die Missachtung von Vorschriften sind vielfältig und auch allgemein bekannt. So ergeben sich vor allem aus der EU-Entwicklung gegenwärtig problematische Wettbewerbsbedingungen. Betriebsintern sind Terminkonflikte und andere organisatorische Faktoren für erhöhten Zeitdruck verantwortlich. Um so wichtiger ist die stetige Selbstkontrolle. Wer die Regelwerke nur als Hemmnis auffasst, verkennt ihren ausgewiesenen Nutzen für die Schadenverhütung. Bewusst in Kauf genommene Risiken können zudem im gegebenen Einzelfall als grobe Fahrlässigkeit erhebliche Folgen haben, auch für den Versicherungsschutz. Nicht zuletzt die persönliche Zuverlässigkeit des Geschäftsführers und somit seine gewerbliche Existenz kann in gravierenden Fällen tangiert sein.

Straßenverkehrs-Zulassungs-Ordnung
StVZO § 31 Verantwortung für den Betrieb der Fahrzeuge.

(2) Der Halter darf die Inbetriebnahme nicht anordnen oder zulassen, wenn ihm bekannt ist oder bekannt sein muss, dass der Führer nicht zur selbständigen Leitung geeignet oder das Fahrzeug, der Zug, das Gespann, die Ladung oder die Besetzung nicht vorschriftsmäßig ist oder dass die Verkehrssicherheit des Fahrzeugs durch die Ladung oder die Besetzung leidet.

Lesetipp:

Hentschel, P. (2005). Straßenverkehrsrecht. München: C.H. Beck Verlag. Straßenverkehrsgesetz, Straßenverkehrs-Ordnung, Straßenverkehrs-Zulassungs-Ordnung, Fahrerlaubnis Verordnung, Bußgeldkatalog, Gesetzesmaterialien, Verwaltungsvorschriften und einschlägige Bestimmungen des StGB und der StPO kommentiert von Dr. Peter Hentschel.
38. Aufl. 2005, XX, 1.682 S. mit farb. Wiedergabe der Verkehrszeichen, Leinen, ISBN 3-406-52996-8.

C.H. Beck Verlag (Hrsg.). (2005). Straßenverkehrsrecht. München: C.H. Beck.
44., neu bearb. Aufl. 2005, XLIV, 514 S., kartoniert, ISBN 3-406-53239-X.

5.3.2 Arbeitssicherheit

Jeder Unternehmer, der mindestens eine Person beschäftigt, ist nach dem Arbeitssicherheitsgesetz (ASiG) verpflichtet, die Unfallverhütungsvorschriften (UVV) zu beachten. Er hat eine Fachkraft für Arbeitssicherheit sowie einen Betriebsarzt zu bestellen, eine Verpflichtung, die kleine Unternehmen in der Regel nach außen delegieren müssen, z.B. an sicherheitstechnische und arbeitsmedizinische Dienste. So steht Mitgliedern der Berufsgenossenschaft für Fahrzeughaltungen (BGF) mit nicht mehr als 30 Mitarbeitern der sog. Arbeitsmedizinische und Sicherheitstechnische Dienst (ASD) zur Verfügung. Doch auch unbeschadet der Gesetzeslage gehört ein vernetztes Arbeitssicherheitsdenken zur Grundlage erfolgreicher Schadenverhütungsarbeit. Denn Arbeitsunfälle mit Fahrzeugen bestreiten seit vielen Jahren einen konstant hohen Anteil an allen Arbeitsunfällen.

Arbeitssicherheitsgesetz ASiG
Gesetz über Betriebsärzte, Sicherheitsingenieure und andere Fachkräfte für Arbeitssicherheit
§ 1 Grundsatz

Der Arbeitgeber hat nach Maßgabe dieses Gesetzes Betriebsärzte und Fachkräfte für Arbeitssicherheit zu bestellen. Diese sollen ihn beim Arbeitsschutz und bei der Unfallverhütung unterstützen. Damit soll erreicht werden, dass

1. die dem Arbeitsschutz und der Unfallverhütung dienenden Vorschriften den besonderen Betriebsverhältnissen entsprechend angewandt werden,
2. gesicherte arbeitsmedizinische und sicherheitstechnische Erkenntnisse zur Verbesserung des Arbeitsschutzes und der Unfallverhütung verwirklicht werden können,
3. die dem Arbeitsschutz und der Unfallverhütung dienenden Maßnahmen einen möglichst hohen Wirkungsgrad erreichen.

Neben Arbeits- und Wegeunfällen im Straßenverkehr fallen im Übrigen auch die Arbeitsunfälle auf innerbetrieblichen Wegen ins Gewicht. Be- und Entladen, Ein- und Aussteigen vom Lkw oder Anfahr- bzw. Rangierunfälle am Quell- oder Zielort sind Gefahrenmomente, die den wenigsten Fahrern bewusst sind. Alleine 12 % aller Absturzunfälle in der Arbeitswelt sind Lkw-Sturz-Unfälle, und unter allen Anfahrunfällen bestreitet der Lkw mit 29 % den Löwenanteil der tödlichen Unfälle; von allen neuen Unfallrenten durch Anfahrunfälle gehen mehr als ein Viertel zulasten von Pkw, Krad oder Lkw. Von allen der BGF gemeldeten Stolper-, Rutsch- und Sturzunfällen (SRS) gehen knapp die Hälfte auf das Konto des Güterkraftverkehrs, 30 % auf das des Lkw. Auf dem Arbeitsplatz Fahrzeugflotte lebt es sich nicht ungefährlich (HVBG, 2004). Nun konzentrieren Gesamtstatistiken alle Daten und pflegen die Probleme und Ursachen der Verunfallung drastisch vor Augen zu führen. Und das ist auch ihr Sinn. Allerdings: „Gefahr erkannt" heißt längst nicht „Gefahr gebannt". Die Unfallanalysen zeigen, dass Schadenverhütung nur in der konsequenten Beachtung detaillierter Verhaltensmaßregeln liegen kann.

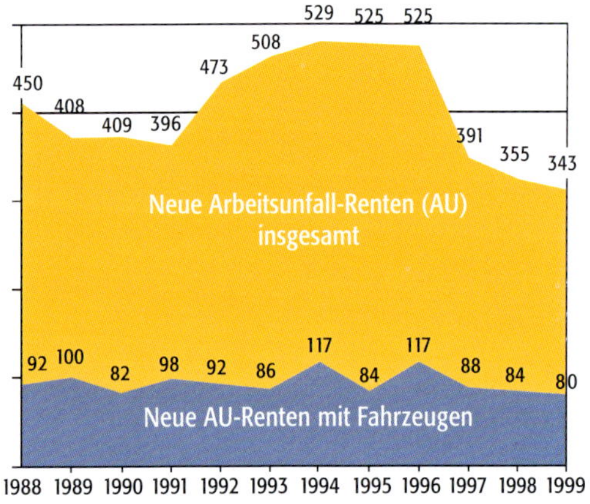

Allein in den Unternehmen der Steine- und Erden-Industrie stellen Unfälle mit Fahrzeugen einen langjährig konstant hohen Anteil an allen neuen Arbeitsunfall-Renten dieses Zweigs (Quelle: Steinbruchs-Berufsgenossenschaft).

Lesetipp:

Kurth, S. & Schultis, M. (2003). Arbeits- und Gesundheitsschutz im Betrieb. Handbuch für erfolgreiches Arbeitsschutz-Management – Rechts- und Praxishilfen. *Landsberg: Verlag Ecomed Sicherheit. Loseblattwerk im Ordner mit Aktualisierungsservice, 352 Seiten, Format DIN A4, mit CD-ROM, ISBN 3-609-20770-1.*

Anfahrunfälle durch Fahrzeug, Gerät, Maschine	Meldepflichtige Anfahrunfälle		Neue Unfallrenten		Tödliche Unfälle	
	Anzahl	%	Anzahl	%	Anzahl	%
Zweiräder (Fahrräder, Mopeds usw.)	280	2	21	4	1	2
Personenkraftwagen	962	8	49	9	3	6
Omnibusse	41	0	4	1	–	–
Lastkraftwagen	402	4	57	11	15	29
Handkarren, Handwagen, Rollcontainer	1.677	15	4	1	–	–
Schlepper, Plattformwagen	101	1	4	1	–	–
Hubwagen	2.666	23	34	6	–	–
Stapler	3.235	28	199	37	6	12
Schienenfahrzeuge	69	1	17	3	6	12
Bagger, Lader, Schrapper	203	2	56	10	7	14
Straßen-, Gleisbaumaschinen	67	1	18	3	2	4
Krane	88	1	4	1	3	6
Regalbediengeräte	151	1	6	1	1	2
Übrige Fahrzeuge, Geräte usw.	1.429	13	65	12	7	14
Insgesamt	**11.371**	**100**	**538**	**100**	**51**	**100**

Mehr als ein Viertel aller neuen Unfallrenten durch Anfahrunfälle geht zulasten von Pkw, Krad oder Lkw (Quelle: HVBG).

Von allen jährlich der BGF gemeldeten Stolper-, Rutsch- und Sturzunfällen (SRS) gehen knapp die Hälfte auf das Konto des Güterkraftverkehrs (Quelle: BGF).

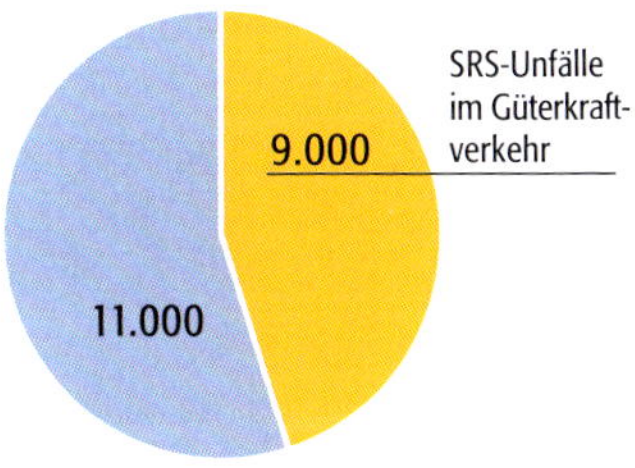

30 % aller SRS-Unfälle stehen in Zusammenhang mit dem Lkw (Quelle: BGF).

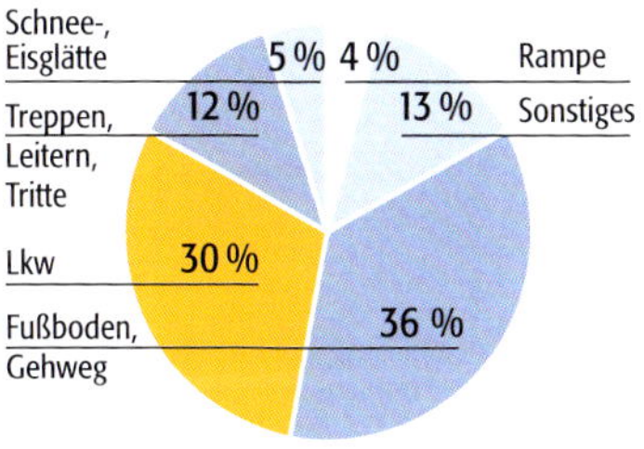

Risiko Lkw: 12 % aller Absturzunfälle in der Arbeitswelt sind Lkw-Sturz-Unfälle (Quelle: HVBG).

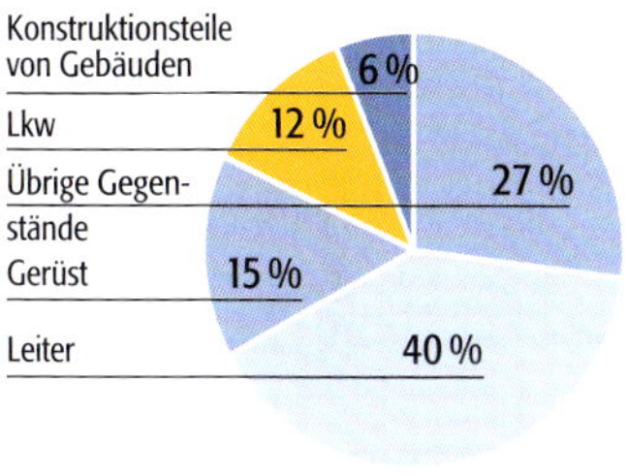

5.3.3 Lenk- und Ruhezeiten

Auch wenn das Thema auf den ersten Blick nicht in jedem Flottenbetrieb von Relevanz zu sein scheint, so muss der Einhaltung von Lenk- und Ruhezeiten doch eine etwas ausführlichere Betrachtung gewidmet werden: Die Übermüdung von Fahrern und die hieraus resultierende Unaufmerksamkeit spielt im Privat- wie auch im Berufsverkehr eine erhebliche Rolle. Es muss nicht erst zum berüchtigten „Sekundenschlaf" kommen – jede Überanstrengung des Fahrers führt zum Anstieg von Fahrfehlern, deren Folgen nicht vorhersehbar sind. Ein Viertel aller tödlichen Autobahnunfälle ist laut GDV auf Ermüdungsphänomene zurückzuführen (Langwieder, Sporner & Hell, 1994). Für viele Beschäftigte ist Fahren „nur" die Nebenaufgabe ihres Berufs – sie liefern aus, montieren, laden, sind mit anderer, teilweise schwerer körperlicher Arbeit betraut. Das Wort gibt zu Heiterkeit Anlass: Aber die sog. Müdigkeitsforschung hat in den zurückliegenden ca. 120 Jahren dafür gesorgt, dass die Sozialgesetzgebung eindeutig geregelte Arbeits- und Ruhephasen und maximale Tages- und Wochenarbeitszeiten im Arbeitsschutz etabliert hat. In experimentellen Studien sind die Unfallraten, aber auch die steigenden Fehlerraten und sinkenden Produktivitäten am Arbeitsplatz bei Ermüdung präzise erforscht worden, ebenso deren Ursachen. Schätzen Sie unsere in über hundert Jahren gewonnenen Sozialstandards nicht gering, so scharf der wirtschaftliche Druck sich auch darstellen mag.

Eine Lkw-Fahrerbefragung des GDV ergab, dass 44 % der Fahrer die gesetzlich erlaubte Wochenarbeitszeit von 60 Stunden überschreiten. Und mindestens 60 Stunden oder mehr – also an und über der Grenze der zulässigen Belastung arbeiten zwei Drittel aller Lkw-Fahrer. Im Gesamtdurchschnitt wird in Deutschland 62 Stunden am „Arbeitsplatz Lkw" gearbeitet. Zur Lenkzeit: 16 % fahren mehr als 50 Stunden, 35 % fahren mindesten 50 Stunden oder mehr pro Woche. Die Überschreitung der zulässigen Lenkzeit von 90 Stunden in der Doppelwoche liegt nahe (Fastenmeier, Gwehenberger & Finsterer, 2002). Und: Etwa die Hälfte aller Lkw-Fahrer fährt *häufig* oder *meistens* zwischen 22:00 und 6:00 Uhr. Der sog. ciradiane (24 Stunden dauernde) Biorhythmus des Menschen lehrt uns, dass Fahrer vor allem nachts und am frühen Nachmittag durch erhöhten Schlafdruck gefährdet sind. Dieser Rhythmus hängt vom individuellen Wach-Schlafzyklus ab; ein Wechsel der Schichten (Tag/Nacht) in kurzer Zeit, etwa innerhalb der gleichen Woche, verbietet sich. Nachtschichtpersonal weist zudem nach Schichtende als Privatfahrer eine höhere Unfallbelastung auf. Auch das frühe Nachmittagstief wird kaum ernst genommen; in der Statistik spiegelt es sich nur in großen Stichproben. Doch tendenziell lässt es sich sogar in der Tageszeitstatistik aller meldepflichtigen Arbeitsunfälle der Berufsgenossenschaften ablesen (HVBG, 2004), die zwischen 14 und 16 Uhr einen Anstieg aufweist. Alle Regelungen zu den vorgeschriebenen Lenk- und Ruhezeiten finden Sie in der Tabelle auf S. 49. Ratsam ist zudem, jedem Fahrer eine *Fahreranweisung zum Thema Lenk- und Ruhezeiten* auszuhändigen, wie sie z.B. vom Vogel-Verlag angeboten wird (Verlag Heinrich Vogel, 2005).

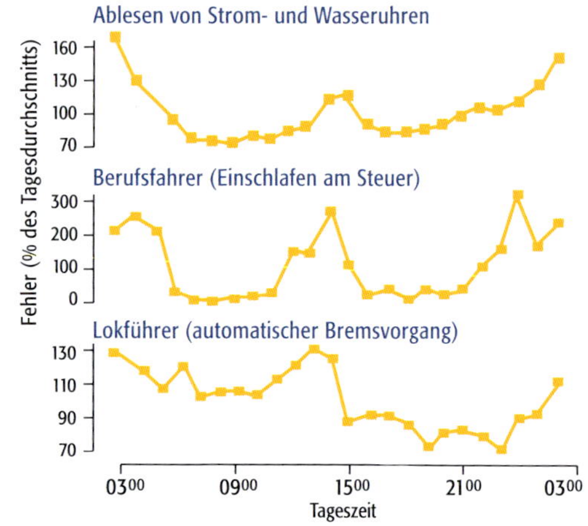

Das „frühe Nachmittagstief": Fehlverhalten von Berufsfahrern in Abhängigkeit vom Biorhythmus (Quelle: Bild zit. nach Waterhouse et al.,1992, zit. nach Galley & Churan in Kubitzki, 2002).

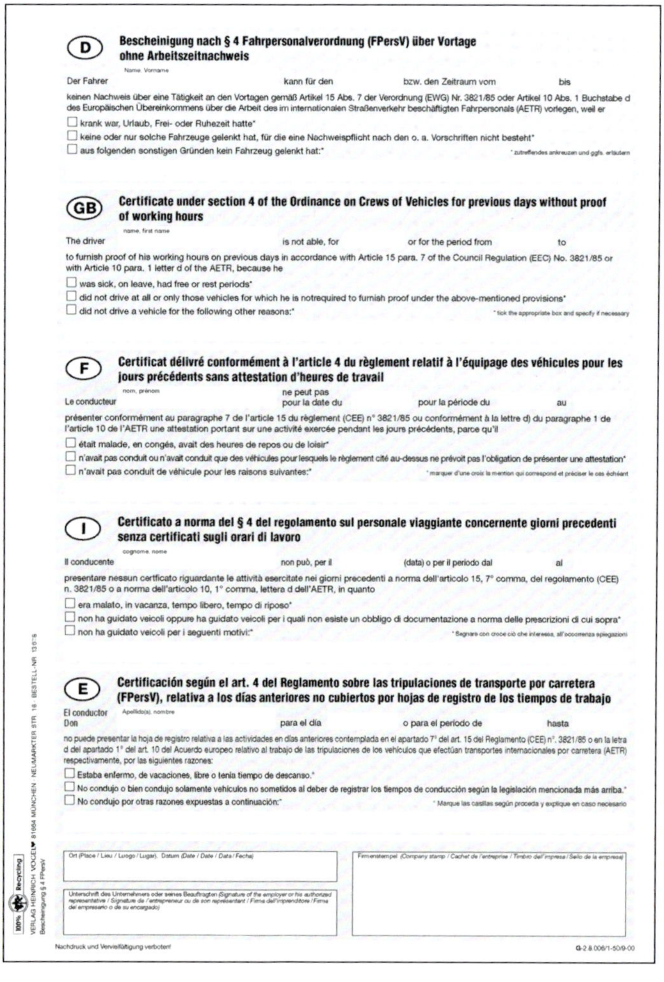

(D) Bescheinigung nach § 4 Fahrpersonalverordnung (FPersV) über Vortage ohne Arbeitszeitnachweis

Der Fahrer (Name, Vorname) kann für den bzw. den Zeitraum vom bis

keinen Nachweis über eine Tätigkeit an den Vortagen gemäß Artikel 15 Abs. 7 der Verordnung (EWG) Nr. 3821/85 oder Artikel 10 Abs. 1 Buchstabe d des Europäischen Übereinkommens über die Arbeit des im internationalen Straßenverkehr beschäftigten Fahrpersonals (AETR) vorlegen, weil er

☐ krank war, Urlaub, Frei- oder Ruhezeit hatte*
☐ keine oder nur solche Fahrzeuge gelenkt hat, für die eine Nachweispflicht nach den o. a. Vorschriften nicht besteht*
☐ aus folgenden sonstigen Gründen kein Fahrzeug gelenkt hat:*

* zutreffendes ankreuzen und ggfs. erläutern

(GB) Certificate under section 4 of the Ordinance on Crews of Vehicles for previous days without proof of working hours

The driver (name, first name) is not able, for or for the period from to

to furnish proof of his working hours on previous days in accordance with Article 15 para. 7 of the Council Regulation (EEC) No. 3821/85 or with Article 10 para. 1 letter d of the AETR, because he

☐ was sick, on leave, had free or rest periods*
☐ did not drive at all or only those vehicles for which he is notrequired to furnish proof under the above-mentioned provisions*
☐ did not drive a vehicle for the following other reasons:*

* tick the appropriate box and specify if necessary

(F) Certificat délivré conformément à l'article 4 du règlement relatif à l'équipage des véhicules pour les jours précédents sans attestation d'heures de travail

Le conducteur (nom, prénom) ne peut pas pour la date du pour la période du au

présenter conformément au paragraphe 7 de l'article 15 du règlement (CEE) n° 3821/85 ou conformément à la lettre d) du paragraphe 1 de l'article 10 de l'AETR une attestation portant sur une activité exercée pendant les jours précédents, parce qu'il

☐ était malade, en congés, avait des heures de repos ou de loisir*
☐ n'avait pas conduit ou n'avait conduit que des véhicules pour lesquels le règlement cité au-dessus ne prévoit pas l'obligation de présenter une attestation*
☐ n'avait pas conduit de véhicule pour les raisons suivantes:*

* marquer d'une croix la mention qui correspond et préciser le cas échéant

(I) Certificato a norma del § 4 del regolamento sul personale viaggiante concernente giorni precedenti senza certificati sugli orari di lavoro

Il conducente (cognome, nome) non può, per il (data) o per il periodo dal al

presentare nessun certficato riguardante le attività esercitate nei giorni precedenti a norma dell'articolo 15, 7° comma, del regolamento (CEE) n. 3821/85 o a norma dell'articolo 10, 1° comma, lettera d dell'AETR, in quanto

☐ era malato, in vacanza, tempo libero, tempo di riposo*
☐ non ha guidato veicoli oppure ha guidato veicoli per i quali non esiste un obbligo di documentazione a norma delle prescrizioni di cui sopra*
☐ non ha guidato veicoli per i seguenti motivi:*

* Segnare con croce ciò che interessa, all'occorrenza spiegazioni

(E) Certificación según el art. 4 del Reglamento sobre las tripulaciones de transporte por carretera (FPersV), relativa a los días anteriores no cubiertos por hojas de registro de los tiempos de trabajo

El conductor Don (Apellido(s), nombre) para el día o para el periodo de hasta

no puede presentar la hoja de registro relativa a las actividades en días anteriores contemplada en el apartado 7° del art. 15 del Reglamento (CEE) n°. 3821/85 o en la letra d del apartado 1° del art. 10 del Acuerdo europeo relativo al trabajo de las tripulaciones de los vehículos que efectúan transportes internacionales por carretera (AETR) respectivamente, por las siguientes razones:

☐ Estaba enfermo, de vacaciones, libre o tenia tiempo de descanso.*
☐ No condujo o bien condujo solamente vehículos no sometidos al deber de registrar los tiempos de conducción según la legislación mencionada más arriba.*
☐ No condujo por otras razones expuestas a continuación:*

* Marque las casillas según proceda y explique en caso necesario

Ort (Place / Lieu / Luogo / Lugar), Datum (Date / Date / Data / Fecha)

Unterschrift des Unternehmers oder seines Beauftragten (Signature of the employer or his authorized representative / Signature de l'entrepreneur ou de son représentant / Firma dell'imprenditore / Firma del empresario o de su encargado)

Firmenstempel (Company stamp / Cachet de l'entreprise / Timbro dell'impresa / Sello de la empresa)

VERLAG HEINRICH VOGEL 81664 MÜNCHEN · NEUMARKTER STR. 18 · BESTELL-NR 136-6
Bescheinigung § 4 FPersV
100% Recycling

Nachdruck und Vervielfältigung verboten!

G-2.8.006/1-50/9-00

Bescheinigung nach dem Muster des §4 Fahrpersonalverordnung für Lenk- und Ruhezeiten (Quelle: Verlag Heinrich Vogel).

	Fahrpersonal-VO	EG/EWR/AETR	Arbeitszeitgesetz
	Fahrzeuge zur Güterbeförderung >2,8-3,5t zGG (§ 6 FPersV)	Fahrzeuge zur Güterbeförderung >3,5t zGG	Fahrzeuge, die von der EG-Regelung und von § 6 FPersV freigestellt sind
Fahrer in Beschäftigungsverhältnissen			
Tageslenkzeit höchstens	9 Std. 2x pro Woche 10 Std.	9 Std. 2x pro Woche 10 Std.	
Lenkzeit pro Werktag höchstens	10 Std.		10 Std.
Arbeitszeit pro Werktag	Ø 8 Std. max 10 Std.	Ø 8 Std. max 10 Std.	Ø 8 Std. max 10 Std.
Lenkzeit bei Nachtfahrten höchstens	10 Std.		10 Std.
Nachtarbeitszeit	Ø 8 Std. max 10 Std.	Ø 8 Std. max 10 Std.	Ø 8 Std. max 10 Std.
Fahrtunterbrechung nach Lenkzeit von höchstens/für mindestens	4,5 Std./45 Min.	4,5 Std./45 Min.	
Ruhepause nach Arbeitszeit von höchstens/für mindestens	6 Std./30 bzw. 45 Min.	6 Std./30 bzw. 45 Min.	6 Std./30 bzw. 45 Min.
Wochen-Lenkzeit	Ø 45 Std. max. 60 Std.	Ø 45 Std.	
Wöchentliche Arbeitszeit	48 Std. max. 60 Std.	48 Std. max. 60 Std.	48 Std. max. 60 Std.
Lenkzeit Doppelwoche höchstens	90 Std.	90 Std.	
Tägliche Ruhezeit ein Fahrer mindestens	11 Std.	11 Std.	11 Std.
Tägliche Ruhezeit mehrere Fahrer mindestens	8 Std.	8 Std.	11 Std.
Wöchentliche Ruhezeit mindestens	45 Std.	45 Std.	
Kontrollmittel/Arbeitszeitnachweis	Tageskontrollblätter oder EG-Kontrollgerät oder Fahrtschreiber nach § 57a StVZO	EG-Kontrollgerät bzw. AETR-Kontrollgerät	Betriebl. Aufzeichnungen, bei Fahrzeugen ab 7,5t zGG Fahrtschreiber nach § 57a StVZO oder EG-Kontrollgerät
Selbständige Fahrer			
Tageslenkzeit höchstens	9 Std. 2x pro Woche 10 Std.	9 Std. 2x pro Woche 10 Std.	
Fahrtunterbrechung nach Lenkzeit von höchstens/für mindestens	4,5 Std./45 Min.	4,5 Std./45 Min.	
Wochen-Lenkzeit	Ø 45 Std.	Ø 45 Std.	
Lenkzeit Doppelwoche höchstens	90 Std.	90 Std.	
Tägliche Ruhezeit ein Fahrer mindestens	11 Std.	11 Std.	
Tägliche Ruhezeit mehrere Fahrer mindestens	8 Std.	8 Std.	
Wöchentliche Ruhezeit mindestens	45 Std.	45 Std.	
Kontrollmittel/Arbeitszeitnachweis	Tageskontrollblätter oder EG-Kontrollgerät oder Fahrtschreiber nach § 57a StVZO	EG-Kontrollgerät bzw. AETR-Kontrollgerät	

Ein wichtiges Instrument der Schadenverhütungsarbeit: Die Lenk- und Ruhezeiten für die gewerbliche Kraftfahrtätigkeit (Stand Juni/2005. Quelle: Heinrich-Vogel Verlag).

Lesetipp:

Fastenmeier, W., Gwehenberger, J. & Finsterer, H. (2002). Lkw-Fahrerbefragung. Schriftenreihe des Gesamtverbands der Deutschen Versicherungswirtschaft, IFM 0212. Berlin: GDV (s. Adressen, Kap. 6).

Rang, Ch. (2004). Lenk- und Ruhezeiten im Straßenverkehr. München: Verlag Heinrich Vogel

Kiegeland, P. (1997). Arbeitsplatz Lkw. Ermüdung und Lenkverhalten, ökologische Aspekte, Perspektiven. Bonn: Deutscher Psychologen-Verlag. ISBN 3-931589-09-0. (www. psychologenverlag.de).

5.3.4 Alkohol am Arbeitsplatz

Das Thema Alkohol werden wir nicht ohne Grund wiederholt anschneiden, sehen Sie uns unsere Penetranz nach. Denn die Statistiken und die Sicherheitsforschung sprechen eine eindeutige Sprache, der Missbrauch von Alkohol auch am Arbeitsplatz ist unvermindert ernst zu nehmen; einige Zahlen dazu finden Sie auf den S. 57 und 121. Nicht allein aus Gründen der Unfallverhütung ist ein striktes Alkoholverbot am Arbeitsplatz und während der Diensttätigkeit zwingende Voraussetzung für die sichere Abwicklung von Betriebsabläufen mit Fahraktivitäten – und das schließt im Übrigen auch Fahrzeuge und Maschinen ein, die das Betriebsgelände nicht verlassen, wie den Gabelstapler. Erhebliche Gefahr geht auch von Restalkohol aus, der selbst nach einer Nacht noch rechtsrelevant (0,3 Promille BAK) sein kann. Ein Atemalkoholmessgerät ist nicht nur für Betriebsfeiern ein unterhaltsames Mittel zum Selbsttest, sondern kann unter Umständen auch im Dienstalltag seinen Nutzen tun. Anschaffungs- und Wartungskosten (Kalibrierung) sind überschaubar. Die Nutzung der diversen „Promille-Rechner" ist mit Skepsis zu sehen, sie sind im Einzelfall nicht sehr zuverlässig und widersprechen dem Grundgebot strikter dienstlicher Abstinenz.

Bereits vor über hundert Jahren wurde mit Experimenten nachgewiesen, dass die Arbeitsleistungen schon ab 0,3 Promille beeinträchtigt sind. Diese Erkenntnis wurde seither immer wieder belegt, auch für das Fehlverhalten im Straßenverkehr – daher die sog. relative Fahruntüchtigkeitsgrenze von 0,3 Promille. Das heißt: Es begeht eine Straftat, wer mit 0,3 oder mehr Promille mit einer Fahrunsicherheit in Erscheinung tritt. Die absolute Fahruntüchtigkeitsgrenze (1,1 Promille) bedeutet, dass auch unabhängig vom gezeigten Verhalten keine Tüchtigkeit zum Fahren vorliegt. Das sog. 1,6 Promille-Dogma besagt nach dem Erkenntnisstand der Suchtforschung, dass zumindest der Verdacht auf eine erhöhte Alkoholgewöhnung, einen Missbrauch oder eine Sucht begründet und daher eine Begutachtung geraten ist. In diesem Zusammenhang ist auf das sehr prekäre Thema Sucht näher einzugehen: Anzeichen für ein Alkoholproblem werden dem erfahrenen Fuhrparkleiter rasch auffallen, denn in der Regel zeigen sich die Probleme nicht erst am Unfallgeschehen, sondern in der Fülle der kleineren Fehler und Versäumnisse, Dienstverspätungen, kurzfristigen Krankenausfällen und allgemeinen Unkonzentriertheiten (nebenbei: Anfahren bei Dunkelheit ohne Licht einzuschalten gilt als ein typischer alkoholbedingter Fahrfehler; auch die fristgerechte (!) Anzeige eines am Abend selbstverschuldeten Unfalls erst am kommenden Tag wird Ihnen diesen Tatverdacht und viel Ärger einbringen). Anzeichen eines Alkoholproblems im Fahrpersonalstamm muss frühestmöglich begegnet werden. Fehlt der Vertrauenskontakt oder ist er seitens des Fuhrparkleiters nicht herstellbar, sollte ggf. ein vertrauensärztlicher Dienst zu Hilfe gezogen werden. Wir verweisen in diesem Zusammenhang auf die Ausführungen zum Fahreignungsbegriff und Arbeitgeberpflichten (S. 45 und 54).

DVR-Broschüre Suchtprobleme im Betrieb.

Promille-Grenzen	EU-Land
0,0	Estland, Kroatien, Rumänien, Slowakei, Tschechien, Türkei (außer Pkw ohne Anhänger), Ungarn
0,2	Griechenland (für Krad und Führerscheinbesitz < 2 Jahre), Norwegen, Polen, Schweden
0,4	Litauen
0,5	Belgien, Bosnien-Herzegowina, Bulgarien, Dänemark, Deutschland, Finnland, Frankreich, Griechenland, Italien, Lettland, Mazedonien, Niederlande, Österreich, Portugal, Schweiz, Serbien und Montenegro, Slowenien, Spanien, Türkei (Pkw ohne Anhänger), Nord-Zypern
0,8	Großbritannien, Irland, Luxemburg, Malta
0,9	Süd-Zypern

Verstoß	Verbot	Regelsatz/EURO	Punkte	Fahrverbot
Kraftfahrzeug unter der Wirkung eines in der Anlage zu § 24 a Abs. 2 StVG genannten berauschenden Mittels geführt	§ 24 a Abs. 2 StVG	250	4	1 Monat
… bei Eintragung von bereits einer Entscheidung im Verkehrszentralregister wegen Rauschmittelverstoßes	§ 24 a Abs. 2	500	4	3 Monate
… bei Eintragung von bereits mehreren Entscheidungen im Verkehrszentralregister wegen Rauschmittelverstößen	§ 24 a Abs. 2	750	4	3 Monate
Gegebenenfalls haben Sie sich strafbar gemacht. Es muss mit einer Medizinisch-Psychologischen Untersuchung gerechnet werden.				

Null-Toleranz-Grenze: Die rechtlichen Konsequenzen von Fahren unter Drogeneinfluss (Stand Juni/2005. Zit. u.a. nach KBA).

Alkoholgehalt im Blut ab	Wenn keine Anzeichen von Fahrunsicherheit vorliegen	Wenn Anzeichen von Fahrunsicherheit vorliegen	Wenn es zu einem Verkehrsunfall kommt
0,3 Promille	Ohne Folgen	Straftat 7 Punkte Geld- oder Freiheitsstrafe (30-45 Tagessätze; bis zu 5 Jahre) Führerscheinentzug (Sperrfrist 6 Monate bis 5 Jahre oder auf Dauer)	Straftat 7 Punkte Geld- oder Freiheitsstrafe (30-45 Tagessätze; bis zu 5 Jahre) Führerscheinentzug (Sperrfrist 6 Monate bis 5 Jahre oder auf Dauer) Mithaftung Kfz-Haftpflicht Regress kein Kaskoschutz
0,5 Promille	Ordnungswidrigkeit Geldbuße und Fahrverbot Erstverstoß: 4 Punkte, 250 € Geldbuße, 1 Monat Fahrverbot Zweitverstoß: 4 Punkte, 500 € Geldbuße, 3 Monate Fahrverbot Weiterer Verstoß: 4 Punkte, 750 € Geldbuße, 3 Monate Fahrverbot	Straftat 7 Punkte Geld- oder Freiheitsstrafe (30-45 Tagessätze; bis zu 5 Jahre) Führerscheinentzug (Sperrfrist 6 Monate bis 5 Jahre oder auf Dauer)	Straftat 7 Punkte Geld- oder Freiheitsstrafe (30-45 Tagessätze; bis zu 5 Jahre) Führerscheinentzug (Sperrfrist 6 Monate bis 5 Jahre oder auf Dauer) Schadenersatz; Schmerzensgeld und eventuell Rente an Unfallopfer Mithaftung Kfz-Haftpflicht Regress kein Kaskoschutz
1,1 Promille	Straftat 7 Punkte Geld- oder Freiheitsstrafe (30-60 Tagessätze; bis zu 5 Jahre) Führerscheinentzug (Sperrfrist 6 Monate bis 5 Jahre oder auf Dauer)	Straftat 7 Punkte Geld- oder Freiheitsstrafe (45-120 Tagessätze; bis zu 5 Jahre) Führerscheinentzug (Sperrfrist 6 Monate bis 5 Jahre oder auf Dauer)	Straftat 7 Punkte Geld- oder Freiheitsstrafe (45-120 Tagessätze; bis zu 5 Jahre) Führerscheinentzug (Sperrfrist 6 Monate bis 5 Jahre oder auf Dauer) Schadenersatz; Schmerzensgeld und eventuell Rente an Unfallopfer Mithaftung Kfz-Haftpflicht Regress kein Kaskoschutz
1,6 Promille	Zusätzlich wird eine Medizinisch-Psychologische Untersuchung (MPU) zur Wiedererlangung der Fahrerlaubnis erforderlich		

Die rechtlichen Konsequenzen von Fahren unter Alkoholeinfluss (Stand Juni/2005. Zit. u.a. nach KBA).

Straßenverkehrsgesetz StVG
§ 24a 0,5 Promille-Grenze

(1) Ordnungswidrig handelt, wer im Straßenverkehr ein Kraftfahrzeug führt, obwohl er 0,25 mg/l oder mehr Alkohol in der Atemluft oder 0,5 Promille oder mehr Alkohol im Blut oder eine Alkoholmenge im Körper hat, die zu einer solchen Atem- oder Blutalkoholkonzentration führt.

(2) Ordnungswidrig handelt, wer unter der Wirkung eines in der Anlage zu dieser Vorschrift genannten berauschenden Mittels im Straßenverkehr ein Kraftfahrzeug führt. Eine solche Wirkung liegt vor, wenn eine in dieser Anlage genannte Substanz im Blut nachgewiesen wird. Satz 1 gilt nicht, wenn die Substanz aus der bestimmungsgemäßen Einnahme eines für einen konkreten Krankheitsfall verschriebenen Arzneimittels herrührt.

Lesetipp:

BG und DVR (Hrsg.). (2004). Suchtprobleme im Betrieb. Bonn: DVR.
Broschüre, 112 Seiten, Zielgruppe: betriebliche Führungskräfte, Fachkräfte für Arbeitssicherheit, Betriebsräte und Beschäftigte, Bestell-Nr.: 30.16.

Schell, A. (1995). Alkohol zur Bewältigung von Belastung und Beanspruchung. Eine Studie zum Problemtrinken bei alkoholauffälligen Kraftfahrern. Schriftenreihe Mensch Fahrzeug Umwelt Band 31, hrsg. von H. Häcker. Köln: TÜV-Verlag.
16x24 cm, broschiert, 312 Seiten, ISBN 3-8249-0273-7, Bestell-Nr. 90273.

5.3.5 Gurtpflicht, Warnweste und andere „Nebensächlichkeiten" des Fahralltags

Eine Reihe von Maßnahmen wird auch im Privatverkehr gern als banal abgetan oder in ihrer Bedeutung für die aktive wie passive Sicherheit nicht wahrgenommen. Wann haben Sie zuletzt das Verfallsdatum des Verbandskastens in Ihrem Privatwagen kontrolliert? Möglicherweise hat er schon die höheren Weihen für ein Verkehrsmuseum. Ist der Ersatzreifen in Ihrem Privatwagen mit hinreichendem Luftdruck einsatzbereit? Sind die Rücklichter frei von Schmutz? Führen Sie erforderliche Ersatzbirnen mit, um im gegebenen Fall nicht mit einem ausgefallenen Licht weiterzufahren? Auch im gewerblichen Verkehr werden die kleinen Dinge häufig übersehen, und auch wenn der Fuhrpark über einen eigenen oder beauftragten Reparatur- und Wartungsdienst verfügt, entbindet das Fuhrparkleiter, Halter und Fahrer nicht von ihrer Sorgfaltspflicht vor Inbetriebnahme des Fahrzeugs. Vor allem die Angurtmoral lässt im gewerblichen Verkehr zu wünschen übrig, die DVR-Sicherheitskampagne „Hat's geklickt?" greift nicht ohne Grund den Lkw-Fahrer auf. Anfällig ist im Flottenbetrieb auch der Pkw-Fahrer. Auf S. 96 gehen wir auf das Thema Sicherheitsgurt näher ein. Zur routinemäßigen Kontrolle der Fahrzeugflotte gehört nicht nur die Kraftfahrzeugtechnik von Ölwechsel bis Luftdruck oder Reifencheck (vgl. S. 103), sondern auch die mobile Ausstattung, unbeschadet der Rechtslage: Warnweste (für gewerbliche/dienstliche Fahrzeuge vorgeschrieben), Ersatzbrille, Eiskratzer und Frostschutzmittel, wenn es drauf ankommt, ist keiner dieser Gegenstände unwichtig. Im Zweifelsfall erspart er die zeitraubende Fahrt zur nächsten Tankstelle. Geben Sie Ihren Fahrern eine Check-Liste zur Abfahrtskontrolle an die Hand, die ihnen hilft, die wichtigen Punkte zu kontrollieren (siehe auch S. 105). Nebenbei: Machen Sie den Check der wichtigsten Dinge rund ums Fahrzeug zum Quiz Ihrer Betriebsfeier! Bei einem Reifenwechsel auf dem Sommerfest einer Institution, deren Namen wir hier jetzt nicht nennen, haben einige „Schreibtisch-Damen" die Techniker auf die Ränge verwiesen.

Gehört in den Aufenthaltsraum Ihrer Fahrer: Das Poster zur DVR-Sicherheitskampagne „Hat's geklickt?" für Lkw-Fahrer (Quelle: DVR).

5.4 Das sichere Fahrpersonal

Das Schadenrisiko in der Flotte hängt in besonderem Maße von dem Personal ab, das die Fahrzeuge betreut und nutzt. Das sind zuallererst die Fahrer selbst, aber gegebenenfalls auch Werkstatt- oder Verwaltungspersonal – und nicht zuletzt natürlich auch der Fuhrparkleiter. Von der persönlichen Zuverlässigkeit jedes Mitarbeiters hängt die reibungslose und effiziente Abwicklung aller Betriebsabläufe ab, auch dann, wenn die Fahrtätigkeit selbst nicht zu den Hauptaufgaben gehört. Im Straßenverkehr ist das Fehlverhalten des Fahrers nach wie vor die größte Gefahrenquelle. Wie die Unfallstatistiken zeigen, ist der „Faktor Mensch" mit Abstand die Hauptunfallursache, bei weitem vor technischen Mängeln oder äußeren Einflüssen wie Glätte oder Regen.

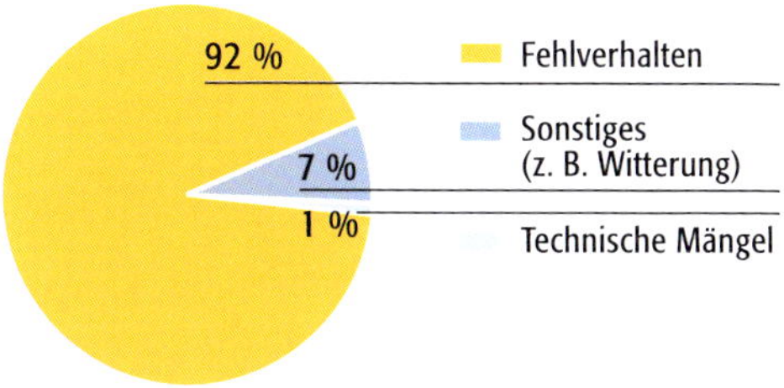

Ursachen von Straßenverkehrsunfällen mit Personenschaden im Jahr 2003 (Quelle StBA).

Aber auch die Mehrzahl der Arbeitsunfälle in den Betrieben, die sich außerhalb der Fahrtätigkeit ereignen, ist auf menschliches Versagen zurückzuführen. Zumeist sind Unachtsamkeit, Ignoranz und mangelnde Sorgfalt oder schlichtweg Unkenntnis dafür verantwortlich. Die Sicherheitsforschung hat erbracht, dass sich oberflächliches, nachlässiges und riskantes Verhalten nicht nur auf das Autofahren, sondern auch auf andere Bereiche auswirken, z.B. die Gesundheit oder die privaten Lebensumstände. Nachlässige Gesundheitsvorsorge oder Sport- und Haushaltsunfälle erhöhen den Krankenstand. Die umsichtige Auswahl gewissenhafter Fahrer wird also alle betriebsinternen Abläufe positiv beeinflussen. Zu bedenken ist auch: Je kleiner der Fuhrpark bzw. je geringer die Zahl der Fahrzeugnutzer ist, desto schwerer wird es sein, die Fehler des Einzelnen auszugleichen. In diesem Kapitel werden wir Ihnen die wichtigsten Hinweise geben, was bei Einstellung, Schulung und Motivation von Fahrern getan werden kann.

5.4.1 Mitarbeiterfluktuation, Berufskraftfahrer, Aushilfsfahrer

Effizienz durch Schadenverhütung setzt einige grundsätzliche Erwägungen zur „Personalpolitik" voraus: Eine hohe Mitarbeiterfluktuation ist sowohl der Motivation als auch der Sicherheit abträglich und wird sich letztlich auch negativ auf das Image und die Effizienz des Betriebs auswirken (Schuler, 2004). Kurzfristige Einsparungen am Lohnkostenfaktor werden mittelfristig zwangsläufig wieder zunichte gemacht werden. Eine Fluktuation von 100 % oder sogar 200 % über ein Kalenderjahr kann für keine Fahrzeugflotte wünschenswert sein, unbeschadet der Branche oder der Ausbildung der Mitarbeiter. Je kürzer die durchschnittliche Beschäftigungsdauer beim fahrenden Personal, desto schwieriger sind Sicherheits- bzw. Schadenverhütungskonzepte nachhaltig etablierbar. Bereits die Motivation aller Beteiligten wird dies verhindern. Mitarbeiterfluktuation steht auch in einem Zusammenhang mit der Kundenfluktuation. Häufiger Wechsel von Teilzeitkräften und Aushilfen führt zu wachsender Kundenunzufriedenheit und zu steigender Kundenfluktuation (Bienzeisler, 2000). Aber aus der Marktforschung im Einzelhandel ist bekannt, dass schon „eine um fünf Prozent gestiegene Loyalität [der Kunden] Gewinnsteigerungen von 25-85 Prozent bewirken kann" (Heskett et al., 1994). Die kurzfristige Senkung der Personalkosten durch eine Erhöhung des Anteils der Teilzeitbeschäftigten führt mittelfristig zu einer Minderung des Gesamtergebnisses.

Auf die Qualitätssteigerung durch eine Ausbildung zum Berufskraftfahrer wollen wir hier nur am Rande hinweisen. Nicht für jeden Flottenbetrieb und für jede Unternehmensstruktur sind solche Ausbildungsmaßnahmen zielführend, häufig handelt es sich nicht um Fahrpersonal, sondern um fahrendes Personal. Aber der Ausbildungsgang macht eines deutlich: Das hauptberufliche Führen eines Kraftfahrzeugs ist keine ungelernte Tätigkeit

Info kompakt: Definition – Was ist Fahreignung?

Fahreignung ist ein „unbestimmter Rechtsbegriff" der Fahrerlaubnisverordnung und bezeichnet die körperliche und geistige Eignung zum Führen eines Kraftfahrzeugs. Zum Erwerb der Fahrerlaubnis Klasse B (Pkw) wird sie (mit Ausnahme der Tagessehschärfe) als gegeben angenommen und nicht überprüft. Bewerber um die Fahrerlaubnis der Klasse C, um die Erlaubnis zur Fahrgastbeförderung oder um deren Verlängerung müssen ihre Eignung mit einer Untersuchung nachweisen. Für den Erwerb oder die Verlängerung der Klasse D werden zusätzliche besondere Anforderungen vor allem an die Leistungsfähigkeit geprüft. Nur der Staat, vertreten durch die Fahrerlaubnisbehörde, ist befugt, die Fahreignung festzustellen oder in Zweifel zu ziehen. Wichtig zu wissen ist, dass der Staat nicht in der Nachweispflicht steht, Eignungsbedenken zu belegen (Unschuldsvermutung), sondern der Bürger die Bedenken der Behörde ausräumen muss. Diese begründen sich z.B. durch bestimmte aktenkundige Verkehrsdelikte bzw. mehr als 17 „Punkte", Trunkenheitsfahrten, das Bekanntwerden von Drogenmissbrauch oder durch eine erhebliche Erkrankung bzw. Behinderung. In schwerwiegenden Fällen können ein behandelnder Arzt, eine Behörde oder Dritte verpflichtet sein, ihre Bedenken der Fahrerlaubnisbehörde mitzuteilen. Fachlich ist die Fahreignung durch über Zeit und Situationen stabile Merkmale der Person definiert, die zum sicheren Führen eines Kraftfahrzeugs notwendig sind. Hierzu gehören in erster Linie die körperliche Verfassung, die psychologischen Leistungsfunktionen (Aufmerksamkeit, Reaktionsvermögen, Gedächtnis, Wahrnehmung) sowie Persönlichkeitsmerkmale (die der Gesetzgeber „charakterliche Eignung" nennt und beispielsweise Rechts- und Normtreue, Gewaltbereitschaft oder emotionale Belastbarkeit beinhaltet). Straftaten im Straßenverkehr stellen für den Staat die „charakterliche Eignung" in Zweifel. Der Begriff Fahrtauglichkeit ist gleichbedeutend mit Fahreignung. Der Begriff **Fahrtüchtigkeit** meint die (zeitlich befristete, situationsabhängige) momentane Fähigkeit der Person, ein Kraftfahrzeug sicher zu führen. Der Einfluss von Alkohol, Medikamenten oder Drogen, Müdigkeit, Stressbelastung u.v.a.m. können die Fahrtüchtigkeit beeinträchtigen. Die Fahreignung ist jedoch gegeben. Anders bei Erkrankungen: In Abhängigkeit vom Störungsbild wird auch die Eignung in Zweifel zu ziehen sein, wenn sich die Erkrankung längerfristig auf die körperliche und geistige Verfassung auswirkt. Ein häufiges Beispiel: Alkoholkonsum beeinträchtigt nur zwischenzeitlich die Fahrtüchtigkeit, eine möglicherweise zugrunde liegende Sucht oder Missbrauch definiert aber die Ungeeignetheit. Grundsätzlich kann der Arbeitgeber davon ausgehen, dass mit Vorhandensein einer gültigen Fahrerlaubnis auch die Fahreignung gegeben ist. Aber es gibt Ausnahmen, denn nicht immer müssen der Fahrerlaubnisbehörde alle Tatsachen bekannt sein, die zum Verlust des Führerscheins führen würden. Zudem nutzt mancher die Schlupflöcher des „Führerscheintourismus", das heißt er verfügt über eine gültige ausländische Fahrerlaubnis, ist aber nach deutschem Recht nicht geeignet, am Straßenverkehr teilzunehmen. Häufig handelt es sich um wiederholte Trunkenheitsdelikte, die mit einem hohen Unfallrisiko des Fahrers verbunden sind. Wissentlich darf niemand in fahruntauglichem oder fahruntüchtigem Zustand ein Kraftfahrzeug im öffentlichen Straßenverkehr führen.

Auch der Arbeitgeber sollte strikt darauf achten, dass er den Einsatz offenkundig fahruntauglicher oder fahruntüchtiger Fahrer auf keinen Fall duldet!

Lesetipp:

Bode, H.J. & Winkler, W. (2003). Fahrerlaubnis – Eignung – Entzug – Wiedererteilung. Bonn: Deutscher Anwalt Verlag. *Gebunden, 687 Seiten, ISBN 3-8240-0562-x. Eine Aktualisierung ist in Vorbereitung; aber auch diese Auflage gibt wertvolle Grundsatzinformationen.*

Schurig, R., Glowalla, P. & Brauckmann, J. (2005). Handbuch des Fahrerlaubnisrechts. *Bonn: Kirschbaum Verlag. 328 Seiten, ISBN 3781216225.*

wie leichte Kopierarbeiten. Nähere Informationen für Betriebe zur Berufskraftfahrerausbildung erhalten Sie u.a. beim Bundesverband Güterkraftverkehr Logistik und Entsorgung (BGL). In Bezug auf Aushilfsfahrer ist zu ergänzen, dass sie erfahrungsgemäß nicht die Sorgfalt im Umgang mit dem Material und der Dienstleistung walten lassen, wie man es von fest angestellten Mitarbeitern erwarten darf.

Eines gesonderten Hinweises bedarf die Fahrer-Fahrzeug-Fluktuation: Auch die Häufigkeit des Einsatzes verschiedener Fahrer für dasselbe Fahrzeug sollte im günstigen Fall gering gehalten werden. Ein hoher Nutzerwechsel ist der Sicherheit wie auch dem Fahrzeugverschleiß abträglich.

5.4.2 Fahrerauswahl

Welches Anforderungsprofil charakterisiert den guten Fahrer? Das Wirtschaftsleben ist von einem immer schärfer werdenden Wettbewerb gekennzeichnet. Branchenübergreifend sehen sich Spediteur, Zusteller oder Handwerksbetrieb wachsendem wirtschaftlichen Druck ausgesetzt, der das Personal nicht ausspart. Auch die Arbeitsbedingungen von Fahrern oder Personal mit häufigem Fahreinsatz werden zunehmend von äußeren Umständen diktiert. Umso wichtiger ist es zu gewährleisten, dass das Personal mit Fahraufgaben in der Lage ist, diesem Druck auch hinter dem Steuer Stand zu halten. Das dient nicht allein der Schadenverhütung. Denn um im Bilde zu bleiben: Mit den Gütern, dem Handwerkszeug oder den Kollegen transportiert der Fahrer nicht zuletzt auch das Firmen-Image. Zuverlässige Fahrer sind die besten Botschafter für jedes Unternehmen.

Fahreignung und persönliche Zuverlässigkeit des Fahrers sind Rechtsbegriffe des Straßenverkehrsgesetzes. Ebenso wie der Fuhrparkleiter, Risk-Management-Beauftrage oder CFO hat der Staat die Aufgabe, das Schadenrisiko zu minimieren. Der Jahresbilanz entsprechen die Unfallbilanzen des Bundes und der Länder. Doch während der Staat den gleichberechtigten Zugang zum Straßenverkehr gewährleisten muss und lediglich Minimalkriterien einfordert („Negativauslese"), kann der Fuhrparkleiter gezielten Einfluss auf die Auswahlkriterien nehmen, nach denen er seine Fahrer aussucht („Positivauslese"). Die Qualität dieser Kriterien ist ein zentrales Instrument der Risikosteuerung in der Kfz-Flotte. Die wesentlichen Aspekte in Kürze:

Aufgaben und Anforderungen detailliert formulieren

Je präziser die Arbeitsplatz- und Tätigkeitsbeschreibung des neuen Mitarbeiters in Bezug auf Art und Umfang seiner Fahrtätigkeit ist, desto konkreter können die diesbezüglichen Anforderungen an ihn formuliert und auch überprüft werden. Welche Fahrzeuge wird er fahren? Alleine, mit Beifahrer oder in der Gruppe? Handelt es sich um Schichtdienst? Wie schauen die tägliche Dauer und Entfernungen aus? Handelt es sich um Werk-, Pendel-, Zustellverkehr, Fern- oder grenzüberschreitenden Verkehr? Sind aufgrund von Fahrgastbeförderung, Gefahrgut- oder Werttransport etc. besondere Kenntnisse oder Zusatzqualifikationen erforderlich? Im Zweifelsfall kann hier die zuständige Berufsgenossenschaft Auskunft geben. Formulieren Sie ein möglichst präzises Profil der zu erwartenden Fahraufgaben und Ihrer Mindesterwartungen an die mitzubringende Berufserfahrung.

Anwerbung umsichtig gestalten

Mit der Art und Weise der Akquisition und Ansprache neuer Fahrer nehmen Sie Einfluss auf die Entscheidung von in Frage kommenden Interessenten, sich zu bewerben, vor allem in Bezug auf deren Motivation, Fahrtätigkeiten auszuüben. Wird er die Arbeit nur als rasch zu erlangenden Gelegenheitsjob auffassen? Betrachtet er die Fahrtätigkeit mit überzogen ausgeprägtem sportlichen Ehrgeiz? Anonyme Anzeigen ohne Darstellung des Betriebs und der Tätigkeit („Fahrer gesucht", „Führerschein Klasse ... erforderlich") kann den nicht erwünschten Bewerber anlocken und den gewünschten Kandidaten abschrecken. Seriöse und professionelle Mitarbeiteranwerbung ist zudem ein Aushängeschild für das Unternehmen.

Informationen einholen und Bewerbung prüfen

Der Fuhrparkleiter oder zuständige Personalchef hat die schwierige Aufgabe, sowohl in Bezug auf die „Hauptaufgabe" als auch die Fahrtätigkeit einen geeigneten Mitarbeiter auszuwählen. In vielen Fällen wird sicher die Berufsqualifikation im Vordergrund stehen müssen; doch auch wenn der häufige Fahreinsatz nur „Nebenaufgabe" ist, sollte bedacht werden, dass ein unfallbelasteter oder mit der intensiven Fahrtätigkeit überforderter Mitarbeiter nicht nur den Flottenbetrieb in Schwierigkeiten bringt, sondern möglicherweise auch in der Haupttätigkeit schlechtere Arbeit leistet. Für die Personalentscheidung sind daher alle Informationen von Bedeutung, die eine solide Aussage darüber zulassen, ob der neue Mitarbeiter alle Aufgaben mit hinreichender Sorgfalt und Erfolg erfüllen wird, auch in Bezug auf die Kraftfahrtätigkeit.

Ein *telefonisches Vorgespräch* hilft klären, ob beide Seiten überhaupt von den gleichen Voraussetzungen für die zu besetzende Position ausgehen. Erbitten Sie dann in jedem Fall eine *Bewerbungsunterlage mit Lebenslauf* und den wichtigsten Zeugnissen. Auch wenn die dortigen Informationen nicht immer entscheidend für Sie sein sollten, zeigt es dem Fahrer doch, dass es Ihnen nicht um einen rasch zu erledigenden „hire-and-fire"-Job geht. Größere Firmen verwenden hauseigene Fragebögen, in denen die wichtigsten personenbezogenen Daten (z.B. Fahrerfahrung, Fahrerlaubnis, Ausbildung) und Kenntnisse (z.B. kfz-technisches Verständnis) abgefragt werden und dem Bewerber Gelegenheit geben, sich auch zu seinen Motiven und Vorstellungen zu äußern. Auch für kleine Betriebe kann ein solcher Bogen die Arbeit erleichtern – er ersetzt das Gespräch nicht, aber er gibt dem Fuhrparkleiter eine guten Einstieg dazu. Ein betriebsspezifischer Personalbogen muss individuell abgestimmt sein und sollte daher von Ihnen selbst zusammengestellt worden sein. Schließlich sind ein *polizeiliches Führungszeugnis* und eine *Selbstauskunft aus dem Verkehrszentralregister* beim Kraftfahrtbundesamt („Punkte in Flensburg") zwingend. Ist der Bewerber zu Letzterem keinesfalls bereit, sind Bedenken angebracht. Zudem sollte sich der Arbeitgeber trotz späterer, ausführlicher Kontrolle aller Arbeitspapiere bereits frühzeitig vergewissern, ob der Bewerber im Besitz der erforderlichen sowie gültigen Fahrerlaubnis ist.

Hinsichtlich der Vorerfahrungen als Fahrer wollen wir hier keine Empfehlung abgeben. Das sollte der Einzelfall entscheiden. Es muss aber darauf hingewiesen werden, dass bei jüngeren und fahrunerfahreneren Fahrern eine höhere Wachsamkeit in der Personalauswahl geboten ist (siehe Info kompakt Alter und Fahrerfahrung). Was der Arbeitgeber hinsichtlich der persönlichen Zuverlässigkeit und der körperlichen Eignung von Fahrpersonal beachten sollte, jetzt in Kürze.

Die persönliche Zuverlässigkeit klären

Neben der körperlichen ist die persönliche Eignung eines Fahrers die zentrale Voraussetzung für seine Fahreignung (siehe Info kompakt). Eine Reihe an Persönlichkeitsmerkmalen werden in der Fachwelt als problematisch beschrieben. So zeigt sich übereinstimmend, dass der Faktor Gewissenhaftigkeit sichere von unsicheren, belastete von unbelasteten Fahrern trennt (BfU, 2004). Gewissenhaftigkeit kommt in der Sorgfältigkeit des Arbeitens ebenso zum Ausdruck wie in der Anpassung an Normen und situative Erfordernisse. Weitere statistisch belegbare Zusammenhänge ergeben sich zu jeder Form aggressiver Tendenzen (wie sie in Gewalttaten und z.B. Nötigung im Straßenverkehr zum Ausdruck kommen) und zur emotionalen Verfassung, die einen beherrschten Umgang mit Stress-Situationen gewährleistet (z.B. die sog. Impulsivität). Schließlich wird auch der sog. Faktor competitive driving (wettbewerblich orientiertes Autofahren) immer wieder als kritische Verhaltensgröße beschrieben, nicht nur bei jungen Fahrern.

Natürlich wird nicht jeder Arbeitgeber die Möglichkeiten einer Untersuchung durch Fachpersonal haben – zudem gehören Persönlichkeitstests nur in die Hände von dafür ausgebildeten Personen und unterliegen Testschutzkriterien. Aber er kann sich ein Urteil bilden anhand der Motivation (Berufs- und Arbeitszufriedenheit in der Vergangenheit, Gründe für die Berufswahl oder die Fahrtätigkeit, Gründe für häufige Arbeitsplatzwechsel), anhand der Einstellungen und Normtreue (vor allem zur Straßenverkehrsordnung) und anhand der Vorbelastung (Punkte, Unfälle). Führungszeugnis und ZVR-Selbstauskunft sind hierfür wie erwähnt wünschenswert. Mitunter kann schon ein offenes und ehrliches Gespräch darüber, wie der Betreffende beim Autofahren mit anderen Autofahrern umgeht, wie er sich zu den Regeln des Miteinander im Straßenverkehr stellt oder wie er die Gründe für einen Unfall schildert, dem Arbeitgeber ein gutes Bild geben. Verbleiben dennoch Zweifel an der Zuverlässigkeit, kann auch ein Probetag, eine Probewoche oder eine längere Probezeit eine Möglichkeit sein, die Stärken und Schwächen näher kennen zu lernen.

Das amerikanische Allianz Tochterunternehmen Fireman's Fund bietet dem Fleetmanager für amerikanische Verhältnisse eine Orientierungstabelle an, die auch auf Deutschland übertragen eine grobe Entscheidungshilfe geben kann (s. S. 58). Denn mehr als drei aktenkundige Verstöße sind belegtermaßen kritisch. Aber wohlgemerkt: Entscheiden sollte der Arbeitgeber den Einzelfall. Nicht jeder Verstoß kann gleich gewertet werden und auch schuldhaft verursachte Unfälle können vermittelbare Hintergründe haben. Eine Häufung desselben Delikts (z.B. Geschwindigkeitsübertretungen) oder Verkehrsstraftaten, vor allem Nötigung und Alkoholfahrten, sollten aber immer zu denken geben. Berücksichtigen Sie auch, dass Punkte auch wieder getilgt werden; sie geben Ihnen aber trotzdem ein Bild von dem zu vermutenden Verhalten Ihres künftigen Mitarbeiters.

Info kompakt: Alkohol- und Drogenkonsum des Bewerbers

Der Arbeitgeber sollte sich nicht scheuen, den Umgang des Bewerbers mit Alkohol und Drogen in seine Prüfung der Zuverlässigkeit einzubeziehen. Natürlich darf es nicht Aufgabe des Fuhrparkleiters sein, im Privatleben eines Mitarbeiters zu schnüffeln, aber Fahrten unter Alkohol- oder Drogeneinfluss in der Vorgeschichte des Fahrers (vor allem auch in Verbindung mit weiteren strafrechtlich relevanten Alkoholdelikten und Gewaltstraftaten) sprechen für eine ungünstige Unfallprognose. Trotz aller Kampagnen ist der unvernünftige Umgang mit Alkohol bis heute eine der Hauptunfallursachen geblieben und besonders junge Fahrer sehen den Kontakt mit „Partydrogen" zunehmend unkritisch. In der Disco- und Party-Szene wird der Konsum von Haschisch, Ecstasy und Amphetaminen („Speed") kaum noch als Drogenmissbrauch betrachtet. Restalkohol und Drogennachwirkungen eines langen Discowochenendes werden von den wenigsten ernst genommen. Und jeder zehnte Lkw-Fahrer hält Aufputschmittel am Steuer für ungefährlich, zusätzliche 35 % für „eher ungefährlich". Im Zweifelsfall können konkrete Nachfragen zu Trunkenheitsfahrten oder aktenkundigen Delikten Aufschluss geben, denn je genauer gefragt wird, desto weniger ausweichend kann die Frage beantwortet werden. Doch der Bewerber muss auf solche Fragen nicht ehrlich eingehen. Die schon erwähnte Selbstauskunft aus dem Verkehrszentralregister und das polizeiliche Führungszeugnis sind objektive Hinweise. Ein von Alkoholdelikten freier Fahrer sollte zu einer solchen Auskunft bereit sein. Hat er erhebliche Delikte verschwiegen, sind starke Zweifel an seiner Integrität angebracht. Schildert er Alkoholfahrten, so wird es auf den Einzelfall ankommen, wie diese zu würdigen sind. Grundsätzlich gilt: Je mehr Trunkenheitsfahrten und je höher die Promillewerte, desto höher die Wiederauffallenswahrscheinlichkeit.

Mit … Promille	erhöht sich das Unfallrisiko um das …
0,5	Doppelte
0,6	Dreifache
0,8	Vierfache
1,0	Achtfache
1,2	Zehnfache
1,4	20-fache
1,6	36-fache

	Zahl der schuldhaft verursachten Unfälle innerhalb der letzten 3 Jahre			
Zahl der eingetragenen Verkehrsverstöße (nicht Punkte) im ZVR	0	1	2	3
0	o.k	noch akzeptabel	Grenzfall	schlecht
1	noch akzeptabel	noch akzeptabel	Grenzfall	schlecht
2	noch akzeptabel	Grenzfall	schlecht	schlecht
3	Grenzfall	schlecht	schlecht	schlecht
4	schlecht	schlecht	schlecht	schlecht

Bewertungshilfe zur Einschätzung der Vorbelastung des Fahrers (in Anlehnung an Fireman's Fund).

Mit einer ärztlichen Einstellungsuntersuchung die körperliche Eignung gewährleisten

Mit Erwerb oder Verlängerung einer Fahrerlaubnis der Klasse C oder der Berechtigung zur Fahrgastbeförderung musste die körperliche und geistige Eignung zum Führen der Fahrzeuge in einer entsprechenden Untersuchung nachgewiesen werden.

Doch auch, wenn der neue Fahrer im Besitz einer gültigen Fahrerlaubnis ist, ist es sinnvoll, die endgültige Einstellung von einer ärztlichen Untersuchung abhängig zu machen. Diese sollte arbeits- und verkehrsmedizinische Aspekte einbeziehen. Denn auch für die Fahrer, für die der Gesetzgeber keine besonderen Untersuchungen vorschreibt, ist zu bedenken, dass sich seit dem Fahrerlaubniserwerb sicherheitsrelevante Beeinträchtigungen eingestellt haben können. Besonders häufig sind das sehr erhebliche Sehmängel, die mit zunehmendem Alter auftreten.

In großen Unternehmen übernimmt der betriebsärztliche Dienst die Aufgabe der medizinischen Eignungsprüfung. Aber auch für den Kleinunternehmer stellt eine fundierte Einstellungsuntersuchung eine geringe und darstellbare finanzielle Aufwendung dar, die er in die Sicherheit seines Betriebes investiert. Außerdem garantiert die Untersuchung dem Arbeitgeber etwas mehr Sicherheit in Bezug auf spätere arbeitsrechtliche Auseinandersetzungen. Gesundheitsämter oder arbeitsmedizinische Dienste können für diese fachärztliche Abklärung zur Verfügung stehen. Von Relevanz für die Fahrereinstellung ist der Betriebsarzt oder Arbeitsmediziner. Doch beachten Sie, dass die Eignung aus verkehrsmedizinischer Sicht nur überprüft werden kann von Ärztinnen/Ärzten:

- mit einer sog. verkehrsmedizinischen Qualifikation nach §11(2) 1. der FeV
- des Gesundheitsamtes bzw. anderen Ärzten der öffentlichen Verwaltung
- mit der sog. Gebietsbezeichnung Arbeitsmedizin
- mit der sog. Zusatzbezeichnung Betriebsmedizin
- die Fachärztin/Facharzt für Rechtsmedizin sind
- in einer sog. Begutachtungsstelle für Fahreignung BfF (sofern sie die Anforderungen nach Anlage 14 der FeV erfüllen)

Die Liste niedergelassener Ärzte mit verkehrsmedizinischer Qualifikation, mit der Gebietsbezeichnung Arbeitsmedizin bzw. mit der Zusatzbezeichnung Betriebsmedizin ist bei den Landesärztekammern bzw. dem Deutschen Ärztenetz abzurufen [www.arzt.de, Unterlink „Arzt-Suche“].

Prüfung der Fahrerlaubnis und erforderlichen Arbeitspapiere

Neben der Prüfung der erforderlichen Arbeitspapiere ist vor allem die Prüfung der Fahrerlaubnis im Original wichtig – das ergibt sich aus den Aufsichtspflichten des Fahrzeughalters (Halterverantwortung nach § 31(2) der StVZO). Ein Kontroll-Bogen erleichtert die Dokumentation. Die Führerscheinkontrolle muss zu Tätigkeitsbeginn und in regelmäßigen Abständen erfolgen. Sie sollten den 12-Monats-Turnus nicht überschreiten, eine halbjährige oder anlassbezogene Kontrolle kann sinnvoll sein. Der Fahrer wird schriftlich verpflichtet, einen Führerscheinverlust oder -entzug unverzüglich der Geschäfts- bzw. Fuhrparkleitung anzuzeigen. Das Bild auf S. 59 zeigt einen der gängigen Dokumentationsbögen.

Für den Fahrer

Überprüfung der Fahrerlaubnis

Jeder Kraftfahrzeug-Halter ist gemäß § 31 Abs. 2 StVZO verpflichtet zu überprüfen, ob Personen, die er zum Führen von Kfz. ermächtigt, die erforderliche Fahrerlaubnis und die notwendige Fähigkeit besitzen. Er muss sich weiter davon überzeugen, dass der Führerschein nicht beschlagnahmt und kein Fahrverbot verhängt ist.

Der Fahrzeug-Halter muss sich zu diesem Zweck den Führerschein vorlegen lassen und in regelmäßigen Zeitabständen die Kontrolle wiederholen.

Sollte der Führerschein nach § 94 der StPO in Verwahrung genommen, sichergestellt oder beschlagnahmt, oder das Führen des Fahrzeugs nach § 44 StGB bzw. § 25 StVG verboten, oder eine Sperre nach § 69 a Abs. 1 Satz 2 StGB angeordnet worden sein, so ist der Arbeitgeber unverzüglich davon zu unterrichten.

Für alle Schäden, die durch Nichtbefolgung dieser Vorschriften entstehen, haftet der Fahrzeugführer und nicht der Halter.

Ort

Datum

Stempel und Unterschrift des Arbeitgebers

VERLAG HEINRICH VOGEL BESTELL-NR. 13880 www.heinrich-vogel-shop.de G-3 5 096/1/1-02

Für den Arbeitgeber

Name Vorname Geb.-Datum wohnhaft in

Erklärung

Ich bin im Besitz einer für das mir anvertraute Fahrzeug voll gültigen Fahrerlaubnis.

Den Führerschein Klasse(n) habe ich heute meinem Arbeitgeber zur Einsichtnahme vorgelegt. Er ist gültig bis *

Meine Fahrerlaubnis zur Fahrgastbeförderung ist gültig bis

Ich verpflichte mich hiermit, meinem Arbeitgeber

unverzüglich Kenntnis zu geben, wenn

1. mir meine bestehende Fahrerlaubnis entzogen oder vorläufig entzogen wurde,
2. gegen mich ein zeitlich begrenztes Fahrverbot erlassen wurde oder
3. mein Führerschein sichergestellt oder beschlagnahmt wurde.

Ich erkläre, dass ich die Haftung für alle Schäden übernehmen werde, die durch die Nichtbefolgung dieser Verpflichtung entstehen.

Ort

Datum

Unterschrift des Fahrers

* Datum bei Befristung der Fahrerlaubnis einsetzen, sonst unbefristet.

VERLAG HEINRICH VOGEL BESTELL-NR. 13880 www.heinrich-vogel-shop.de G-3 5 096/1/1-02

Die Absicherung der Halterpflicht für den Fuhrparkleiter erleichtert ein Kontrollblatt zur Überprüfung der Fahrerlaubnis (Quelle: Verlag Heinrich Vogel).

5.4.3 Einarbeitung

Sowohl die Einarbeitung eines neuen Mitarbeiters als auch die Gewöhnung an neue Fahrzeuge stellt eine vertretbare Zeitinvestition dar, die nicht verschenkt ist. Arbeitgeber mit größerem Fuhrpark sind in der Lage, mit einer betriebsinternen Fahrerlaubnis die Qualität ihrer Fahrer in Theorie und Praxis sicherzustellen. Das ist z.B. im Rettungswesen erforderlich, wo unter Einsatz von Sondersignalen noch sicher gefahren werden muss. Aber auch kleinere Betriebe können mit ihrem Anspruchsniveau an die Fahrereinarbeitung und -weiterbildung Einfluss auf die Güte der Arbeitsleistung nehmen. Je weniger der Fahrer seinen Fahreinsatz als unqualifizierte Tätigkeit empfindet, sondern als Aufgabe, auf die er mit Sorgfalt vorbereitet wird, bevor er die Erlaubnis erhält, das Dienstfahrzeug selbstständig zu führen, desto motivierter wird er ihn ausführen. Je sorgfältiger und konkreter zudem die Dienstvorschriften und ihre Kontrolle sind, desto wahrscheinlicher wird, dass der Fahrer später alle sicherheitsrelevanten Forderungen selbstständig einhält. Auf die Möglichkeit von Dienstwagenüberlassungsverträgen wurde oben bereits hingewiesen. In jedem Fall ist eine schriftliche Fahreranweisung den Umgang mit den Firmenfahrzeugen betreffend wünschenswert.

Die Einarbeitungsdauer wird sicherlich von der Art der Tätigkeit und den gefahrenen Fahrzeugen abhängen, sie sollte aber keinesfalls kürzer als 14 Tage sein. Besonders dann, wenn die Fahrtätigkeit nur einen Teil seiner Pflichten darstellt (z.B. Lieferverkehr), wird die Aufmerksamkeit des neuen Mitarbeiters zu Beginn sehr stark von diesen „Nebenaufgaben“ in Anspruch genommen sein. In diesem Fall ist es besonders wichtig, dass er sich zunächst nur als Beifahrer mit allen Aufgaben hinreichend vertraut machen kann. Es sollte daher auch sichergestellt sein, dass der Fahrer nicht nur den Umgang mit dem oder den von ihm anvertrauten Fahrzeugen einübt, sondern auch alle für die Fahrtrouten, Rastmöglichkeiten

Info kompakt: Alter und Fahrerfahrung

Nachgewiesenermaßen haben jüngere Fahrer und Fahranfänger ein wesentlich höheres Unfallrisiko im Straßenverkehr als ältere oder fahrerfahrenere Autofahrer. Vor allem die Altersgruppe der 18- bis 24-Jährigen ist betroffen: Sie verunglückt überproportional häufiger und ist eher Hauptverursacherin bei Pkw-, Lkw- und Bus-Unfällen. Erst mit 5 oder mehr Jahren Führerscheinbesitz ist der in einen Unfall verwickelte Fahrer mit höherer Wahrscheinlichkeit eher nur Beteiligter als Hauptverursacher (Statistisches Bundesamt, 2004). Vor allem im ersten halben Jahr nach Fahrerlaubniserwerb ereignen sich die meisten Unfälle, auch in Bezug auf Sachschäden. Und für 18- bis 24-Jährige gilt: Das Unfallrisiko sinkt mit jedem Jahr Fahrpraxis erkennbar. Aber erst nach etwa 100.000 Kilometern Fahrpraxis bildet sich eine über die unterschiedlichsten Verkehrssituationen nutzbare Handlungsroutine aus („100.000-Kilometer-Regel"), (Klebelsberg, 1982). Nach Erkenntnis der Bundesanstalt für Straßenwesen ist auch das fahrleistungsbereinigte Unfallrisiko höher: 18- bis 20-Jährige verunglücken 5-mal häufiger und 21- bis 24-Jährigen immerhin noch doppelt so häufig als der Bevölkerungsdurchschnitt (BASt, 2003). Neben mangelnder Fahrerfahrung sind mangelndes selbstkritisches Risikobewusstsein und erhöht wettbewerblich motiviertes Autofahren („competitive driving") dafür verantwortlich.

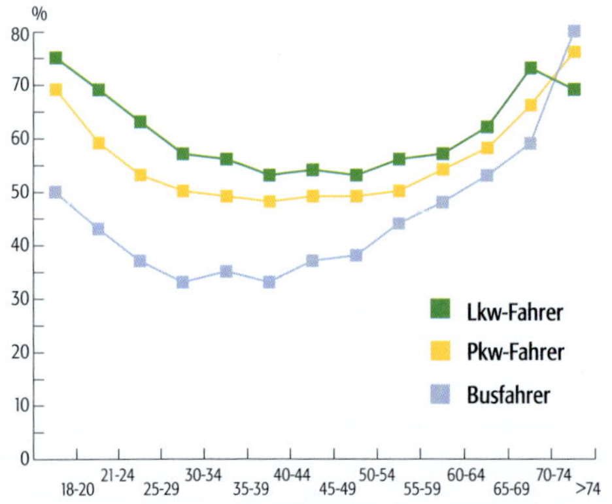

Hauptverursacher (in %) bei Pkw-, Lkw- und Bus-Unfällen mit Personenschaden 2003 nach Altersgruppen (Quelle: StBA).

Seit einiger Zeit ist zu beobachten, dass auch ältere Kraftfahrer vermehrt in Unfälle verwickelt sind. Sie fahren heute mehr als noch vor zehn oder zwanzig Jahren, fahren zunehmend risikofreudiger und sind auch zunehmend Unfallhauptverursacher. Doch diese Entwicklung wird erst für Fahrer über 60 Jahre wirklich relevant und ist für Personalentscheidungen im gewerblichen Fuhrpark von untergeordneter Bedeutung. Ältere Berufskraftfahrer sind zudem in der Lage, nachlassende Fähigkeiten – etwa im Reaktionsvermögen – durch ihre Fahrerfahrung zu kompensieren. Arbeitgeber können ihre Fahrer aber mit gezielten Informationsbroschüren z.B. des Deutschen Verkehrssicherheitsrates oder der Berufsgenossenschaften über die Sicherheitsprobleme der verschiedenen Altersgruppen aufklären. Interessant für Sie ist sicher auch: In jungem Alter (bis ca. 30) sind eher Männer als Frauen die Hauptverursacher von Bus- oder Lkw-Unfällen, im mittleren und höheren Alter (ab ca. 40) kippt das Verhältnis um.

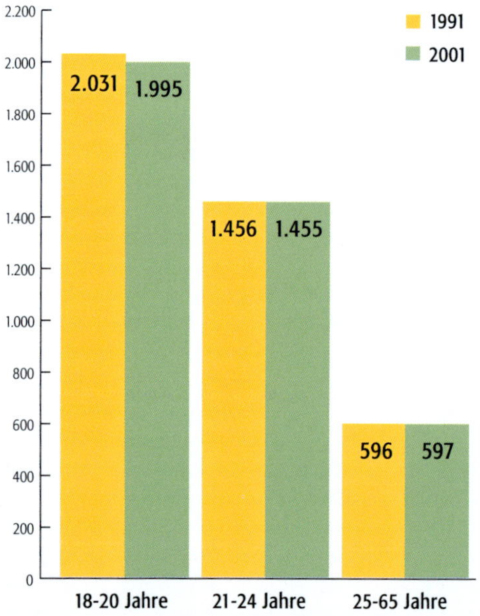

Verunglückte bei Straßenverkehrsunfällen je 100.000 Einwohner nach Alter (Quelle: BASt, StBA).

und das Einsatzgebiet erforderlichen Informationen erhält (EU-Vorschriften bei grenzüberschreitendem Verkehr u.a.m.).

Die Einweisung in neue Fahrzeuge geschieht in aller Regel zwar über die Händler oder Hersteller. Aber dennoch, und auch dann, wenn keine Neuwagen gefahren werden, sollte der Fuhrparkleiter die Notwendigkeit der Eingewöhnung in ein anderes Fahrzeug nicht unterschätzen – unabhängig von der Berufserfahrung des Kollegen. Jede Umgewöhnungsphase zwischen verschiedenen Fahrzeugen sollte ernst genommen werden, denn es ist bekannt, dass sogar bei der Umstellung von Schaltgetriebe auf Automatik beim einfachen Pkw vorübergehend die Unfallgefahr ansteigen kann. Umso mehr Sorgfalt sollte bei Fahrzeugen walten, die mit Führerscheinen der Klasse C zu führen sind. Jedem Fahrer muss die Gelegenheit gegeben sein, die Betriebsanleitung zu studieren, sich mit den Vorrichtungen vertraut zu machen und mit praktischen Rangier- und Fahrübungen auf privatem Gelände das Fahrzeug zu fahren, bevor er sich in den Straßenverkehr begibt. Vor allem, wenn der Betrieb mehrere Fahrzeuge neu in den Fuhrpark aufnimmt, kann das die Gelegenheit sein, die Fahrereinweisung mit einer Betriebsveranstaltung zu verbinden, die die Kenntnisse und Fertigkeiten aller Mitarbeiter auffrischt.

andere Erfordernisse. Lassen Sie sich von den einschlägigen Einrichtungen wie Berufsgenossenschaften oder DVR beraten, welche Inhalte und Form die für Sie maßgeschneiderte Lösung ist.

5.4.4 Sicherheitseinweisung

Die Sicherheitsunterweisungen sollten gerade bei neuen Mitarbeitern ernst genommen werden. Es empfiehlt sich, Fahreranweisungen und relevantes Material in Form einer Sammelmappe auszuhändigen, aber auch im Gespräch und einer gemeinsamen Begehung zu erläutern. Unerheblich sollte dabei der arbeitsrechtliche Status des Fahrers sein; der Materialkosten- und Zeitfaktor dürften gegenüber dem Gewinn an Sicherheit eine geringe Rolle spielen. Kurzbroschüren wie z.B. die Fahreranweisung – Sicherheit für Fahrer und Lkw (Verlag Heinrich Vogel), eine Checkliste zur Abfahrtskontrolle und andere fahrzeug- bzw. tätigkeitsspezifische Informationsbögen gehören in eine solche Mappe. Jede Fahrzeugflotte birgt

„Vorwärts rein – rückwärts raus"...

... kann man auch anders, werden Sie fragen. Aber zu einer vollständigen Sicherheitsunterweisung von Personal mit Lkw-Fahrtätigkeit gehört auch, was mancher als Selbstverständlichkeit sieht. Die Berufsgenossenschaft für Fahrzeughaltungen bietet eine Muster-Betriebsanweisung zum sicheren Ein- und Aussteigen in das bzw. aus dem Lkw-Führerhaus online zum kostenlosen Herunterladen aus dem Internet an. „Beim Ein- und Aussteigen verunglücken jährlich bundesweit rund 10.000 Lkw-Fahrer. Allein der Berufgenossenschaft für Fahrzeughaltungen – BGF – werden jedes Jahr mindestens 2.500 Unfälle gemeldet, bei denen die Lkw-Fahrer vom Aufstieg stürzen oder auf dem Boden umknicken", so die BGF. Und: „Die Folgen sind dann oft so gravierend, dass der Verunfallte

Info kompakt: Sorgenkind Sehkraft und Sehtest

Die regelmäßige Prüfung der Sehkraft ist nur für einen eingeschränkten Fahrerkreis amtlich vorgeschrieben. Doch es empfiehlt sich, alle Möglichkeiten zu nutzen, um Mitarbeiter mit Fahrtätigkeit zu wiederkehrenden Kontrollen zu ermuntern. Denn nirgends ist die Abnahme der Leistungsfunktion mit dem Alter so deutlich vorherzusehen. Und so mancher Autofahrer begibt sich nicht aus Unwissenheit mit unzureichender Sehschärfe in den Straßenverkehr, sondern aus Eitelkeit – auch Männer. Vorhandene Korrekturgläser oder Kontaktlinsen werden nicht bzw. können nicht benutzt werden. Die vom Gesetzgeber geforderte zentrale Tagessehschärfe ist mit mindestens Visus 0,7 (Führerscheinklasse B bzw. mindestens Visus 0,8 Führerscheinklasse C und Fahrgastbeförderung) bereits niedrig bemessen. Umso wichtiger ist ihre regelmäßige Kontrolle, wie Studien zur Abnahme der Sehschärfe eindringlich belegen. Der Zentralverband der Augenoptiker hat in seiner bundesweiten Aktion „Woche des Sehens“ 2004 in 20.000 Sehtests festgestellt, dass rund 30 % der Bevölkerung keine optimale Sehschärfe aufweisen. Regelmäßige Sehtests für Autofahrer sind nicht Pflicht. Was nicht Pflicht ist, kann nur mit Eigeninitiative gefördert werden. Bei Incentive-Events, Betriebsfeiern oder auf ähnlichen Veranstaltungen kann mit freiwilligen Seh- und Reaktionstestaktionen die Sensibilität für Sicherheitsthemen geschärft werden. Missachtet wird außerdem häufig, dass es zum sicheren Führen eines Kraftfahrzeugs nicht nur auf die Tagessehschärfe ankommt. Beeinträchtigte Hell-Dunkel-Anpassungsleistung des Auges, erhöhte Blendempfindlichkeit oder mangelhafte Dämmerungssehschärfe sind nicht selten anzutreffende Probleme, die den Fahrern oft selbst nicht bekannt sind. Getönte Brillengläser und getönte Windschutzscheiben mindern ebenfalls die Sicht. Die Deutsche Ophthalmologische Gesellschaft (DOG) hat ein ausführliches Internetportal, das auch Laien (s. „für Patienten“) hilfreiche Informationen bietet [www.dog.org].

Ein Letztes: Neben der beliebten (und sicher wichtigen) Sonnenbrille über dem Rückspiegel gehört unbeschadet der Gesetzeslage eine Ersatzbrille mit den erforderlichen Korrekturgläsern griffbereit an jeden Fahrersitz!

Sehschärfe Ferne Führerscheininhaber nach Alter (der Bereich bis 70 % ist nach dieser Erhebung noch als kritisch zu bewerten. Anm. d. A.), (Quelle: ZVA).

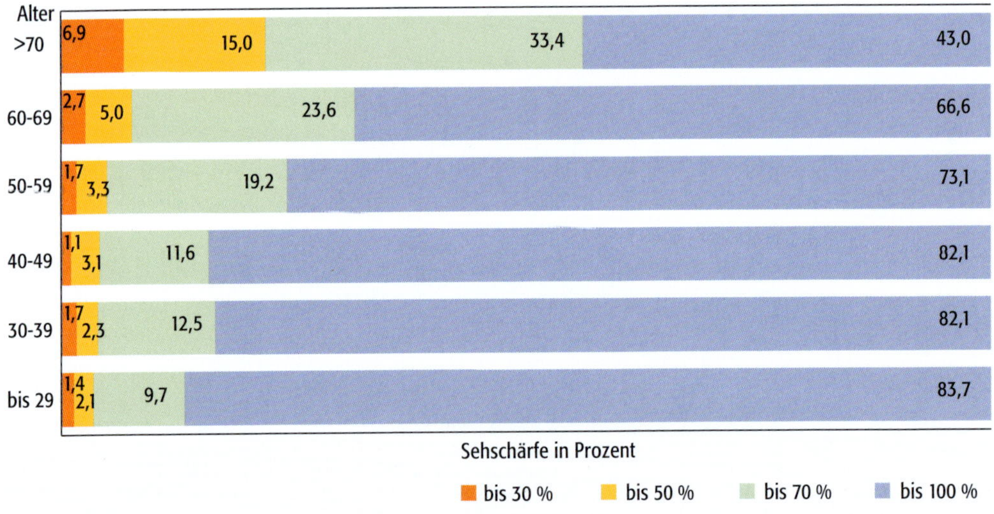

Wenn Sie …

… diese sieben Zeilen nicht einsehen können, wird es Zeit, das Autofahren durch eine andere Brille zu betrachten.

10 %	B I T T E
20 %	H A L T E
30 %	N S I E D I E
50 %	R I C H T G E S
70 %	C H W I N D I G K
90 %	E I T V O N T E M
100 %	P O 1 3 0 K M H E I N

Lesen Sie diese Tafel bitte aus 3 Metern Entfernung bei durchschnittlicher Beleuchtung und einem abgedeckten Auge (Hinweis: Die oben abgebildete Tafel ist kein richtiger Sehtest, auch wenn sie Ihnen eine Orientierung geben kann. Einen regelgerechten Sehtest sollten Sie vom Augenoptiker oder Augenarzt durchführen lassen).

BETRIEBSANWEISUNG Anwendungsbereich:	BGF Berufsgenossenschaft für Fahrzeughaltungen

Sicheres Ein- und Aussteigen in das bzw. aus dem Lkw-Führerhaus

UNFALLGEFAHREN BEIM EIN- UND AUSSTEIGEN

UNFALL-GESCHEHEN	Mehr als **10.000** Lkw-Fahrer verunglücken jährlich beim Ein- und Aussteigen!
UNFALL-GEFAHREN	**Sturz vom Aufstieg** und **Umknicken auf dem Boden**!
UNFALL-URSACHE	**Falsche Benutzung** des Lkw-Aufstiegs beim Einsteigen, vor allem aber **beim Aussteigen** aus dem Lkw-Führerhaus!
UNFALL-FOLGEN	Häufige Verletzungen: **Schien- oder Wadenbeinbruch, Knöchelbruch, Bänderriss am Sprunggelenk.** Folgen für den Lkw-Fahrer: Mindestens vier Wochen **Arbeitsunfähigkeit**!

SCHUTZMASSNAHMEN UND VERHALTENSREGELN

NICHT **seitwärts aussteigen** | NICHT **vorwärts aussteigen** | NICHT **herunter springen**

Vorwärts einsteigen und rückwärts aussteigen!

Sicher festhalten:
- Eine Hand am Haltegriff und eine Hand an der Haltestange.
- Nicht mit Gegenständen (Frachtpapieren, Proviant) in den Händen ein- oder aussteigen.

Sicher auftreten:
- Schuhe großflächig auf die Stufen des Lkw-Aufstiegs aufsetzen.
- Festes Schuhwerk tragen! Holzpantinen, Pantoffeln etc. sind ungeeignet.

Sicherer Lkw-Aufstieg:
- Keine Fußmatten auflegen! Fußmatten verringern die Trittsicherheit von Aufstiegsstufen.

Lkw-Abstellplatz:
- Führerhaustür muss vollständig aufschwenken können.
- Lkw-Abstellplatz muss eben und ausreichend beleuchtet sein.

Stand 1/04

„A'nners geht nich': Vorwärts rein, rückwärts raus!"– Das Einweisungsmerkblatt der BGF für Lkw-Fahrer (Quelle: BGF).

länger als drei Tage krank geschrieben werden muss" (s. BGF Website), (vgl. auch die Statistiken auf S. 46 und 47). „Vorwärts rein – rückwärts raus" lautet daher auch der griffige Merksatz der BGF.

Auf der Basis gezielter Unfallanalysen greift die Berufsgenossenschaftsaktion „Sicherer Auftritt" zur Prävention von Stolper-, Rutsch- und Sturzunfällen von der BGF typische Verhaltensfehler in den Transportbetrieben resp. Betrieben mit Fuhrpark auf und bietet spezifische Gegenmaßnahmen an. Weitere Informationen siehe BG und BGF. Zu einer vollständigen Einweisung gehören aber noch andere „Selbstverständlichkeiten": Jedes Fahrzeug muss fahrergerecht individuell eingestellt werden: Sofort bemerkt wird die Sitzentfernung, oft beachtet werden die Spiegel, gern vergessen werden die Kopfstützen. Über sie sollte der Kopf nicht hinausragen, wie die Heckaufprallversuche des Allianz Zentrums für Technik zum Insassenschutz bewiesen haben (Deutscher, 1994). Diese Aufgaben erledigt der verantwortungsbewusste Fahrer vor der Fahrt, sie taugen – wie das Anschnallen! – nicht zur Jongliernummer bei der Fahrt!

5.4.5 Mitfahrstudien

Um die Betriebsabläufe in der Flotte optimieren zu können, hat es sich als zielführend erwiesen, wenn der verantwortliche Vorgesetzte in regelmäßigen Abständen eine Tour begleitet. Solche Mitfahrstudien helfen, Schwachstellen in der Kette des Dienstleistungsprozesses aufzudecken respektive Fehlerquellen rechtzeitig zu erkennen. Gefahrenpotentiale, die im Zuge von Routine und Arbeitsdruck vielleicht nicht mehr bemerkt werden, sind auf anderem Wege, als durch eine Beobachtung von außen, meist nicht aufzudecken. Daher sollte das Personal solche Mitfahrstudien keinesfalls als Kontrolle oder Überwachung missverstehen. Regelmäßig wiederkehrende oder sporadische Mitfahrstudien verantwortlicher Fuhrparkleiter bzw. Disponenten dienen der Effektivität und Sicherheit aller im Betrieb. In jedem Arbeitsbereich mit verantwortungsvollen Tätigkeiten gibt es derartige sog. Supervision zum Wohle aller Beteiligten. Es geht nicht darum, dem Einzelnen Fehler vorzuwerfen, sondern das Ganze zu optimieren. Auch Schulung, Training und Fortbildung bedeuten nicht Kontrolle, sondern Dazulernen und eigene Schwächen korrigieren. Eine wertvolle Ergänzung ist es, wenn zur Tourbegleitung auch Dritte herangezogen werden. Sie sind frei von betriebsinternen Gewohnheiten und Denkweisen („Betriebsblindheit"). Solche externe Begleitung muss finanziell nicht immer gleich den Umfang einer kostenintensiven Managementberatung annehmen.

5.4.6 Der tägliche Einsatzplan: Auch das Fahrteam muss stimmen!

Es dient der Effizienz wie auch der Sicherheit, wenn der Einsatzverantwortliche einige grundsätzliche Erwägungen zu den Fahrteams anstellt, sofern mehr als ein Fahrer unterwegs ist. Diensterfahreneres Personal sollte unerfahreneren Mitarbeitern zur Seite stehen, ältere Fahrer jüngeren. Grundsätzlich senkt ein Mitfahrer zwar das Unfallrisiko, aber es ist nachweislich erhöht, wenn junge männliche Fahrer mit gleichaltrigen männlichen Beifahrern unterwegs sind – vor allem Geschwindigkeitsübertretungen werden häufiger begangen (Ellinghaus & Schlag, 2001). Vorgaben in anderen Dienstleistungsbereichen, nach denen ein strikter Anwesenheitsschlüssel hinsichtlich der Qualifikation einzuhalten ist (Ausgebildete, in Ausbildung Befindliche, Aushilfen), machen auch im Flottenbetrieb Sinn. Es kann kaum dem optimalen Betriebsablauf förderlich sein, wenn zwei Aushilfen auf der Tour sitzen. Auch seitens der „Chemie" wird der erfahrene Leiter seine Möglichkeiten nutzen können, besonnenere Fahrer den „ein wenig impulsiveren" entgegenzusetzen. Und schließlich: Das Unfallrisiko männlicher Fahrer halbiert sich, wenn statt eines männlichen ein weiblicher Beifahrer anwesend ist.

5.4.7 Unfallanalysegespräch und Besprechungen mit den Fahrern

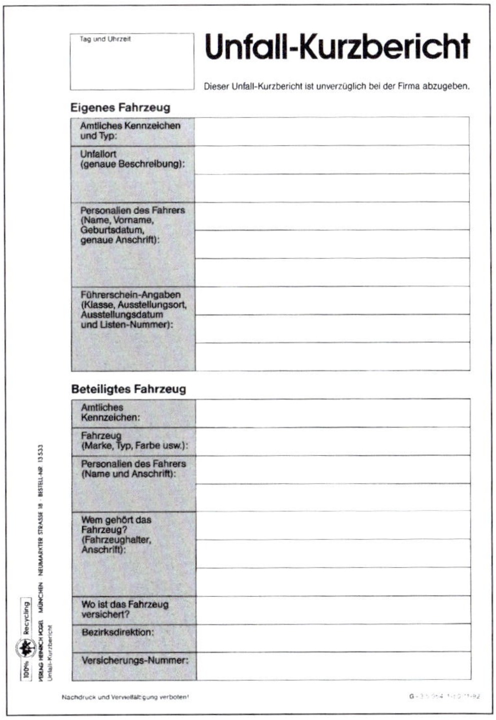
Tag und Uhrzeit

Unfall-Kurzbericht

Dieser Unfall-Kurzbericht ist unverzüglich bei der Firma abzugeben.

Eigenes Fahrzeug

Amtliches Kennzeichen und Typ:	
Unfallort (genaue Beschreibung):	
Personalien des Fahrers (Name, Vorname, Geburtsdatum, genaue Anschrift):	
Führerschein-Angaben (Klasse, Ausstellungsort, Ausstellungsdatum und Listen-Nummer):	

Beteiligtes Fahrzeug

Amtliches Kennzeichen:	
Fahrzeug (Marke, Typ, Farbe usw.):	
Personalien des Fahrers (Name und Anschrift):	
Wem gehört das Fahrzeug? (Fahrzeughalter, Anschrift):	
Wo ist das Fahrzeug versichert?	
Bezirksdirektion:	
Versicherungs-Nummer:	

100% Recycling
VERLAG HEINRICH VOGEL · MÜNCHEN · NEUMARKTER STRASSE 18 · BESTELL-NR. 13533
Unfall-Kurzbericht

Nachdruck und Vervielfältigung verboten!

Sorgfältige Unfallanalysegespräche, aber auch regelmäßige Fahrergespräche und Teambesprechungen tragen dazu bei, systematische Schwachstellen in den Betriebsabläufen der Flotte rechtzeitig zu erkennen. Wenig hilfreich ist, die Gründe für Unfälle oder ineffiziente Touren erst im „langjährigen Mittel" aus den Unfall- oder Bilanzzahlen herauslesen zu wollen. Besonders für das Unfallanalysegespräch sollte der Fuhrparkleiter sich Zeit nehmen. Denn aus Unfällen – egal ob verschuldet oder unverschuldet – ist nur zu lernen, wenn ihr Zustandekommen in jedem Einzelfall zusammengetragen und gewürdigt wird. Daher ist auch der Beinahe-Unfall von Wichtigkeit. Mancher Leser wird hier sagen, wir haben Besseres zu tun, bei dem Arbeitsdruck ... was glauben die wohl, was wir zu tun haben, den ganzen Tag? Und das soll auch nicht in Abrede gestellt werden. Hier geht es nicht um mehrstündige Termine, die anzusetzen wären. Der Fuhrpark ist keine Therapiestation. Hier geht es um regelmäßige und gezielte Ansprache des Personals, und das ist keine Frage der Zeit, sondern der Haltung. Wir haben bereits verschiedentlich darauf hingewiesen, dass es gerade die im Betrieb kommunizierte Sicherheitsphilosophie ist, die das Denken und Handeln aller Mitarbeiter prägt. Ein Chef, dem das Tagesgeschäft seiner Fahrer egal ist, solange „der Laden läuft“, vermittelt Gleichgültigkeit und Geringschätzung gegenüber den Aufgaben seiner Fahrer. Wieder also: Es geht nicht um Kontrolle, regelmäßige Fahrergespräche dienen dem reibungsfreien Arbeitsablauf und natürlich auch der Möglichkeit für den Fahrer, seine Kritik anzubringen. Solche Gespräche bedürfen in keiner Weise einer besonderen Schulung; meist ist der Verantwortliche selbst mit den Tätigkeiten seiner Fahrer in einem Maße vertraut, dass sich Inhalt und Ablauf von selbst ergeben. Allerdings gilt, wie in allen Bereichen mit kritischen oder strittigen Themen: Wer nicht fragt, bekommt keine Antwort. Der Fuhrparkleiter ist es, der präzise fragen und nachfragen muss. „Gab's die Woche irgendwas Besonderes?“ ist allenfalls eine „Aufwärm-Frage“. Zeigen sich die Kollegen nicht in der Lage, von sich aus auf zentrale Probleme zu sprechen zu kommen, bitten Sie sie um einen kurzen Report, um Zusammenfassungen der Einsatzwoche oder der letzten Touren. Fahrerbesprechungen dieser Art sind in der Gruppe am Sinnvollsten; Unfallanalysegespräche oder Gespräche mit auffällig gewordenen Fahrern sind allerdings schon aus dienstrechtlichen Gründen vertraulich zu führen. Und im Zweifelsfall ermöglicht das Vieraugengespräch auch eine selbstkritischere Offenheit auf beiden Seiten.

Auch in der Unfallbesprechung greift dasselbe Prinzip der Gesprächsführung: Nur präzise Nachfragen führen zu präzisen Antworten. Was der Fuhrparkleiter nicht fragt, wird er zum Unfallhergang auch nicht erfahren. Die entscheidenden Faktoren und die typischen Szenarien der Unfallverursachung muss der Fuhrparkleiter vor Augen haben (vgl. dazu näher Kap. 5.8). Dazu gehört auch, den vorangegangenen Tages- bzw. Tourenablauf zu erheben, unbeschadet der Unfallschwere. Auch oder gerade Bagatellen sind möglicherweise nur aus Zufall ohne schwere Konsequenzen, wie schwere Rangierunfälle mit Todesfolge belegen. Unfallanalysegespräche sollten schriftlich niedergelegt werden und für alle Schadenereignisse dem gleichen Muster folgen. Eine sinnvolle Ergänzung sind ein Protokoll und eine Unfallskizze des Fahrers. Unfall-Dokumentationsbögen (z.B. Unfallkurzbericht) sollten zur Unterstützung stets vom Fahrer mitgeführt werden.

Die hier gegebenen Ratschläge können natürlich ohnehin nur für Vorfälle Gültigkeit haben, die keine strafrechtlichen Konsequenzen von erheblichem Ausmaß nach sich ziehen. Zudem wird es Fahrer geben, die Ihnen durch wiederholtes massives Fehlverhalten auffallen. Hier kann nur ein verbindliches dienstliches Gespräch zielführend sein, das in beiderseitigem Einvernehmen niedergelegt wird und Gegenmaßnahmen formuliert, gegebenenfalls verbunden mit einer Abmahnung, um die Verbindlichkeit auch arbeitsrechtlich darzustellen.

5.4.8 Gibt es den „Unfäller“? – Unfallhäufungen und Punkte in Flensburg

Der Begriff „Unfäller“ ist irreführend und sollte nicht verwendet werden, denn der Unfall ist ein Ereignis, das erst durch das Zusammenwirken verschiedener personenbezogener und externer Ursachen zustande kommen kann. Aber dennoch gibt es eine Reihe von Risikofaktoren des Fahrers, die das Unfallrisiko deutlich erhöhen. Man spricht von „unfallgeneigten“ Verhaltensweisen. Wichtig zuallererst ist aber: Einstellung determiniert Verhalten! Diese immer wieder wissenschaftlich belegte Aussage bedeutet im Klartext: Wer die Regeln im Straßenverkehr nicht akzeptiert oder in Frage stellt, wird sie auch brechen. Vor allem bei Geschwindigkeitsdelikten ist das der Fall. Und die Unfallforschung belegt weiter, dass mangelnde Bereitschaft zur Regelbefolgung mit einer höheren Unfallwahrscheinlichkeit einhergeht. Diese Erkenntnis ist nicht sehr populär, aber für jeden Fuhrparkleiter von Bedeutung, denn sie macht ihm die Frage nach dem „Risikofaktor Mensch“ transparenter. Und vor allem, wenn das Gespräch zwischen Fahrer und Leiter und die interne Analyse der Unfälle nicht zu befriedigenden Antworten oder Lösungen führen, etwa Korrekturen im Fahrplan bzw. der Disposition, sollten einvernehmlich gezielte Maßnahmen wie Schulungen, eine Medizinisch-Psychologische Untersuchung oder Beratung bzw. Verkehrstherapie in Betracht gezogen werden. Im schwerwiegenden Einzelfall kann das aber auch heißen, dass der weitere Fahreinsatz nicht mehr vertretbar ist.

Verkehrsunfälle und Verkehrsverstöße in der Vergangenheit sagen zukünftiges unfallgeneigtes Verhalten im Straßenverkehr voraus, also auch Unfälle. Von besonderem prognostischen Wert sind die Eintragungen im Verkehrszentralregister. So bedeuten (innerhalb der gleichen Altersgruppen) mehr als 3 Verstöße (nicht Punkte!) das 5-fache und mehr als 4 Verstöße das 6-fache Unfallrisiko (Heinzmann & Schade, 2004). Allgemein ergeben 7 Punkte bereits eine 3-fach höhere Unfallgefährdung. 18- bis 25-jährige Pkw-Fahrer mit mehr als 3 VZR-Verstößen haben gegenüber 41- bis 60-jährigen Pkw-Fahrerinnen ohne Punkte ein 25-faches Unfallrisiko. Und: Über ein Viertel aller jährlich eingehenden Meldungen an das VZR betreffen 18- bis 24-jährige Pkw-Fahrer. Aussagekräftig sind vor allem Punkte für Alkohol-, Verkehrsstraftatsdelikte (z.B. Nötigung) und unangepasstes Verhalten.

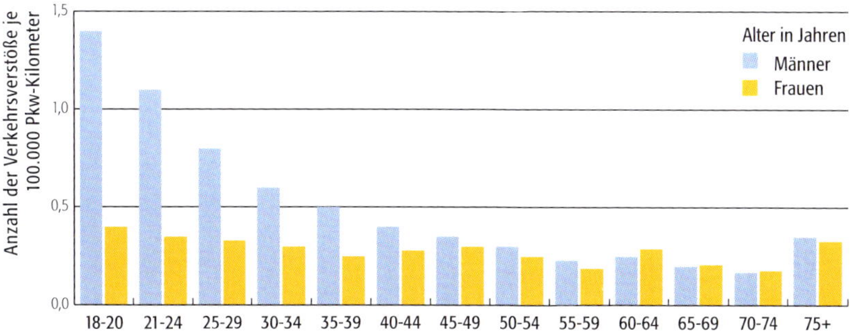

Junge Männer fahren unangepasster: Anzahl der Verkehrsverstöße nach Alter und Geschlecht (Quelle: KBA, 2000).

BKat-Nr.	Delikt	Punkte	FaP-Kategorie	Regelsatz €	Fahrverbot
189	Als Halter die Inbetriebnahme eines Kraftfahrzeugs oder Zuges angeordnet oder zugelassen, obwohl				
189.1	der Führer zur selbstständigen Leitung nicht geeignet war				
189.1.1	...bei Lastkraftwagen oder Kraftomnibussen	3 P	B	100	nein
189.1.2	...bei anderen als in Nummer 189.1.1 genannten Kraftfahrzeugen	3 P	B	50	nein
189.2	das Fahrzeug oder der Zug nicht vorschriftsmäßig war und dadurch die Verkehrssicherheit wesentlich beeinträchtigt war, insbesondere unter Verstoß gegen eine Vorschrift über Lenkeinrichtungen, Bremsen, Einrichtungen zur Verbindung von Fahrzeugen				
189.2.1	...bei Lastkraftwagen oder Kraftomnibussen	3 P	B	150	nein
189.2.2	...bei anderen als in Nummer 189.2.1 genannten Kraftfahrzeugen	3 P	B	75	nein
189.3	die Verkehrssicherheit des Fahrzeugs oder des Zugs durch die Ladung oder die Besetzung wesentlich litt				
189.3.1	...bei Lastkraftwagen oder Kraftomnibussen	3 P	B	150	nein
189.3.2	...bei anderen als in Nummer 189.3.1 genannten Kraftfahrzeugen	3 P	B	75	nein

Verantwortung für den Betrieb der Fahrzeuge: Der Bußgeldkatalog zu den Halterverstößen (Stand: Juni/2005. Zit. nach KBA).

Aber auch für den Halter der Fahrzeuge bzw. den Fuhrparkleiter oder Geschäftsführer ist das Thema Punktekonto von Bedeutung, denn er ist nicht nur für die Inbetriebnahme sicherer Fahrzeuge und die Einhaltung der Prüfvorschriften verantwortlich, sondern auch dafür, dass die Fahrzeugführer zur selbstständigen Leitung der jeweiligen Fahrzeuge auch geeignet sind. Über den Punktekatalog, Punkteeinträge und ihre Abfrage und über weitere wissenswerte Dinge wie Punkteabbau oder Tilgungsfristen informiert die Homepage des Kraftfahrtbundesamtes (KBA) sehr ausführlich [www.kba.de, dort unter Zentrale Register und Punktesystem]. Aber auch für andere Aufgaben des KBA (Fahrzeugregister, Fahrerlaubnisregister, Technik) ist dieser Link wie schon erwähnt eine wertvolle Auskunftsquelle. Durch freiwillige Teilnahme an Aufbauseminaren und verkehrspsychologischen Beratungen können (max. einmal in 5 Jahren) bis zu 4 Punkte abgebaut werden. Auskünfte sind über die Straßenverkehrsbehörden zu erhalten; Informationen können auch über Internet-Portale der Fahrschulverbände der Länder [www.fahrlehrerverbaende.de] und des Berufsverbands Deutscher Psychologen, Sektion Verkehrspsychologie, eingeholt werden. Über die Liste der amtlich anerkannten verkehrspsychologischen Berater informiert die Deutsche Psychologen Akademie unter [www.dpa-bdp.de, dort unter Register spezialisierter Diplom-Psychologen].

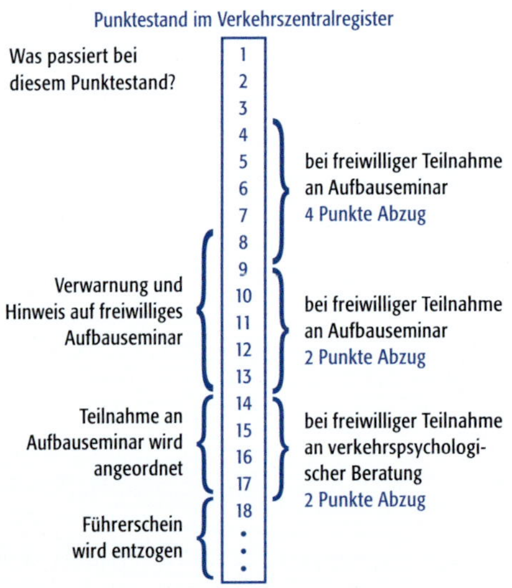

„Punkte in Flensburg" und ihre Folgen (zit. nach KBA, 2005).

5.4.9 Die Medizinisch-Psychologische Untersuchung (MPU)

Die Medizinisch-Psychologische Untersuchung (MPU) ist allgemein nur als „Idiotentest" berüchtigt. Weniger bekannt ist, dass die Begutachtungsstellen für Fahreignung (BfF) nicht nur auf Aufforderung der Fahrerlaubnisbehörde hin in Anspruch genommen werden müssen. Sie verfügen über arbeitswissenschaftliche Kompetenz. Dringend zu warnen ist vor der Fülle der „Ratgeber", „Kurse" und „Internet-Anbietern", die auf die (behördlich geforderte) MPU vorzubereiten vorgeben und teilweise weit überzogene Preise verlangen. Zwar wird sich der Betroffene zunächst vordergründig durch den Tenor und die Wortwahl unseriöser Anbieter „bestätigt" fühlen (die ihn als Opfer eines nicht gerechtfertigten Vorwurfs und einer ungerechten Prozedur beschreibt), aber letztlich führt diese Selbstbestätigung in die Irre. Die Gutachter haben grundsätzlich von der behördlichen Aktenlage als gegeben auszugehen (z.B. der Schuldhaftigkeit eines Unfalls), ebenso von den zentralen Erkenntnissen der Forschung (z.B. der erhöhten Alkoholtoleranz bei Fahrten unter Einwirkung hoher Promillezahlen). Wer sich in der Situation befindet, zu einer MPU aufgefordert worden zu sein, muss sich mit den von der Behörde genannten Gründen (Aktenlage) ernsthaft auseinandersetzen und klare, unmissverständliche Handlungsalternativen vorzuweisen haben, die eine Wiederholung dieses Verhaltens ausschließen.

Viele negative Gutachten zum Thema Verkehrsverstöße erklären sich durch eine sehr oberflächliche bis gleichgültige Betrachtung der einzelnen Delikte durch den Fahrer. Wie kam es zu der Geschwindigkeitsübertretung am ... in ... ? Welche Umstände führten zum Rotlichtverstoß am ... ? Nicht selten kann sich ein Befragter nicht einmal mehr an die Fülle seiner Verstöße erinnern. Der behördlich vorgeschriebene Schluss-Satz eines Gutachtens hat aber zu lauten: „Es ist zu erwarten/nicht zu erwarten, dass Herr/Frau erneut mit ... in Erscheinung tritt". Und der Gutachter hat das (für die Behörde) nachvollziehbar zu begründen. Das betrifft auch die Fälle, in denen möglicherweise dem Fuhrparkleiter als Halter Verstöße angelastet werden: Dieses Argument allein trägt insofern keine günstige Beurteilung, als der Staat auch hier geeignete Maßnahmen erwartet, diesem Mangelzustand zu begegnen. Beispielsweise steigt die Quote der Pkw mit erheblichen technischen Mängeln seit Jahren an und die Gründe dafür sind vor allem auch mangelhafte Pflege und Wartung (Strang, 2005). Solche Erhebungen sind auch dem Gutachter bekannt.

Die Liste aller akkreditierten Träger von Begutachtungsstellen für Fahreignung sind bei der Bundesanstalt für Straßenwesen (BASt) abzurufen [www.bast.de, dort unter Qualitätsbewertung, dort unter Akkreditierung Fahrerlaubniswesen]. Auch die im Lesetipp genannten Taschenbücher bieten die vollständigen Adressenlisten mit allen Untersuchungsstellen an, an die Sie sich wenden können. Beide Bücher sind von MPU-Gutachtern geschrieben und liefern eine differenzierte Darstellung zum Thema. Die Deutsche Psychologen Akademie führt die vollständige Liste aller anerkannten verkehrspsychologischen Berater und Fachpsychologen für Verkehrspsychologie [www.dpa-bdp.de, dort unter Register von spezialisierten Diplom-Psycholog(inn)en], die gegebenenfalls für Fachberatung zur Verfügung stehen können. Informationen gibt auch der Bundesverband Niedergelassener Verkehrspsychologen (BNV) [www.bnv.de].

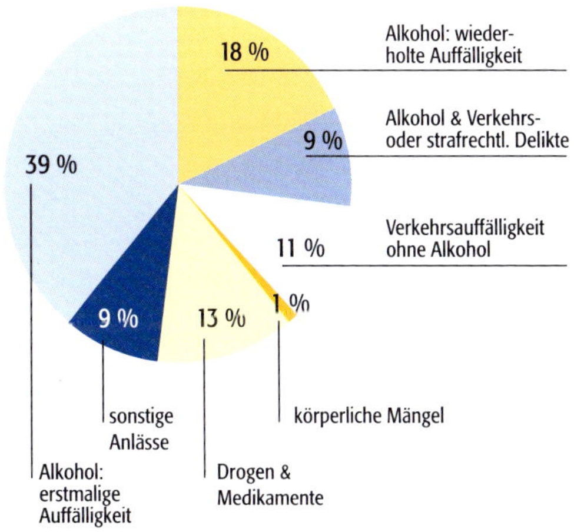

Immer wieder der Alkohol: die Medizinisch-Psychologischen Untersuchungen in Deutschland – Verteilung der Untersuchungsanlässe des Jahres 2003 (Quelle: BASt).

Lesetipp:

Kajan, Schneider & Utzelmann, Führerschein (k)ein Problem. Kirschbaum Verlag (Verlagskontakt siehe S. 137).

Rieh & Wagenpfeil, Der Testknacker bei Führerscheinverlust. Goldmann Verlag. Goldmann Sachbuch Bd.16601, broschiert, ISBN 3442166012.

5.4.10 Nachschulungskurse

Nachschulungskurse (Driver Improvement Maßnahmen) dienen dazu, die Kraftfahrereignung wiederherzustellen. Sie sollen nach erfolgten Auffälligkeiten (z.B. Verstößen in der Führerschein-Probezeit oder Trunkenheitsfahrten) dem Fahrer Gelegenheit geben, sein Fehlverhalten zu analysieren und Gegenmaßnahmen zu ergreifen. Der jeweilige Nachschulungskurs und die anerkannten Träger der Durchführung sind behördlich vorgegeben und hängen von der Deliktlage ab. Die Fahrerlaubnisbehörde informiert über den geforderten Kurs und welche Träger er anerkennt. Grundsätzlich müssen alle Stellen, die Kurse zur Wiederherstellung der Kraftfahreignung durchführen, durch den Staat akkreditiert sein und werden überwacht (Akkreditierungsstelle Fahrerlaubniswesen bei der Bundesanstalt für Straßenwesen). Sie unterliegen einer Kontrolle, die die Einhaltung aller Vorschriften prüft. Das betrifft im Übrigen auch die Begutachtungsstellen für Fahreignung (MPU-Wesen) und technischen Prüfstellen (z.B. die amtlich anerkannten Sachverständigen für das Fahrerlaubniswesen). Absolvieren Sie einen solchen Kurs, können Sie davon ausgehen, dass der Anbieter ausschließlich geprüfte oder vorgeschriebene Kursbausteine und -inhalte vorgibt und der Kursleiter über die entsprechende Aus- und Fortbildung verfügt. Die Liste aller akkreditierten Träger von Stellen, die Kurse zur Wiederherstellung der Kraftfahreignung durchführen, sind bei der Bundesanstalt für Straßenwesen abzurufen [www.bast.de, dort unter Qualitätsbewertung, dort unter Akkreditierung Fahrerlaubniswesen]. Über die Kursinhalte können Sie sich bei den dort aufgeführten Anbietern genauer informieren.

5.4.11 Schulung und Fahrsicherheitstraining

Sicherheitsschulungen gibt es schon seit Beginn des industriellen Massentransportwesens. Am Anfang waren es die Straßenbahnfahrer, die auf den Umgang mit der Elektrischen eingeübt wurden. Das Auto kam später. Insofern stehen Schulung und Training in einer langen Erfahrungstradition der Unfallverhütung bzw. Arbeitssicherheit. Wie ist rasch und sicher auf eine „Schrecksituation" zu reagieren? Welche Bedienmanöver richten im Gefahrenfall den geringsten Schaden an? Bin ich in unübersichtlichen Verkehrssituationen in der Lage Gefahrensituationen vorherzusehen? Richtig reagiere ich nur, wenn ich auch schon die Gelegenheit dazu hatte. Aber viele Extremsituationen tauchen beim einzelnen Fahrer im Straßenverkehr statistisch gesehen nur selten auf. Wenn sie sich schließlich ereignen, muss er darauf vorbereitet sein. Das ist nur durch gezielte und regelmäßige „Trockenübungen" möglich – gezielt, da es auf das Vermeiden von unfallgeneigtem Verhalten und das Beherrschen von unfallvermeidendem Verhalten ankommt (hier soll nicht Auto fahren gelernt werden) und regelmäßig, da einmalige Maßnahmen keinen nachhaltigen Lerneffekt haben.

Der Markt für Fahrsicherheitstrainings scheint nur auf den ersten Eindruck ein wenig unübersichtlich. Doch sehr viele Anbieter erfüllen nicht die Qualitätsanforderungen, die der Staat und die Verkehrssicherheitsgremien erarbeitet haben und können daher keinesfalls angeraten werden. Wir empfehlen, sich grundsätzlich an den Standards des Deutschen Verkehrssicherheitsrats (DVR) zu orientieren. Kursmaßnahmen, die über den DVR entwickelt, mitentwickelt, angeboten bzw. in Lizenz über andere Träger (Anbieter oder „Umsetzer") vermittelt werden, genügen den heutigen Erkenntnissen aus der Sicherheitsforschung, das heißt, nicht nur Fahrphysik und Technik, sondern auch das Verhalten des Fahrers wird beachtet, um zu vermeiden, dass ein bloßes Geschicklichkeitstraining die Fahrweise eher noch riskanter gestaltet. Kurscurriculum, Träger und Moderator müssen sich zweifelsfrei zu den Leitprinzipien des defensiven, partnerschaftlichen, vorausschauenden und regelbefolgenden Fahrens bekennen. Fahrtrainer bzw. Moderatoren, die über den DVR ausgebildet wurden, erfüllen diese pädagogischen Standards. Außerdem sollte die Kursmaßnahme über die im Curriculum festgelegten Lernziele nicht an zusätzliche privatwirtschaftliche Motive ihres Anbieters gekoppelt sein. Nachfolgend stellen wir Ihnen die wesentlichen Trainings bzw. Verkehrssicherheits- und Fuhrparkprogramme vor, die der DVR für Lkw-, Bus- und andere Berufskraftfahrer entwickelt hat, und bieten Ihnen eine Auswahl möglicher Umsetzer an. Nähere Auskünfte können beim Deutschen Verkehrssicherheitsrat eingeholt werden[1].

Berufsfahrertraining damals ... : Walter Moede, Pionier der deutschen Verkehrspsychologie, entwickelt 1919 an der TU Berlin Trainings für Tramwagenführer. Hier werden sie an die Entladungsblitze der Oberleitung gewöhnt (Quelle: TUB).

[1] Alle Texte zu den hier vorgestellten DVR-Kursen basieren im Wesentlichen auf wörtlichen, z. T. gekürzten Zitaten aus den DVR-Informationsmaterialien.

Allerdings ein klares Wort zum Unterhaltungswert: „ … und es muss einen zusätzlichen Eventwert haben“ heißt es heute leider nahezu einhellig. Nein, muss es nicht, Fahrsicherheitstraining ist kein Spaßevent. Selbstverständlich sind ein motivierendes Umfeld und eine angenehme Atmosphäre wichtig für alle Teilnehmer. Aber das Trainingsziel besteht nicht darin, Freude am Autofahren zu fördern; das Training ist eine erforderliche Sicherheitsübung. Und die muss jeder Pilot, jeder Feuerwehrmann, jeder Seemann und jeder Lockführer absolvieren, leider nicht jeder Kraftfahrer. Auch für Berufskraftfahrer gibt es bislang keine Fortbildungsverpflichtung. Zudem wird das Motiv Verkehrssicherheit immer stärker mit Freizeit und Motorsport vermischt. Es kommt nicht auf die spektakuläre Wasserfontäne aus der Fahrbahn an. Was zählt, ist abrufbares Wissen und präzise einsetzbares Verhalten im Ernstfall. Entwerten Sie ein freiwilliges Training nicht durch die Aussicht auf einen unverbindlichen und unterhaltsamen Samstagnachmittag, sondern appellieren Sie an den hohen Selbstanspruch Ihrer Mitarbeiter, für die Fahren ein Hauptteil ihres Berufs darstellt – denn ein anderes Instrument zur Fahrerschulung steht Ihnen nicht zur Verfügung.

… und heute: In modernen Fahrsicherheitszentren lernen Berufskraftfahrer den Umgang mit ihrem Dienstfahrzeug kennen (Quelle: DVR).

Insofern macht es auch wenig Sinn, wenn Fahrtrainings als Incentive nur für gute Fahrer ausgelobt werden. Sie sind eine nötige Schulung für das gesamte Team.

Sicherheitsprogramm Lkw

Das Programm vermittelt Informationen über die besonderen Fahreigenschaften von Lkw und Zügen. Im praktischen Teil erleben die Teilnehmer, wie instabile Fahrzustände entstehen und wie sie sich vermeiden lassen.

Sicherheitsprogramm Tankwagen

Tankwagen zeigen im Vergleich zu normalen Lkw ein verändertes Fahrverhalten. Sie können bereits bei niedrigen Geschwindigkeiten in den Grenzbereich gelangen und umkippen. Plötzliche Lenkbewegungen oder Bremsmanöver versetzen die Flüssigkeit im Tank in Schwingungen und führen zu einer Verlagerung des Fahrzeugschwerpunkts. Im Vordergrund des Programms stehen Übungen mit dem eigenen Tankfahrzeug und einem speziellen Kursfahrzeug.

Sicherheitsprogramm Transporter

Das Programm richtet sich an Fahrer leichter Nutzfahrzeuge. Vermittelt werden unter anderem Informationen über Fahrverhalten beladener Fahrzeuge, das Fahren mit Anhänger und die Wirkung der Achslastverteilung auf die Sicherheit. Weitere Themen sind die Ladungssicherung sowie vom Pkw abweichende gesetzliche Bestimmungen.

Sicherheitsprogramm Geländewagen

Viele Personen im Tagebau, im Tiefbau, in der Forst- und Landwirtschaft benutzen Geländefahrzeuge. Oft haben sie keine Erfahrung mit dem Fahren im Gelände und erhalten keine Einweisung. Das Programm zeigt unter anderem, wie man das Gelände richtig „liest“ und schwierige Geländepassagen ohne Zugkraftunterbrechung mit angemessener Drehzahl sicher befährt.

Sicherheitsprogramm Linienbus

Für Linienbusfahrer gilt: Neben der Beherrschung des Fahrzeugs ist der höfliche und kompetente Umgang mit Fahrgästen ein wichtiger Bestandteil des Jobs. Oft sind sie großem Zeitdruck und hektischem Stadtverkehr ausgesetzt. Das Sicherheitsprogramm Linienbus zeigt, wie man trotz vielfältiger Beanspruchung konzentriert und fehlerfrei fahren kann. Der praktische Teil wird auf Linienbussen absolviert und orientiert sich an Situationen, die für Linienbusfahrer kritisch werden können.

Sicherheitsprogramm Reisebus

Reisebusfahrer müssen nicht nur ihr Fahrzeug gut beherrschen, sondern auch unter Zeitdruck mit Fahrgästen höflich und kompetent umgehen. Das Programm vermittelt, wie man trotz Routine und vielfacher Beanspruchung konzentriert und fehlerfrei fahren kann. Wichtige Bestandteile des Programms sind der richtige Umgang mit Stress, Ermüdung und Ärger.

Sicherheitsprogramm Einsatzfahrzeug

Gerade bei schwierigen Einsätzen ist es für Einsatzfahrer manchmal nicht leicht, einen „kühlen

Kopf“ zu bewahren. Zusätzliche Gefahren drohen dadurch, dass viele Verkehrsteilnehmer nicht wissen, wie man sich beim Nähern eines Fahrzeugs mit Sondersignalen richtig verhält. Das Programm informiert über die besonderen Risiken für Einsatzfahrer und gibt Hinweise, wie diese vermieden oder reduziert werden können. Dieses Programm erstreckt sich als einziges über zwei Tage. An einem Tag finden die fahrpraktischen Übungen statt, am zweiten Tag wird das Thema Stress bei Einsatzfahrten behandelt.

Sicherheitstraining Pkw

Wie sich Gefahren im Straßenverkehr vermeiden lassen, vermitteln auch die DVR-Pkw-Trainings. Um die Zahl von Wege- und Dienstwegeunfällen zu reduzieren, haben viele Betriebe das Sicherheitstraining fest in ihre betriebliche Sicherheitsarbeit integriert. Kostenzuschüsse der Berufsgenossenschaften sind zu erfragen. Die Teilnehmer lernen, Risiken richtig einzuschätzen und gefährliche Situationen frühzeitig zu erkennen. Sie absolvieren fahrpraktische Übungen mit dem eigenen bzw. Firmenfahrzeug. Dabei erleben sie ihre Grenzen als Fahrer und die technischen Grenzen des Fahrzeugs und lernen die Folgen kennen, die aus Fehleinschätzungen von Verkehrssituationen und Fahrzeugverhalten resultieren. Gemeinsam mit dem Moderator besprechen sie Einstellungs- und Verhaltensalternativen. Das eintägige Pkw-Training findet in Gruppen von max. 15 Teilnehmern statt. Es wird auf einem der im ganzen Bundesgebiet verteilten Sicherheitstrainingsplätze oder mobil auf einem geeigneten Platz – z.B. einem Betriebsparkplatz – abgehalten.

Eco-Driving für Berufsfahrer/Fahrzeugflotten

Das Eco-Training wird individuell auf die Anforderungen der Fahrzeugflotte zugeschnitten: Fuhrparkstruktur, Fahrerprofile, Kilometerleistungen und typische Fahrstrecken werden berücksichtigt. Ein DVR-zertifizierter Trainer betreut drei Berufsfahrer innerhalb von fünf Stunden oder ganztägig. Trainiert wird im realen Straßenverkehr auf Fahrzeugen mit Bordcomputer – so wird das individuelle Einsparungspotential an Kraftstoff praxisnah ermittelt. Mit einem Bordcomputer wird am Ende der Fahrt der Durchschnittsverbrauch (l/100 km) errechnet. Reduzierung des Kraftstoffverbrauchs der Fahrzeugflotte, Verminderung von Teileverschleiß und Reparaturen, Senkung von Unfallkosten sind das Ziel. Zum Ablauf: Das Training wird in einem Vorgespräch den Zielvorgaben des Flotten-Kunden angepasst. Die Fahrer lernen einen ökonomischen, sicheren, gelassenen und umweltschonenden Fahrstil kennen. Der fahrpraktische Teil erfolgt im Realverkehr/Fahralltag bei vollem Versicherungsschutz (Kompaktkurs: 5 Std., 1 Trainer/3 Teilnehmer; Tageskurs: 8 Std., 1 Trainer/6 Teilnehmer). Weitere Informationen: DVR, Tel.: 0228/4000-10, Fax 0228/4000-167, dvr-info@dvr.de.

Schneller schalten, weiter kommen

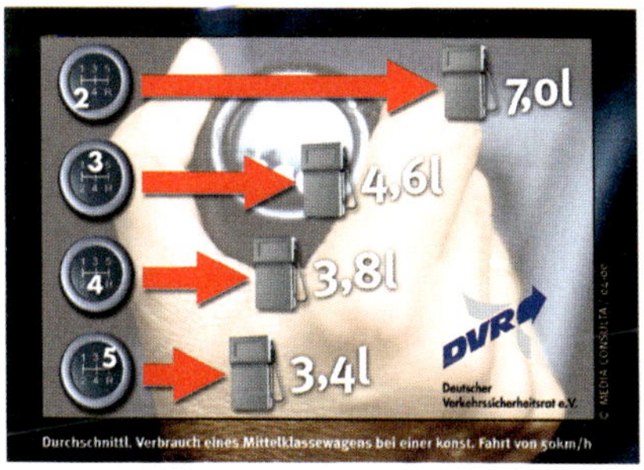

DVR-Programm „Sicher fahren in der Land- und Forstwirtschaft“

Fahrer landwirtschaftlicher Fahrzeuge sind im Straßenverkehr ein besonderes Risiko. In knapp 60 % sind sie Hauptverursacher ihres Unfalls. Mit dem Programm „Sicher fahren in der Land- und Forstwirtschaft“ soll das hohe Unfallrisiko verringert werden. Halter und Fahrer land- und forstwirtschaftlicher Fahrzeuge, Fuhrparkleiter sowie Leiter und Mitarbeiter von landwirtschaftlichen Gewerbebetrieben werden zu Informationsveranstaltungen eingeladen. Speziell ausgebildete Moderatoren arbeiten mit Gruppen von 20-30 Teilnehmern. Die Veranstaltungen werden auch in Zusammenarbeit mit Berufs- oder Fachschulen angeboten. Die Teilnahme ist kostenlos. Themenschwerpunkte sind u.a. die besonderen Gefahren durch land- oder forstwirtschaftliche Fahrzeuge im Straßenverkehr und die Bestimmungen zur Beschaffenheit und Ausrüstung der Fahrzeuge. Es wird von den Berufsgenossenschaften unterstützt. Weitere Informationen: DVR, Tel.: 0228/4000-10, Fax 0228/4000-167, dvr-info@dvr.de.

Fuhrparkprogramm „Mehr Sicherheit. Weniger Kosten“

Das Programm zeigt, wie systematisches Sicherheitsmanagement die Wirtschaftlichkeit im Unternehmen erhöht. Es hilft, sicherer, wirtschaftlicher, qualitätsbewusster und umweltschonender zu transportieren, indem es Einsparpotentiale bei Kraftstoffverbrauch, Reparatur- und Wartungskosten aufzeigt. Das Seminar richtet sich an Disponenten, Werkstattleiter und Fahrer. Umsetzung: 1) Ein zertifizierter Berater kommt zu einer eintägigen Beratung in den Betrieb und erklärt den Umgang mit den Materialien und die Umsetzung des Programms, oder 2) der Unternehmer oder leitende Führungskräfte nehmen an einem eineinhalbtägigen Seminar teil. Dort wird die betriebsspezifische Umsetzung des Programms vermittelt. Weitere Informationen: DVR, Tel.: 0228/4000-10, Fax 0228/4000-167, dvr-info@dvr.de.

Fuhrparkprogramm Ladungssicherung

Mangelhafte Ladungssicherung ist sowohl im Pkw-, Lkw- als auch Kleintransporterverkehr für Unfälle oder deren Schwere mitverantwortlich (vgl. Kap. 5.6, S. 106). Nicht immer sind Zeitdruck oder Trägheit schuld, sondern Unwissenheit. Das DVR-Angebot besteht aus ein- und zweitägigen betriebsspezifischen sowie zweitägigen betriebsübergreifenden Seminaren. Die Themen sind Vorschriften und Verantwortungsbereiche, Kippgefah-

ren bei falscher Ladung, physikalische Grundlagen, Eignung des Fahrzeugs, Lastverteilungspläne sowie Einrichtungen und Hilfsmittel zur Ladungssicherung. Ausgewählte Ladungssicherung wird an einem Lkw demonstriert und von den Teilnehmern praktisch umgesetzt. Die Seminare richten sich an Fahrer, Disponenten, Kraftverkehrsmeister, Verlader und Fuhrparkleiter. Weitere Informationen: DVR, Sicherheitsprogramme LKW/KOM, Tel.: 0228/4000-10, Fax 0228/4000-167, dvr-info@dvr.de

Mobiles Sicherheitstraining

Verschiedene Anbieter führen Kurse im Pkw-, Motorrad-, Lkw- und Bus-Programm unter bestimmten Voraussetzungen auch außerhalb der festen Trainingsplätze durch, zum Beispiel auf Firmenparkplätzen. Dieses Angebot kann für Flottenbetreiber zum einen von wirtschaftlichem Interesse sein, da, trotz etwas höherer Kursgebühren, Fahrt- und Übernachtungskosten gespart werden. Zum anderen eröffnet die Durchführung am Ort einen größeren Praxisbezug zu Ihrem Betrieb.

Umsetzende Verbände und Organisationen

(ausgewählte Umsetzer mit DVR-zertifizierten Moderatoren für die Sicherheitsprogramme für Berufskraftfahrer. Stand Juni/2005)

Umsetzer	Lkw	Tankwagen	Transporter	Geländewagen	Personenverkehr (Bus)	Einsatzfahrzeug	Pkw	Mobile Trainings	Ladung	Land/Forst
ACE Automobil Club Europa e.V. Schmidener Str. 233 70374 Stuttgart Tel: 0711/5303-290 Fax: 0711/5303-289 Ace@ace-online.de	🚗		🚗	🚗	🚗		🚗	🚗		
ADAC-Zentrale Am Westpark 8 81373 München Tel.: 089/7676-2634 Fax: 089/760-0208 hubert.ruhdorfer@zentrale.adac.de	🚗		🚗			🚗	🚗	🚗		🚗
BBZ Nordhausen Gerhart-Hauptmann-Str. 2 99734 Nordhausen Tel.: 03631/6239-0 Fax: 03631/623925 bbz.zaenker@t-online.de	🚗	🚗	🚗	🚗	🚗	🚗	🚗	🚗	🚗	
DEKRA-Akademie GmbH Bornbach 1 22848 Norderstedt Tel.: 040/534393-30 oder -14 Fax: 040/534393-98 Matthias.Jensen@dekra.com Dagmar Biermanski@dekra.com	🚗	🚗					🚗	🚗	🚗	
EvOBus AfterSalesTraining-Mannheim AST-TDM, HPC D13 Hanns-Martin-Schleyer-Str. 21-57 68301 Mannheim Tel.: 0621/740-27 59 Fax: 0621/740-24 69 Goerdt.Gatermann@evobus.com					🚗					

Umsetzer	Lkw	Tankwagen	Transporter	Geländewagen	Personenverkehr (Bus)	Einsatzfahrzeug	Pkw	Mobile Trainings	Ladung	Land/Forst
Fahrtechnik- und Ausbildungszentrum (Zentrale) Eichenstraße 28 49832 Thuine (Emsland) Tel.: 05902/94 0768 Fax: 05902/94 0767 faz@fahrtechnik.de (Berlin, Brandenburg, Mecklenburg-Vorpommern, Nordrhein-Westfalen, Niedersachsen, Sachsen)	X	X	X		X		X	X		
Omnibus-Verkehrssicherheitstechnik g.e.V. Grenzallee 15 12057 Berlin Tel.: 030/74374072 Fax: 030/74374071 ovs-ev@t-online.de					X		X			
Landesverkehrswacht Baden-Württemberg e.V. Ulmer Straße 261 70327 Stuttgart Tel.: 0711/407030-0 Fax: 0711/407030-20 Landesverkehrswacht@LVW-BW.de	X		X		X		X	X		
Landesverkehrswacht Niedersachsen e.V. Arndtstr. 19 30167 Hannover Tel.: 0511/357726-83 Fax: 0511/357726-82 info@landesverkehrswacht.de (zugleich Ansprechstelle für Pkw-Kurse der Verkehrswachten aller anderen Bundesländer)	X	X	X		X	X	X	X		X
EUVA-EuregioVerkehrs-Akademie GmbH Ortlöödiek 100 48531 Nordhorn-Hesepe Tel.: 05926/986222 Fax: 05926/986224 euva@euva.de	X	X	X		X	X	X	X	X	X
TÜV Akademie GmbH Eichenkamp 53332 Bornheim Tel.: 02222/9669-0 Fax: 02222/9669-9 Kleinwo@lotus.de.tuv.com	X	X	X		X	X	X	X	X	
Verkehrsakademie Bayern e.V. Am Goldenen Feld 19 95926 Kulmbach Tel.: 09221/760-50 Fax: 09221/760-60 kulmbach@verkehrsakademie.de (Bayern, Hessen, Sachsen, Thüringen)	X	X	X		X	X	X	X	X	

5.4.12 Incentives und Mitarbeitermotivation

Die grundsätzliche Berufszufriedenheit und die konkrete Arbeitszufriedenheit im Betrieb sind gemeinsam nachweislich der höchste Garant für eine optimale Mitarbeiterleistung – und daher auch für sichere Fahrer. „Je mehr Vergnügen du an deiner Arbeit hast, umso besser wird sie bezahlt“, wird uns zwar ein Ausspruch von Mark Twain überliefert, aber seine Weisheit zielte auf etwas anderes. Die Zufriedenheit Ihrer Mitarbeiter mit ihrer Berufswahl werden Sie nicht beeinflussen können – sie sollte ein Kriterium bei der Einstellung der Fahrer sein (s. S. 55ff) – aber ihre Arbeitszufriedenheit. Neben Gratifikationssystemen im engeren Sinn sind Betriebsfeiern und firmeninterne Veranstaltungen geeignete Plattformen der Mitarbeitermotivation, die zugleich Gefahrenbewusstsein und Sicherheitsverhalten fördern können. Externe Anbieter können entgeltlich oder ehrenamtlich das Thema abdecken (Vorführungen, Demonstrationen, Übungen zum Ausprobieren). Auf die Kontaktpflege zwischen Geschäftsführung oder Fuhrparkleiter zu den Verbänden und der Region haben wir bereits hingewiesen. Da solche Veranstaltungen auch die Familienangehörigen einbeziehen können, gewinnen sie an Motivationswert. Aber die beste Form der Eigenmotivation ist das aktive Engagement. Ein Vorgesetzter oder ein Fahrer, der sich in seiner Kommune in der einen oder anderen Form ehrenamtlich in der Verkehrssicherheit engagiert, ist der beste Multiplikator für Ihre Firma!

Ein Incentive ist zunächst nur ein Leistungsanreiz. Aber ein falsch eingesetzter Leistungsanreiz kann in der Produktion wie auch in der Dienstleistung mehr Schaden anrichten als nutzen. Pauschale finanzielle Aufschläge können im Einzelfall sogar eher zu Lasten der Arbeitssorgfalt oder Kundenzufriedenheit gehen. Kilometergebundene Schadenfreiheitszuschläge sind unter bestimmten Arbeitsbedingungen einfach und objektiv, schaffen ggf. aber auch Unmut in der Belegschaft, wenn ein Vielfahrer auf der Autobahn gegenüber einem Vielfahrer im städtischen Verkehr profitiert. Wir möchten hier bewusst keine gezielte Maßnahme favorisieren (auch nicht zwischen Gratifikationssystemen und Sachzuwendungen unterscheiden), sondern vielmehr einige grundsätzliche Anregungen geben. Ein Incentive, das nicht auf das Eigeninteresse und die Freiwilligkeit zum stetigen Dazulernen setzt, wird seinem Sinn nicht gerecht werden. Der Mitarbeiter muss klar erkennen, welchen Sinn sein Arbeitgeber mit der Prämie verbindet (z.B. Spritsparen, Reparaturkosten senken, gute Wartung, Unfälle vermeiden). Insofern dürfen Prämiensysteme nicht in Konkurrenz zueinander treten. Incentives sollten vom Fahrer nicht als selbstverständlicher (leistungsabhängiger) Teil des Gehalts angesehen werden und nur der Schadenverhütung dienen. Das ist eine Frage der „Firmenphilosophie“. Im Vordergrund sollten stets die Unfallfreiheit und die Einhaltung der Vorschriften innerhalb und außerhalb des Betriebs stehen. Ein solches Prämiensystem ist zudem nach außen werblich kommunizierbar. Prämien für „Schnelligkeit“ und „Menge“ der Arbeitseinheiten werden von außen unter Umständen nicht eben als solide Ausführung der Dienstleistung gewertet werden. Sicher gibt es Ausnahmen, dort wo Termintreue zwingende Voraussetzung für den Transport ist. Doch in die Falle der Abwärtsspirale eines ruinösen Konkurrenzdruckes durch nicht mehr realistische Zeitvorgaben sollte kein Wettbewerber gehen. Höhere Schadenquoten und Verschleiß, überforderte Fahrer und steigende Fluktuation, Bußgelder und Punkte werden nachfolgen, und das Image eines Anbieters spricht sich nicht nur unter den Wettbewerbern, sondern auch bei den Behörden rasch herum.

Safety first für Fahrer-Anreize heißt auch: Das wichtigste Gut des Transports ist und bleibt der Mensch. Unfälle im Transportwesen gefährden nicht nur schwächere Verkehrsteilnehmer, sondern oft genug auch „nur“ den Fahrer selbst im Alleinunfall. Aber welche Anreize sind nun sinnvoll? Verschiedene Aspekte sollten beachtet werden:

1. Das Incentivesystem sollte einen materiellen Mehrwert für jeden Mitarbeiter haben. Das muss nicht nur Geld oder ein geldwerter Vorteil sein. Entwickeln Sie auf die Person des einzelnen Fahrers zugeschnittene Alternativen. So ist aus der Betriebspsychologie bekannt, dass

Familienväter und -mütter am stärksten durch Maßnahmen beeindruckbar sind, die dem Wohl ihrer Kinder dienen (nicht dem Wohl der Familie im Allgemeinen, sondern dem der Kinder!). Jüngere Arbeitnehmer sind eher finanziell, ältere eher freizeitorientiert (z. B. Urlaubstage).

2. Das Incentivesystem sollte einen ideellen Mehrwert für jeden Mitarbeiter haben. Es wird umso effektiver sein, je individueller es die Interessen und Präferenzen des Fahrers anspricht. Einheitliche Sachprämien oder Veranstaltungen machen den geringsten Aufwand, sind aber nicht für alle gleich motivierend. Größere Unternehmen sollten der Praktikabilität halber zumindest Wahlalternativen bieten.

3. Das Incentivesystem sollte unbeschadet der Art des Mehrwerts von Darstellungs- und Erinnerungswert sein (physische Präsenz). Das können Urkunden oder ausgelobte Preise ebenso sein wie einfache Werbestreumittel, die im Zusammenhang mit einer Auszeichnung oder mit einer Veranstaltung stehen.

4. Das Incentivesystem sollte nicht bestrafen, sondern belohnen. Das bedeutet auch, dass das System trotz Misserfolg (z.B. leichter Sachschaden) noch Perspektiven offen lässt, etwa durch Eigenbeteiligung. Ein kleineres Schadenereignis darf nicht forciert zu zusätzlicher Unzufriedenheit führen. Eine wie auch immer gestaltete Abstrafung des Schlechtesten verbietet sich, denn es demotiviert indirekt auch die Guten.

5. Das Incentivesystem sollte daher nicht Wettbewerbsdruck nach innen aufbauen, sondern vielmehr Teamgeist nach außen transportieren. So belohnen die meisten Berufsgenossenschaften die Betriebe, die hohe Unfallbelastungen senken, mit einem Beitragsnachlass. Das ist noch nicht dem Fahrer vermittelbar, aber Ihr Incentivesystem sollte ermöglichen, dass aus der gemeinsamen Anstrengung ein gemeinsamer Gewinn erwächst.

6. Das Incentivesystem muss allen Mitarbeitern (in Bezug auf die jeweilige Fahrtätigkeit) gleiche Chancen eröffnen. Im Zweifelsfall sind mehrere „Kategorien“ erforderlich, wenn verschiedene Fahrer grundsätzlich verschiedene Arbeiten leisten.

7. Das Incentivesystem darf nicht indirekt wiederum verkehrsunsicheres Verhalten fördern, weder in der Zielvorgabe und dem Bewertungssystem, noch in der Form der Belohnung. Auch in den Nebensächlichkeiten: Die Flasche Sekt oder Schnaps passt in den Geburtstagspräsentkorb! Als Zugabe zum Schadenfreiheitsbonus ist sie jedoch peinlich.

8. Das Incentivesystem sollte Nachhaltigkeit gewährleisten (Kontinuität der Maßnahmen). Geeignet wäre, es als Einzelposten in eine mehrjährige Kampagne zur „Arbeitssicherheit in unserem Betrieb“ einzubetten.

9. Das Incentivesystem sollte von der Geschäftsleitung eindeutig niedergelegt (Bugetierung, ggf. rechtl. Absicherungen), beim Personal hinreichend kommuniziert (schriftliche Erläuterung) und für den Fahrer nachvollzieh- bzw. kontrollierbar sein. Auch die beigezogenen Kriterien (schuldhafte Verunfallung, Höhe des Schadens, grobes Fehlverhalten am Arbeitsplatz, vorbildliche Wartung und Pflege, beurteilter Zeitraum oder gefahrene Kilometer etc.) müssen vorformuliert und objektiv sein. In der Vergangenheit wurden häufig sog. Punktevermehrungs- bzw. -abzugssysteme angewandt (vgl. AZT, 1992). Die Kriterien sollten aber betriebs- und tätigkeitsspezifisch bestimmt werden.

10. Das Incentivesystem muss zeitnahe Belohnung erlauben, sollte aber nicht monatlich mit dem Gehalt erfolgen. Denn es ist keine selbstverständliche Zusatzvergütung. Sinnvoll können Kombinationen aus Quartals- und Jahreszuwendungen für unfallfreies Fahren sein.

Die vorgenannten Kriterien sind natürlich Ideal-Forderungen und in der Praxis nicht immer vollständig zu erfüllen, vor allem nicht mit einer einzelnen, sondern nur mit einer Kombination verschiedener Maßnahmen. Bewährte Incentives sind zumeist Veranstaltungen, zu denen die Fahrer ggf. mit ihren Angehörigen eingeladen werden: Abendessen mit Rahmenprogramm, Wochenenden in Freizeitanlagen, geschlossene Veranstaltungen an besonderen Orten wie in historischen Sälen, Event-Veranstaltungen in Sport, Theater etc. (Wahlalternativen). Bei der jüngeren Generation sehr beliebt sind geschlossene, gemietete Vorführungen eines neuen Films im Kino-Komplex mit Buffet (Popcorn und Cola nicht vergessen!). Wer nicht auf die eigene Phantasie vertrauen will, kann Event-Agenturen zurate ziehen. Die Form des Incentives (Veranstaltung, Geld, Sachwert) sollte sich auch an den Wünschen des Personals orientieren.

Fahrermotivation durch Incentives dienen der Minderung des Unfallrisikos (Quelle: AZT).

5.5 Das sichere Fahrzeug

Neben dem „Faktor Mensch" spielt natürlich das Fahrzeug eine zentrale Rolle bei der Schadenverhütung in der Flotte. Die Automobilhersteller müssen gesetzliche Rahmenbedingungen zur Sicherheit einhalten, die vorrangig in den ECE-Richtlinien, EG-Direktiven oder im „Motor Vehicle Safety Act" festgeschrieben sind (ECE; EG; DOT, 1966). Fahrzeughersteller und Zubehörhandel bieten darüber hinaus ein großes Spektrum an Sicherheitseinrichtungen für Pkw und Nutzfahrzeuge an. In diesem Kapitel wollen wir Ihnen die wichtigsten aktiven und passiven Systeme vorstellen. Alle diese Systeme werden vom Allianz Zentrum für Technik für Ihre gewerblich genutzten Fahrzeuge als Verkehrs- und Arbeitsmittel im Fuhrpark empfohlen. Zudem werden Erkenntnisse aus der Unfallforschung zu Sicherheitspotential und Wirksamkeit dargelegt. Abschließend zeigt ein kleiner Ausblick, mit welchen weiteren Sicherheitstechnologien wir in Zukunft rechnen können. Die Erfahrung zeigt: Hinter jedem sicheren Fahrzeug steht natürlich ein sicherheitsbewusster Mensch. Und es ist auch der Flottenbetreiber, der mit seiner Offenheit für Innovation mit technischen Hilfen und Neuerungen in der Fahrzeugtechnik die Sicherheit und Leistungsfähigkeit seines Flottenbestands erhöhen kann.

5.5.1 Aktive Fahrzeugsicherheit

Aktive Fahrzeugsicherheit umfasst alle Einrichtungen im und am Fahrzeug, die in erster Linie dem Zweck dienen, Unfälle zu vermeiden (Seiffert, 1992). Dazu gehören Fahrerassistenzsysteme (FAS), die den Fahrer bei seiner Fahraufgabe unterstützen, Einrichtungen, die die Sicht aus dem Fahrzeug sowie die Sichtbarkeit des Fahrzeugs verbessern, und Systeme, die für eine gute Kondition des Fahrers sorgen. Seit etwa einem Jahrzehnt spielen verstärkt Fahrerinformationssysteme (FIS) eine große Rolle. Sie informieren Fahrer, Disponent und Fuhrparkleiter über Fahrzeug und Fahrstrecke und tragen bei richtiger Anwendung zu mehr Sicherheit bei.

Automatischer Blockier-Verhinderer (ABV)

Mit der Einführung des Anti-Blockier-Systems (ABS) von BOSCH (allgemeine Bezeichnung auch Automatischer Blockier-Verhinderer, ABV) im Jahr 1978, zunächst als Option für die Oberklasse von Mercedes-Benz und BMW, begann eine neue Ära. Seitdem wurde die Bordelektronik ständig weiterentwickelt und erschloss neue Dimensionen für Assistenzsysteme. ABS ist eine elektronische Regeleinrichtung im Bremssystem, die das Blockieren der Räder beim Bremsen verhindert (Bosch, 2002). Dabei überwacht die ABS-Elektronik mittels Drehzahlsensoren die Umdrehungsgeschwindigkeit an den Rädern. Tritt an einem Rad Blockierneigung auf, nehmen Radumfangsverzögerung und Radschlupf stark zu. Werden dabei kritische Werte überschritten, wird der Radbremsdruck reduziert, bis die Blockiergefahr beseitigt ist. Der Bremsdruck wird dann erneut aufgebaut und der Regelvorgang beginnt von vorn. Die Regelung heutiger ABS erfolgt mehr als 10-mal pro Sekunde. Der Fahrer spürt dies am leichten Pulsieren des Bremspedals. Zudem stellt das ABS die notwendige Voraussetzung für weitere elektronische Systeme wie ASR und ESP dar.

Gemäß § 41b StVZO müssen heute alle Lastkraftwagen, Anhänger und Zugmaschinen mit einem zulässigen Gesamtgewicht über 3,5t und einer Höchstgeschwindigkeit von mehr als 60 km/h sowie Kraftomnibusse mit einem automatischen Blockier-Verhinderer ausgerüstet sein. Außerdem haben sich die im Verband der europäischen Automobilhersteller (ACEA) organisierten Unternehmen freiwillig verpflichtet, seit Juli 2004 alle neuen Pkw für Westeuropa mit ABS auszustatten. Moderne ABS sichern bei fast allen Straßenzuständen kürzere Bremswege und gleichzeitig bleibt das Fahrzeug innerhalb der physikalischen Grenzen lenkbar. Während der Vollbremsung kann zusätzlich Hindernissen ausgewichen werden. Abgesehen von den Fahrzeugen, bei denen ohnehin ABS gesetzlich vorgeschrieben ist, empfiehlt das Allianz Zentrum für Technik die grundsätzliche Ausstattung aller Fahrzeuge, auch Ihres Fuhrparks, mit dieser sinnvollen, unfallvermeidenden Sicherheitseinrichtung.

Die Unfallforschung weiß ...

... ABS gilt als Meilenstein der aktiven Sicherheit, obwohl die Wirksamkeit im Realunfallgeschehen nie zweifelsfrei nachgewiesen werden konnte. Gründe dafür waren hauptsächlich fehlende Datenbasis oder die Überlagerung mehrerer Faktoren. Dennoch sind sich die Unfallexperten einig, dass ABS bis heute viele Unfälle vermieden hat. Den Sicherheitsgewinn verdeutlichen beispielsweise Fahrtests mit „Normalfahrern" (Gies, 1991). Fahrer ohne ABS kamen mehr als doppelt so häufig in kritische Situationen als mit ABS (s. Bild unten). Der Vorteil zeigte sich besonders deutlich bei Bremsung in Kurven und unterschiedlichen Reibwerten (sog. μ-Split-Bremsung). Optimiert wird die ABV-Wirkung durch hohe Fußkraft, um kurze Bremswege zu erzielen. Daher ist eine Kombination von ABV mit Bremsassistent wünschenswert.

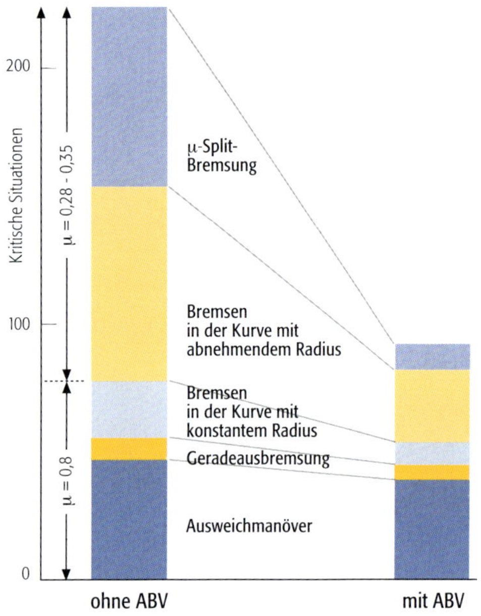

Vermeidung kritischer Situationen durch ABV, differenziert nach Fahrsituationen (Quelle: Gies, 1991).

Bremsassistent (BAS)

Unfallanalysen verdeutlichen, dass viele Fahrer in Notsituationen, bei denen es auf Vollbremsungen ankommt, zu zögerlich bremsen. Die mögliche Bremskraft wird, besonders bei Fahrzeugen mit ABS, nicht vollständig ausgenutzt und der Bremsweg unnötig verlängert. Der Bremsassistent erkennt den Beginn einer Notbremsung an der Geschwindigkeit, mit der der Fahrer das Bremspedal betätigt. Das System baut den vollen Bremsdruck auf und verkürzt so die so genannte Schwellzeit (vgl. Bild S. 81). Das geschieht auch, wenn der Fahrer das Pedal noch nicht voll getreten hat. Der Bremsweg wird verkürzt.

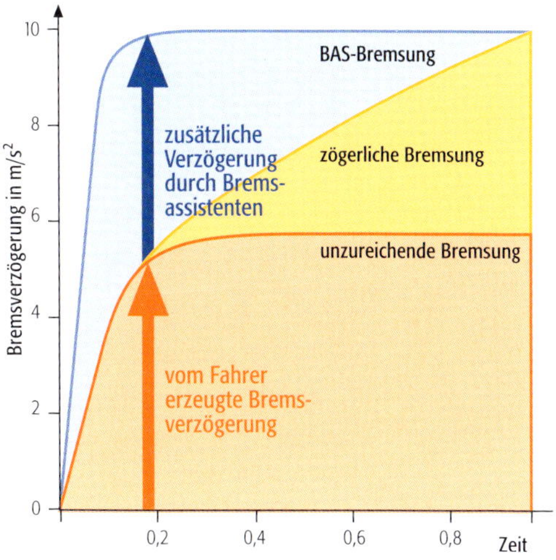

Bremskraft-Diagramm mit und ohne BAS – schematisch dargestellt.

Die Unfallforschung weiß ...

... bei Vollbremsungen aus hohen Geschwindigkeiten kann mit dem Bremsassistent der Bremsweg um zehn bis zwanzig Meter verkürzt werden. Wertvolle Meter, die einen Unfall vermeiden oder zumindest dessen Folgen reduzieren können.

Retarder

Retarder sind verschleißlose Dauerbremsen für Nutzfahrzeuge und Kraftomnibusse, die durch hohe Dauerbremsfähigkeit die Betriebsbremse entlasten (Bosch, 2002). Mit seinen unterschiedlichen Wirkungsweisen – elektrodynamisch oder hydrodynamisch – und konstruktiven Variationen, wie primärer und sekundärer Einheit, wird der Retarder zunehmend in schweren Nutzfahrzeugen eingebaut. Er entlastet die Betriebsbremse, reduziert den Bremsbelag- und Reifenverschleiß des Fahrzeuges und erhöht somit die Wirtschaftlichkeit. Außerdem liefert er einen wesentlichen Beitrag zur aktiven Fahrzeugsicherheit, weil er beispielsweise in Notfällen nach langen Gefällefahrten die Reibungsbremse voll funktionsfähig hält (Glasner, 2001). Gerade im Schwerlast- und Omnibusverkehr, für die Dauerbremsen wie Motorbremse vorgeschrieben sind (StVZO § 41 (15)), sollte ein Retarder zur Erhöhung der Sicherheit grundsätzlich eingebaut sein.

Antriebs-Schlupf-Regelung (ASR)

ASR wurde erstmals im Jahr 1986 für Nutzfahrzeuge angeboten, ein Jahr später erfolgte der optionale Einbau in der S-Klasse von Mercedes [www. bosch.de]. Das System baut auf der Technik von ABS auf und verwendet hauptsächlich dessen Komponenten. So wie beim Bremsen die Räder nicht blockieren sollen, dürfen sie beim Anfahren und Beschleunigen nicht durchdrehen. Die ASR-Elektronik überwacht dabei laufend mittels Raddrehzahlsensoren die einzelnen Räder. Sobald ein Rad zum Durchdrehen neigt, wird es gezielt abgebremst bzw. die Motorleistung gedrosselt, bis das Rad wieder greift. Der Regelvorgang beginnt erneut. ASR hilft Pkw und Lkw vor allem auf rutschiger oder unterschiedlich griffiger Fahrbahn. Auch im Hängerbetrieb ermöglicht es harmonisches Anfahren und Beschleunigen. Neben der Verbesserung der Fahrstabilität sorgt die Antriebs-Schlupf-Regelung außerdem für einen geringeren Reifenverschleiß.

Elektronisches Stabilitäts-Programm (ESP)

Schleudern ist eine der Hauptursachen bei schweren Verkehrsunfällen mit Pkw, Transportern und Lkw. So war die Entwicklung von ESP zur Serienreife im Jahr 1995 durch Bosch und Mercedes Benz ein „Segen" für die Verkehrssicherheit. Auch der legendäre Elchtest mit der A-Klasse war im Rückblick ein Glücksfall. Die serienmäßige Ausrüstung mit ESP wurde wesentlich beschleunigt, beginnend mit der Mercedes A-Klasse seit 1998. ESP unterstützt den Fahrer aktiv bei schwierigen Fahrmanövern und wirkt dem Schleudern entgegen. Das System berechnet aus dem Lenkwinkel und den Raddrehzahlen, in welche Richtung der Fahrer fahren will. Aus den Signalen des Drehraten- und Querbeschleunigungssensors erkennt die Elektronik, ob das Fahrzeug stark unter- oder übersteuert und der Fahrer im Begriff ist, die Kontrolle zu verlieren. In diesen Fällen reagiert ESP mehrmals pro Sekunde blitzschnell durch gezielten Eingriff an einzelnen Radbremsen sowie an Motor- und Getriebemanagement. Besonders bei abrupten Ausweichmanövern oder durch falsch eingeschätzten Kurvenverlauf wirkt ESP und erhöht maßgeblich die Spurstabilität. ESP beinhaltet außerdem die Funktionen ABS, ASR und Elektronische Bremskraftverteilung (EBV).

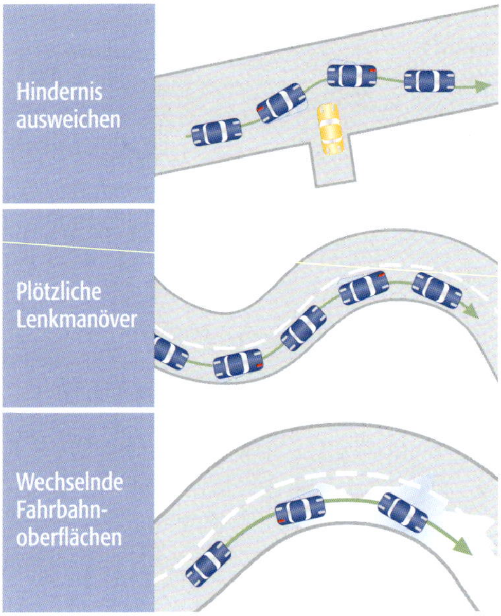

In welchen Situationen hilft ESP – schematisch dargestellt (Quelle: nach BOSCH).

Neuere ESP-Generationen umfassen einen Kippschutz, was besonders für Fahrzeuge mit hohem Schwerpunkt wie Sport Utility Vehicles (SUV) oder Nutzfahrzeuge mit variabler Schwerpunktshöhe wichtig ist. Auch die abgestimmte Kombination von ESP mit Kippschutz für Sattelzugmaschine mit Auflieger ist heute am Markt erhältlich.

Sattelzugmaschine mit Auflieger im Fahrtest mit deaktiviertem ESP: Nur die Stützräder verhindern jetzt noch den Überschlag (Quelle: GDV).

Die Unfallforschung weiß ...

... ESP ist ein Meilenstein für die Verkehrssicherheit. Das Vermeidungspotential bezogen auf Unfälle mit schwerem Personenschaden ist beträchtlich. Es liegt noch vor dem Airbag. Für Unfallforscher ist deshalb ESP nach dem Sicherheitsgurt Lebensretter Nr. 2. Unabhängig voneinander durchgeführte Studien aus Deutschland, Frankreich, Schweden, USA und Japan belegen, dass durch ESP bei Pkw 10-15 % der Unfälle mit schwerem Personenschaden vermieden werden können (Langwieder, Gwehenberger & Hummel, 2004; Tingvall et al., 2003; Page & Cuny, 2004). Pkw-Unfälle mit Todesfolge könnten sogar bis zu etwa einem Drittel gesenkt werden, wenn ESP flächendeckend ausgerüstet wäre. Allein auf Deutschland bezogen wären das pro Jahr bis zu etwa 800 getötete Autofahrer weniger (Langwieder, 2005). Auch bei Kleintransportern mit 10 % (Gwehenberger, Meewes & Kiebach, 2004) und Lkw mit 9 % (Gwehenberger et al., 2003) liegen die Vermeidbarkeitspotentiale bezogen auf Unfälle mit schwerem Personenschaden beachtlich hoch. Vor diesem Hintergrund hat die Allianz Versicherungs-AG den Allianz Sicherheitspreis Genius 2005 an die Robert Bosch GmbH für die Entwicklung und Einführung von ESP verliehen.

Geschwindigkeitsbegrenzer

Geschwindigkeitsbegrenzer sind Einrichtungen, die im Kraftfahrzeug in erster Linie durch die Steuerung der Kraftstoffzufuhr zum Motor die Höchstgeschwindigkeit auf einen fest eingestellten Wert beschränken. Das System besteht prinzipiell aus den Bauteilen elektronischer Regler, Stellglied und diverser mechanischer Bauteile zur Anlenkung des Stellgliedes an die Einspritzpumpe. Nähert sich das Fahrzeug der zulässigen Höchstgeschwindigkeit, regelt das Stellglied auf die maximal erforderliche Einspritzmenge zurück. Der Gesetzgeber hat in § 57c StVZO festgeschrieben, dass alle Kraftomnibusse sowie Lastkraftwagen, Zugmaschinen und Sattelzugmaschinen mit zulässigem Gesamtgewicht von jeweils mehr als 3,5t mit Geschwindigkeitsbegrenzer ausgerüstet sein müssen.

Es gelten folgende Einstellungen:

Kraftomnibusse:	max.	100 km/h
Lkw und Sattelzugmaschinen:	max.	90 km/h

Der Geschwindigkeitsbegrenzer wird leider immer noch von einigen Fahrern als Schikane angesehen, obwohl die Sicherheit maßgeblich erhöht wird. Das beweisen immer wieder dramatische Unfälle, wie der Busunfall bei Lyon im Juni 2003 mit 28 Todesopfern. Der Fahrer ist dabei mit 117 km/h auf regennasser Fahrbahn gegen eine Leitplanke gefahren [www.tagesschau.de]. Erlaubt waren 90 km/h.

Sowohl bei der Anschaffung, als auch beim Betreiben von Lkw, Kraftomnibussen oder Sattelzugmaschinen sollten daher Funktion und Einstellung des Geschwindigkeitsbegrenzers laufend überprüft werden. Auch für Kleintransporter ist die freiwillige Abregelung der Höchstgeschwindigkeit auf 120 bis 130 km/h empfehlenswert. Die Fachwerkstatt kann hier helfen und die Vorteile sind vielfältig: weniger Kraftstoffverbrauch, weniger Verschleiß und weniger Stress und Aggressionen bei Fahrern und anderen Verkehrsteilnehmern. Offensichtlich ist auch der viel längere Bremsweg aus hohen Geschwindigkeiten wie der Vergleich im Bild unten zeigt. Dort, wo das langsamere Fahrzeug zum Stehen kommt (nach 112 m), hat das schnellere seine Geschwindigkeit erst auf 106 km/h reduziert!

Die Unfallforschung weiß ...

... eine Detail-Analyse von schweren Autobahn-Unfällen mit Kleintransportern kommt zu folgenden problematischen Begleitfaktoren bei Unfällen mit Fahrgeschwindigkeiten über 120 km/h im Vergleich zu Unfällen mit niedrigeren Geschwindigkeiten (Gwehenberger, Meewes & Kiebach, 2004): bei über 90 % der Unfälle trägt der Kleintransporterfahrer die Hauptschuld. Übermüdung, Sekundenschlaf und Ablenkung sind dreimal so häufig. Überschlagunfälle und Beschädigungsgrade der Fahrzeuge steigen signifikant. Das Risiko beim Unfall getötet zu werden ist für Insassen von Kleintransportern um den Faktor 5 höher.

Spiegelsysteme

Der Gesetzgeber fordert gemäß § 56 StVZO (1), „Kraftfahrzeuge müssen Spiegel haben, die so beschaffen und angebracht sind, dass der Fahrzeugführer nach rückwärts und seitwärts – auch beim Mitführen von Anhängern – alle für ihn wesentlichen Verkehrsvorgänge beobachten kann“. Selbst mit den besten Spiegelsystemen im Pkw ist das heute nicht immer möglich. Es bleibt ein großer Bereich, der so genannte „tote Winkel“ übrig, in dem sich andere Verkehrsteilnehmer „verstecken“. Ein wesentlicher Grund dafür ist die vielfach falsche Spiegeleinstellung. Der Schulterblick, wie in der Fahrschule gelernt, ist auch in Zukunft nicht überflüssig! Besonders ausgeprägt ist der „tote Winkel“ bei Transportern und schweren Lkw. Bei Unfällen sind meist Fußgänger, Rad- oder Motorradfahrer betroffen, die sich in dem für den Fahrer schwer einsehbaren rechten Bereich des Fahrzeugs aufhalten. Die europäische Richtlinie 2003/ 97/EG – seit Januar 2005 in Kraft – verlangt erheblich größere Sichtfelder und erlaubt zusätzlich die Verwendung von Kamera-Monitor-Systemen. Damit wird die Sicht für die Fahrer deutlich verbessert. Auch Nachrüstlösungen sind verfügbar, die die neue Richtlinie erfüllen. Beachtet werden muss dabei, dass die Systeme vibrationsarm und in der vorgeschriebenen Anbauhöhe befestigt werden. Weitere Details erteilen die jeweiligen Lkw-Hersteller.

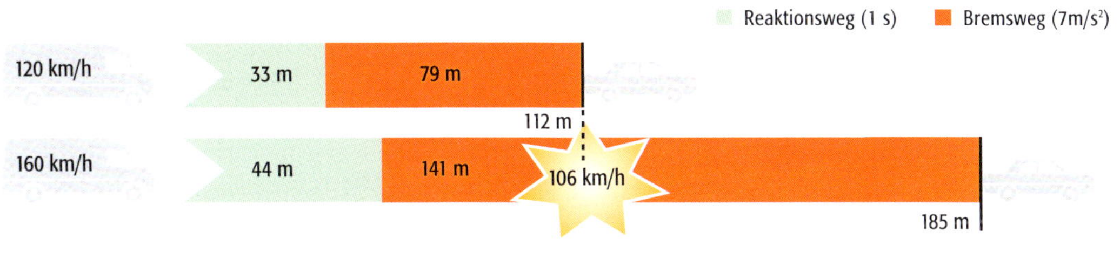

Vergleich der Anhaltewege aus 120 km/h und 160 km/h (Quelle: AZT nach Börner).

Lkw-Spiegelsystem rechts mit Haupt-, Weitwinkel- und Rampenspiegel gemäß 2003/97/EG (Quelle: Mercedes-Benz).

Selbst das beste Rückspiegelsystem hilft nur eingeschränkt, wenn es verschmutzt, angelaufen oder nicht optimal eingestellt ist. Leider sind in der Praxis diese sehr einfach abzustellenden Mängel allzu häufig anzutreffen (Gwehenberger, 1996). Hilfreich sind beheizbare, vom Fahrerplatz aus einstellbare Systeme. Das erhöht die Akzeptanz beim Fahrer und führt zu mehr Sicherheit. Fast banal und nicht erwähnenswert erscheint es, dass die direkte Sicht des Fahrers durch alle Fahrzeugscheiben nicht beeinträchtigt werden darf. Die Praxis lehrt uns leider anderes: Manche Fahrer zieren ihre Verglasung mit Aufklebern, Fähnchen oder sogar Kaffeemaschinen. Hier ist es Aufgabe des Unternehmers oder Fuhrparkleiters, diese fahrlässigen Unsitten durch betriebsspezifische Regeln zu unterbinden.

Sichteinschränkung extrem – mit dramatischen Folgen: Unfall mit getötetem Fußgänger (Quelle: Bernickel).

Die Unfallforschung weiß ...

... in Deutschland ereignen sich jährlich etwa 150 Lkw-Unfälle beim Rechtsabbiegen (Niewöhner, Berg & Nicklisch, 2004) mit schweren oder tödlichen Verletzungen für Fußgänger und Radfahrer. Etwa ebenso häufig ereignen sich Unfälle, bei denen Lkw-Fahrer eine Kreuzung überqueren und rechts vorbeifahrende oder überholende Zweiradfahrer erfassen (Langwieder, Gwehenberger & Bende, 2001). Verbesserung ist mit neuen Spiegelsystemen gemäß Richtlinie 2003/97/EG zu erwarten. Weitere Fortschritte können in Zukunft mit speziellen Fahrerassistenzsystemen für das Abbiegen und den Spurwechsel – sog. Abbiege- und Spurwechselassistenten – erwartet werden.

Rückfahr- und Rangierhilfen

Speditionen, Auslieferungsfirmen und Paketdienste im Haus-zu-Haus-Verkehr müssen häufig auf engem Firmengelände rangieren oder Laderampen zentimetergenau rückwärts anfahren. Kleintransporter im innerstädtischen Kurierdienst fahren sogar bis zu einhundertmal am Tag rückwärts (Gwehenberger, 2003). Die eingeschränkte Sicht nach hinten und zur Seite ist dabei ein besonderes Problem. Der Gesetzgeber schreibt vor „... beim Rückwärtsfahren muss sich der Fahrzeugführer so verhalten, dass eine Gefährdung anderer Verkehrsteilnehmer ausgeschlossen ist; erforderlichenfalls hat er sich einweisen

Info kompakt: Der Allianz Sicherheitspreis Genius

Dr. Karl-Walter Gutberlet, Mitglied des Vorstandes der Allianz Versicherungs-AG, überreichte Herrn Wolfgang Drees (links), Geschäftsführer der Robert Bosch GmbH, am 6. April 2005 auf der Auto Mobil International Leipzig den Genius 2005.

Die Allianz Versicherungs-AG vergibt 2005 erstmalig und als bisher einziger deutscher Versicherer einen Sicherheitspreis. Mit dieser Ehrung sollen künftig regelmäßig technische Entwicklungen ausgezeichnet werden, die dazu beitragen, den Straßenverkehr sicherer zu gestalten und die Schadenhäufigkeit und Unfallschwere nachweisbar und nachhaltig zu reduzieren. Die Allianz möchte mit dem Genius das Sicherheitsbewusstsein der Verkehrsteilnehmer stärken sowie Fahrzeughersteller motivieren, ihre Produkte zu optimieren und ausgezeichnete Sicherheitssysteme vermehrt in Fahrzeuge einzubauen. Die Allianz zeichnet mit dem Genius eine technische Entwicklung oder Maßnahme aus dem Fahrzeugbereich aus, die bereits in der Praxis umgesetzt ist. Der Preis in Form einer Kugel stellt einen Menschen dar, der von zwei Meridianen umschlossen wird. Die beiden Kreise symbolisieren eine Schutzzone um den menschlichen Körper. Durch die einem Fahrzeuginsassen nachempfundene Sitzhaltung wird der Bezug zum Auto hergestellt und das Bemühen um die Verbesserung des Schutzes von Mensch und Fahrzeug unterstrichen. Der Name Genius steht zum einen für eine römische Gottheit, bedeutet zum anderen auch „Beschützer der Menschen“. Der Allianz Sicherheitspreis Genius 2005 wurde am 6. April 2005 zum ersten Mal an die Robert Bosch GmbH für die Entwicklung und Einführung des Elektronischen Stabilitäts-Programms (ESP), das nicht nur im Premiumsegment, sondern auch für Kleinwagen verfügbar gemacht wurde, verliehen. Die Allianz verbindet mit der Auszeichnung den Wunsch an die Automobilwirtschaft, künftig alle Fahrzeuge serienmäßig mit ESP auszustatten.

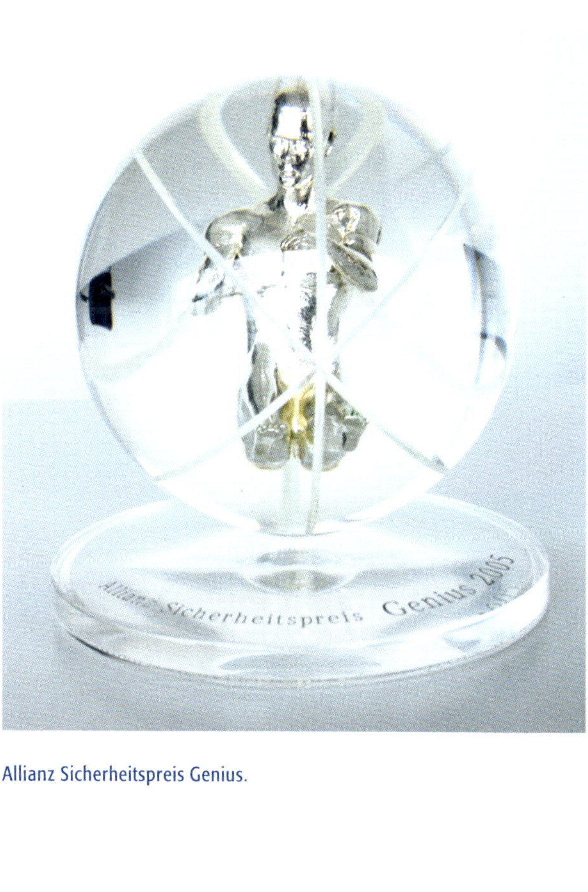

Allianz Sicherheitspreis Genius.

Christian Weishuber

zu lassen“ (StVO § 9). Beim Rückwärtsfahren mit dem Lkw oder Transporter muss deshalb grundsätzlich immer ein Einweiser hinzugezogen werden. Die Praxis zeigt jedoch etwas anderes: Nur selten steht den Lkw- und Transporterfahrern ein „qualifizierter“ Einweiser zur Verfügung. Es ist daher zweckmäßig Rückfahrhilfen zu verwenden.

Rangier-Warneinrichtung

Einparkhilfen oder Parkpiloten für Pkw werden heute von vielen Herstellern als Option angeboten. Zwei oder mehrere Ultraschallsensoren, die an Front und Heck angebracht sind, senden in regelmäßigen Zeitabständen Ultraschallwellen mit einer festen Frequenz aus und empfangen das Echosignal. Die registrierte Laufzeit der Schallwelle dient als Maß für die Entfernung zum Hindernis und wird über ein entsprechendes Gerät im Innenraum visuell und akustisch angezeigt. Die Systeme funktionieren überwiegend recht gut. Dennoch sind Sie gut beraten und sogar verpflichtet, beim Rückwärtsfahren zusätzlich über die Schulter zu blicken.

Für Transporter und Lkw mit weit größerem „toten Winkel“ genügen solche für Pkw konzipierte Systeme nicht. Der Überwachungsraum muss größer und präziser abgegrenzt sein. Außerdem muss die Anlage bei jeder Wetterbedingung (Regen, Schnee, Nebel) zuverlässig funktionieren und keinen Fehlalarm auslösen, sonst wird die Akzeptanz geschmälert. In der DIN 75 031 ist das Anforderungsprofil für akustische und optische Rangier-Warneinrichtungen festgelegt. Derzeit gibt es erst eine Anlage auf dem Markt, die diese Anforderung erfüllt. Nachgewiesen wird dies durch eine BG-Prüfbescheinigung der Prüf- und Zertifizierungsstelle des Fachausschusses „Verkehr“ (Börner, 2004). Beispielsweise sind 9.500 Paketdienstfahrzeuge der Post damit ausgerüstet – mit sehr guten Erfahrungen.

Rangier-Warneinrichtung (Quelle: BGF).

Rückfahrkamera

Im Nutzfahrzeugbereich haben sich heute zudem Rückfahrkameras mit Monitoreinrichtungen bewährt. Bei der Anschaffung sollte man auf die besonderen Anforderungen des rauen Alltags achten, wie Beständigkeit gegenüber Wetter, Schmutz und Temperaturschwankungen sowie Einsatz bei Dunkelheit. Auch die Monitoreigenschaften wie Bildschärfe, Kontrast, Reflexionen etc. sind wichtig, um dem Fahrer das rückwärtige Bild zweifelsfrei wiederzugeben. Vor „Billigprodukten“ ist daher abzuraten. Bei hochwertigen Geräten werden heute Kamera und Monitor beim Einlegen des Rückwärtsgangs in weniger als einer Sekunde eingeschaltet. Die hohe Lichtempfindlichkeit erlaubt es, die Kamera auch in der Nacht einzusetzen. Dabei

Rückfahrhilfe durch Kamera-Monitor-Einrichtungen (Quelle: BGF).

ist die Ausleuchtung des Rückfahrscheinwerfers ausreichend, um ein scharfes Bild auf dem Monitor zu erhalten. Das beste Bild ergibt sich, wenn die Videokamera am oberen Fahrzeugheck angebracht ist. Die Sicht hinter dem Fahrzeug, die durch die Rückspiegel nicht mehr gewährleistet ist, bleibt über den Monitor gewahrt und der Wagen kann präzise zurückgesetzt werden. Selbst das zentimetergenaue Anfahren an eine Rampe ist möglich. Bei der Anbringung ist allerdings darauf zu achten, dass Kamera und Monitor vibrationsarm montiert werden. Zudem darf der Bildschirm den normalen Fahrbetrieb nicht behindern (z.B. Sichtfeldeinschränkung), und er darf nicht zur Gefahr beim Unfall werden (Aufprall mit Kopf oder Körper). Da wir heute im Straßenverkehr mit der optischen Informationsaufnahme vielfach überfordert sind, aber im „Akustikkanal" noch Kapazitäten frei sind, wäre die Kombination von Rückfahrkamera und Rangier-Warneinrichtung als ideal anzusehen (Börner, 2004). Der Fahrer kann sich beim Rangieren auf die Spiegel und die direkte Sicht konzentrieren. Ertönt ein akustisches Warnsignal, erhält er zusätzlich mit dem Monitorbild visuelle Information über Hindernisse hinter dem Fahrzeug und ein sicheres Rangieren ist möglich.

Die Unfallforschung weiß ...

... Unfallanalysen des Allianz Zentrum für Technik bei Nutzfahrzeugen zeigen, Rangier- und Rückfahrunfälle mit Sachschäden dominieren mit etwa 20 bis 30 %. Unter Einbeziehung von Bagatellschäden ist sogar fast jeder zweite Unfall ein Rangierschaden. Bedauerlicherweise ereignen sich auch immer wieder schwerste Unfälle. Entsprechend Untersuchungen des GDV ist bei Kleintransporterunfällen mit schwerem Personenschaden jeder siebte Unfall (14 %) im innerstädtischen Bereich ein Rückfahrunfall (Gwehenberger, Meewes & Kiebach, 2004). Meist sind Senioren und Kinder betroffen. Auch bei schweren Lastkraftwagen ereignen sich pro Jahr etwa 50 Unfälle mit schwerem Personenschaden beim Rückwärtsfahren (Langwieder, Gwehenberger & Bende, 2001). Rückfahrkamera oder Rangier-Warneinrichtung können hier einen großen Sicherheitsbeitrag leisten. Deshalb werden sie ausdrücklich vom Allianz Zentrum für Technik empfohlen.

Reifendrucküberwachung

Platzt ein Reifen bei hoher Geschwindigkeit, kann das fatale Folgen haben. Hauptursache für derartige Reifendefekte ist der schleichende Luftverlust. Und dennoch kümmern sich Fahrer viel zu selten um ihre Reifen. Neben der Sicherheit wird auch der Kraftstoffverbrauch entscheidend vom richtigen Reifenluftdruck geprägt. Schon deshalb rentieren sich Reifendruckwächter. Die Reifendrucküberwachung macht den schleichenden Druckverlust für den Fahrer sichtbar. Sensoren an allen Felgen melden Druckwerte per Funk an das Steuergerät. Ist der minimal zulässige Druck unterschritten, warnt eine Kontrollleuchte. Etwa 90 % aller Reifenschäden beim Lkw (MAN, 2005) können dadurch vermieden werden. Für immer mehr Fahrzeuge sind diese Systeme als Zusatzausstattung ab Werk erhältlich, aber auch Nachrüstsysteme werden angeboten.

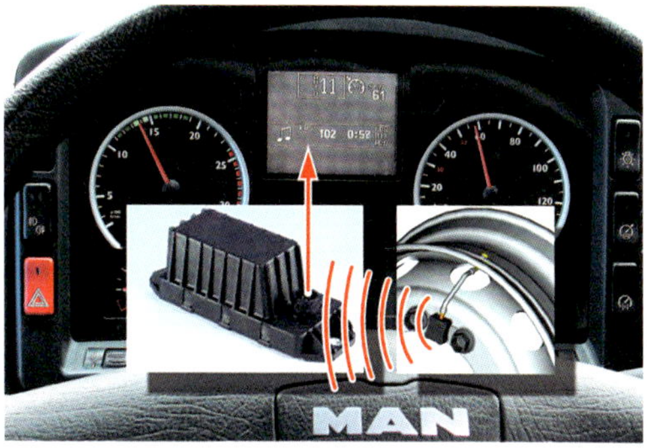

Tire Pressure Monitoring (Quelle: Thewald Kommunikation für MAN).

Die Unfallforschung weiß ...

... laut Bundesstatistik ereignen sich jährlich rund 1.400 Unfälle mit Personenschaden aufgrund technischer Mängel an Reifen. Die meisten davon auf Landstraßen und Autobahnen. Die Unfallforschung geht zudem von einer hohen Dunkelziffer aus. Beispielsweise werden Unfälle induziert durch abgelöste Laufflächen oder Reifenteile, wie sie allzu oft auf Autobahnen zu sehen sind.

Laufflächenablösung durch Überhitzung und zu geringen Luftdruck (Quelle: AZT).

Erlaubte Anbringungsbereiche für die reflektierende Konturmarkierung – schematisch dargestellt (Quelle: nach 3M).

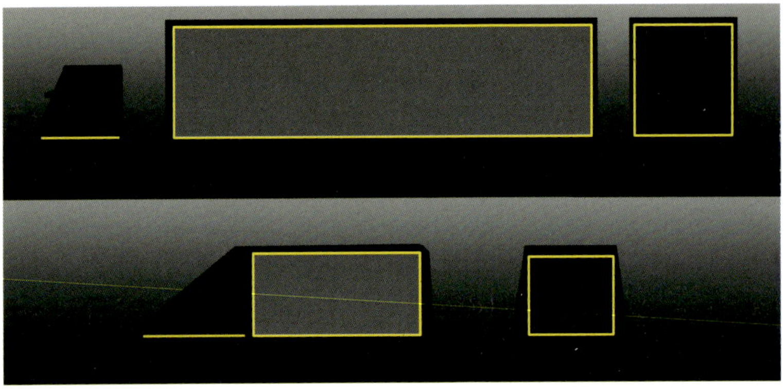

Reflektierende Konturmarkierung

Der Gesetzgeber hat gemäß § 51a StVZO in Verbindung mit der europäischen Richtlinie 76/756/EWG für Kraftfahrzeuge und Anhänger über 6 m Länge zur Seite wirkende gelbe Markierungsleuchten vorgeschrieben. Untersuchungen der TU Darmstadt und des Verkehrstechnischen Instituts der Deutschen Versicherer weisen darauf hin, dass das Signalbild von Lkw in der Nacht und bei Dämmerung trotz Seitenmarkierungsleuchten nach wie vor unzureichend ist. Dem Verkehrsteilnehmer muss signalisiert werden: „Hier fährt ein großes Fahrzeug". Geeignet dafür ist die so genannte reflektierende Konturmarkierung, mit der die Zahl der Auffahrunfälle bei Nacht mit Lkw-Beteiligung bis zu 90 % gesenkt werden kann (Langwieder, Gwehenberger & Bende, 2000). Die Anbringung ist gemäß § 53 StVZO und ECE R 104 an Heck und Seite für lange Fahrzeuge und Kleintransporter (ECE R 48) erlaubt (vgl. Bild oben).

Trotz nachgewiesener Sicherheitswirkung sind jedoch heute leider nicht einmal 1 % mit der Konturmarkierung ausgestattet. Um die Attraktivität zu erhöhen hat der Gesetzgeber deshalb seit Juni 2001 auch die reflektierende Lkw-Werbung auf den Seitenflächen erlaubt. Außerdem können interessierte Lkw-Betreiber an einem von der Bundesanstalt für Straßenwesen begleiteten Feldversuch teilnehmen. Untersucht wird, ob das Argument tatsächlich zutrifft, dass reflektierende Fahrzeugwerbung auf Lkw-Hecks Autofahrer ablenkt. Weitere Informationen zu diesem Thema und auch die Teilnahmebedingungen erhalten Sie unter [www. mechatronic.de].

Die Unfallforschung weiß ...

... besonders auf Landstraßen und Autobahnen kann die mangelhafte Erkennbarkeit von großen Lastkraftwagen für andere Verkehrsteilnehmer zur Fehleinschätzung der langsam fahrenden Lkw führen (Assing, 2004). Nach einer Analyse von Unfällen in Bayern werden etwa 5 % der Lkw-Unfälle mit schwerem Personenschaden durch reflektierende Konturmarkierung vermieden (Langwieder, Gwehenberger & Bende, 2000). Hochgerechnet auf die Bundesrepublik bedeutet das etwa 350 Schwerverletzte und Getötete weniger. Grund genug für das Allianz Zentrum für Technik, Konturmarkierungen zu empfehlen.

Lkw im Feldversuch mit reflektierender Werbung am Heck (Quelle: Continental).

Aufkleber mit Sicherheitswirkung

Im Stadtverkehr sind sich viele Verkehrsteilnehmer nicht bewusst, dass gerade Nutzfahrzeuge wesentlich mehr Platz zum Rangieren oder Aus- und Einparken benötigen. Das Nachsehen hat dabei der Fahrer, der nur mit Mühe aus einer Parklücke wieder in den Verkehr einfädeln kann. Ebenso sind sich viele Verkehrsteilnehmer über den Ausscherradius eines Lkw-Zuges nicht im Klaren. Ein einfacher Aufkleber mit der Aufschrift „Bitte mit 2 m Rangierabstand parken" oder „Vorsicht, Anhänger schert aus" kann einen durchaus wirksamen Sicherheitsbeitrag leisten.

Sicherheitsfördernde Aufkleber schaffen den nötigen Abstand – schematisch dargestellt.

Die Unfallforschung weiß ...

... nicht alle, aber zumindest partnerschaftliche Verkehrsteilnehmer beachten die Hinweise. So mancher Rangierunfall kann dadurch vermieden werden.

Adaptive Cruise Control (ACC)

ACC bietet Sicherheit und Bedienkomfort durch abstandsabhängige Fahrgeschwindigkeitsregelung. Weitere Begriffe dafür sind Abstandsregler und Abstandsregeltempomat. Derzeit ist das System verfügbar bei Fahrzeugen der Oberklasse und schweren Lkw. Ein an der Fahrzeugfront montierter Radarsensor mit etwa 150 Meter Sichtweite erkennt den Abstand und die Relativgeschwindigkeit des vorausfahrenden Fahrzeugs auf der eigenen Fahrspur. Das Steuergerät berechnet aus den Sensordaten, dem eigenen Spurverlauf, der Eigengeschwindigkeit und den Fahreraktionen die beste Annäherungsstrategie und steuert das Motormoment und das Bremsenmanagement (Dauer- und Betriebsbremse) an. Geschwindigkeit, Beschleunigung und Verzögerung des Fahrzeugs wird aktiv geregelt und der Abstand zum Vorausfahrenden eingehalten. ACC ist heute bei allen Fahrzeugherstellern ähnlich ausgelegt. Bei Lastkraftwagen von MAN kann es ab einer Geschwindigkeit von 25 km/h genutzt werden. Der Einsatzbereich liegt jedoch vorrangig bei Fahrten auf Schnellstraßen und Autobahnen. Ab einer Geschwindigkeit von 50 km/h ist der in Deutschland gesetzlich vorgeschriebene Mindestabstand von 50 Metern voreingestellt (MAN, 2005).

Die Unfallforschung weiß ...

... Analysen des Wirkungspotentials von ACC anhand schwerer Unfälle mit Lkw weisen darauf hin, dass etwa 10 % ACC-relevant sind. Auf Autobahnen liegt der Anteil der Lkw-Unfälle, die mit dem System positiv beeinflusst werden könnten, sogar bei rund 30 % (Langwieder, Gwehenberger & Bende, 2000). Wichtiger Hinweis: Die Verantwortung über das Fahrzeug hat jedoch vollständig der Fahrer. ACC reagiert nicht auf stehende Hindernisse, Begegnungsverkehr oder bei bestimmten Witterungsverhältnissen wie Nebel oder Starkregen. Auch muss eindringlich gemahnt werden, das ACC nicht dazu zu missbrauchen, um sich intensiver anderen Dingen zuwenden zu können.

Adaptive Cruise Control (ACC): Einsatz von Radarwellen, schematisch dargestellt (Quelle: MAN).

Lane Guard System (LGS)

LGS überwacht die Fahrspur und warnt den Fahrer bei Überfahren der Fahrbahnmarkierung. Weitere Bezeichnungen sind Lane Departure Warning (LDW), Spurassistent oder Spurverlassenswarnung. Das System wird derzeit für schwere Lkw und vereinzelt für Pkw angeboten. Über eine oder zwei Videokameras, die hinter der Windschutzscheibe angebracht sind, werden die Fahrspurmarkierungslinien erfasst und die Fahrzeugposition in Bezug auf die Fahrspurbegrenzung ausgewertet. Wird die Fahrbahnmarkierung überfahren, ohne dass der Blinker betätigt wurde, wird der Fahrer akustisch mit einem „Nagelbandrattern" bzw. durch Vibration des Sitzes oder Lenkrades gewarnt. Nur die Blinkerbetätigung kann diese Warnung unterbrechen – nebenbei ein erzieherischer Effekt. Das System aktiviert sich beispielsweise bei MAN über 60 km/h automatisch und kann durch einen Kippschalter deaktiviert werden. Sind keine Warnungen möglich, z.B. wegen fehlender Fahrbahnmarkierungen, so wird dies dem Fahrer über das Armaturenbrett angezeigt.

Die Unfallforschung weiß ...

... aktuell untersucht das Allianz Zentrum für Technik etwa 1.000 Lkw-Unfälle im Hinblick auf die Relevanz für LGS. Fachlich unterstützt wird die Forschungsarbeit durch MAN. Ohne den Ergebnissen vorzugreifen, kann LGS zu weniger Unfällen beitragen. Wie bei ACC liegt letztlich die Verantwortung über das Fahrzeug beim Fahrer. Übermüdung kann nicht durch LGS kompensiert werden.

Kurven- und Abbiegelicht

Das adaptive Kurvenlicht (AHL – Adaptive Head Light) erhöht die Fahrsicherheit bei schlechten Lichtverhältnissen und Dunkelheit. Die Scheinwerfer sind im Gegensatz zu herkömmlichen Scheinwerfern horizontal schwenkbar. Sensoren messen den Lenkwinkel, die Gierrate (Drehgeschwindigkeit um die Hochachse) und die Fahrgeschwindigkeit. Anhand dieser Größen werden die Scheinwerfer elektromagnetisch gedreht und der Kurvenverlauf besser ausgeleuchtet (Bilz, 2003). Im Gegensatz zum adaptiven Kurvenlicht wird das statische Abbiegelicht im Bereich niedriger Geschwindigkeiten aktiviert, wenn auf Grund des Fahrzeugzustandes – Blinken und Einschlagen des Lenkrades – auf einen Abbiegevorgang geschlossen werden kann.

Die Unfallforschung weiß ...

... ein Drittel der Fußgängerunfälle in Deutschland ereignen sich bei Dunkelheit oder Dämmerung. Rund 60 % aller im Straßenverkehr getöteten Fußgänger kommen bei Dunkelheit oder Dämmerung ums Leben. Zukünftige Scheinwerfersysteme können zu einer Verbesserung der Sicherheit bei Nachtfahrten beitragen (Bäumler, 2003).

Unfalldatenspeicher (UDS)

Der Unfalldatenspeicher (UDS) wird im Fahrzeuginnenraum an einer geeigneten Stelle geschützt eingebaut. Das Gerät verfügt über Quer- und Längsbeschleunigungssensoren und kann damit die Bewegungsbahn des Fahrzeugs aufzeichnen. Überholmanöver, Schleudern, Kurvenfahrt und vor allem Geschwindigkeit und Stoßvorgänge werden

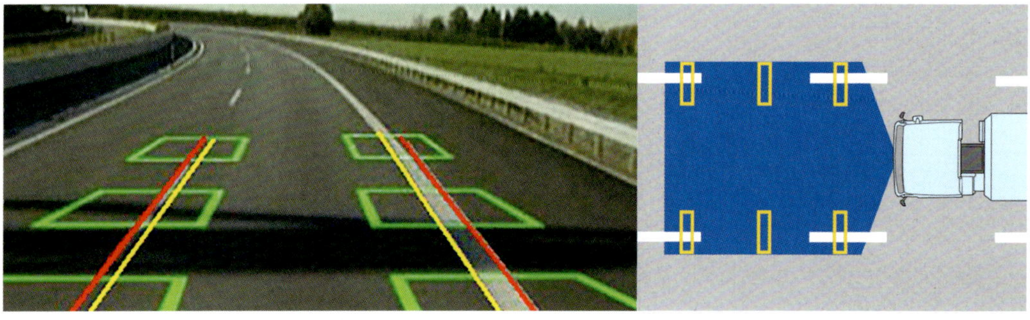

Lane Guard System (LGS), schematisch dargestellt (Quelle: Thewald Kommunikation für MAN).

Ausleuchtung der Kurve und der Einmündung jeweils mit/ohne Kurven- bzw. Abbiegelicht (Quelle: Hella).

unmittelbar vor und nach einem Unfall aufgezeichnet. Darüber hinaus registriert das Gerät u.a. die Bedienung des Blinkers, den Tritt auf das Bremspedal oder die Zündstellung. Die Aufzeichnung erfolgt im Allgemeinen 30 Sekunden vor und bis zu 15 Sekunden nach dem Unfallereignis. Anwälte, Sachverständige und Gutachter sind sich einig: Der Unfalldatenspeicher kann die Rekonstruktion von Unfällen deutlich erleichtern und die Schuldfrage in aller Regel leichter beantworten (Ahlgrimm, 1995). Deshalb hat der 41. Verkehrsgerichtstag in Goslar mit großer Mehrheit die obligatorische Einführung der „Black Box“ für das Auto empfohlen (Deutsche Akademie für Verkehrswissenschaft, 2003).

UDS kann auch präventiv zur Vermeidung von Unfällen eingesetzt werden. Mit Hilfe von flankierenden Maßnahmen wie Schulung und Unterrichtung über den Nutzen von UDS wird der Fahrer zur risikobewussteren und vorausschauenden Fahrweise animiert (Neidert, 1995; Bach, 2002). Das Gerät spricht bereits beim zu schnellen Fahren auf steilen Bordsteinkanten an. Es können daher auch resultierende Reifen- und Fahrzeugschäden registriert und zugeordnet werden. Die Einführung von UDS im Fuhrpark ist in jedem Fall den Mitarbeitern mitzuteilen und gegebenenfalls mit dem Betriebsrat abzustimmen. Sinnvoll sind Schulungsmaßnahmen, die den Mitarbeitern vermitteln, dass sie für den Betriebserfolg mitverantwortlich sind und der Datenspeicher nicht aus Misstrauen gegenüber den Mitarbeitern eingerichtet wird.

Die Unfallforschung weiß ...

... im Rahmen mehrerer wissenschaftlich begleiteter Projekte bei Taxiunternehmen, Rettungsdiensten, Polizei, Bundesgrenzschutz und Sicherheitsdiensten war fast durchweg ein Präventiveffekt durch UDS festzustellen (Bach, 2002; Harms, 2003). Dabei wurden Unfall- bzw. Sachschadenreduzierungen um bis zu 30 % registriert. Keine signifikante Änderung ergab sich dagegen bei der privaten Nutzung von UDS im Individualverkehr. Hinweis: Die Präventivwirkung kann nicht beliebig auf jedes Unternehmen übertragen werden. Sie ist maßgeblich abhängig von flankierenden Maßnahmen und der Sicherheitsphilosophie im Betrieb.

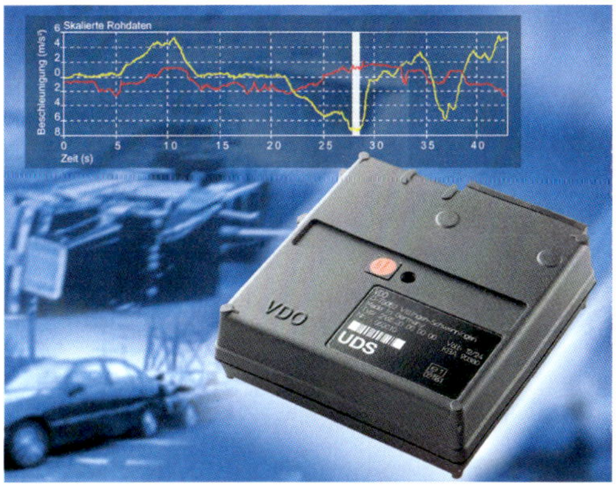

Unfalldatenspeicher – Funktionsschaubild (Quelle: Siemens-VDO).

Telematikunterstütztes Flottenmanagement

Die geforderten Attribute einer leistungsfähigen Fuhrparkorganisation wie Transparenz, Ausbaufähigkeit, Dynamik und Sicherheit können heute mit Hilfe der Telematik[2] wesentlich unterstützt werden. Eine Vielzahl verschiedener Fuhrpark- oder Flottenmanagementsysteme werden angeboten, meist basierend auf im Fahrzeug eingebauten Bordcomputern mit GPS und drahtloser Verbindung zur Zentrale (z.B. per GSM[3]), so dass der Aufenthaltsort der Fahrzeuge und der zu transportierenden Ware jederzeit abrufbar sind.

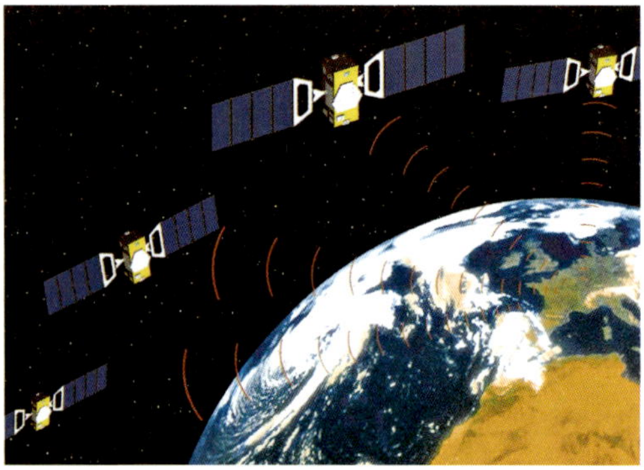

Telematik, im Transportwesen unerlässlich: das GPS, schematisch dargestellt (Quelle: ddp).

Im Bereich des Auftragsmanagements unterstützen Flottenmanagementsysteme die Prozesse von der Auftragsübernahme bis zur Transportdurchführung (Disposition, Tourenplanung und Informationsverwaltung). Leerfahrten werden so minimiert und Ankunftszeiten können dem Kunden avisiert werden, denn das System errechnet die strecken- und zeitbezogenen kürzesten Routen. Weitere Funktionen sind die technische Fahrzeugüberwachung und das Fuhrparkmanagement mit Leistungskomponenten wie Tourenanalyse, Verwaltung und Analyse von Personal, Werkstatt und Ersatzteilen sowie die Fahrzeug- und Warenverfolgung bei Diebstahl. Neben höherer Effizienz können telematikunterstützte Flottenmanagementsysteme auch die Sicherheit erhöhen. Dem Fahrer bleiben aufwändige administrative Arbeiten wie Frachtpapierverwaltung usw. erspart. Je nach Leistungsmerkmalen der Geräte können Ruhe- und Arbeitszeiten, Höchstgeschwindigkeiten, Bremsvorgänge, Motordrehzahlen und Kraftstoffverbrauch überwacht werden. Außerdem entlasten Navigationssysteme den Fahrer von aufwändigem Kartenlesen und Straßensuchen. Besonders bei häufig wechselnden Fahrrouten – z.B. im Kurier- oder Auslieferungsverkehr – wird der Fahrer entlastet und kann sich besser auf das unmittelbare Verkehrsgeschehen konzentrieren.

Bei der Auswahl und dem Gebrauch von Flottenmanagementsystemen gibt es allerdings sicherheitstechnische Aspekte zum Bordcomputer zu beachten. Dazu gehören:

- Einfache und plausible Bedienbarkeit
- Große Tastatur bzw. Felder auf Touchscreen
- Blendfreie Montage des Monitors
- Anbringung des Monitors ohne Einschränkung der direkten Sicht
- Sprachgeführte Navigation

Anzumerken ist, dass der Fahrer nicht vom Bordcomputer abgelenkt werden darf. Schlechte Bedien- und Ablesbarkeit führen leider allzu häufig dazu. Aus sicherheitstechnischen Gründen ist außerdem von der Bedienung während der Fahrt grundsätzlich abzuraten. Das gilt besonders für mobile PDA[4], die mit Stift bedient werden müssen. Schließlich sollten Lkw-Fahrer darauf achten, dass bislang das elektronische Kartenmaterial kaum Lkw-spezifische Daten enthält. Kreisverkehr, Gewichtsbeschränkungen, Lkw-Durchfahrverbote, Höhenangaben zu Tunnels und Brücken sind nicht oder unzureichend dokumentiert.

Die Unfallforschung weiß ...

... die Bedienung der Navigationsgeräte lenkt den Fahrer dramatisch ab. Feldversuche ergaben, dass die Fahrer den Blick bis zu mehrere Sekunden von der Straße abwandten (Green, 2000). Aber schon in einer Sekunde legen Sie bei einer Geschwindigkeit von 100 km/h 28 m zurück! Auch bei sprachgestützten Systemen gilt, dass jede Bedienung Ablenkung vom Verkehrsgeschehen bedeutet.

[2] Telematik ist ein zusammengesetzter Begriff aus Telekommunikation und Informatik.

[3] Global System for Mobile Communication.

Bordcomputer mit Monitor (Quelle: Scania).

Das Kraftfahrzeug als Arbeitsplatz: Die Bedeutung von Ergonomie und Komfort

In der Fahrzeugflotte ist der Arbeitsplatz Ihrer Mitarbeiter die Fahrgastzelle. Arbeitsplatz Lkw, Büro auf vier Rädern und manch andere griffige Bezeichnung nimmt darauf Bezug. Das bedeutet für die Schadenverhütung: Das Fahrzeug muss „benutzerfreundlich" sein, es genügt nicht, technisch betriebssicher zu sein. Alle Bedien- und Steuervorrichtungen müssen ergonomisch, d.h. nach arbeitsphysiologischen und -psychologischen Kriterien konzipiert und auch eingebaut sein. Letzteres betrifft vor allem den nachträglichen Einbau zugekaufter Elemente, die am Armaturenbrett platziert werden. Aus den Prüfdiensten ist bekannt, dass unsachgemäße Fahrzeugveränderungen nach Werk (u.a. auch Tuningaktivitäten) mit zu den Hauptproblemen in der Fahrzeugsicherheit gehören (TÜV Mängelbericht). Zusätzlich angebrachte Displays, Zähler, Tachometer, Freisprechanlagen u.v.a.m., machen den Kfz-Fahrerplatz zum kleinen Cockpit. Achten Sie aber darauf, dass alle Geräte nicht nur gemäß Anweisung installiert werden. Sie dürfen auch die sichere Inbetriebnahme des Fahrzeugs selbst nicht gefährden: Sie müssen problemlos bedient und abgelesen werden können und dürfen die Sicht nicht beeinträchtigen. Je kürzer die Blickabwendung vom Verkehrsgeschehen, desto besser. Die Displayanzeigen der Geräte sollten nach Möglichkeit entspiegelt und dimmbar sein, um sie der jeweiligen Fahrererfordernis anpassen zu können. Blaue Beleuchtung der Displays bzw. Schrift ist erwiesenermaßen sehr ungünstig, da sie der Anpassungsleistung der Augen bei Dunkelheit zuwiderläuft; neutrales Grauweiß ist optimal (Bockelmann, 2002). Zudem gilt der Bauhaus-Lehrsatz: Weniger ist mehr! Integrierte Fahrer-Informations-System-Lösungen sollten möglichst viele Funktionen in einem Gerät vereinen.

Ergonomie heißt nicht nur Sicherheit, sondern auch Komfort. Vor allem Insassen- bzw. Fahrersitzqualität, Innenraumklima und Geräusch- und Vibrationsqualität nehmen großen Einfluss auf die Ermüdung und somit auf die Fahrtüchtigkeit Ihrer Fahrer. Komfort fördert Sicherheit. Die Fahrzeugentwickler haben diesem Aspekt der Mensch-Maschine-Interaktion in Automobilen den Namen Konditionssicherheit gegeben. Maße der sog. psychischen und psychophysischen Beanspruchung sind z.B. Augenaktivität, Blutdruck, Herzschlagrate u.a.m. Diese Beanspruchung kann durch eine Reihe an Komfortlösungen gesenkt werden. Wir wollen keine spezifischen Produktempfehlungen abgeben, aber bei der Anschaffung neuer Fahrzeuge sollte der Fahrerkomfort nicht nachrangig behandelt werden. Vor allem Klimaanlagen sollten Standard für die Fahrzeuge in der Flotte sein, deren hauptsächlicher Einsatz in der Langstrecke liegt – auch wenn das ein Mehr an Kraftstoffverbrauch bedeutet. Oft wird verkannt, dass moderne Klimaanlagen nicht nur die Temperatur regulieren (heizen, kühlen), sondern den Innenraum auch kontinuierlich mit Frischluft versorgen, als Pollen-, Reiz- und Schadstoff-Filter fungieren können, die Luftfeuchtigkeit stabilisieren (be- und entfeuchten) und schließlich die

[4] Personal Digital Assistant.

Info kompakt: Allianz Zentrum für Technik und Insassenschutz – Optimierte Sitzsysteme mindern Gefahr bei Auffahrunfällen

Die vom Allianz Zentrum für Technik erarbeiteten Konstruktionsrichtlinien für Autositze haben bereits zu einer deutlichen Verbesserung des Insassenschutzes bei einer Reihe von Fahrzeugmodellen geführt. Seit 1980 untersucht das Allianz Zentrum für Technik Bewegungsabläufe und Belastungsgrenzen von Pkw-Insassen bei leichter bis mittlerer Unfallschwere und leitet daraus Empfehlungen für optimierte Sitz- und Kopfstützensysteme ab.

Die AZT-Hinweise zur richtigen Sitzposition und Kopfstützeneinstellung sind mittlerweile weltweit anerkannter Standard: Kopfoberkante und Kopfstützenoberkante müssen auf einer Höhe sein, der horizontale Abstand zwischen Kopf und Kopfstütze sollte möglichst gering sein. Bei neuen, im Jahr 2000 durchgeführten Crash-Tests wurden drei neue Sitzkonstruktionen unterschiedlicher Hersteller im Hinblick auf ihre Schutzwirkung für die Autoinsassen untersucht und mit herkömmlichen Sitzkonstruktionen verglichen. Dabei wurden insgesamt 25 Versuche mit fünf freiwilligen Testpersonen, die vor und nach den Versuchen medizinisch betreut wurden, durchgeführt, um realistische Ergebnisse zu erzielen. Bei allen drei optimierten Sitzen trat in den Versuchen beim Heckaufprall keine nennenswerte Drehung des Kopfes in Relation zum Oberkörper auf. Gegenüber herkömmlichen Kopfstützen konnte eine Verbesserung um rund 78 % festgestellt werden. Die gemessene Differenz der Brust- und Kopfbeschleunigung beim Aufprall ergab bei den optimierten Sitzen eine 18 bis 40 % geringere Belastung für die Fahrzeuginsassen.

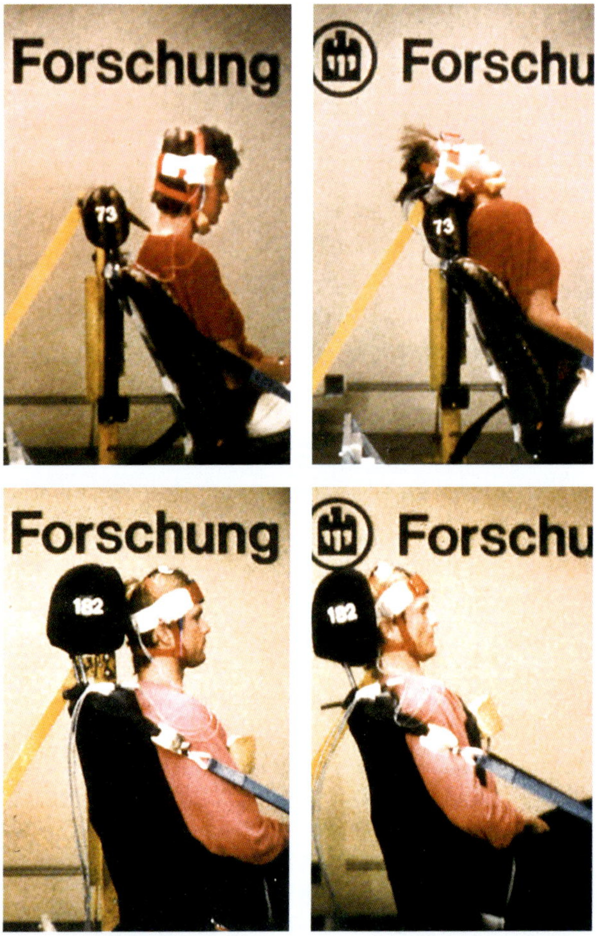

Weitere Untersuchungen zeigten, dass sich herkömmliche Fahrzeugsitze unter Verwendung eines speziellen Kopfstützenaufsatzes deutlich verbessern lassen.

Fazit: Die getesteten neuen Sitzmodelle zeigten Verbesserungen, was den Insassenschutz beim Pkw-Heckaufprall betrifft. Dennoch ist das Schutzpotential noch nicht ausgereizt, weitere Verbesserungen sind möglich und notwendig.

Heike Stretz

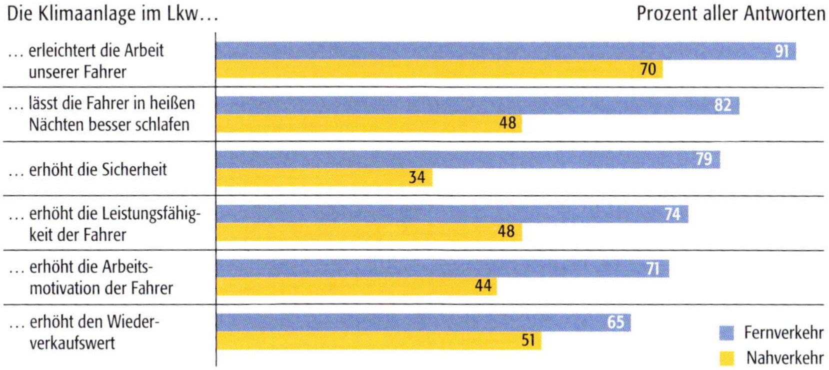

Herstellerbefragung von Fuhrparkleitern zur Klimaanlage (Quelle: Umfrage zitiert nach Bohr GmbH & Co. KG).

Scheiben vor plötzlichem Beschlagen bewahren. Die Ansicht, dass Klimaanlagen im Nutzfahrzeug Komfort und Sicherheit erhöhen, wird einer Herstellerstudie gemäß auch von Fuhrparkbetreibern geteilt. Ein Drittel der 120 befragten Manager von Lkw-Flotten nannten sie die wichtigste Zusatzausstattung.

Nicht für jedes Fahrzeug einer Flotte müssen auch Standheizung oder Komfortsitze von Nöten sein; aber selbst elektronische Hilfen wie Fensterheber oder Außenspiegeljustierung sind durchaus noch nicht durchgängig Kfz-Serienstandard. Welche Mindestanforderung wünschenswert ist, hängt also von den Nutzer-Nutzungsprofilen der Fahrzeuge ab. Bei Fahrzeugneuanschaffungen sollte daher durchaus die Meinung der Fahrer eingeholt werden.

5.5.2 Passive Fahrzeugsicherheit

Passive Fahrzeugsicherheit umfasst alle Einrichtungen, die dem Zweck dienen, die Unfallfolgen während und nach dem Unfall zu minimieren (Seiffert, 1992). Man unterscheidet Insassen- und Partnerschutz. Zum Insassenschutz gehören Maßnahmen, die das Deformationsverhalten bei Frontal-, Seiten-, Heckkollisionen sowie Überschlag optimieren. Außerdem tragen Rückhaltesysteme und die Gestaltung von Fahrzeuginnenraum und -teilen dazu bei, die Verletzungen der Insassen im Kollisionsfall zu minimieren. Der Partnerschutz dagegen befasst sich in erster Linie mit dem Schutz der schwächeren Verkehrsteilnehmer wie Zweiradfahrer und Fußgänger durch Verhinderung von scharfkantigen Bauteilen, klappbare Spiegel, Unterfahrschutz etc. Besondere sicherheitsrelevante Bedeutung hat ein gutes Deformationsverhalten in Verbindung mit Sicherheitsgurt, Kopfstütze und Airbag; auch der Unterfahrschutz beim Lkw zur Verhinderung des gefährlichen Unterfahrens gehört dazu. Für Sie als Fuhrparkverantwortlichen sind die wichtigsten Aspekte dargelegt, beispielsweise als Entscheidungshilfe bei Neuanschaffungen.

Crashsicherheit

Zur Bewertung der Crashsicherheit von Pkw, Transporter und Lkw gibt es eine Reihe von Testverfahren, die entweder vom Gesetzgeber verpflichtend als „Mindeststandard" vorgeschrieben sind oder vom Hersteller entsprechend seiner „Sicherheitsphilosophie" freiwillig durchgeführt werden.

Während bei Nutzfahrzeugen eine Bewertung verschiedener Fahrzeuge untereinander hinsichtlich der passiven Sicherheit kaum möglich ist, hat sich in Europa für Pkw in den letzten Jahren das Testverfahren nach Euro NCAP (European New Car Assessment Programme) etabliert. Das Konsortium von europäischen Verkehrsbehörden und Verbraucherverbänden wurde 1997 gegründet. Unabhängig von den Pkw-Herstellern werden Pkw-Crashtests durchgeführt, die sich an dem seit 1998 gesetzlich vorgeschriebenen EU-Prüfverfahren orientieren. Derzeit besteht das Prüfprogramm aus Frontal- und Seitencrash sowie einem seitlichen Pfahltest. Vergeben werden bis zu fünf Sterne für den Insassenschutz. Zusätzlich bewertet werden Fußgänger- und Kindersicherheit.

Euro NCAP setzte Maßstäbe: Vergleich von zwei Peugeot-Generationen der Mittelklasse (v.l. 2001, 2004) nach Euro NCAP (Frontal 64 km/h, 40 % Überdeckung, energiedeformierbare Barriere). (Quelle: Euro NCAP).

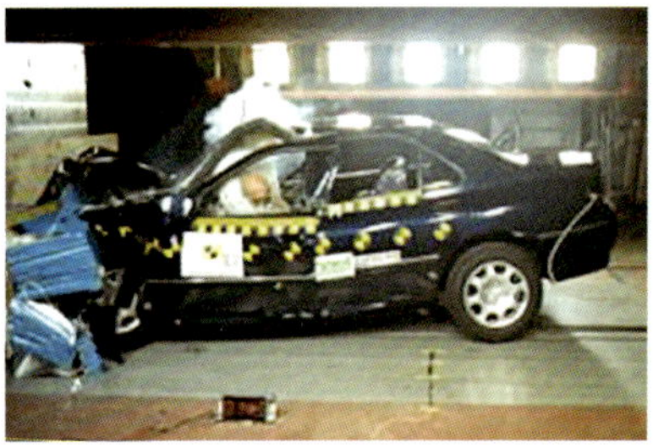

Ohne Zweifel hat sich durch das Testverfahren nach Euro NCAP die passive Sicherheit moderner Pkw deutlich erhöht. Im Bild sind exemplarisch zwei Fahrzeug-Generationen gleichen Typs der Mittelklasse aus den Jahren 2001 und 2004 (von l. nach r.) beim Frontcrash (64 km/h, 40 % Überdeckung, deformierbare Barriere) dargestellt. Die Intrusion bei dem aktuellsten Fahrzeugmodell fällt weit geringer aus. Optimierte Rückhaltesysteme mit Gurtkraftbegrenzer und Airbag tragen zusätzlich zu geringeren Belastungen für die Insassen bei.

Dennoch werden die Testverfahren von Experten aus der Unfallforschung kritisch begleitet. Diskutiert werden Relevanz für Realunfälle, Single-point-Optimierung (Optimierung nur auf ein Testverfahren) oder Kompatibilität. Das Euro NCAP wird deshalb auch weiterhin laufend verbessert. Zu erwarten sind Kriterien zur Kompatibilität, aktiven Sicherheit, Heckaufprall-Crashtest oder ein Test zur Schutzfunktion von Kopfstützen. Die neuen Testverfahren werden dazu führen, dass in Zukunft sogar sechs oder sieben Sterne vergeben werden.

Für Sie als Fuhrparkleiter erlaubt die Bewertung nach Euro NCAP einen recht guten Vergleich des Insassenschutzes innerhalb einzelner Pkw-Klassen. Allgemein formuliert gilt: „Je mehr Sterne, desto höher der Schutz". Gutes Crashverhalten haben Fahrzeuge mit 4 bis 5 Sternen, unter 4 gelten heute als eher schwach. Zu bedenken ist allerdings, dass Autohersteller, die weltweit Pkw anbieten, bis zu vier große NCAP Testprogramme für Europa, USA, Japan und Australien bestehen müssen, wobei sich die Crashtest-Anforderungen und Prüfmethoden zum Teil erheblich unterscheiden. Ein echtes „Weltauto" mit guten Crashergebnissen in mehreren Tests hat daher ein höheres Potential, im realen Unfallgeschehen robust zu sein. Weitere Informationen finden Sie unter [www.euroncap.com].

Die Unfallforschung weiß ...

... die passive Sicherheit von Pkw hat sich in den letzten zehn Jahren u.a. durch die Basisforschung am Allianz Zentrum für Technik, z.B. zu Gurt, Airbag oder Kopfstütze, und durch Euro NCAP deutlich verbessert. Dieser Trend kann aus der Unfallstatistik in Deutschland abgelesen werden. So ist die Zahl der getöteten Pkw-Insassen innerhalb der Jahre 1991 bis 2004 um mehr als die Hälfte (-52 %) zurückgegangen. Außerdem belegen internationale Studien, dass Euro NCAP das reale Unfallgeschehen relativ gut abbildet (u.a. Lie & Tingvall, 2000).

Dreipunkt-Sicherheitsgurt und Kopfstützen

Der Dreipunkt-Sicherheitsgurt ist das wichtigste passive Sicherheitssystem und wird heute von den meisten Pkw-Insassen akzeptiert. Das zeigen die jährlichen Erhebungen der Bundesanstalt für Straßenwesen zur Gesamtsicherungsquote. 97 % der Pkw-Fahrer sind auf Autobahnen angegurtet und 93 % auf Landstraßen. Im Innerortsbereich benutzen dagegen nur 90 % den Sicherheitsgurt. Aufklärung und Sensibilisierung zur Sicherung und der richtigen Einstellung von Kopfstützen bleibt deshalb nach wie vor wichtig, ebenso für Beifahrer und Fond-Insassen. Auch bei Transporter und Lkw ist der Nutzen des Sicherheitsgurtes längst bewiesen. Aktuelle Studien der DEKRA und des GDV zeigen eine Wirksamkeit von etwa 75 %; das heißt: Drei Viertel der Fahrer hätten angeschnallt überlebt oder geringere Verletzungen erlitten (s. Bild S. 97). Leider gurten sich Lkw-Insassen dennoch weit seltener an. Die Sicherungsquote liegt bei

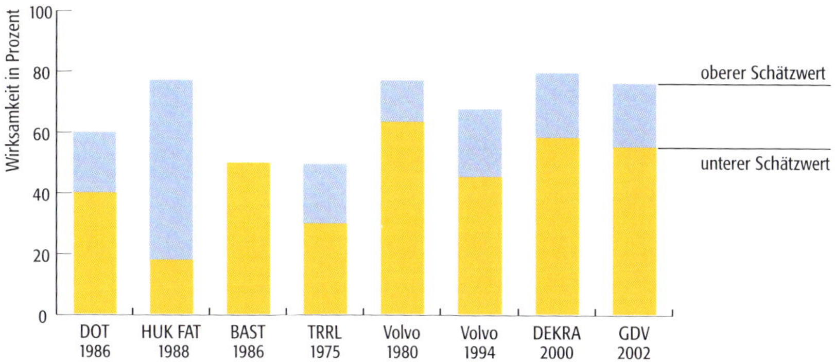

Studienergebnisse zur Wirksamkeit von Lkw-Sicherheitsgurt (Quelle: Gwehenberger, Langwieder, Bromann & Zipfel, 2002).

Transporterfahrern bei rund zwei Drittel und bei schweren Lkw sogar nur bei etwa einem Drittel (Fastenmeier, Gwehenberger & Finsterer, 2002). Neben fortlaufender Aufklärung und Sensibilisierung der Fahrer sind auch bei der Anschaffung von Fahrzeugen wichtige Aspekte zu beachten, die Wirkung und Akzeptanz von Sicherheitsgurt und Kopfstützen verbessern. Dazu gehören die Höhenverstellbarkeit der Kopfstützen und der oberen Gurtverankerungspunkte. Bei hydraulisch gefederten Schwingsitzen im großen Lkw sollten sitzintegrierte Gurte eingebaut sein, damit „Scheuern" an Schulter und Hals vermieden wird. Nicht selten wird der Sicherheitsgurt schlichtweg vergessen. Ein akustischer und optischer Gurtwarner („Seatbelt reminder") kann hier nachhelfen!

Die Unfallforschung weiß ...

... der Sicherheitsgurt ist und bleibt Lebensretter Nr. 1. Das gilt auch für Lkw und Transporter. Aktuelle Studien von Unfällen mit schwerverletzten und getöteten Lkw-Insassen (Gwehenberger, Langwieder, Bromann & Zipfel, 2002; Berg, 2001) zeigen, dass in etwa drei Viertel der Fälle Verletzungen mit Gurt vermieden oder abgeschwächt worden wären. In Deutschland könnten allein durch den „Gurtklick" pro Jahr 50 bis 100 getötete Lkw-Fahrer gerettet werden. Schwerwiegende Risiken wie Herausschleudern, Aufprall auf das Lenkrad, den Armaturenbereich oder die Frontscheibe werden durch den Gurt vermieden. Daher der dringende Appell an alle Lkw-Fahrer: Gurten Sie sich an! Denn: „Die wichtigste Ladung sind Sie!" (s. DVR-Kampagne „Hat's geklickt?").

Airbag

Im Pkw haben sich Fahrer- und Beifahrerairbag längst als Standard etabliert, nahezu jedes neue Auto ist heute damit ausgerüstet und tausende von Menschen weltweit verdanken dem sinnvollen Sicherheitssystem ihr Leben oder ihre Gesundheit. Besonders Kopf- und Brustverletzungen werden in Kombination mit dem Sicherheitsgurt wirksam vermindert. Auch für Nutzfahrzeuge werden mittlerweile Airbags für Fahrer und vereinzelt auch Beifahrer angeboten. Zwar sind noch keine Zahlen aus dem Realunfallgeschehen für Transporter verfügbar, aufgrund der Pkw-ähnlichen Frontstruktur kann jedoch ein ähnlich hohes Schutzpotential erwartet werden – Crashtests mit Kleintransportern weisen darauf hin (Berg, 2004). Auch bei schweren Lkw ist der Fahrerairbag nützlich, da er die Abschwächung eines möglichen Kopfaufpralls auf das Lenkrad bewirken kann (Gwehenberger, Langwieder, Bromann & Zipfel, 2002).

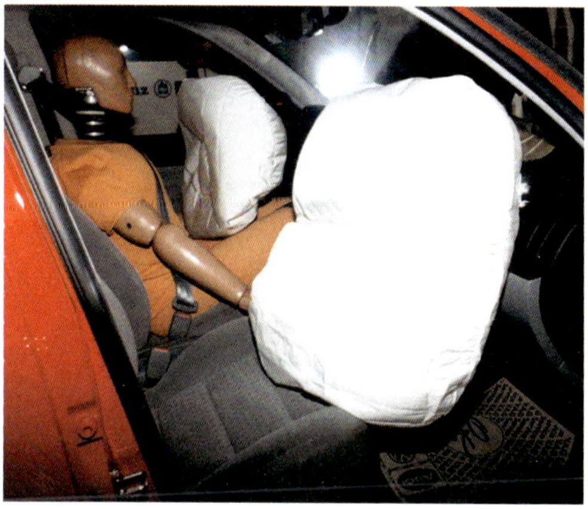

Ausgelöste Airbags – Fahrer und Beifahrer (Quelle: AZT).

Auch wenn der Airbag „zum Glück" während des gesamten Lebenszyklus der meisten Fahrzeuge niemals zu sehen ist, sollte sich ein sicherheitsbewusster Fuhrparkleiter grundsätzlich für das lebensrettende Rückhaltesystem entscheiden. Vereinzelt gibt es leider immer wieder Berichte über negative Folgen durch Airbagauslösungen. Meist sind es unübliche Sitzpositionen der Insassen, so genannte „Out of Position" Situationen, die kritisch sind und die Schutzwirkung des Airbags erheblich beeinträchtigen können. Das Allianz Zentrum für Technik hat analysiert, wie sich verschiedene Arten von „Fehlverhalten" der Insassen auswirken. Aus den umfangreichen Untersuchungen leiten sich folgende Empfehlungen ab:

- Grundsätzlich – trotz Airbag – den Sicherheitsgurt bei jeder Fahrt anlegen
- Körperteile oder Gegenstände nie auf oder in unmittelbarer Nähe der Airbageinheiten platzieren
- Sicherheitsabstand zwischen Körper und Airbageinheit mindestens 25, besser 30 cm
- Keine liegende Position während der Fahrt einnehmen

Die Unfallforschung weiß ...

... die Schutzwirkung von Fahrer- und Beifahrerairbag im Pkw erweist sich besonders bei schweren Unfällen. Der Airbag gilt heute nach Sicherheitsgurt und ESP als Lebensretter Nr. 3. So ist das Risiko schwerer/tödlicher Verletzungen bei Frontalkollisionen um 20 bis 40 % niedriger als bei vergleichbaren Unfällen ohne Airbag (Hummel, Langwieder & Kramlich, 2000; Klanner et al., 2005). Auch die Seiten- und Kopfseitenairbags zeigen entsprechend Analysen von Einzelfällen eine gute Schutzwirkung beim besonders gefährlichen Seitenaufprall mit Intrusionen.

Partnerschutz – Unterfahrschutzsysteme

Hauptkollisionspartner bei Lkw-Unfällen ist der Pkw mit rund 60 % (Langwieder, Gwehenberger & Bende, 2000). Fast immer erweist sich die Inkompatibilität der Kontrahenten bezüglich Gewicht, Form und Steifigkeit besonders als Nachteil für Pkw-Insassen. Der Gesetzgeber hat deshalb für alle schweren Lkw starre Frontunterfahrschutzsysteme (ECE R 93) und einen Heckunterfahrschutz (70/221/EWG) vorgeschrieben (Langwieder, Gwehenberger & de Coo, 2002). Die damit verbundenen Mindestanforderungen sind jedoch nach wie vor nicht zufriedenstellend. Besonders der Heckunterfahrschutz ist nicht ausreichend stabil und hat einen zu großen Abstand zur Fahrbahn (ca. 550 mm), so dass eine Unterfahrung des Pkw bereits bei Relativgeschwindigkeiten unter 30 km/h eintritt. Die Folgen sind Intrusion der Ladekante in den Fahrgastraum, verbunden mit schwersten Verletzungen.

Abhilfen können verbesserte Unterfahrschutzsysteme schaffen, die von einzelnen Lkw- und Anhängerherstellern angeboten werden. Ein gutes Beispiel war der Safeliner, der mit seinem so genannten Plankenrahmen das Optimum an Unterfahrschutz für Auflieger bot. Er wird leider nicht mehr gebaut, obwohl Crashtests belegen,

Mangelnder Heckunterfahrschutz und die Folgen: Pkw/Lkw-Heckkollision mit (nur) 30 km/h Relativgeschwindigkeit (Quelle: Fire Foto).

dass eine Unterfahrung seitlich und hinten nicht mehr möglich wäre. Der Pkw könnte seine Knautschzone nutzen und die Rückhaltesysteme wie Gurt, Gurtstrammer und Airbag könnten ihre volle Schutzwirkung entfalten. Gleichzeitig gäbe es eine Reihe von Vorteilen, u.a. die Reduzierung des Kraftstoffverbrauchs durch verbesserte Aerodynamik, Reduzierung des Spritzwassers und Vermeidung des Überrollens ungeschützter Verkehrsteilnehmer (Sasse, 1999). Alternativen hierzu gibt es derzeit bedauerlicherweise nicht; hier ist der Gesetzgeber gefordert, den Unterfahrschutz stärker zu fördern.

Aber ein Hinweis zu den derzeit vorgeschriebenen Systemen: Die Praxis auf unseren Straßen zeigt leider, dass Heck- und Seitenunterfahrschutzsysteme (besonders von Anhängern) häufig beschädigt oder deren Aufhängungen stark korrodiert oder lose sind. Bitte lassen Sie deshalb regelmäßig von Ihren Fahrern den Zustand prüfen, damit im Ernstfall die volle Schutzwirkung erfüllt wird.

Sattelkraftfahrzeug mit optimalen Unterfahrschutzsystemen (Quelle: MAN).

Die Unfallforschung weiß ...

... 80 % der Pkw/Lkw-Heckauffahrunfälle ereignen sich mit Relativgeschwindigkeiten bis zu 50 km/h. Herkömmliche Heckunterfahrschutzsysteme sind zu hoch und halten nicht stand. Es kommt zu schwersten Verletzungen für die Pkw-Insassen. Bei flächendeckender Ausrüstung mit stabilen Systemen könnten in Deutschland pro Jahr die Folgen von mehr als 100 schweren Unfällen stark reduziert werden. Bezogen auf die alten europäischen Länder (EU 15) heißt das, pro Jahr mehr als 100 Getötete und 600 Schwerverletzte weniger (EEVC, 2000).

5.5.3 Ein Blick in die Zukunft

Automobilindustrie und Forschungseinrichtungen forschen intensiv weiter an der Fahrzeugsicherheit. „Integrative Sicherheit“ ist in diesem Zusammenhang ein Begriff, der in der jüngsten Vergangenheit geprägt wurde. Er verbindet die aktive und passive Sicherheit im gesamten Umfeld Fahrer, Fahrzeug und Infrastruktur. Besondere Chancen bieten hierbei Elektronik, Mechatronik und neue Informationstechnologien. Fahrzeuge lernen „sehen“ und werden in Zukunft sogar mit der Umgebung oder miteinander „kommunizieren“. Auch wenn die „Vision vom unfallfreien Fahren“ noch lange eine „Vision“ bleiben wird, kann das Unfallgeschehen auf unseren Straßen doch stark reduziert werden. Selbst das „autonome Fahren“ – auch wenn es nicht mehr mit der Euphorie wie in den 80er Jahren verfolgt wird – rückt näher. Die „Road Map“ des EU-Forschungsprojekts ADASE 2 gibt einen Ausblick, welche Sicherheitssysteme bis hin zum „autonomen Fahren“ derzeit entwickelt werden (vgl. Bild und Tabelle S. 100). Außerdem wird der erwartete Sicherheitsgewinn dargestellt. Die Grafik zeigt neben einer groben Einschätzung des Sicherheitsgewinns und den technischen Herausforderungen im Bereich Informations- und Sensortechnologie, dass vor allem politische, soziale und rechtliche Aspekte geklärt werden müssen. Außerdem sind noch viele Fragen zur „Mensch-Maschine-Schnittstelle“ offen. Fatal wäre es beispielsweise, wenn ein System beim Fahrer ein Gefühl „scheinbarer Sicherheit“ vermittelt, die in der Realität jedoch nicht vorhanden ist. Oder wenn der Fahrer die freiwerdende Kapazität anderweitig nutzt und dadurch sogar mehr vom Verkehrsgeschehen abgelenkt wird. Die Unfallforschung im Allianz Zentrum für Technik sieht hier eine ihrer Hauptaufgaben, neben der Wirksamkeit der Systeme auch auf die Risiken aufmerksam zu machen.

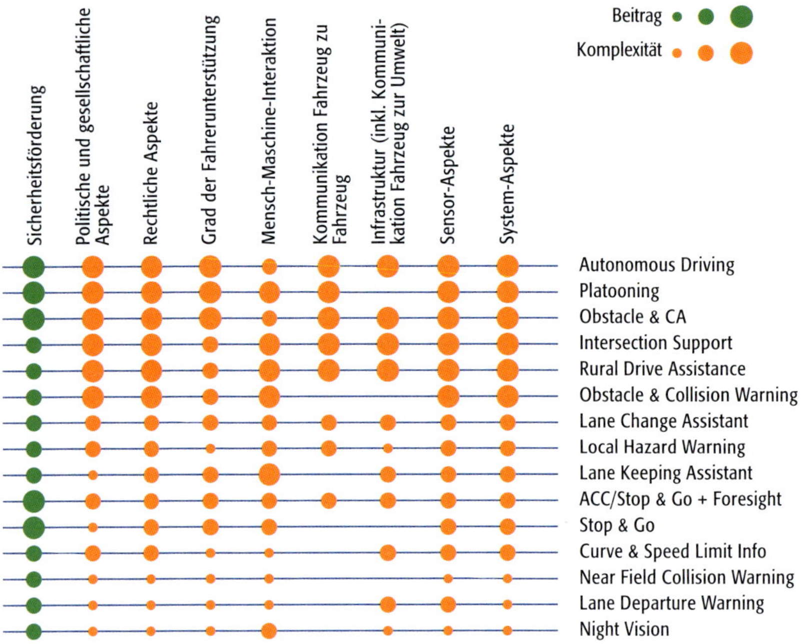

„Road Map" für zukünftige integrierte Sicherheitssysteme (ADASE 2), (Quelle: EU).

Systembezeichnung	Funktion
Night Vision	Verbessert die Sicht für Fahrer bei Nacht, beispielsweise durch IR-Kamera und Head-up-Display
Lane Departure Warning	Warnt Fahrer beim Überfahren der Begrenzungslinien bzw. Verlassen der Fahrspur
Near Field Collision Warning	Warnt Fahrer vor Verkehrsteilnehmern in unmittelbarer Fahrzeugnähe (z.B. beim Spurwechsel)
Curve & Speed Limit Info	Warnt Fahrer vor zu schnellem Fahren vor Kurven und in geschwindigkeitsbeschränkten Gebieten
ACC Stop & Go	Einhaltung eines ausreichenden Abstandes zum vorausfahrenden Fahrzeug bei langsamer Fahrgeschwindigkeit und in Stausituationen
Lane Keeping Assistant	Unterstützt Fahrer in der Fahrspur zu bleiben durch den aktiven Lenkeingriff
Local Hazard Warning	Warnt Fahrer vor lokalen Gefahren (z.B. Unfallstelle, Geisterfahrer)
Lane Change Assistant	Warnt Fahrer beim Spurwechsel vor Verkehrsteilnehmer im „Toten Winkel" und greift ggfs. bei Gefahr einer Kollision in Lenkung und Bremse ein
Obstacle and Collision Warning	Warnt Fahrer vor Hindernissen oder möglichen Kollisionen mit anderen Verkehrsteilnehmern in allen Verkehrssituationen
Rural Drive Assistance	Unterstützt Fahrer beim Fahren im komplexen Stadtverkehr
Intersection Support	Unterstützt Fahrer beim Überqueren von Kreuzungen oder beim Ein- und Abbiegen
Obstacle and Collision Avoidance	Unterstützt Fahrer bei Gefahr von Kollision durch Eingriff in Bremse und Lenkung
Platooning	Eines oder mehrere Fahrzeuge folgen dem ersten vollautomatisch
Autonomous Driving	Theoretisch höchstes Niveau der Fahrerassistenz. Das Fahrzeug fährt bei jeder Verkehrssituation vollständig selbst.

Zukünftige Sicherheitssysteme für Fahrzeuge (ADASE 2), (Quelle: EU).

5.5.4 Diebstahlsicherung

Personenkraftwagen

Die Zahl der Pkw-Entwendungen in Deutschland erreichte 1993 mit über 144.000 Diebstählen ihren Höhepunkt. Seit Einführung der elektronischen Wegfahrsperre, für die das Allianz Zentrum für Technik 1993 das Anforderungsprofil vorgegeben hat, ging diese Zahl auf unter 55.000 im Jahr 2004 zurück. Weitere Erfolge im Kampf gegen den Kfz-Diebstahl sind durch ein integriertes Schutzkonzept zu erlangen. Dazu zählt nicht nur die Weiterentwicklung der technischen Komponenten zum Diebstahlschutz, sondern auch die kontrollierbare und umfassende Dokumentation der Verwendung und Programmierung aller diebstahlrelevanten Teile einschließlich der Fahrzeugschlüssel. Seit Beginn des Jahres 2005 bietet deshalb das AZT den Pkw-Fahrzeugherstellern ein Zertifikat für besonderen Diebstahlschutz an. Das erste Zertifikat erhielt der Audi A8 mit seinem umfassenden ganzheitlichen Diebstahlschutz (siehe Info kompakt S. 102).

Dennoch: Die beste Wegfahrsperre hilft nichts, wenn der Dieb an den Originalschlüssel kommt. Gemäß einer Analyse des Allianz Zentrum für Technik von rund 1.000 Autodiebstählen wurde das Fahrzeug in über der Hälfte der Fälle mit dem Originalschlüssel gestohlen. Dieses Risiko kann stark reduziert werden, wenn nur wenige elementare Sicherheitsregeln beachtet werden:

- Nehmen Sie immer den Wagenschlüssel mit, wenn Sie Ihr Auto verlassen und schließen Sie die Türen ab, auch wenn Sie sich nur wenige Meter vom Fahrzeug entfernen. Vergessen Sie diese Vorsichtsregeln auch nicht an Tankstellen und in Ihrer eigenen Garage.
- Verstecken Sie keine Ersatzschlüssel in oder unter dem Fahrzeug. Diebe kennen alle „geheimen" Verstecke.
- Lassen Sie Ihre Autoschlüssel niemals unbeaufsichtigt, z.B. bei einem Restaurantbesuch in Ihrem aufgehängten Mantel oder im Büro.
- Parken Sie Ihr Fahrzeug möglichst in der Garage!

Transporter und Lkw

Im Gegensatz zu Pkw-Diebstählen steigen entsprechend den Erkenntnissen des Gesamtverbandes der Deutschen Versicherungswirtschaft die Diebstähle von Lastkraftwagen und Transportern sowie deren Ladung stark an. Häufig sind es gut strukturierte Gruppen, oft mit Insiderwissen, die sich auf solche Diebstähle spezialisieren und das nicht nur in Osteuropa. Auch Deutschland, England, Frankreich und die Beneluxstaaten weisen jüngst eine Häufung schwerer Raubüberfälle und Diebstahlverbrechen auf (Mannschatz, 2005). Ihre Fahrzeuge können Sie mit zusätzlichen Systemen sichern, wie den Einbau von Diebstahlschutzsystemen auf elektronischer und mechanischer Basis. Dazu gehören Wegfahrsperren, Diebstahlwarnanlagen sowie zusätzliche Verschlusseinrichtungen für Führerhaus, Laderaum, Aufbauten und Container. Außerdem werden abschließbare Deichsel- oder Kupplungssicherungen sowie zusätzlich Lenk-/Schalthebelsperren auf dem Markt angeboten. Bei Kleintransportern, die häufig nachts auf öffentlichen Straßen abgestellt werden, haben sich ein-

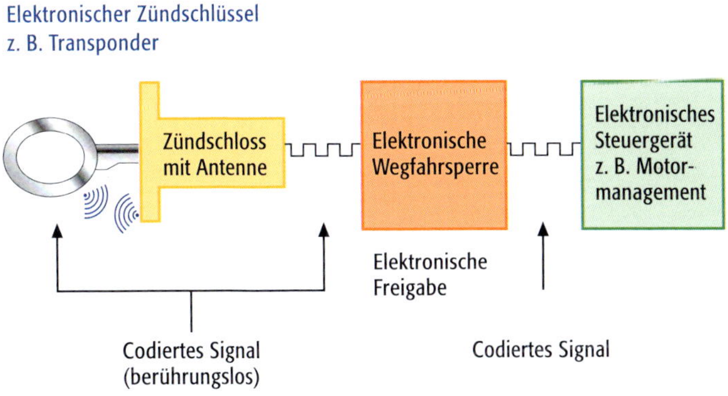

Prinzipskizze einer elektronischen Wegfahrsperre (Quelle: AZT).

Info kompakt: Certified Security – AZT-Zertifikat für Diebstahlschutz

Fahrzeuge, die besonders hohe Anforderungen an den Diebstahlschutz erfüllen, können dies künftig mit einem Zertifikat des Allianz Zentrum für Technik dokumentieren. Das Zertifikat bietet dem Fahrzeugbesitzer einen sichtbaren Beleg für den ansonsten „unsichtbaren" hohen Diebstahlschutz. Es kann vom Fahrzeughersteller beim Allianz Zentrum für Technik beantragt werden, wenn die Anforderungskriterien erfüllt werden.

Besonders hoher Diebstahlschutz – was bedeutet das?

Die elektronische Wegfahrsperre bietet weiterhin wirkungsvoll Schutz vor Diebstahl. Neu ist, dass ein besonders hoher Diebstahlschutz im Sinne des Zertifikats auch firmeninterne Prozesse bei der Produktion, Dokumentation und Wartung der Systeme beinhaltet. Das heißt, nicht nur die Fahrzeugtechnik, sondern auch der Hersteller muss bestimmte Anforderungen erfüllen.

Welche Anforderungen müssen Fahrzeug und Hersteller erfüllen?

Mindestanforderungen sind eine optimale Auslegung des Wegfahrsperrensystems mit Verknüpfung mehrerer betriebsrelevanter Steuereinheiten und deren Schutz gegen Manipulationen, ein gut kontrollierter, nachvollziehbar dokumentierter Vertrieb sicherheitsrelevanter Ersatzteile sowie umfangreiche Auswerte- und Auskunftsmöglichkeiten des Fahrzeugherstellers im Diebstahlfall. Nur wenn diese Anforderungen vollständig erfüllt sind, kann das Zertifikat verliehen werden.

Wie wird herausragendes Engagement gewürdigt?

Das AZT-Zertifikat „Certified Security" ist mit vier Sternen gekennzeichnet, die die Erfüllung der vier Basisanforderungen mit allen Unterpunkten symbolisieren. Ein zusätzlicher fünfter Stern kann vergeben werden, wenn das Fahrzeug über die Mindestanforderungen hinaus weitere Sicherungen bietet, die den Zugang zum Fahrzeug und die Wiederverwendung von gestohlenen Fahrzeugen und Teilen daraus erschweren. Dies trägt dazu bei, gestohlene Fahrzeuge oder Teile daraus für die Weiterverwendung möglichst unattraktiv zu machen. Fazit: Beim Diebstahlschutz ist die elektronische Wegfahrsperre aus modernen Fahrzeugen nicht mehr wegzudenken, aber zeitgemäßer Diebstahlschutz geht deutlich darüber hinaus. Es liegt im Interesse von Versicherern, Fahrzeugherstellern, und ihren gemeinsamen Kunden, Fahrzeuge möglichst diebstahlsicher zu gestalten, um unnötige Schäden, Kosten und Ärger zu vermeiden. Die gesetzlichen Vorgaben reichen hier oft nicht aus. Deshalb ist das Engagement der Hersteller gefordert. Das Zertifikat ist für den Hersteller eine Anerkennung für den Aufwand, den er – trotz erhöhter Kosten – zugunsten des Diebstahlschutzes und damit zum Vorteil des Kunden betreibt. Dem Fahrzeugbesitzer bietet das Zertifikat einen sichtbaren Beleg für den ansonsten „unsichtbaren" hohen Diebstahlschutz.

Heike Stretz

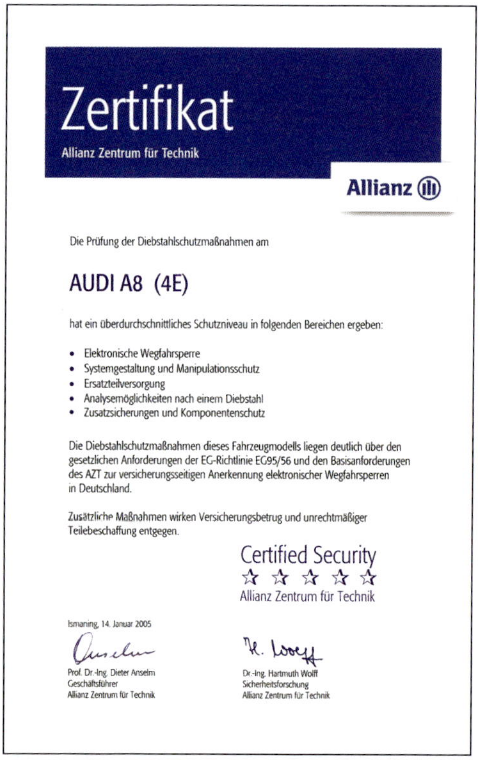

Zertifikat

Allianz Zentrum für Technik

Allianz

Die Prüfung der Diebstahlschutzmaßnahmen am

AUDI A8 (4E)

hat ein überdurchschnittliches Schutzniveau in folgenden Bereichen ergeben:

- Elektronische Wegfahrsperre
- Systemgestaltung und Manipulationsschutz
- Ersatzteilversorgung
- Analysemöglichkeiten nach einem Diebstahl
- Zusatzsicherungen und Komponentenschutz

Die Diebstahlschutzmaßnahmen dieses Fahrzeugmodells liegen deutlich über den gesetzlichen Anforderungen der EG-Richtlinie EG95/56 und den Basisanforderungen des AZT zur versicherungsseitigen Anerkennung elektronischer Wegfahrsperren in Deutschland.

Zusätzliche Maßnahmen wirken Versicherungsbetrug und unrechtmäßiger Teilebeschaffung entgegen.

Certified Security
☆ ☆ ☆ ☆ ☆
Allianz Zentrum für Technik

Ismaning, 14. Januar 2005

Prof. Dr.-Ing. Dieter Anselm
Geschäftsführer
Allianz Zentrum für Technik

Dr.-Ing. Hartmuth Wolff
Sicherheitsforschung
Allianz Zentrum für Technik

fache Maßnahmen, die den Einblick in den Laderaum verhindern (z.B. Abdeckung der Scheiben) als sehr wirkungsvoll gegen Gelegenheitstäter erwiesen. Außerdem hat die polizeiliche Kriminalprävention der Länder und des Bundes ein Merkblatt zum Thema „Ladungssicherheit“ herausgegeben [www.polizeiberatung.de]. In Anlehnung daran sind nachfolgend die wichtigsten Sicherheitshinweise für die Unternehmer und das Fahrpersonal aufgeführt:

Hinweise für Unternehmer

- Zugangskontrollen für Anlieferer und Abholer auf dem Firmengelände
- Technische Sicherung der Plätze und Gebäude (Zaun, Ausfahrsperren, Beleuchtung, Einbruchmeldeanlagen etc.)
- Speziell gesicherte Verschlusslager und Abstellplätze für wertintensive Waren
- Schutz interner Betriebsabläufe gegen Einblick von außen
- Überprüfung der Vertragspartner bei der Fremdvergabe von Frachtaufträgen
- Prüfung der Waren auf Vollständigkeit bei Versand und Empfang
- Sorgfältige Personalauswahl
- Überprüfung der Bewerber bei der Einstellung
- Schulung der Mitarbeiter (auch Subunternehmen)
- Maßnahmenpläne für Kontrollmeldungen des Fahrpersonals
- Meldung des Fahrpersonals zu festgelegten Zeiten und/oder Orten – besondere Vorkommnisse
- Begleitpersonal beim Transport von wertintensiven Ladungsgütern

Hinweise für Fahrpersonal

- Fahrzeuge nicht unbeaufsichtigt abstellen, möglichst bewachte Parkplätze aufsuchen (Listen des Bundesverbandes Güterverkehr und Logistik und des Gesamtverbandes der Deutschen Versicherungswirtschaft)
- Erkennbare Routinestrecken vermeiden
- Keine Anhalter mitnehmen
- Vorsicht beim Kontakt mit fremden Personen in Rasthäusern (nicht über Ladung, Fahrtstrecke, Bestimmungsort etc. sprechen)
- Fahrzeug und Ladung bei Fahrtbeginn und nach jedem Aufenthalt überprüfen
- Bei verdächtigen Wahrnehmungen sofort die Polizei bzw. Vertrauensperson verständigen (BGL-Konsulats-/Anwaltsliste)
- Kontrollmeldungen an die Firmenleitung gemäß getroffener Absprachen absetzen
- Wichtige Rufnummern bereithalten (Polizei, BGL, Konsulate etc.)

Um auf dem Laufenden zu bleiben, empfiehlt sich für große Transportunternehmen, Logistikunternehmen und Transporteure die Mitgliedschaft in der Organisation Technology Asset Protection Association (TAPA), deren Ziel es u. a. auch ist, durch intensiven Informationsaustausch über Brennpunkte, neue Sicherheitstechniken und Gefahrenpotentiale die Diebstahlkriminalität zu bekämpfen. Infos gibt es unter [www.tapaemea.com].

5.5.5 Rund um Wartung, Pflege und Instandsetzung

„Vorbeugen ist besser als heilen“, ein Spruch, der im Wartezimmer eines Arztes aushängen könnte. Übertragen auf den Fuhrpark heißt das: Wartung und Pflege sind billiger als Instandsetzung. Allein die Beherzigung dieser Tatsache trägt zur höheren Effizienz eines Fuhrparks bei. Nebenbei werden Unfälle vermieden. Abkommen von der Fahrbahn durch geplatzte Reifen oder gebrochene Achsschenkel, Auffahren auf den Vordermann durch Versagen der Bremsanlage oder Kollisionen mit Gegenverkehr wegen ausgefallener Scheinwerferanlage sind nur einige Beispiele aus dem Schadenfundus der Allianz Versicherung. Zwar sind offiziell gemäß der amtlichen Unfallstatistik nur etwa 1 bis 3 % aller Unfälle auf technische Mängel zurückzuführen, statistisch nicht erfasst ist jedoch eine Grauzone, bei der unbekannt ist, ob ein Fahrfehler oder ein technischer Mangel (mit)ursächlich für den Unfall war. Beispielsweise kann in einer Unfallanzeige der Polizei als Schadenursache überhöhte Geschwindigkeit gemeldet sein, obwohl defekte Reifen oder Bremsen dem Fahrer die Kontrolle über das Fahrzeug nahmen. Auch der Gesetzgeber regelt in § 31 (2) StVZO die Verantwortung für den Betrieb der Fahrzeuge. Dort heißt es u.a., dass der Halter nur dann den Betrieb anordnen darf, wenn Fahrzeug und Beladung verkehrssicher sind. Besondere Bedeutung haben in diesem Zusammenhang die Wartung, Pflege und Instandhaltung. Dazu gehören die Auswahl der Werkstatt, der Umgang mit der Bedienungsanleitung und die regelmäßige Abfahrkontrolle, auf die im Folgenden kurz eingegangen wird, sowie die Scheibenreparatur, die heute in vielen Fällen angewendet werden kann und erheblich Kosten sparen hilft.

Die Unfallforschung weiß ...

... unfallursächliche technische Mängel sind bei Pkw überwiegend an Reifen (36,8 %) und Bremsen (36,5 %) gefolgt von Mängeln am Fahrwerk (18,3 %). Bei Lkw und Anhängern dominieren Mängel an Bremse mit knapp 80 %. Bei einem Großteil der technischen Ausfälle zeigt sich, dass Bremsen nicht entsprechend gewartet oder die Reifen abgefahren waren (DEKRA, 2001).

Werkstatt

Viele Fuhrparks betreiben eine eigene Werkstätte, in der einfache bis größere Reparaturen und Wartungsarbeiten durchgeführt werden können. Vorteile sind geringe Wartezeiten, weniger Formalitäten und keine Anfahrt – das verkürzt die Ausfallzeiten und senkt die Kosten. Ab welcher Fuhrparkgröße sich eine professionelle Werkstatt mit Werkstattmeister und Monteuren rentiert, ist von mehreren Rahmenbedingungen abhängig, wie Auslastung, Anzahl und Einsatzspektrum der Fahrzeuge. DEKRA und TÜV erteilen hierzu Auskünfte. Häufig beschränken sich Fuhrparks auf reine Wartungsarbeiten wie Ölwechsel, Filterwechsel, Reifenpflege, Wartung der Batterie und elektrischer Anlagen. Grundsätzlich falsch ist es, aus Zeitmangel oder Kostengründen größere Reparaturen durchzuführen, die das technische Vermögen der Monteure übersteigen. Das kann fatale Folgen haben, sowohl wirtschaftlicher Art als auch für die Sicherheit. Die bessere Alternative ist die Fachwerkstätte, die rationell repariert und teure Standzeiten kurz hält.

Bedienungsanleitung und Wartungsheft

In der Praxis landet die Bedienungsanleitung häufig ungelesen im Handschuhfach. Sie muss von den Fahrern mindestens einmal bei der Fahrzeugübernahme als Pflichtlektüre gründlich gelesen werden. Die Bedienungsanleitung enthält wichtige Bedienungs- und Betriebseigenschaften. Ferner dient sie als Nachschlagewerk für kleinere Einstellungs- und Instandsetzungshinweise. Das Wartungsheft ist nicht zuletzt wegen Herstellergarantie und -kulanz wichtig. Es gibt beispielsweise Auskunft über Ölwechsel- und Wartungsintervalle sowie die Kontrollintervalle von Bremsen oder elektrischer Anlage. In der Regel befindet sich im Heft ein Wartungsplan, der alle durchzuführenden Arbeiten in Form einer Checkliste enthält. In den meisten Betrieben sind die Fahrer selbst zu einem Teil für diese Arbeiten verantwortlich und müssen schon deshalb damit gut vertraut sein.

Abfahrkontrollblatt und Fahrzeugmängelbericht

Die regelmäßig fällige Hauptuntersuchung und Sicherheitsprüfung nach § 29 StVZO sind allein kein Garant für den technisch einwandfreien Zustand von Fahrzeugen. Auch die elektronischen Kontroll- und Überwachungsanzeigen im Armaturenbrett weisen nicht auf alle Mängel hin. Regelmäßige Pkw-Untersuchungen am Allianz Zentrum für Technik im Rahmen der Fahrzeugdiagnose offenbaren folgende verkehrssicherheitsrelevante Hauptmängel zwischen den „TÜV-Terminen“:

- **Fahrwerk**
  - Korrosion an tragenden Teilen
  - ausgeschlagene Radaufhängung
  - wirkungslose bzw. in ihrer Wirkung stark beeinträchtige Stoßdämpfer
- **Bremsanlage**
  - unzureichende/ungleichmäßige Bremswirkung
  - verrostete Bremsleitungen
  - undichtes Bremssystem
- **Bereifung**
  - ungenügende Profiltiefe
  - einseitig abgefahrene Reifen
  - beschädigte Reifen

Gefährlich wird es, wenn unrepariert weiter gefahren wird. Vor jeder Abfahrt muss deshalb eine genaue Kontrolle der betriebs- und verkehrssicherheitsrelevanten Funktionen erfolgen. In der Praxis haben sich Abfahrkontrollblätter bewährt. Sie enthalten die wichtigsten Sicht- und Arbeits-

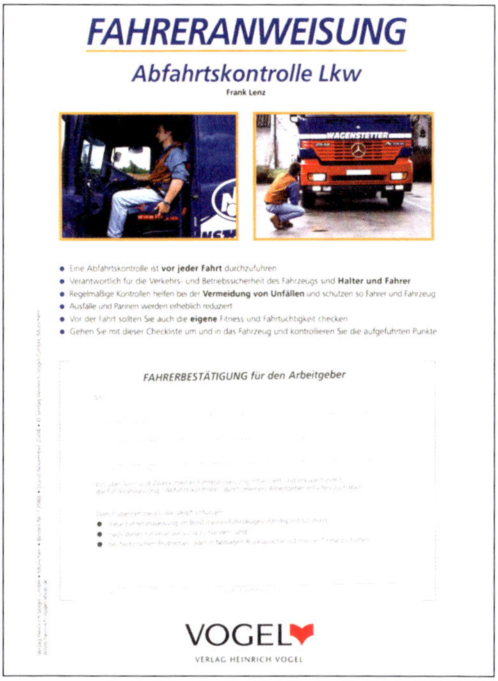

FAHRERANWEISUNG

Abfahrtskontrolle Lkw

Frank Lenz

- Eine Abfahrtskontrolle ist **vor jeder Fahrt** durchzuführen
- Verantwortlich für die Verkehrs- und Betriebssicherheit des Fahrzeugs sind **Halter und Fahrer**
- Regelmäßige Kontrollen helfen bei der **Vermeidung von Unfällen** und schützen so Fahrer und Fahrzeug
- Ausfälle und Pannen werden erheblich reduziert
- Vor der Fahrt sollten Sie auch die **eigene** Fitness und Fahrtüchtigkeit checken
- Gehen Sie mit dieser Checkliste um und in das Fahrzeug und kontrollieren Sie die aufgeführten Punkte

FAHRERBESTÄTIGUNG für den Arbeitgeber

VOGEL

VERLAG HEINRICH VOGEL

Abfahrkontrollblatt für das Fahrpersonal im Rahmen von Halterhaftungs- und Organisationskonzept am Beispiel Lkw (Fahreranweisung), (Quelle: Heinrich-Vogel Verlag).

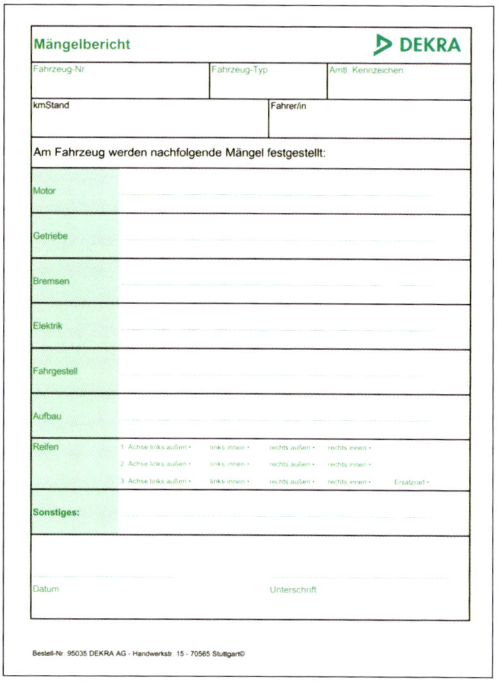

Mängelbericht — DEKRA

Fahrzeug-Nr	Fahrzeug-Typ	Amtl. Kennzeichen
kmStand	Fahrer/in	

Am Fahrzeug werden nachfolgende Mängel festgestellt:

Motor	
Getriebe	
Bremsen	
Elektrik	
Fahrgestell	
Aufbau	
Reifen	1. Achse links außen • links innen • rechts außen • rechts innen • 2. Achse links außen • links innen • rechts außen • rechts innen • 3. Achse links außen • links innen • rechts außen • rechts innen • Ersatzrad •
Sonstiges:	

Datum Unterschrift

Bestell-Nr. 95035 DEKRA AG · Handwerkstr. 15 · 70565 Stuttgart©

Fahrzeug-Mängelbericht (Quelle: DEKRA).

kontrollen in Form einer Checkliste, die vom Fahrer zügig durchgeführt werden können. Der tägliche Mehraufwand von 5 bis 10 Minuten bei Fahrzeugen mit Druckluft-Bremsanlage kann unter Umständen lebensrettend sein.

Ergibt sich im Rahmen der Kontrolle oder während der Arbeit ein technischer Fehler am Fahrzeug, ist der Eintrag in ein zusätzliches Formular, den Kfz-Mängelbericht, sinnvoll, der zusammen mit dem Abfahrkontrollblatt im Handschuhfach Platz findet. Ergeben sich daraus dringend zu behebende Mängel, die die Verkehrs- oder Betriebssicherheit beeinträchtigen, sind diese möglichst rasch zu beheben. Im Übrigen tragen Mängelbericht und Abfahrkontrollblatt zur verbesserten Logistik bei.

Lesetipp:

Köhler, B. (2003). Handbuch Mängelerkennung am Lkw. Schriftenreihe Güterverkehr.
208 Seiten, ISBN 3-7812-1582-2, Bonn, Kirschbaum Verlag, Siegfriedstraße 28, 53179 Bonn, Fax: 0228/9545327, [www.kirschbaum.de].

Reparatur der Windschutzscheibe

Bei Reparatur und Wartung gibt es eine Reihe von Möglichkeiten Kosten einzusparen. Ein besonders effizientes Beispiel stellt die gesetzlich anerkannte Reparatur der Windschutzscheibe dar, die unter bestimmten Voraussetzungen statt des kostenintensiven Scheibenaustausches durchgeführt werden kann. Gut zu reparieren sind meist Steinschlagschäden mit einem maximalen Durchmesser einer 2-Euro-Münze („Kuhauge"). Außerdem darf die Einschlagstelle nicht unmittelbar im Fahrersichtfeld liegen und muss mindestens 10 cm vom Scheibenrand entfernt sein (vgl. Bild S. 106). Es ist wichtig, dass bald nach dem Schadeneintritt repariert wird, da Feuchtigkeit, Schmutz sowie Rissausdehnung die Qualität der Reparatur erheblich beeinflussen. Die Erfolgschancen einer Reparatur liegen bei 90 %. Da das eingebrachte Spezialharz farblos ist und fast die optische Qualität von Glas besitzt, bleibt in den meisten Fällen nur ein kleiner sichtbarer Punkt als Schönheitsfehler zurück. Die Festigkeit der Windschutzscheibe bleibt vollständig erhalten und der Entstehung von Rissen wird vorgebeugt.

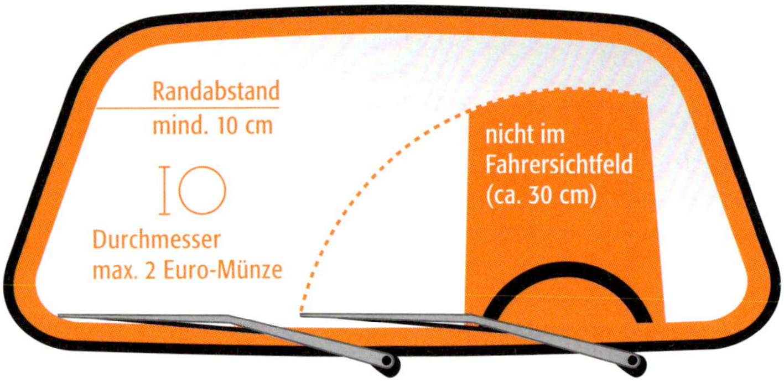

Welche Schäden auf der Windschutzscheibe dürfen repariert werden? (Quelle: nach CARGLASS).

■ = Reparatur gesetzlich verboten

Die Reparatur bedeutet für Fuhrparks eine beachtliche Kosteneinsparung. Die Zeit der Reparatur beträgt nur ca. 30 Minuten. Dadurch werden Standzeiten erheblich gesenkt. Außerdem verzichtet die Allianz Versicherung im Schadenfall auf Abzug der Selbstbeteiligung bei Reparatur der Windschutzscheibe.

5.6 Die sichere Ladung

Trotz intensiver Aufklärungsarbeit wird die Bedeutung der Ladungssicherung nicht nur von „Laien", sondern auch von „professionellen" Fahrern häufig unterschätzt. Aussagen wie „die Ladung ist so schwer, die kann ja nicht verrutschen" oder „ich transportiere ja nur bis..." sind leider an der Tagesordnung. Dies gilt für Ladung auf dem Autodach oder der Ladefläche im Pkw, Transporter und Lkw gleichermaßen. Häufige Folgen sind beschädigte Güter oder verlorene Ladung – tägliche Verkehrsmeldungen im Radio berichten hier nur von einer Spitze des Eisberges. Nicht selten ereignen sich leider auch Unfälle aufgrund unzureichender Sicherung oder falscher Beladung. Gründe genug, sich im Rahmen der Schadenverhütungsarbeit intensiv damit zu befassen. Entsprechend Kontrollen des GDV mit der Polizei sind nur etwa ein Drittel der Ladungen auf Lkw richtig gesichert. 30 % weisen leichte und 40 % erhebliche Ladungssicherungsmängel auf. Die Folgen sind fatal. Bei mindestens 13 % aller Lkw-Unfälle ist unzureichende Ladungssicherung (mit)ursächlich (Schieder, Gwehenberger & Langwieder, 2003). Das Thema Ladungssicherung ist komplex und vielfältig. So vielfältig wie die Ladung selbst. Es gibt dabei einiges zu beachten, von „A" wie Antirutschmatte über „L" wie Lastverteilungsplan bis „Z" wie Zurrkräfte oder Zurrwinkel. Fahrer, Halter und Verlader bzw. Absender haben Pflichten, die in einer Reihe von Gesetzen und Vorschriften festgeschrieben sind. Dazu gehören StVO und StVZO. Außerdem verlangen Unfallverhütungsvorschriften (UVV) die Sicherung der Ladung. Bei Unfällen kommen weitere gesetzliche Bestimmungen wie das Bürgerliche Gesetzbuch

Ungesicherte Ladung ist unter der Plane während der Kurvenfahrt auf einer Baustelle umgekippt (Quelle: GDV).

oder auch das Strafgesetzbuch zum Tragen. Schließlich setzen die VDI-Richtlinien (VDI 2700ff) und verschiedene DIN-Normen und EN-Normen den technischen Mindestrahmen und geben an, wann Ladung als ordnungsgemäß gesichert gilt.

Wer ?	Für was verantwortlich ?
Fahrer	Ist für die beförderungssichere Verladung zuständig; ist im Rahmen seiner Möglichkeiten für eine ausreichende Sicherung vor Fahrtantritt verantwortlich, selbst wenn er die Beladung nicht selber vorgenommen hat. Während der Fahrt muss der Fahrer kontrollieren und ggf. nachbessern.
Absender/ Verlader	Ist für die beförderungssichere Verladung verantwortlich. Seine Verantwortung ergibt sich aus dem Handelsgesetzbuch (§ 412 HGB).
Fahrzeug-halter	Ist für die Auswahl eines für den jeweiligen Transport geeigneten, verkehrssicheren Fahrzeuges und für die Ausrüstung mit entsprechenden Ladungssicherungshilfsmitteln verantwortlich.

Verantwortlichkeiten für sichere Ladung (Quelle: z.B. Fromm, 2005).

Bitte beachten Sie, dass die Fahrer in Ihrem Unternehmen grundsätzlich immer direkt oder indirekt mit der Verladung befasst und deshalb auch für die Ladungssicherung verantwortlich sind. Die Inhalte der VDI-Richtlinien 2700 ff in Verbindung mit der praktischen Umsetzung müssen sie kennen. Regelmäßige Aus- und Weiterbildung nach DVR-Standard ist daher dringend erforderlich. Aus- und Weiterbildungsangebote rund um die Ladungssicherung finden Sie in Kap. 5.4.11.

Lesetipps:

GDV (Hrsg.). Ladungssicherungshandbuch.
DIN A4, 371 Seiten. GDV-Dienstleistungs GmbH, (www.ladungssicherungshandbuch.de)

GDV (Hrsg.). (2005). Containerhandbuch.
GDV-Dienstleistungs GmbH, (www.containerhandbuch.de).

BGF/BGL (Hrsg.). Praxishandbuch – Laden und Sichern – Leitfaden für Fahrer.
(BGL Adresse s. Kap. 6).

BGF (Hrsg.). (2002). BG-Information Ladungssicherung auf Fahrzeugen (BGI 649). 3. Auflage.
(BGF Adresse s. Kap. 6).

Köbl, R. & Ehringer, S. (2005). Ladung richtig sichern. München: Huss Verlag.
Taschenbuch, 120 Seiten, farbig. ISBN 3-937711-10-4. \7 (Adresse s. Kap. 6).

GDV (Hrsg.). Verantwortung und Haftung bei der Ladungssicherung im Straßengüterverkehr nach HGB und CMR
(s. Download unter www.tis-gdv.de).

5.7 Das sichere Betriebsgelände

Häufig wird verkannt, dass zu einem sicheren Transportunternehmen auch bauliche Maßnahmen auf dem eigenen Firmengelände gehören. Rangier-, Einpark- oder Fahrunfälle, aber auch Unfälle beim Be- oder Entladen können auch vor Antritt der Fahrt zu erheblichen Schäden führen. Unter Umständen sind diese Schäden dann nicht durch die Versicherung gedeckt. 12 % aller Arbeitsunfälle geschehen auf innerbetrieblichen Verkehrswegen. Lkw-Unfälle stellen bei allen Arbeitsunfällen beim innerbetrieblichen Transport mit 11 % den größten Anteil. Lkw-Unfälle auf dem Betriebsgelände bestreiten den Löwenanteil an allen neuen Unfallrenten (20 %) und an allen tödlichen Unfällen (33 %), die sich beim innerbetrieblichen Transport ereignen. Besondere Gefahrenpunkte sind die Be- und Entladestellen, an denen laut Berufsgenossenschaften 44 % dieser Lkw-Unfälle geschehen (HVBG, 2004).

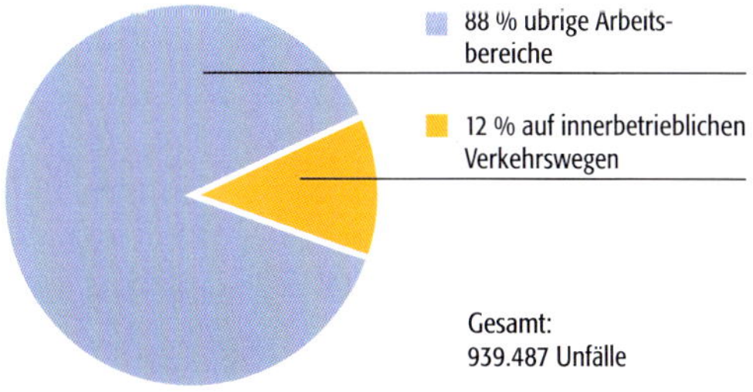

Arbeitsunfälle bei betrieblicher Tätigkeit 2002 (Quelle: HVBG).

Die von der Berufsgenossenschaften erfasste Statistik definiert den innerbetrieblichen Transportunfall im Sinne eines Arbeitsunfalls, nicht im Sinne eines Verkehrsunfalls. Insofern wird auch die Verunfallung des Mitarbeiters an der Ladefläche und am ruhenden Lkw einbezogen. Die Statistiken zeigen nun hier recht eindrücklich, dass nur ein generelles Sicherheitsbewusstsein und sicherheitsförderndes Klima im Betrieb schadenminimierend wirken können. Denn in 60 % aller o.g. Lkw-Unfälle (des innerbetrieblichen Transports) gab es keine Fahrzeugbewegung, 46 % ereigneten sich bei Herauf- und Herabsteigen von Ladefläche, Fahrzeugaufbauten oder Fahrerkabine (HVBG, 2004). Zeitdruck, Hektik, aber auch eingeschliffene Nachlässigkeit führen dazu, dass aus scheinbaren Unwichtigkeiten Arbeitsausfälle mit erheblichen direkten oder indirekten Folgekosten, bestenfalls Zeitverzögerungen erwachsen. Stürze (oft Absprünge) vom Lkw aus mehr aus einem Meter Höhe (selten mit geeignetem Schuhwerk) zeichnen für jeden sechsten Lkw-Unfall auf Ihrem Betriebsgelände verantwortlich!

Als Betreiber haben Sie daher eine Verkehrssicherungspflicht. Regelungen der Unfallverhütungsvorschrift „Fahrzeuge“ gelten auch und insbesondere im innerbetrieblichen Verkehr. Regelmäßige Aufklärung das sichere Verhalten auf dem Betriebsgelände betreffend ist dabei nur ein Aspekt, die Berufsgenossenschaften können Ihnen mit Informationen und Materialien weiterhelfen, z.B. im Rahmen der Aktion „Sicherer Aufritt“ (siehe S. 109), bauliche und sicherheitstechnische Gestaltungsmaßnahmen sind weitere. Hinweisschilder, retroreflektierende Markierungen, eindeutig zu interpretierende Bodenmarkierungen oder gegebenenfalls auch die Einführung von StVO-Regelungen (z.B. Einbahnstraßen, Rechts-vor-links-Regel, Geschwindigkeitsbeschränkung 10 km/h) wären nach der individuellen betrieblichen Situation auf ihren Nutzen hin zu prüfen, um die Verkehrswege abzusichern. Auch eine hinreichende Beleuchtung aller innerbetrieblichen Flächen mit Verkehren ist zu bedenken. Oft sind es einfachste Maßnahmen – etwa die Ummantelung von Rangierhindernissen – die häufige Schadenereignisse mildern oder vermeiden helfen. In Abhängigkeit von der Unfallbilanz und vor allem bei größeren Unternehmen ist aber eine professionelle, beigezogene sicherheitstechnische Beratung und Sicherheitsbegehung zielführend.

Wichtig aber auch: das umsichtige Verhalten Ihrer Fahrer auf fremden (oder Ziel-) Betriebsgeländen. Dort sind sie nicht ortskundig, mit den Ladeanlagen und ihren Abmessungen nicht vertraut. Dort wirkt sich zudem die aufsummierte Verspätung aus. Grundregel für jeden Fahrer sollte daher sein: Jedes Gelände ist öffentlicher Raum – fahre dort so vorsichtig, wie es die StVO verlangt.

Und schließlich noch ein Wort zu Ihrer Fahrzeugflotte selbst: Sie tragen zu einer Senkung der Wartungskosten und witterungsbedingten Schäden (z.B. durch Hagel) nicht unerheblich durch eine pflegliche Unterstellung bei.

Unfälle an Be- und Entladestellen – Arbeitsunfälle bei betrieblicher Tätigkeit 2002 (Quelle: HVBG).

Be- und Entladestellen für …	**Meldepflichtige Unfälle**		**Neue Unfallrenten**	
	Anzahl	**%**	**Anzahl**	**%**
… gleislose Fahrzeuge (Lkw, Gabelstapler usw.)	36.723	99	969	99
… gleisgebundene Fahrzeuge (Trieb-, Güterwagen usw.)	215	1	6	1
Insgesamt	**36.938**	**100**	**975**	**100**

CHECKLISTE GEGEN STOLPERN, RUTSCHEN, STÜRZEN

10 Punkte für Ihre Sicherheit

	Ja*	Nein*	Nicht relevant	Notwendige Maßnahmen
1 Ist die **Beleuchtung** in allen Bereichen ausreichend?				
2 Sind **Öffnungen** und Aussparungen des Bodens abgesperrt und Lichtgitterroste gegen Verrutschen und Ausheben gesichert?				
3 Sind **Arbeits- und Verkehrsflächen** optimal gestaltet?				
4 Sind innerhalb von Verkehrsbereichen **Leitungen**, Kabel oder Schläuche ordnungsgemäß verlegt?				
5 Wird auf **Ordnung** Wert gelegt und sind alle Wege und Treppen frei begehbar?				
6 Tragen alle Mitarbeiter zweckmäßiges **Schuhwerk**?				
7 Werden die Beschäftigten angehalten, das **Treppen**geländer zu benutzen?				
8 Sind die **Aufstiege** zum Fahrzeug (z. B. Lkw-Führerhaus) techn. einwandfrei?				
9 Ist die **Ladefläche** frei von Verunreinigungen?				
10 Zusätzliche **betriebsspezifische** Fragen (Leitern, Trittbretter, Laderampen etc.):				

Der Sicherheitsgrundgang erfolgte
am: ____________
Bereich: ____________

Name: ____________

Zur Kenntni
am: ______

Name: ______
(Me

* Bei „ja“: Alles im grünen Bereich!
* Bei „nein“: Notwendige Maßnahmen festlegen und durchführen.

AKTION SICH AUFT
www.bgf.de

Erläuterung der Prüfpunkte aus der „Checkliste gegen Stolpern, Rutschen, Stürzen“:

1 Sichere Verkehrswege verlangen eine ausreichende **Beleuchtung** (siehe auch www.licht.de, dem Internetportal der Fördergemeinschaft Gutes Licht). Hindernisse und Gefahrstellen sowie Absperrungen und Markierungen müssen rechtzeitig erkannt, die Bewegung von Fahrzeugen und anderen Personen sicher eingeschätzt werden können. Im Treppenhaus ist auch die Beleuchtungsrichtung von Bedeutung: Bei einer schattenlosen Beleuchtung sind Stufen nicht zu erkennen, eine Beleuchtung von unten blendet den Herabsteigenden, lange Schlagschatten durch eng gebündeltes Licht von Strahlern lassen die räumliche Streckung der Stufen nicht erkennen. Optimal ist eine Beleuchtung vom oberen Treppenabsatz.

2 **Öffnungen und Aussparungen** im Boden müssen auch bei kurzzeitigen Arbeiten gesichert werden. Ein Flatterband ist hierzu nicht immer ausreichend. Lichtgitterroste müssen gegen Verrutschen und Ausheben gesichert sein.

3 **Arbeits- und Verkehrsflächen** sollen möglichst eben und waagerecht sein. Höhenunterschiede von mehr als 4 mm gelten als Stolperstellen und müssen vermieden werden. So sind beispielsweise Ablaufrinnen oder ähnliche Vertiefungen bodengleich sowie tritt- und kippsicher abzudecken.
Ein rutschhemmender Bodenbelag führt zu mehr Sicherheit. Im Betrieb muss bei der Auswahl auch die erforderliche physikalische und chemische Beständigkeit berücksichtigt werden. Schäden oder Verunreinigungen, die zu Sturzunfällen führen können, sind möglichst umgehend zu beseitigen und bis zur Reparatur zu sichern.

4 **Leitungen**, Kabel und Schläuche sollen möglichst in einer Höhe von mindestens 2 Metern verlegt werden. Lässt sich ein Verlegen auf Verkehrs- oder Arbeitsflächen nicht vermeiden, sind die Leitungen trittsicher zu überbrücken und gegebenenfalls als Stolperstelle zu kennzeichnen.

5 **Sauberkeit und Ordnung** sind die Grundvoraussetzung für ein sicheres Gehen. Wege und Treppen müssen frei begehbar sein. Typische Stolperfallen sind herumliegende Gegenstände, Arbeitsmittel und Kleingeräte. Diese müssen ebenso wie verschüttete Produktionsstoffe und Schmutz sofort beseitigt werden. Hier darf nicht gelten: „Das ist nicht mein Arbeitsbereich.“

6 Geeignetes **Schuhwerk** zeichnet sich durch mindestens folgende Eigenschaften aus: festen Sitz am Fuß, eine rutschfeste profilierte Laufsohle, ggf. eine Stützung des Fußgelenkes durch die halbhohe Form.

7 **Treppen** sind unfallträchtiger als ebene Wege. Ein erhöhtes Risiko besteht am Anfang und am Ende eines Treppenlaufs. Deutlich sichtbare und rutschhemmende Stufenkanten machen Treppen sicherer. Eine wichtige Maßnahme ist das Benutzen des Handlaufs. Hierdurch können viele Unfälle vermieden werden!

8 **Aufstiege** von Fahrzeugen (z. B. Lkw-Führerhäusern) stellen ein nicht zu unterschätzendes Gefahrenpotenzial dar. Unter http://sicherer-auftritt.bgf.de/aktionsmedien.aspx können Sie sich informieren.

9 Unfälle auf **Ladeflächen** lassen sich vermeiden, indem die vorhandenen Auf- und Abstiege benutzt, die Ladeflächen stets von Schmutz und herumliegenden Gegenständen befreit werden und sich der Beschäftigte die Absturzgefahr immer wieder bewusst macht, denn Routine ist der Feind der Sicherheit.

10 **Zusätzliche betriebsspezifische Fragen**
Neben den allgemeinen Fragen gibt es möglicherweise in Ihrem Betrieb noch spezifische Gefahrenstellen, auf die an dieser Stelle eingegangen werden kann.
Beispiele:
„Werden alle Paletten auf dafür vorgesehenen Plätzen geordnet abgestellt?“
„Können die Deichseln der Anhänger von Flurförderzeugen nach oben geklappt und gesichert werden?“

Gute Beleuchtung und mehr – für den Fuhrparkleiter und auch für die sichere Fahrzeugflotte von Interesse: Die Check-Liste der BGF gegen Stolpern, Rutschen und Stürzen auf dem Betriebsgelände (Quelle: BGF).

5.8 Die häufigsten Gefahren im Straßenverkehr

Schäden auf dem Quell- oder Zielgelände können erheblich sein. Aber maßgeblich sind die Unfälle im Straßenverkehr. Sicherheitsforschung und Unfallstatistik bestätigen die zentralen Probleme ihrer Verursachung stets aufs Neue. Wir wollen Ihnen in diesem Kapitel zum Abschluss eine kleine Zusammenfassung darüber geben. Vieles mag Ihnen aus der Motorpresse vertraut sein; doch unser Ziel soll hier nicht sein, das Rad neu zu erfinden, als vielmehr Ihnen – indem wir die Problemfelder methodisch zusammenführen – unser übergreifendes Sicherheitsverständnis zu dokumentieren.

Das Unfalllagebild

Theoretisches Verständnis und strategisches Handeln setzen stets Expositionsdaten oder Referenzwerte voraus. Die polizeiliche Verkehrssicherheitsarbeit nennt es : das Unfalllagebild. Traditionelle Form ist das Führen einer Unfalltypensteckkarte: „Hierbei handelt es sich um Landkarten, auf denen für jeden polizeilich aufgenommenen Verkehrsunfall [...] eine Nadel an die Unfallstelle gesteckt wird. Die Stecknadeln unterscheiden sich durch verschiedenfarbige Nadelköpfe (für die einzelnen Unfalltypen) sowie den Durchmesser des Nadelkopfes (für die jeweils schwerste Folge des Verkehrsunfalls). Nach einer gewissen Zeit kann man [...] erkennen, an welchen Stellen Verkehrsunfälle vermehrt, an welchen sporadisch oder gar nicht vorkommen. Die Unfallhäufungsstellen werden danach besonders auf Unfallursachen oder deren Begleitumstände untersucht. Ziel ist es, in einem Konsens zwischen Verkehrsbehörde, Straßenbaulastträger und Polizei Abhilfemaßnahmen zu entwickeln und umzusetzen[5]" (zit. nach Polizei Pinneberg). Die Karten werden fotografisch archiviert und auch hier hat das Computerzeitalter Einzug gehalten (vgl. EUSKA Erfassungs- und Analysesystem für Verkehrsunfälle). Auch in Ihrem Kreis bzw. Kommune wird diese Arbeit geleistet und Sie können sich im Internet über die Ergebnisse informieren. In der Gemeinde Bekanntes und kontrovers Diskutiertes werden Sie dort finden, aber vielleicht auch Unfallbrennpunkte, die Ihnen bislang nicht vertraut waren.

[5] Die sog. Unfallkommission

Gleiches Ziel, gleiche Methode: Polizei und Fuhrparkleitung gewinnen durch systematische Unfalldokumentation- und analyse ein methodisches Bild ihrer Schadenlage (Quelle: ptv).

Ein Wort noch zu einem häufig diskutierten Stichwort: zur Fahrleistung. Jahresfahrleistung von Fahrer oder Fahrzeug definiert die Unfallwahrscheinlichkeit mit. Aber eben nur mit. Wir wollen diese in der Sicherheitsforschung kontrovers geführte Diskussion nicht aufgreifen. Denn erfolgreiche Schadenverhütung muss von dem Ansporn geleitet sein, immer besser zu werden, eingetretene Unfälle zu analysieren und künftige zu vermeiden, und nicht von der Rechtfertigung, wer proportional mehr oder weniger Unfälle verursacht. Der Fuhrparkleiter wird seine Schadenbilanz dann effektiv steigern, wenn er unvoreingenommen jeden einzelnen Unfall kritisch unter die Lupe nimmt und die Konsequenzen daraus zieht.

Ortslage

In Bezug auf die Zahl der Getöteten je 1.000 Unfälle mit Personenschaden weist die Außerortsstraße („Landstraße") die höchste Unfalldisposition auf (41), gefolgt von der Autobahn (36). Innerorts liegt das Risiko, bei einem Unfall mit Personenschaden zu Tode zu kommen, am niedrigsten (7). Ein besonderer Gefahrenort für Unfälle mit Fuß-

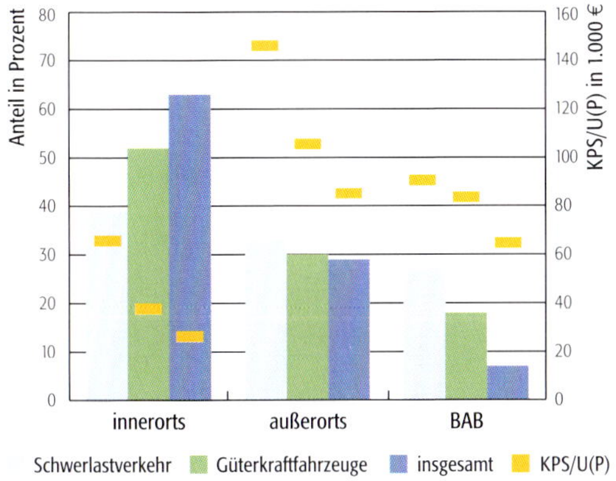

Ortslageanteile (li.) und durchschnittliche volkswirtschaftliche Kosten der Personenschäden (KPS) pro Unfall mit Personenschaden U(P), re., (Quelle: BASt).

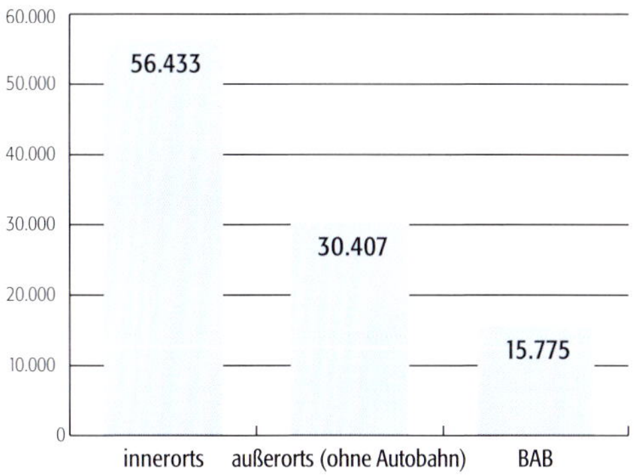

Schwerwiegende Unfälle mit Sachschaden nach Ortslage (insgesamt) im Jahr 2003 (Quelle: StBA).

gängern ist der Ortseingang. In Bezug auf den Güter- und Schwerverkehr lohnt ein genauerer Blick in die Unfallzahlen: Der Anteil der Unfälle mit Personenschaden ist innerorts am höchsten, außerorts niedriger und auf Bundesautobahnen am niedrigsten, aber nicht die Schwere der Unfälle: Hier dominiert die Außerortsstraße, gefolgt von der Autobahn.

In Österreich ist der Anteil von Unfällen mit Lkw >3,5t an allen Unfällen auf Autobahnen höher als gesamt (alle Ortslagen), (KfV, 2004). Der klassische schwerwiegende Lkw-Unfall mit Personenschaden ereignet sich also auf der Landstraße und der Autobahn. Für das Schadengeschehen in der Flotte sind aber alle, auch Unfälle mit Sachschaden, relevant. 84 % aller polizeilich erfassten Unfälle sind Unfälle mit Sachschaden, 16 % mit Personenschaden. Und bei den schwerwiegenden Unfällen mit Sachschaden steht der Innerortsunfall in Bezug auf alle Kraftfahrzeuge im Mittelpunkt. Doch die amtliche Statistik erfasst nur Unfälle „mit schweren Folgen […] Verkehrsunfälle mit nur Sachschaden oder mit nur geringfügigen Verletzungen werden zu einem relativ großen Teil der Polizei nicht angezeigt" (StBA, 2004). Zur polizeilichen Erfassung von Sachschadensunfällen muss ein Verwarngeldverfahren, eine Ordnungswidrigkeit bzw. Straftat gegeben sein. Ein großer Teil des Schadengeschehens in der gewerblichen Fahrzeugflotte fällt somit heraus, und es zeigt sich umso eindringlicher die Notwendigkeit der betriebsinternen Risikoanalyse.

Unfalltyp

Der Unfall im Längsverkehr gehört bei allen Unfällen mit Personenschaden knapp vor dem Einbiegen/Kreuzungs-Unfall und dem Fahrunfall zum häufigsten Unfalltyp. Jedoch: Bei allen schwerwiegenden Unfällen mit Sachschaden rangiert der Fahrunfall knapp vor dem Einbiegen/Kreuzungs-Unfall an der Spitze, der Längsverkehr-Unfall liegt deutlich niedriger (StBA, 2004). Die Hälfte (51 %) aller Unfälle mit Getöteten außerorts resultiert aus Fahrunfällen (Verlust der Kontrolle über das Fahrzeug, ohne dass andere Verkehrsteilnehmer dazu beigetragen haben, siehe Infokasten). In Österreich stellen für den Lkw (>3,5t) Unfälle im Richtungsverkehr (Längsverkehr in Fahrtrichtung) die mit Abstand größte Unfalltypengruppe dar, gefolgt von Queren und Abbiegen und drittens von Begegnungsverkehr, bezogen auf alle Straßen (KfV, 2004). Die Unfallstatistik weist also aus, dass Fahrunfälle (z.B. Abkommen von der Fahrbahn wegen überhöhter Geschwindigkeit auf der Landstraße) und die Konfliktsituation im Längsverkehr (z.B. Auffahrunfall auf der Autobahn) die höchsten Gefahren bergen. Für Lkw sind vor allem die Längsverkehr-Unfälle auf der Autobahn charakteristisch (wobei über die Unfallursachen noch keine Aussage getroffen ist): Dem Schwertransporter bleibt – erkennt er die veränderte Verkehrslage nicht früher als der Pkw-Fahrer – kein Handlungsspielraum mehr, den Auffahrunfall zu vermeiden. Auf fahrzeugtechnische Maßnahmen in diesem Zusammenhang haben wir hingewiesen. Doch auch die Fahrerablenkung, ge-

UNFALLTYP

Der Unfalltyp beschreibt die Konfliktsituation, die zum Unfall führte, d.h. die Phase des Verkehrsgeschehens, in der ein Fehlverhalten oder eine sonstige Ursache den weiteren Ablauf nicht mehr kontrollierbar machte. Im Gegensatz zur Unfallart geht es also beim Unfalltyp nicht um die Beschreibung der wirklichen Kollision, sondern um die Art der Konfliktauslösung vor diesem eventuellen Zusammenstoß.

Fahrunfall

Der Unfall wurde ausgelöst durch den Verlust der Kontrolle über das Fahrzeug (wegen nichtangepasster Geschwindigkeit oder falscher Einschätzung des Straßenverlaufs, des Straßenzustandes o.ä.), ohne dass andere Verkehrsteilnehmer dazu beigetragen haben. Infolge unkontrollierter Fahrzeugbewegungen kann es dann aber zum Zusammenstoß mit anderen Verkehrsteilnehmern gekommen sein.

Abbiege-Unfall

Der Unfall wurde ausgelöst durch einen Konflikt zwischen einem Abbieger und einem aus gleicher oder entgegengesetzter Richtung kommenden Verkehrsteilnehmer (auch Fußgänger) an Kreuzungen, Einmündungen, Grundstücks- oder Parkplatzzufahrten. Wer einer Straße mit abknickender Vorfahrt folgt, ist kein Abbieger.

Einbiegen/Kreuzen-Unfall

Der Unfall wurde ausgelöst durch einen Konflikt zwischen einem einbiegenden oder kreuzenden Wartepflichtigen und einem vorfahrtberechtigten Fahrzeug an Kreuzungen, Einmündungen oder Ausfahrten von Grundstücken und Parkplätzen.

Überschreiten-Unfall

Der Unfall wurde ausgelöst durch einen Konflikt zwischen einem Fahrzeug und einem Fußgänger auf der Fahrbahn, sofern dieser nicht in Längsrichtung ging und sofern das Fahrzeug also nicht abgebogen ist. Dies gilt auch, wenn der Fußgänger nicht angefahren wurde. Ein Zusammenstoß mit einem Fußgänger, der sich in Längsrichtung auf der Fahrbahn bewegt, gehört zum Unfalltyp 6.

Unfall durch ruhenden Verkehr

Der Unfall wurde ausgelöst durch einen Konflikt zwischen einem Fahrzeug des fließenden Verkehrs und einem Fahrzeug, das parkt/hält bzw. Fahrmanöver im Zusammenhang mit dem Parken/Halten durchführte. Unfälle mit Fahrzeugen, die nur verkehrsbedingt warten, zählen nicht dazu.

Unfall im Längsverkehr

Der Unfall wurde ausgelöst durch einen Konflikt zwischen Verkehrsteilnehmern, die sich in gleicher oder entgegengesetzter Richtung bewegten, sofern dieser Konflikt nicht einem anderen Unfalltyp entspricht.

Sonstiger Unfall

Hierzu zählen alle Unfälle, die keinem anderen Unfalltyp zuzuordnen sind. Beispiele: Wenden, Rückwärtsfahren, Parker untereinander, Hindernis oder Tier auf der Fahrbahn, plötzlicher Fahrzeugschaden (Bremsversagen, Reifenschäden o.ä.).

UNFALLART

Die Unfallart beschreibt vom gesamten Unfallablauf die Bewegungsrichtung der beteiligten Fahrzeuge zueinander beim ersten Zusammenstoß auf der Fahrbahn oder, wenn es nicht zum Zusammenstoß gekommen ist, die erste mechanische Einwirkung auf einen Verkehrsteilnehmer.

Es werden folgende 10 Unfallarten unterschieden:

1. **Zusammenstoß mit anderem Fahrzeug, das anfährt, anhält oder im ruhenden Verkehr steht**
   Anfahren oder Anhalten ist hier im Zusammenhang mit einer gewollten Fahrtunterbrechung zu sehen, die nicht durch die Verkehrslage veranlasst ist. Ruhender Verkehr im Sinne dieser Unfallart ist das Halten oder Parken am Fahrbahnrand, auf Seitenstreifen, auf den markierten Parkstellen unmittelbar am Fahrbahnrand, auf Gehwegen oder auf Parkplätzen. Der Verkehr von und zu Parkplätzen mit eigenen Zufahrten gehört zur Unfallart 5.

2. **Zusammenstoß mit anderem Fahrzeug, das vorausfährt oder wartet**
   Unfälle durch Auffahren auf ein Fahrzeug, das selbst noch fuhr oder verkehrsbedingt hielt. Auffahren auf anfahrende bzw. anhaltende Fahrzeuge gehören zur Unfallart 1.

3. **Zusammenstoß mit anderem Fahrzeug, das seitlich in gleicher Richtung fährt**
   Unfälle beim Nebeneinanderfahren (Streifen) oder beim Fahrstreifenwechsel (Schneiden).

4. **Zusammenstoß mit anderem Fahrzeug, das entgegenkommt**
   Zusammenstöße im Begegnungsverkehr, ohne dass ein Kollisionspartner die Absicht hatte, über die Gegenspur abzubiegen.

5. **Zusammenstoß mit anderem Fahrzeug, das einbiegt oder kreuzt**
   Zu dieser Unfallart gehören Zusammenstöße mit dem Querverkehr und Kollisionen mit Fahrzeugen, die aus anderen Straßen, Wegen oder Grundstücken einbiegen oder dorthin abbiegen wollen. Das Auffahren auf wartende Abbieger gehört zur Unfallart 2.

6. **Zusammenstoß zwischen Fahrzeug und Fußgänger**
   Personen, die sich arbeitsbedingt auf der Fahrbahn aufhalten oder noch in enger Verbindung zu einem Fahrzeug stehen, wie Straßenarbeiter, Polizeibeamte bei der Verkehrsregelung oder ausgestiegene Fahrzeuginsassen bei Pannen, zählen nicht als Fußgänger. Zusammenstöße mit ihnen gehören zur Unfallart 10.

7. **Aufprall auf ein Hindernis auf der Fahrbahn**
   Zu den Hindernissen zählen z.B. umgestürzte Bäume, Steine, verlorene Fracht, freilaufende Tiere oder Wild. Zusammenstöße mit geführten Tieren oder Reitern gehören zur Unfallart 10.

8./9. **Abkommen von der Fahrbahn nach rechts/links**
   Bei diesen Unfallarten ist es nicht zu einem Zusammenstoß mit anderen Verkehrsteilnehmern gekommen. Es kann jedoch weitere Unfallbeteiligte geben, z.B. wenn das verunglückte Fahrzeug von der Straße abgekommen ist, weil es einem anderen Verkehrsteilnehmer ausgewichen ist, ohne ihn zu berühren.

10. **Unfall anderer Art**
   Hier werden alle Unfälle erfasst, die sich nicht einer der Unfallarten von 1 bis 9 zuordnen lassen.

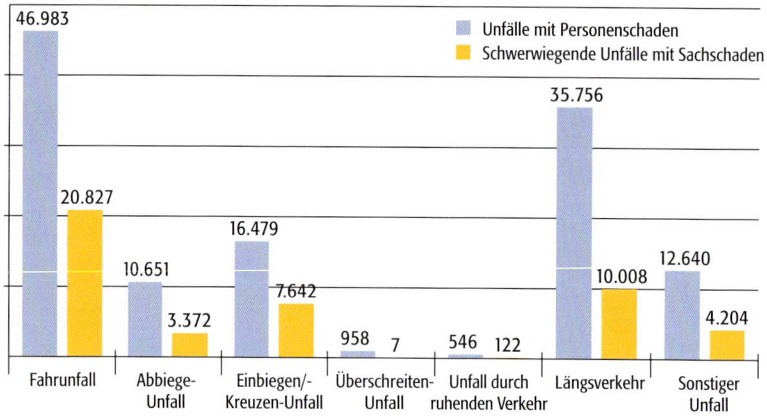

Unfälle mit Personenschaden und schwerwiegende Unfälle mit Sachschaden nach Unfalltyp außerhalb von Ortschaften (mit Autobahn) im Jahr 2003 (Quelle: StBA). (Bild unten, Quelle: DVR).

rade in (scheinbar) monotonen oder ereignislosen Fahrabschnitten, muss regelmäßig in Schulung und Unterweisung thematisiert werden.

Straßenbaustellen

Eine besondere Unfallgefahr geht von Baustellen aus, vor allem an Autobahnen. Die Fahrstreifen sind verengt; doch trotz frühzeitiger Ankündigung wird die Geschwindigkeit oft zu spät reduziert und auch dann nicht mit angemessener bzw. der aktuell vorgeschriebenen Geschwindigkeit weitergefahren. „Baustellen sind keine Rennstrecken", mahnt daher auch die Steinbruch-Berufsgenossenschaft. An Autobahnbaustellen wirkt sich Unachtsamkeit oder Übermüdung verstärkt aus, denn der Verlauf der verengten Bahn ist oft unvorhergesehen kurviger und unebener. Vor allem große und schwere Fahrzeuge müssen dem mit defensiver Geschwindigkeitswahl Rechnung tragen. Zudem ist beim vorausfahrenden Verkehr unvermutet mit Rückstau zu rechnen. Das Unfallrisiko ist auf diesen Fahrabschnitten der Autobahn erkennbar erhöht. Aber

auch innerorts wird an Baustellen nachlässig gefahren: Allein im Jahr 2003 verunglückten hier bei 1.761 Unfällen mit Personenschaden 2.082 Personen. Auf allen Straßen Deutschlands waren es 4.658 Menschen bei 3.491 Unfällen mit Personenschaden. Und: 1.169 schwerwiegende Unfälle mit Sachschaden ereigneten sich an Arbeitsstellen (StBA, 2004). Das Baustelleninformationssystem des Bundes und der Länder ist eine rasch und gezielt abrufbare Quelle für die aktuelle Baustellenlage auf der Fahrtroute. Dokumentiert werden alle Baustellen auf den bundesdeutschen Autobahnen [www.bmvbw.de/Baustellen-Informationssystem].

Kurve

Kurvige Landstraßen sind ein besonderer motorsportlicher Anreiz, StVO hin oder her. Dem Ehrgeiz, die Kurve sportlich-elegant zu nehmen, unterliegen nicht wenige Fahrer. Nur: 51.535 Unfälle mit Personenschaden in Kurven – davon 31.880 auf Außerortsstraßen (ohne Autobahn) (StBA, 2004) sprechen eine andere Sprache. Das sind knapp 15 % aller Unfälle (mit Personenschaden). 21.657 schwerwiegende Unfälle mit Sachschaden – 21 % dieser Unfälle – können nicht eben als fahrerischer Erfolg firmieren. Das Fahrerverhalten in der Kurve ist seit Jahrzehnten ein Fokus der Sicherheitsforschung, stets mit vergleichbaren Ergebnissen: Der Kurvenverlauf wird falsch eingeschätzt oder fahrerisch bewusst „ausgelotet", bei jüngeren, risikofreudigeren Fahrern bis in den Grenzbereich der Fahrphysik. Aber auch für den gewerblichen Verkehr muss auf das Fahrerverhalten in Kurven hohes Augenmerk in der Fahrerschulung und Sicherheitsinformation gelegt werden.

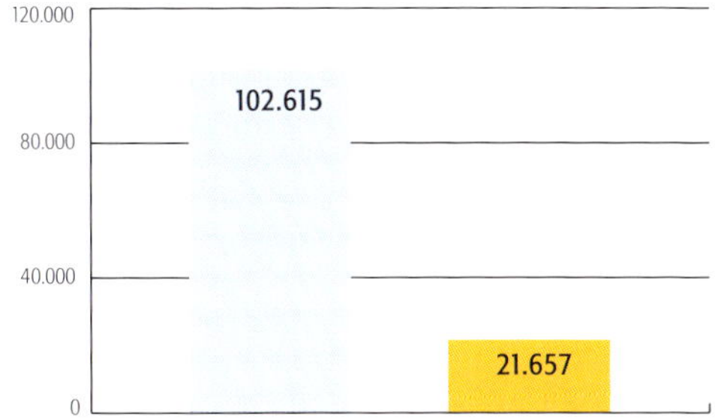

Schwerwiegende Unfälle mit Sachschaden insgesamt, und davon in Kurven (2003).

Tunnel

Die Berner Verkehrsbehörden veröffentlichten 1990 anlässlich des 10-jährigen Sankt Gotthard Tunnelbetriebs eine Sicherheitsstudie und berichteten, dass sich eine Anzahl schwerer Unfälle aufgrund von Fahrermüdigkeit ereignete (Piazzini, 1990). Noch gute zehn Jahre vergingen, bis dort im Jahr 2001 elf Menschen bei einem schweren Lkw-Unfall starben, der auf die Missachtung von Sozialvorschriften mit zurückzuführen war (Internationales Arbeitsamt, 2005). Selbstverständlich nicht nur, aber gerade im Tunnelbereich bzw. auf Touren mit Gebirgs- und Tunnelabschnitten sollte sich kein Fahrer zu Missachtungen der einschlägigen Sicherheitsvorschriften hinreißen lassen. Es ist der Schadenverhütung im Güterverkehr nicht zuträglich, sich von der „Seltenheit" solch extremer Ereignisse wie im Sankt Gotthard täuschen zu lassen.

Neben Missachtung der Sicherheitsgebote ist Tunnelangst ein häufiges Phänomen. Obgleich moderne Tunnelbaukonzepte dem Problem zunehmend durch die optische Gestaltung Rechnung tragen, bleibt bei vielen Autofahrern unterschwellig das Gefühl des Eingeschlossenseins – wohlgemerkt unterschwellig, und hier liegt die Gefahr. Denn es ist im seltensten Fall eine manifeste Panik, die zum Fahrfehler führt. Es ist eine erhöhte Anspannung und Unsicherheit, die teilweise nicht einmal bemerkt wird. Bei einer Reihe Fahrern kommen Probleme mit Sicht und Sehen hinzu: plötzlicher Wechsel von Hell/Dunkel (Anpassung der Augen), Sehen bei Kunstlicht, Blendung durch Licht der Gegenspur, verminderte Fernsicht allgemein. Besonders gefährlich wird es, wenn widrige Umstände wie nasse Fahrbahn oder Nebel hinzutreten, was in den vielen kürzeren Tunnelanlagen der Alpenregionen der Fall sein kann.

Was ist zu tun? Alle Maßnahmen zur technischen bzw. baulichen Verbesserung der Tunnelsicherheit können nicht vor Gefahren durch unangepasste Fahrweise einzelner Fahrer schützen. Richtiges Verhalten ist: Licht einschalten! Unbedingt die vorgeschriebene Geschwindigkeit einhalten und die eigene Geschwindigkeit häufiger kontrollieren! Unnötige Spurwechsel und andere Fahrmanöver vermeiden. Keinesfalls vorausfahrende Fahrzeuge durch zu dichtes Auffahren oder Lichthupe irritieren, sondern den Sicherheitsabstand größer wählen. Denn jederzeit muss mit plötzlichen Stauungen oder mit abruptem Abbremsen des Vordermanns gerechnet werden! Auch ohne Stau kann es im Tunnel dazu kommen, dass ein Fahrzeug seine zu hohe Geschwindigkeit bemerkt und runterbremst. Sich nicht von einer vermeintlich günstigen Verkehrsbedingung („freie Fahrt") und der Geschwindigkeitsübertretung anderer Fahrer verleiten lassen. Etwaigem Zeitdruck ausgerechnet im Tunnel begegnen zu wollen, kann fatale Folgen haben. Und schließlich: Fixieren Sie Ihren Blick nicht auf den dunklen Tunnelfluchtpunkt, das verstärkt die instinktive Unruhe. Beachten Sie den vorausfahrenden Wagen bzw. orientieren Sie sich am rechten Fahrbahnrand.

Der gebannte Blick in den Tunnelfluchtpunkt: Instinktiv beschleunigen Fahrer ihre Fahrt, um dem geschlossenen Kanal zu entgehen. Schlecht gestaltete Tunnelröhren und unangepasstes Verhalten führen immer wieder zu schweren Unfällen. Orientieren Sie sich am Vordermann bzw. dem rechten Fahrbahnrand und halten Sie Geschwindigkeitsbegrenzung und Sicherheitsabstand ein (Quelle: Getty Images).

Stau und Stauende

Der Stop-and-go-Verkehr im Stau birgt durch die Unvorhersehbarkeit seines Flusses für den Fahrer die Gefahr von Auffahrunfällen. Aber besonders am Stauende haben Unfälle – und vor allem bei Lkw-Beteiligung – die verheerendsten Folgen. Die bereits dargestellten Lkw-Unfälle im Längs- bzw. Richtungsverkehr sind sehr oft auf zu spätes Reagieren auf Stausituationen zurückzuführen. Ablenkung durch andere Dinge und zu kurzer Sicherheitsabstand, Übermüdung oder das Einfahren in unübersichtliche Stellen (Stauende hinter der Kurve) mit zu hoher Geschwindigkeit sind z.B. die Gründe. Stauwarnungen, aber auch die aktuellen Geschwindigkeitsanzeigen der Verkehrsbeeinflussunsanlagen müssen zwingend beachtet werden. Denn die elektronischen Verkehrssysteme geben die aktuelle Anweisung aufgrund der Verrechnung der gesamten vorauslaufenden Verkehrslage, die Sie noch nicht überblicken. Wozu ist jetzt hier 80? Ist doch alles frei! Niemand sieht es ein, fünf Minuten später stehen alle im Stau. Wer langsamer fährt, kommt schneller vorwärts, lautet die Weisheit besonnener Fahrlehrer.
Eine kritische Bemerkung ist auch zur oft unsachgemäßen Nutzung der Technik anzufügen. So sind im Transportwesen viele Auffahrunfälle durch den Einsatz des Tempomats verursacht, der den Lkw auch bei Fahrerablenkung mit konstanter Geschwindigkeit weiterführt.

„Auf der A7 ... fuhr ein Lkw bei einer Baustelle nahe Mellendorf ... in einen am Stauende stehenden Lkw und drückte ihn in den nächsten. Der Beifahrer (42) des mittleren Wagens wurde schwer verletzt. Die Fahrbahn war zeitweise voll gesperrt“ (Hamburger Abendblatt online 14. 4. 2005).

„Lkw-Fahrer raste auf Stauende. Eine vierköpfige Familie aus dem Raum Solingen ist am frühen Montagmorgen (30.08.04) bei einem schweren Auffahrunfall auf der Autobahn A3 zwischen Nürnberg und Würzburg getötet worden“ (wdr.online.de).

„Duisburg: Klein-Lkw schob am Stauende vier Fahrzeuge ineinander. Heute kam es um 09:57 Uhr auf der A59 in Richtung Dinslaken ... an einem Stauende zu einem folgenschweren Verkehrsunfall. Ein 46-jähriger Duisburger Klein-Lkw-Fahrer bemerkte zu spät, dass eine vorausfahrende 48-jährige Corsa-Fahrerin aus Moers auf dem rechten Fahrstreifen bis zum Stillstand abbremsen musste. Zur Warnung des nachfolgenden Verkehrs hatte die Moerserin auch die Warnblinkanlage eingeschaltet. Der Klein-Lkw fuhr ungebremst auf und schob den Corsa auf zwei weitere auf dem rechten Fahrstreifen wartende Pkw und letztendlich auf einen Lkw mit Anhänger“ (bezirksregierung düsseldorf online).

„Landstuhl – Bei einem Unfall auf der A6 Saarbrücken-Mannheim sind zwei Frauen (42/45) und ihre drei Kinder (acht bis elf) getötet worden. Ein Lkw-Fahrer (38) war nahezu ungebremst auf die am Ende eines Staus stehenden Autos der Frauen aufgefahren. Gegen ihn erging Haftbefehl wegen fahrlässiger Tötung in fünf Fällen. Das Ergebnis der Blutprobe steht noch aus“ (Hamburger Abendblatt online, 14. April 2005).

„Samstag, 12. März, 2005. Auf der A1 bei Gevelsberg ist es ... zu einem schweren Verkehrsunfall gekommen. An einem Stauende fuhr ein Lkw auf einen mit 33 Fußballfans besetzten Reisebus, dabei wurden mindestens 10 Personen verletzt. Bei der Reisegruppe handelte es sich um Anhänger des Fußballvereins Hertha BSC Berlin auf dem Weg zu dem heutigen Auswärtsspiel ihres Vereins ... Der schwere Verkehrsunfall erforderte einen Großeinsatz der örtlichen Feuerwehren ... mit bis zu sieben Rettungswagen“ (ANC News online).

Auffahrunfall am Stauende (Quelle: Fire Foto).

Fahrbahnzusammenführungen bei Stau haben für viele Fahrer zudem einen eingebauten Ärger-Faktor: Die weiterführende Spur wird immer länger, rechts und/oder links „schlängeln sich die Frechen vorbei und drängeln sich vorne rein". Der Ärger ist allerdings hausgemacht: Das vorgeschriebene Reißverschluss-Prinzip bedeutet: Beide (oder alle freigegebenen) Spuren sind bis zum Ende auszunutzen (also gleich aufzufüllen) und am Ende wird gleichberechtigt gefädelt. Nur so ist der optimale Fluss gewährleistet und alle Fahrzeugeinheiten werden gleich gerecht bedient. Falsch verhält sich, wer frühzeitig (zu früh!) auf die weiterführende Spur wechselt. Die wenigsten Autofahrer haben das bis heute verstanden.

Geschwindigkeit und Abstand

Beide Stichworte sind überstrapaziert. Nur leider: Selbst bei allen Unfällen mit Personenschaden von speziell geschulten Gefahrguttransportern spielen das Fehlverhalten des hauptverursachenden Fahrzeugführers, nicht angepasste Geschwindigkeit und Abstand eine dominierende Rolle. 28 % aller Fehlverhaltensweisen, der größte Anteil, buchen dort im Jahr 2003 zulasten der nicht angepassten Geschwindigkeit. Über das gesamte Unfallgeschehen waren 18 % aller Fehlverhaltensweisen bei Unfällen mit Personenschaden und 25 % aller Fehlverhaltensweisen bei schwerwiegenden Unfällen mit Sachschaden die nicht die angepasste Geschwindigkeit.

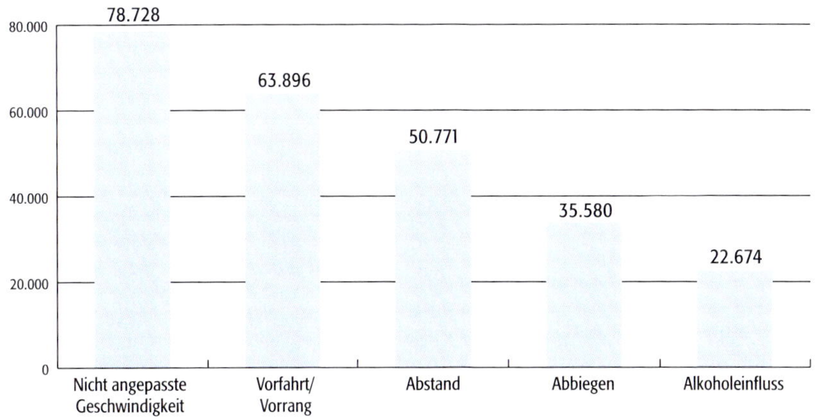

„The Big Five": Die fünf Hauptfehlverhaltensweisen der Autofahrer im Straßenverkehr (hier die Zahlen bei Unfällen mit Personenschaden 2003), (Quelle: StBA).

Im Gewerbeverkehr ist Zeit Geld, aber eine professionelle Routenplanung muss den Faktor Zeitverlust durch Stau realistisch einkalkulieren. Viele Staus sind vorab einschätzbar (Baustelleninformationsdienst, Stauwarnungen zu definierten Zeiten und Orten). So kostet jede Einfahrt von der Autobahn in eine größere Stadt am Montagfrüh oder ein plötzlicher, aber letztlich auch abschätzbarer Witterungsumschwung eine erhebliche verkehrsbedingte Verzögerung. Bringen Sie Fahrer und Kunden nicht unnötig mit unrealistischen, weil an der freien Straße orientierten Zeitvorstellungen in Verlegenheit. Im Übrigen: In den meisten Fällen löst sich der Stau schneller auf als erwartet oder als man es sich gern einredet, denn oftmals handelt es sich nicht um Totalsperrungen, sondern nur um Fahrstreifenzusammenführungen an Baustellen und Unfällen.

Laut Statistischem Bundesamt ereignen sich auf der Autobahn ca. 64 % aller Unfälle mit Personenschaden dort, wo keine Geschwindigkeitsbeschränkung gilt, gegenüber nur 36 % mit Geschwindigkeitsbegrenzung am Unfallort (bei schweren Unfällen mit Sachschaden 65 % zu 35 %), (StBA, 2004). Auch für den Lkw-Fahrer gilt: Nicht angepasste Geschwindigkeit und mangelnder Sicherheitsabstand gehören zu den häufigsten Unfallursachen: Im Jahr 2003 waren es 17 % aller Fehlverhaltensweisen bei Unfällen mit Personenschaden – auch hier das Hauptsegment. Es bleibt nur immer wieder zu wiederholen, dass die nicht angepasste Geschwindigkeit der größte Feind des Flottenbetriebs ist! Kaum einen Ihrer (erheblicheren) Unfälle in Ihrer Flotte werden Sie ohne dieses Problem erörtern können. Zeitgewinn durch höhere Geschwindigkeit zahlt sich nicht aus, wie wir bereits oben erläutert haben

Die goldene Faustregel: Die halbe Tacho-Anzeige in Meter – und der Abstand zum Vordermann stimmt gerade. Wenn er etwas größer ist, liegen Sie auch nicht falsch (Quelle: GDV).

(vgl. S. 24). Im Zweifelsfall erkaufen Sie ihn mit einem nachweislich erheblich erhöhten Unfallrisiko. In der regelmäßigen Fahrerschulung und Information sollten neben der Einhaltung der StVO aber auch die grundlegenden Regeln der Fahrphysik nicht vergessen werden: Das Leben der Insassen hängt an Bremsweg und Reaktionsmöglichkeit von Fahrzeug und Fahrer – und beides wird mit vorhersagbarer Regelmäßigkeit immer wieder vergessen. Dabei ist die Regel denkbar simpel: halbe Tacho-Anzeige in Meter! Für Lkw gilt: auf der Autobahn bei 50 km/h mindestens 50 m Abstand.

Überholen

Knapp 18.000 Mal war im Jahr 2003 falsches Überholen ein Fehlverhalten bei Unfällen mit Personenschaden. Annähernd ausschließlich sind es Verhaltensweisen der mangelnden Sorgfalt, die gegen das Grundgebot des defensiven Fahrens verstoßen: Überholen trotz Gegenverkehrs, Überholen trotz unklarer Verkehrslage, Überholen ohne Beachtung des nachfolgenden Verkehrs, keine rechtzeitige und deutliche Ankündigung des Ausscherens, Überholen trotz unzureichender Sichtverhältnisse, so die erfassten Kategorien der amtlichen Unfallerhebung. Daher muss sich der Unfallfahrer besonders hier mit dem Vorwurf der groben Fahrlässigkeit auseinandersetzen. Verleitung zu unangemessenen Überholmanövern besteht vor allem auf der Landstraße; fährt das vorausfahrende Fahrzeug aber die vorgeschriebene Geschwindigkeit, gibt es keinen legitimen Überholgrund.

Bereifung und Beladung

Bereits in den Kapiteln „Das sichere Fahrzeug“ und „Ladungssicherheit“ haben wir auf diese Themen hingewiesen. Dennoch: Zu niedriger Reifendruck und Überladung zwingen immer wieder manches Fahrzeug in den unfreiwilligen Boxenstopp. Und lediglich Glück, wenn das ohne Drittschäden erfolgt: Von allen bei Unfällen mit Personenschaden und schwerem Sachschaden festgestellten technischen Mängeln gingen im Jahr 2003 immerhin knapp 2.000 zu Lasten der Bereifung, gefolgt von 1.249 Beleuchtung und knapp 1.000 Bremsenmängeln. 79 Menschen starben. Nicht unerheblich dabei ist die Dunkelziffer, wie die Studien der Prüfdienste immer wieder zeigen. Dabei ist in der Fahrzeugflotte kaum ein Unfall leichter zu vermeiden, als der durch technische Mängel bedingte. 2.337 Mal waren im Jahr 2003 Ladungs- und Besetzungsverstöße bei Unfällen mit Personenschaden und schwerwiegenden Unfällen mit Sachschaden registriert worden, darunter allein 1.963 Fälle von unzureichend gesicherter Ladung oder, was oft vergessen wird: unzureichend gesicherten Fahrzeugzubehörteilen! Nicht nur schweres Gerät, auch der Kleingegenstand auf der Rückbank wird bei der Notbremsung zum lebensgefährlichen Geschoss. 22 Getötete waren 2003 durch Verstöße gegen Ladungs-/Besetzungsvorschriften zu beklagen.

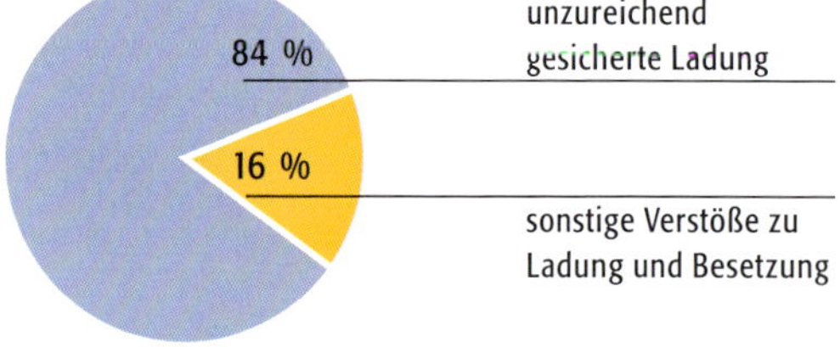

Alle Verstöße zu Ladung und Besetzung: Anteil unzureichend gesicherter Ladung (Unfälle mit Personenschaden und schwerwiegende Unfälle mit Sachschaden 2003), (Quelle: StBA).

Fußgänger und Radfahrer

Die sog. „ungeschützten“ Verkehrsteilnehmer (Fußgänger und Radfahrer) bedürfen der besonderen Aufmerksamkeit im gewerblichen Verkehr, denn vor allem in der Auseinandersetzung mit dem Lkw werden sie schwerst verletzt oder kommen zu Tode. Alleine im Jahre 2003 waren es wieder weit über 32.000 Unfälle mit Personenschaden, die auf den Zusammenstoß zwischen einem Fahrzeug und einem Fußgänger zurückzuführen waren, in zwei Drittel der Fälle war der Kraftfahrzeugführer der Hauptverursacher; dabei verunglückten knapp 36.000 Menschen und starben 770. Die Zahlen für alle Unfälle mit Beteiligung von Fußgängern liegen noch höher. Besonders dramatisch dabei ist, dass zwischen 5.000 und 6.000 Menschen im Jahr bei Unfällen an Fußgängerüberwegen (Zebrastreifen) verunglücken. Das Vortrittsrecht wird besonders im dichten fließenden Berufsverkehr und unter Zeitdruck missachtet. Doch die Rechtsprechung fordert am Fußgängerüberweg Bremsbereitschaft. Aber weiter: Zusätzlich ca. 10.000 Menschen verunglücken jährlich bei Unfällen an Fußgängerfurten, 133 starben an einer solchen Stelle im Jahr 2003. Auf die besondere Gefahr am Ortseingang haben wir oben schon hingewiesen, gerade dort wird an Furten noch zu schnell gefahren. Beim Radfahrer schaut die Bilanz nicht weniger traurig aus: Mit wem kollidiert der unfallhauptverursachende Lkw-Fahrer? Mit dem Pkw (Rang 1), mit dem Fußgänger (Rang 3) und mit dem Fahrrad: Rang 2! Gefolgt von Motorrad und Lkw. Maßnahmen hieraus sind rascher gefordert als umgesetzt. Stete Sorgfalt, vor allem in geschlossenen Ortschaften, kann nur in kontinuierlichen aktuellen Fahrer-Informationen und Sicherheitswerbungen erfolgen. Auf technische Optionen (Unterfahrschutz, Spiegel, Informationssysteme) haben wir bereits hingewiesen.

Dunkelheit

Viele Unfälle mit schwerwiegenden Folgen geschehen in den Nachtstunden oder dunklen Jahreszeiten. Das betrifft grundsätzlich alle Ortslagen. Zwar gilt die Autobahn allgemein als verhältnismäßig sicher. Doch betrachtet man die Unfälle nach Lichtverhältnissen, wird deutlich, dass gerade

Wer kollidiert mit wem? Lkw-Fahrer müssen vor allem auf Radfahrer und Fußgänger achten: Beteiligte an Straßenverkehrsunfällen mit Personenschaden 2003 nach Unfallverursacher und Unfallgegner innerhalb und außerhalb von Ortschaften (Unfälle mit zwei Beteiligten), (Quelle: StBA).

	Der erste Beteiligte (Hauptverursacher) war ein(e)													
Der zweite Beteiligte war ein(e)	Mofa, Moped	Motorrad	Pkw	Kraftomnibus	Liefer-, Lastkraftw.	Sattelschlepper	Landw. Zugmaschine	Andere Zugmaschine	Lkw mit Spezialaufbau	Fahrrad	Anderes Fahrzeug	Fußgänger	Sonstige Person	Unfälle insgesamt
Unfälle zwischen zwei Beteiligten insgesamt	5.616	7.999	177.297	1.527	14.828	2.278	1.020	102	301	22.987	3.215	11.312	611	249.093
Mofa, Moped	150	94	6.937	49	504	43	34	4	11	218	193	200	48	8.485
Motorrad	167	566	14.827	83	950	89	167	12	24	587	329	384	74	18.259
Personenkraftwagen	4.135	5.821	93.863	579	8.060	1.411	588	54	168	13.053	1.179	8.061	121	137.093
Kraftomnibus, Obus	42	76	1.811	37	164	15	5	2	3	281	61	421	12	2.930
Liefer-, Lastkraftwagen	275	419	5.662	60	943	245	39	5	16	745	86	406	11	8.912
Sattelschlepper	22	78	1.352	8	282	158	4	3	8	63	22	38	-	2.038
Landw. Zugmaschine	27	107	445	6	42	6	5	2	2	35	6	13	-	696
Andere Zugmaschine	1	4	60	2	8	2	-	-	-	4	2	1	-	84
Lkw mit Spezialaufbau	3	10	169	3	23	11	1	-	4	11	4	5	1	245
Fahrrad	362	395	33.631	244	2.397	195	99	10	37	5.198	733	1.357	335	44.993
Anderes Fahrzeug	80	80	1.558	21	170	39	17	1	2	296	55	426	6	2.751
Fußgänger	335	321	16.748	410	1.246	58	48	7	25	2.453	538	-	3	22.192
Sonstige Person	17	28	234	25	39	6	13	2	1	43	7	-	-	415

Zum Verständnis der Tabelle bitte zu beachten: Sie führt nur alle Hauptverursacher der ersten Beteiligten auf sowie nur Unfälle mit zwei Gegnern. Zeilensummen müssen nicht gleich Spaltensummen und nicht mit den im Text genannten Zahlen identisch sein.

hier bei Dämmerung und Dunkelheit erhöhte Gefahr besteht. Auf der Autobahn sterben bei Dämmerung und Dunkelheit mehr Menschen als bei Tageslicht. Die Gefahr bei Nacht wird verkannt. Auf das A und O der optimalen Sichtbarkeit des Fahrzeugs wurde schon hingewiesen. Häufig treten jedoch weitere Begleitumstände hinzu, die die Gefahr eines Unfalls stark erhöhen, und es ist eine Verkettung unglücklicher Umstände, die den Unfall erst möglich machen. Aber alle diese einzelnen Umstände sind bekannt, und jeder Fahrer kann sich darauf einstellen. Sehen und gesehen werden ist die Grundregel! Worauf zu achten ist – das Dämmerungssehen, verschmutzte Windschutzscheiben oder mangelhafte Beleuchtung und Markierung des eigenen Fahrzeugs – haben wir verschiedentlich schon erwähnt. Wichtig zu vergegenwärtigen ist aber auch, dass schlecht zu erkennende Hindernisse oder Personen zu bestimmten Zeiten und an bestimmten Orten möglicherweise mit größerer Wahrscheinlichkeit angetroffen werden (z.B. alkoholisierte und sich nicht regelgerecht verhaltende Passanten/Radfahrer). Auch das Wissen um die höhere Risikofreude bestimmter Fahrergruppen (Disco-Heimfahrer, Trunkenheitsfahrer) und die allgemein verminderte Aufmerksamkeit und Regeltreue anderer Fahrer bei Nacht sollten Ihre Fahrer immer im Hinterkopf behalten.

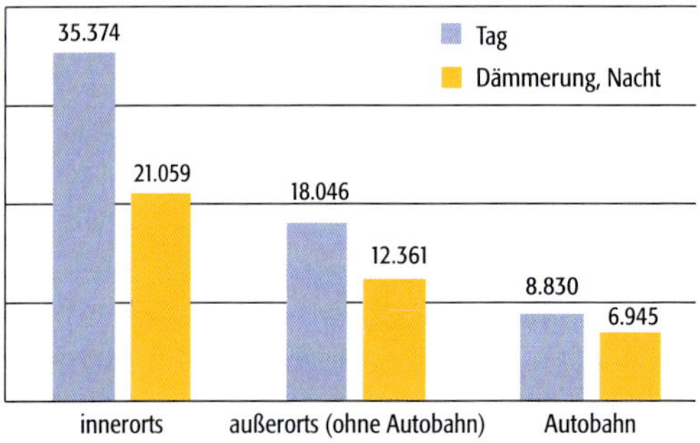

Schwerwiegende Unfälle mit Sachschaden nach Lichtverhältnissen und Ortslage im Jahr 2003 (Quelle: StBA).

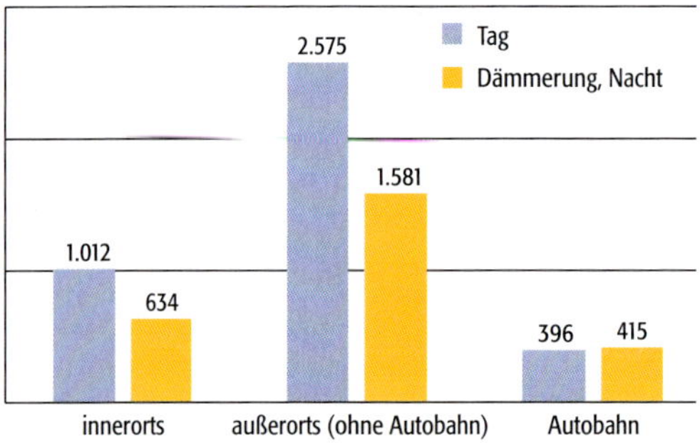

Getötete bei Straßenverkehrsunfällen nach Lichtverhältnissen und Ortslage im Jahr 2003 (Quelle: StBA).

Tagesfahrlicht

In Dänemark, Estland, Finnland (außerhalb geschlossener Ortschaften), Island, Italien (Autobahn, Schnellstraße), Kroatien, Lettland, Litauen (November bis 01.03.), Norwegen, Polen (Oktober bis 01.03.), Schweden, Schweiz, Slowenien, Tschechien (27.10. bis letzter Sonntag im März), Ungarn (außerhalb geschlossener Ortschaften) ist es gesetzlich vorgeschrieben, auch bei Tag mit eingeschaltetem Licht (Abblendlicht) zu fahren. In Deutschland besteht für Motorradfahrer Tagesfahrlicht-Pflicht.

Witterung

Auch Regen, Schnee oder Nebel bzw. die jahreszeitlich bedingten Straßenverhältnisse wie Laub auf der Fahrbahn stellen eine zusätzliche Unfallgefahr dar, der die Fahrer erfolgreich begegnen können, wenn sie sich rechtzeitig darauf einstellen – auch wenn es sicher auch unvorhergesehene Wetterumschwünge geben mag. Aber selbst nebelgefährdete Regionen sind erfahrungsgemäß bekannt. Besonders von winterlichem Wetter wie überfrierender Nässe, Glatteis und Schnee wird man kaum wirklich „überrascht" werden. Auf den saisonalen Wetterumschwung sollte jeder Fahrer und jeder Flottenverantwortliche vorbereitet sein, denn er ist absehbar. Winterbereifung kann rechtzeitig angebracht werden. Auch wenn beim ersten Frost das Frostschutzmittel fehlt, ist das eher der Nachlässigkeit zuzuschreiben. Wer sich allerdings vor Fahrtantritt damit begnügt, nur ein symbolisches Guckloch in den Frost der Windschutzscheibe zu kratzen, wird sich für seine Verantwortungslosigkeit zusätzlich auf ein Bußgeld einstellen müssen, wenn er von der Polizei angehalten wird. Von besonderer Bedeutung ist das winterliche Wetter aber für Lkw-Fahrer, die der Pflicht aller Kraftfahrer, das Fahrzeug vor Fahrtantritt rundherum von Schnee zu befreien, z.T. nur mit besonderen Vorrichtungen für das Fahrzeugdach nachkommen können. Die aktuellen Reinigungsstationen für Schnee und Eis auf Lkw-Dächern finden Sie z.B. unter [www.dvr.de]. Die Adresse [www.pro-winterreifen.de] bietet Ihnen Sicherheitsinformationen zum Winterreifen.

Das sichere Fahrzeug wird aber nur mit einem sicheren Fahrer schadenfrei fahren: Denn es ist wieder einmal die unangepasste Geschwindigkeit bei Regen, Schnee oder Nebel, die der Polizei die Sonderschicht beschert. „Wenn es anfängt zu regnen, dann wissen wir, jetzt können wir gleich wieder aufbrechen zum nächsten Einsatz“, so das sinngemäße Zitat eines Autobahnpolizisten. Knapp 7.000 Unfälle mit Personenschaden weist die amtliche Statistik 2003 bei regennasser Fahrbahn aus. Zu viele Fahrer trauen ihren Reifen und der modernen Fahrzeugtechnik zuviel zu, auch sie heben die Physik nicht auf. Außerdem wird die Geschwindigkeit oft nicht den Sichtverhältnissen angepasst, besonders bei Nebel, dagegen die Nebelschlussleuchte zu früh betätigt (richtig erst bei weniger als 50 Meter Sichtweite). DVR und andere Institutionen bieten Informationsmaterial für das richtige Verhalten bei unterschiedlichen Witterungen an. In Sicherheitstrainings kann das Verhalten des Fahrzeugs auf unterschiedlichen Fahrbahnbelägen geübt bzw. erfahren werden. Zusätzlich sollte jeder Fahrer der Flotte Fahreranweisungen für das Fahren bei besonderen Witterungsbedingungen erhalten.

Lesetipp:

Ellinghaus, D. & Steinbrecher, J. (2004). Fahren im Winter. Untersuchung über objektive Risiken und subjektiv empfundene Gefahren. Hannover: Continental AG.

Alkohol, Medikamente und Drogen

Wir lösen unser Versprechen ein und kommen erneut auf das Thema Alkohol zurück. Gut 45.000 Alkoholunfälle ereigneten sich im Jahr 2003, und knapp 1.000 Mal waren allein die Führer von Güterfahrzeugen bei Unfällen mit Personenschaden und schwerwiegenden Unfällen mit Sachschaden alkoholisiert. Besonders in den Sommermonaten und den Herbst-/Wintermonaten vor Weihnachten liegt die Alkoholunfallgefahr über dem Durchschnitt: Biergarten und Weihnachtsfeier sind nicht die Feinde des Fuhrparkleiters, aber hier hat er eine besondere Sorgfaltspflicht für seine Fahrer.

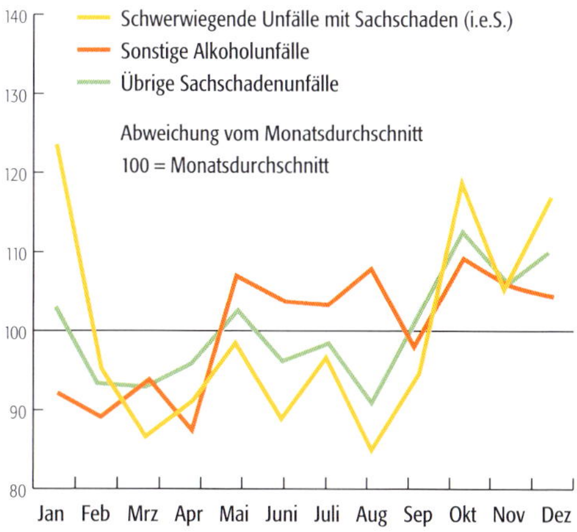

Unfälle mit Sachschaden nach Monaten 2003. Alkoholunfälle häufen sich im Sommer und vor Weihnachten (Quelle: StBA).

Die Suchtmittelberichte der Bundesregierung machen jedes Jahr erneut deutlich, dass das Problem Drogen nicht nachlässt. Gefährdet sind zunehmend Jugendliche und junge Erwachsene. In Bezug auf Drogenmissbrauch hat sich das polizeiliche Lagebild in den letzten Jahren erkennbar gewandelt. Haschisch und Ecstasy (Partydrogen) werden von jungen Menschen kaum noch als Drogen im negativen Sinn betrachtet. Eine Konsumentenbefragung von Kubitzki (2001) hat deutlich gemacht, dass junge Discogänger Drogeneinnahme und Autofahren nicht zu trennen vermögen. Wer Partydrogen (vor allem Haschisch) konsumiert, fährt zeitnah auch Auto. Aus den Niederlanden oder den Vereinigten Staaten ist bekannt, dass auch Lkw-Fahrer illegale Drogen oder andere Substanzen nutzen, um am Steuer länger wach zu bleiben.

Fahreranweisung „Sicher fahren unter schwierigen Witterungs- und Verkehrsverhältnissen“ von Borgdorf (Quelle: Heinrich Vogel Verlag).

FAHRERANWEISUNG SICHER FAHREN

unter schwierigen Witterungs- und Verkehrsverhältnissen

Hans-Jürgen Borgdorf

Fahren im Herbst und Winter ist Fahren unter erschwerten Bedingungen:

- Dunkelheit und Nebel erschweren die Orientierung und fördern die Ermüdung.
- Kälte und Feuchtigkeit setzen Fahrer und Fahrzeug zu.
- Nässe, Schnee und Eis vermindern die Haftreibung zwischen Fahrzeug und Fahrbahn.

…lischen Grenzen ihrer Verkehrsteilnahme kennen …asste Fahrweise ableiten.

…G für den Arbeitgeber

…g informiert und erkläre hiermit, …en Arbeitgeber erhalten zu haben.

…euges ständig mitzuführen, …d … Rücksprache mit meiner Firma zu halten.

…es Fahrers

Die Stufenfolge macht deutlich: Sicheres Fahren bedeutet mehr als nur durch gutes Handling sein Fahrzeug im Griff zu haben. Ein guter und sicherer Fahrer hat darüber hinaus die aktuellen Vorschriften und Gefahren im Blick, zeigt Verständnis für andere, kennt seine Grenzen und hat sich fest im Griff!

Bitte überprüfen Sie anhand der fünf Stufen was Ihnen gut und was Ihnen weniger gut gelingt! Finden Sie noch Punkte, die Sie nacharbeiten müssen, um noch besser und sicherer fahren zu können?

3. Der Fahrzeug-Winter-Check

Ein Fahrzeug-Winter-Check ist durchzuführen
- bei Fahrzeugübernahme
- zu Beginn der Saison
- zu Beginn und während der Fahrschicht.

Anhand der **Betriebsanleitung/des Fahrerhandbuchs** ist zu überprüfen
- welche Ausstattungsmerkmale am Fahrzeug vorhanden sind
- wie diese ggfs. zu bedienen sind und
- wie diese zu prüfen und zu warten sind.

Die Prüfungsintervalle können je nach Herstellerangaben täglich, wöchentlich, monatlich, halbjährlich oder dem Fahrzeugeinsatz entsprechend angegeben sein.

Winter-Checkliste für Lkw

	Erledigt? OK?
Verantwortung	
Innerbetriebliche Weisungen bekannt: Zuständigkeit Fahrer – Werkstatt geklärt	❍
Info-Quellen	
Fahrerhandbuch/Betriebsanleitung gelesen	❍
Fahrerhaus	
Heizungs- und Lüftungssystem prüfen	❍
Stand- bzw. Zusatzheizung prüfen	❍
Sitzheizung prüfen	❍
Türdichtungen mit Talkum/Glyzerin einreiben	❍
Sicht	
Spiegel und Spiegelheizung prüfen	❍
Wischergummis prüfen	❍
Scheibenwaschanlage Frostschutz bis –30 °C	❍
Zubehör	
Fensterleder, Türschlossenteiser, Eiskratzer, Besen und Schaufel vorhanden	❍
Starthilfekabel (DIN – 150 Ampère) vorhanden	❍
Abschleppstange/-seil vorhanden	❍
Arbeitshandschuhe (evtl. 2. Paar dabei)	❍
Räder	
M&S- bzw. Allwetter-Reifen montieren	❍
Luftdruck korrigieren	❍
Profiltiefe über 4 mm	❍
Schneeketten – Zustand, Montage bekannt	❍
Schleuderketten – Zustand, Funktion	❍
Achsen	
Differenzialsperren prüfen	❍
Antriebs-Schlupf-Regelung aktivieren	❍
Anfahrhilfe (Liftachse) prüfen	❍
Fahrgestell	
Schmierstellen auf Durchgängigkeit prüfen	❍
Zentralschmierung – Einstellung/Funktion prüfen	❍
Motor	
aktuelle Ölsorte (Winteröl?) bekannt	❍
Gefrierschutz im Kühlmittel (50 % – max. 55 %)	❍
Thermostat – Funktion prüfen	❍
Kaltstarteinrichtung prüfen	❍
Winterdiesel rundum (Zusatztank, Kanister)	❍
Kraftstoffanlage entwässern	❍
Bremsanlage	
Lufttrockner oder Frostschutzpumpe prüfen	❍
Luftkessel entwässern	❍
Einstellung, Dosierbarkeit, Abstimmung prüfen	❍
Automatische Blockier-Verhinderer (ABV)?	❍
ABV auch im Anhänger?	❍
Abstufbare Motorbremsen vorhanden?	❍
Retarder vorhanden? Ins ABS integriert?	❍
Elektrische Anlage	
Batterie: Säurestand, Anschlüsse, Ladung	❍
Vorgehen bei Fremdstart bekannt	❍
Beleuchtungskontrolle	❍
Leuchtweitenregulierung prüfen	❍
Scheinwerferreinigungsanlage prüfen	❍
Steckdosen mit Kontaktspray einsprühen	❍
Ersatz-Glühlampen vorhanden?	❍

3

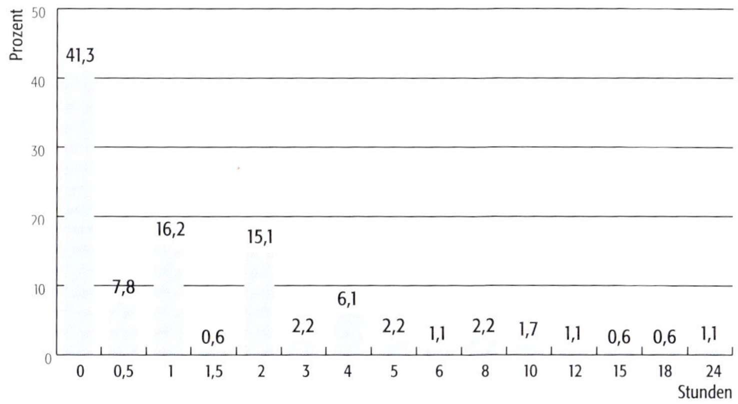

Zeitdifferenz zwischen letztem Haschischkonsum und Fahrtantritt. Bei vielen jungen Erwachsenen nicht als gefährlich angesehen: ein Joint während der Fahrt (Quelle: Kubitzki, 2001).

Auch das Thema Medikamente am Steuer darf nicht vernachlässigt werden. Oft ist Fahrern die beeinträchtigende Wirkung von „harmlosen" Medikamenten (z.B. Grippemittel, Schmerzmittel) nicht bekannt – obwohl es entsprechende Hinweise dazu im berühmten „Waschzettel" (Beipackzettel) gibt. Leider wird der Hinweis auf die beeinträchtigte Fahrtüchtigkeit nicht ernst genommen. Aber die Nebenwirkungshinweise sind das Ergebnis der vorgeschriebenen Medikamentenforschung, und die Fahrtüchtigkeitsbeeinträchtigungen sind experimentell nachgewiesen. Besonders problematisch ist die Fahruntüchtigkeit durch dauerhafte Medikamenteneinnahme (vgl. Info-Kasten Fahreignung S. 54). Zwar hat der Arzt eine Aufklärungspflicht; aber jeder Fahrzeugführer ist zunächst einmal selbst dafür verantwortlich, dass er sich fahrtüchtig hinter das Steuer setzt. Auch der Arbeitgeber darf den Einsatz des Fahrers trotz ihm bekannter Beeinträchtigung durch Medikamente weder dulden noch fordern.

Aufklärung ist hier die höchste Bürgerpflicht! Jeder Arbeitgeber – auch der kleine mittelständische Betrieb – hat die Möglichkeit, bei einschlägigen neutralen Verbänden und Vereinen (z.B. DVR, BG, DVW, Bund gegen Alkohol) kostenfreie Informationsbroschüren und Werbematerial wie Plakate anzufordern, mit denen die Mitarbeiter unterrichtet werden können. Und wenn in den Betriebsräumen tatsächlich in regelmäßigen Abständen neue Info-Poster und Flyer auftauchen, fördert das nicht nur die Nachhaltigkeit der Wirkung, sondern dokumentiert auch die Seriosität gegenüber Kunden. Institutionen wie der DVR oder Bund gegen Alkohol bieten mobile Fahrsimulatoren an, in denen die Wirkung von Alkohol beim Fahren „erfahren" werden kann. Nähere Informationen unter DVR oder BADS (s.a. Infokasten S. 124).

Ermüdung

Über die Wichtigkeit der Lenk- und Ruhezeiten haben wir oben gleichfalls schon ausführlich informiert. Doch auch hier wollen wir das Stichwort nochmals aufgreifen und die Bedeutung mit den Unfallzahlen 2003 unterlegen: In 3.158 Fällen (Unfälle mit Personenschaden: 2.034; schwerwiegende Unfälle mit Sachschaden: 1.124) gehörte Übermüdung zu den registrierten Fehlverhaltensweisen der Fahrzeugführer. Jede 10. Ursache in Bezug auf die Fahrertüchtigkeit bei Unfällen mit Getöteten war Übermüdung.

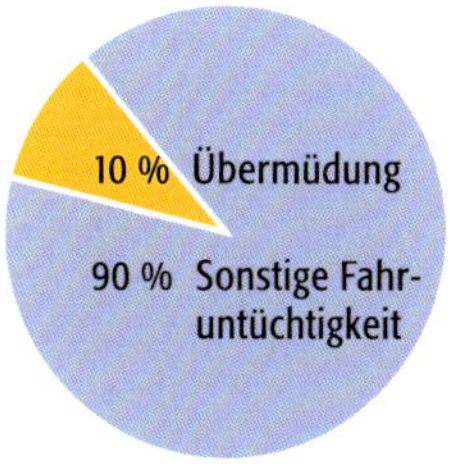

Übermüdung als Ursache bei Unfällen mit Getöteten im Verhältnis zu allen anderen erhobenen Faktoren der Verkehrstüchtigkeit (ohne Alkohol) im Jahr 2003.

Erkrankung

Dieses Problem wird sehr vernachlässigt: Über 3.500 Fälle weist die Statistik 2003 aus, in denen „sonstige körperliche oder geistige Mängel" (also exklusive Alkohol- oder Rauschmitteleinfluss und Übermüdung) eine Rolle spielten (Unfälle mit Personenschaden plus schwerwiegende Unfälle mit Sachschaden). Im Info-Kasten Fahreignung sind wir auf das Thema bereits eingegangen (vgl. näher

Info kompakt: C.A.R. – Der Fahrsimulator des DVR für Weiterbildung und Sicherheitsveranstaltungen

Der Fahrsimulator C.A.R. (Computer Aided Risksimulator) ermöglicht es Autofahrern, kritische oder risikoreiche Situationen nachzuvollziehen, ohne selbst gefährdet zu sein. Im Alkoholprogramm lassen sich die Gefahren einer Fahrt unter Alkoholeinfluss erleben, im Schlechtwetterprogramm wird zum Beispiel das Fahren auf schneenasser Straße simuliert. Eine Simulator-Fahrt kann Anstoß sein, sich gedanklich mit gefährlichen Einflüssen auf Fahrtüchtigkeit und Fahreigenschaften des Fahrzeuges auseinanderzusetzen. Der Simulator kann in der berufsgenossenschaftlichen Weiterbildung und bei betrieblichen Verkehrssicherheitsveranstaltungen eingesetzt werden. Um den C.A.R.-Benutzern auch weiterführende Informationen geben zu können und einen einwandfreien Betrieb des Systems sicherzustellen, wird jeder Simulator von einem fachlich qualifizierten Moderator betreut.

Informationen zum Einsatz von C.A.R.

C.A.R. darf nur in geschlossenen Räumen aufgestellt werden. Sofern kein Lastenaufzug (siehe technische Daten) vorhanden ist, kann der Simulator nur ebenerdig eingesetzt werden. Zum Auf- und Abbau des C.A.R. müssen 1-2 Helfer zur Verfügung gestellt werden. Termine und Kosten für den C.A.R. stimmen Sie bitte mit dem DVR, Bereich Berufsgenossenschaften und Sozialversicherungsträger, ab.

Technische Daten von C.A.R.

Es wird eine Standfläche von insgesamt 5 x 6 m und ein Lastenaufzug (auch Türen) von mindestens 0,95 m Breite und 1,40 m Länge benötigt. Gewicht: 1.400 kg.

Flyer und weitere Informationen beim DVR.

Tel.: 0228/4000-141, www. dvr.de

Text und Bild mit freundlicher Genehmigung des Deutschen Verkehrssicherheitsrats (DVR), Stand 2005.

BASt, 2000; Schubert et al., 2002). Auch „harmlose" Krankheiten wie grippaler Infekt, Migräne-Anfälle oder Pollenallergien können im konkreten Fall zu gefährlichen Beeinträchtigungen der Fahrtüchtigkeit führen. Arbeitgeber und Arbeitnehmer sollten in dieser Frage der Arbeitsfähigkeit für Fahrtätigkeit gegenseitige Sorgfalt walten lassen.

Ablenkung

In der Sicherheitsforschung wird klar getrennt: Fahren ist Hauptaufgabe – alles andere Nebenaufgabe. Die Begriffe sind definiert. Alles, was das sichere Führen eines Kraftfahrzeugs beeinträchtigen kann, ist zu vermeiden. Der aus beruflichen oder gewerblichen Anlässen fahrende Kraftfahrer ist heutzutage darauf angewiesen, viele nicht-fahrbezogene Tätigkeiten in das Kraftfahrzeug zu verlegen („zweites Büro"). Vor allem im Lieferverkehr sind oft Informationen einzuholen oder weiterzugeben. Aber auch dabei muss stets die Fahrsicherheit gewährleistet bleiben. Die sehr einfache Grundregel lautet: Mit steigender Komplexität und Vielfalt der vom Fahrer durchgeführten Nebenaufgaben steigt die Unfallgefahr. Wichtige Dinge, die die volle Aufmerksamkeit erfordern, müssen vor Fahrtantritt geregelt werden, dazu gehört auch die Zieleinstellung des Navigators. Oft werden Nebentätigkeiten nur aus Bequemlichkeit erst während der Fahrt ausgeführt. Der Lkw ist der „Arbeitsplatz" des „Truckers". Es verbietet sich aber, dass er während der Fahrt auch zu seinem „Wohnzimmer" wird. Grob fahrlässiges Verhalten wie Fernsehen, Zeitunglesen oder Kaffeekochen wird von der Polizei berichtet. Um Ablenkungsphänomene durch das Bedienen und Ablesen von Bordgeräten wie z.B. Informationssysteme zu minimieren, muss sich ihre Nutzung strikt auf das nötige Minimum reduzieren und bei unübersichtlicher, dichter Verkehrslage ganz unterbleiben. Das gilt auch für das Führen von Telefonaten, die heute zum Alltag des gewerblichen Fahrens gehören. Aber jedes Gespräch lenkt ab, egal ob mit oder ohne Freisprechanlage (Kubitzki, 2004). Sehr viele Studien zum Freisprechtelefonieren haben das immer wieder belegt. Ihre Fahrer werden telefonieren müssen. Aber wiegen Sie sich und Ihre Fahrer nicht mit dem Gebrauch der Freisprechanlage in falscher Sicherheit. Telefonieren am Steuer sollte sich immer auf das Nötigste beschränken.

Benutzung von Freisprechanlagen während der Fahrt – die experimentell erwiesenen Beeinträchtigungen und Fahrfehler:

- Die Reaktionszeit ist um ca. 0,5 Sekunden verlangsamt
- Das nutzbare Sehfeld ist um bis zu 14 % vermindert
- Der Blick konzentriert sich auf die Fahrbahnmitte/Vordermann, Ereignisse in der Peripherie werden vernachlässigt
- Orientierungsblicke und ungerichtete Suchblicke nach Gefahren unterbleiben
- Rück- und Seitenspiegel werden seltener benutzt
- Die Größe der gewählten Lücke beim Linksabbiegen (in Meter und/oder Zeit) verringert sich
- Die Geschwindigkeit wird vor Kurven und Ampelanlagen nicht angepasst
- Der Tacho wird seltener abgelesen
- Verkehrszeichen und Rotlicht werden übersehen
- Am Simulator sind überzufällig viele Auffahrunfälle zu beobachten
- Der Sicherheitsabstand zum Vordermann wird nicht eingehalten

... Zigarette anzünden, Radiosender suchen, essen, trinken, telefonieren, neue Cassette suchen, einlegen u.s.w., u.s.w., u.s.w. ... (Quelle: DVR).

Stress und Aggressionen

Stress und Aggressionen im Straßenverkehr bedingen einander. Und sie verhindern (selbst wenn es nicht zum Unfall kommt) Zufriedenheit – also Arbeitszufriedenheit im Falle des gewerblichen Vielfahrers. Diese mangelnde Arbeitszufriedenheit wird sich zwingend auf die Arbeitsleistung allgemein auswirken. Dabei sind viele Problemsituationen vorhersehbar, so sind es oft die neuralgischen Punkte, an denen Interessenskonflikte entstehen, wie Einfädeln, Stau, Lkw Überholen oder Passieren einer Lkw-Kolonne, Einfahren in die Kreuzung trotz Rückstau und anderes mehr. Leider ist die Lösung des Problems so einfach wie unrealistisch: Verhielten sich alle Teilnehmer nach den Regeln der StVO, sollten sich solche Konflikt auf wenige unklare Situationen beschränken. Eine goldene Regel sollten Sie und Ihre Fahrer stets beherzigen: Aggression erzeugt Aggression. Lassen Sie sich nicht in diese emotionale Spirale der Eskalation ziehen. Das ist leichter gesagt als getan, aber wenn Sie guten Gewissens in der Position dessen waren, der sich vorschriftsgemäß verhalten hat, haben Sie genügend Selbstbewusstsein, sich nicht Ihrerseits gegenüber dem nächsten Fahrer unbotmäßig zu verhalten.

„Respekt – auch hier!" Selten hat eine Verkehrssicherheitskampagne die Sache mit einem Wort so auf den Punkt gebracht. Der Schweizerische Verkehrssicherheitsrat machte im Jahr 2002 „Drängeln" und „Erzwungenen Vortritt" zum Schwerpunkt-

Die klassische Konstellation: Nötigung trotz laufendem Überholvorgang. Der Lkw-Fahrer muss mit knappem Einscheren ohne Blinken des Bedrängten rechnen (Quelle: Globus-Press).

thema seiner Arbeit. Die Plakataktionen wurden von den Kantonspolizeien mit Aufklärung und Kontrollen unterstützt. Drängeln heißt nicht nur dicht auffahren, es heißt auch trotz dichter Verkehrslage riskant überholen, knapp einspuren, schnell fahren, sich den Vortritt verschaffen, so der Verkehrssicherheitsrat. Und er nennt es treffend den mangelnden Respekt gegenüber dem anderen, dem bedrängten

Greift einmal nicht nur den mangelnden Sicherheitsabstand auf, sondern die schlechten Sitten: die schweizerische Aktion „Respekt – auch hier!" (Quelle: Schweizerischer VSR).

Verkehrsteilnehmer. Auch in Deutschland ist den wenigsten Autofahrern wirklich bewusst, weshalb „Drängeln" (ein harmloses Wort) eine Straftat ist. Es geht auch um Sicherheit (geringer Abstand), aber entscheidender ist: Es geht um Nötigung (StGB §240). Fahrer nutzen ihr Fahrzeug, um Gewalt gegen andere zu üben, und Zeitdruck ist da meist nur der Vorwand. Sie sollten in Ihrer hohen Verantwortung als Geschäftsführer oder Fuhrparkleiter keinesfalls derartige unwürdige Verfehlung im Fahrpersonal dulden. Fahrer und Fahrzeug sind – wir haben es eingangs erwähnt – Ihre Botschafter vor Ort.

Auf der anderen Seite sehen sich auch die gewerblichen Fahrer (vor allem im Lkw) mit zunehmend aggressiven Fahrweisen der anderen Verkehrsteilnehmer konfrontiert. Die 27. Uniroyal-Studie Lkw im Straßenverkehr befragte dazu 310 Lkw-Fahrer (Fahrzeuge über 7,5 Tonnen), 110 Lieferwagen-Fahrer und 874 Pkw-Fahrer (Ellinghaus & Steinbrecher, 2002). Lkw-Fahrer beklagen dort das egoistische und risikobereite Verhalten der Pkw-Fahrer ihnen gegenüber. Die Fahrer von Pkw beklagten vor allem die aggressive Fahrweise von Lieferwagen und Kleintransportern. Vor allem Lkw-Fahrer müssen aber auch wachsam gegenüber den „Auseinandersetzungen" anderer Verkehrsteilnehmer untereinander sein. Häufiger Grund für das abrupte Einscheren eines Pkw von links ist die Nötigung dieses Fahrzeugs von hinten (vgl. Bild). Lkw-Fahrer kennen diese Situation auf der Autobahn, wenn sie überholt werden, hinlänglich. Sie müssen in dieser Situation jederzeit mit – ungewollt – knappem Einscheren vor sich rechnen und bremsbereit sein.

6 Kontaktadressen und Zeitschriften

Kontaktadressen in Deutschland

Die nachfolgenden Behörden, Gremien und Institutionen sind in Deutschland mit Transport und Verkehr befasst und bieten auf ihren Internet-Seiten aktuelle Hilfen und Informationen. Geschäftsführer, CFO und Fuhrparkleiter können hier wichtige oder akute Themen aus Technik, Recht, Gesundheit oder Forschung abrufen. Und noch etwas: Mitunter wird übersehen, dass auch der Staat bzw. die Polizei unser Freund und Helfer ist. Ihre Portale bieten sehr ausführliche Darstellungen und Hilfen zu vielen Themen der Sicherheit und des Rechts. Und vielervirtuellerorts finden sich erforderliche Dokumente zum Ausdruck, die den Gang zur Behörde erübrigen. Mit ihnen wollen wir beginnen:

Öffentlich-rechtliche Einrichtungen

1 Polizei

[www.polizei.de] führt als zentrale Website zu den Polizeien aller Bundesländer weiter. Dort finden Sie für Ihr Bundesland ausführliche Informationen, vor allem unter dem Stichwort *Verkehr* oder *Verkehrssicherheit*. Ab und zu verbirgt sich Ihr Thema z.B. unter *Aufgaben*, wie auf der Seite der Polizei NRW. Zu den Portalen gelangen Sie auch direkt [zum Beispiel www.polizei-bw.de, www.polizei.nrw.de, www.polizei.bayern.de]. Die Länderpolizeien leiten zudem meist auch zu den Regierungsbezirken weiter, die für Sie bzgl. Verkehrsinformationen aktuell von Interesse sind. Auch die Autobahnpolizei bietet künftig Internet-Informationen in ihrem *Onlinemagazin Autobahnpolizei* [www.autobahnpolizei.de]; zum Zeitpunkt der Drucklegung war die Seite noch im Aufbau. Sie können jedoch auf die Seiten regionaler Autobahnpolizeien zurückgreifen [z.B. www.autobahnpolizei-koeln.de].

2 Bundesministerium für Verkehr, Bau- und Wohnungswesen (BMVBW)

[www.bmvbw.de], dort unter *Verkehr*, bietet über alle verkehrs- und transportrelevanten Fragen von Maut über Ferienkalender bis zu Gesetzes- oder Verordnungslagen die notwendigen Eingangsinformationen bzw. auch die vollständigen Downloads. Die Website gehört zu den umfassendsten zum Thema Verkehr. Auch der Baustelleninformationsdienst findet sich hier.

Thema Lkw-Einbruch auf dem Rastplatz: Online-Info-Seite der Autobahnpolizei Köln (Quelle: Screenshot).

Bundesministerium für Verkehr,
Bau- und Wohnungswesen
Referat Öffentlichkeitsarbeit
Invalidenstraße 44
10115 Berlin
Tel.: 030/2008 - 0
E-Mail: buergerinfo@bmvbw.bund.de

3 Innen-, Wirtschafts- und Verkehrsministerien der Länder

Die Portale dieser Ministerien geben über die Sie interessierenden Themen aus Ländersicht Auskunft. Das betrifft z.B. die Verkehrssicherheitspolitik und deren Umsetzung, Sicherheitskampagnen und Kontaktmöglichkeiten, spezielle Fragen des gewerblichen Verkehrs, der Statistik oder des Rettungswesens, aber auch spezifische Wirtschaftsinformationen [z.B. www.stmi.bayern.de, www.mwmev.nrw.de].

4 Statistisches Bundesamt (StBA)

[www.destatis.de] führt Sie zu den amtlichen Statistiken aus allen Bereichen von Wirtschaft, Verkehr und Verkehrsunfall bis Bevölkerung. Viele Informationen können als Datei heruntergeladen werden. Auch die Fülle der Statistiken zu Unternehmen und Gewerbe, Gewerbemeldungen, Kostenstrukturen u.a.m. könnte Ihr Interesse finden.

Statistisches Bundesamt
Gustav-Stresemann Ring 11
65189 Wiesbaden
Tel.: 0611/752405
E-Mail: info@destatis.de

5 Kraftfahrt-Bundesamt (KBA)

[www.kba.de] hilft Fuhrparkleitern oder Geschäftsführern mit einer Fülle an Informationsquellen weiter. Denn das KBA führt bekanntermaßen nicht nur das Verkehrszentralregister (VZR). Neue Fahrzeugdokumente, Zulassungsbescheinigungen, Auskünfte zum EU-Kontrollgerät, Kfz-Statistiken, ein Begriffsglossar, Bußgeldkatalog, Punktekatalog, Selbstauskunftsanfrage, Fragebogen zur Güterkraftverkehrsstatistik u.v.a.m. sind zu finden.

Kraftfahrt-Bundesamt
Fördestraße 16
24944 Flensburg
Tel.: 0461/316 - 0
E-Mail: pressestelle@kba.de

6 Bundesamt für Güterverkehr (BAG)

Auch [www.bag.bund.de] liefert Ihnen erforderliche Formulare und Hinweisblätter zum Herunterladen (Erstattung Autobahnmaut, Formular Werkverkehr, Formular grenzüberschreitender Straßengüterverkehr u.a.). Von Interesse werden auch die Berichte zur Marktbeobachtung Güterverkehr oder zum Lagebild Gefahrgut sein. Das BAG bietet hier auch seine Güterkraftverkehrs- und Unternehmens-Statistiken an. Ausführlich wird über die Lkw-Maut informiert; hier ist auch die Mauttabelle abzurufen.

Bundesamt für Güterverkehr
Presse und Öffentlichkeitsarbeit
Werderstraße 34
50672 Köln
Tel.: 0221/5776 - 0 (Zentrale)
E-Mail: presse@bag.bund.de

7 Bundesanstalt für Straßenwesen (BASt)

Die BASt [www.bast.de] ist eine Forschungseinrichtung des Bundesverkehrsministeriums und eher von wissenschaftlichem Interesse. Aber auch hier werden Sie eine Fülle an Info-Texten finden (Abgasmessung, Autobahn-Informations-System, Transport gefährlicher Güter, sicheres Verhalten von Verkehrsteilnehmern u.a.).

Bundesanstalt für Straßenwesen
Brüderstraße 53
51427 Bergisch Gladbach
Tel.: 02204/43 - 0
E-Mail: info@bast.de

8 Bundesanstalt für Arbeitsschutz und Arbeitsmedizin (BAuA)

[www.baua.de]. Fragen zur Arbeitssicherheit, zum Arbeitsschutz oder Arbeitsrecht, zu Betriebssicherheit, Berufskrankheiten und Arbeitsunfällen oder zur Arbeitsstättenverordnung u.a.m. finden sich hier behandelt. Der *Informationsdienst Transport und Verkehr* ist hier einzusehen.

Bundesanstalt für Arbeitsschutz
und Arbeitsmedizin
Friedrich-Henkel-Weg 1 - 25
44149 Dortmund
Tel.: 0231/9071 - 0
E-Mail: poststelle@baua.bund.de

9 Polizei-Führungsakademie (PFA)

Auch die Polizei-Führungsakademie kann eine nutzbare Quelle für den Bereich Transport und Verkehr sein [www.pfa.nrw.de]. Kraftfahrzeug-, Verkehrs- und Sicherheitstechnik werden aus Sicht der Polizeiarbeit besprochen. Mess- und Kontrollgeräte sowie Prüfgeräte für Kraftfahrzeuge und Ladung werden aufgeführt. Detailinformationen sind für externe Nutzer aber nicht immer zugänglich.

Polizei-Führungsakademie
Zum Roten Berge 18 - 24
48165 Münster
Tel.: 02501/806 - 0
E-Mail: pressestelle@pfa-ms.de

10 Die gewerblichen Berufsgenossenschaften (BG)

Ihr wertvollster und wichtigster Partner in Sachen Schadenverhütung am Arbeitsplatz zum Schluss: die Berufsgenossenschaften. Der Dachverband (Hauptverband der gewerblichen Berufsgenossenschaften, HVBG [www.hvbg.de] und die Einzelmitglieder haben die Prävention von Arbeitsunfällen und Berufskrankheiten zum Ziel. Möglicherweise wird Ihnen die spezifische Fachkompetenz und der ganz praktische Nutzen der BGen für die Steigerung Ihrer Flottensicherheit gar nicht recht bewusst oder bekannt sein. Denn hier finden Sie zur Fülle der relevanten Themen alle Informationen, Regelwerke, Medien, Schulungshinweise oder Formulare zum Herunterladen, etwa ein ausführliches *Kompendium Arbeits- und Gesundheitsschutz* auf der Seite der BGF – der Berufsgenossenschaft für Fahrzeughaltungen [www. bgf.de]. Die BGF führt das Mitteilungsblatt *SicherheitsPartner* und wird Ihnen auch mit einer Vielzahl an Materialien weiterhelfen können. Die Liste aller BGen finden Sie im Anhang. Die BG fördert manche schadenverhütende Maßnahmen für den Betrieb – z.B. Sicherheitstrainings – auch finanziell. Sie ist Partner des DVR, den wir Ihnen jetzt vorstellen wollen.

Hauptverband der gewerblichen
Berufsgenossenschaften (HVBG)
Alte Heerstraße 111
53754 Sankt Augustin
Tel.: 02241/231 - 01
E-Mail: info@hvbg.de

BG
Die gewerblichen Berufsgenossenschaften

Verkehrssicherheitsverbände

11 Deutscher Verkehrssicherheitsrat (DVR)

Der DVR [www.dvr.de] wurde 1969 als gemeinnütziger Verein gegründet und ist unabhängig ausschließlich der Verkehrssicherheit verpflichtet. Zu seinen ca. 250 Mitgliedern „gehören die für Verkehr zuständigen Ministerien von Bund und Ländern, die Berufsgenossenschaften, Deutsche Verkehrswacht, Automobilclubs, Automobilhersteller, Versicherungen, Personenbeförderungsunternehmen, Wirtschaftsverbände und Gewerkschaften, Kirchen und sonstige Institutionen und Organisationen [...] Die laufende Arbeit wird durch 6 Fachausschüsse begleitet: Erwachsene Verkehrsteilnehmer, Fahrzeugtechnik, Rechtsausschuss, Kinder und Jugendliche Verkehrsteilnehmer, Straßenverkehrstechnik und Verkehrsmedizin, Erste Hilfe, Rettungswesen" (zit. nach DVR Website). Auf der umfassenden Internet-Seite finden Sie unter dem Stichwort *Angebote für Betriebe* sowie *Angebote für Verkehrsteilnehmer* eine große Fülle an Hilfestellungen und Hinweisen. Über den Bestellservice können Broschüren, Arbeits- und Werbematerialien zu Sicherheitskampagnen u.a.m. angefordert werden.

Deutscher Verkehrs-
sicherheitsrat e.V.
Beueler Bahnhofsplatz 16
53222 Bonn
Tel.: 0228/40001-0
E-Mail: dvr-info@dvr.de

DVR
Deutscher Verkehrssicherheitsrat e.V.

12 Deutsche Verkehrswacht (DVW)

[www.dvw-ev.de] und die Landesverkehrswachten (LVW) bzw. Kreis- und Ortsverkehrswachten (KVW) sind geeignete Ansprechpartner aufgrund ihrer regionalen Präsenz durch viele ehrenamtliche Mitarbeiter. Die gemeinnützige Deutsche Verkehrswacht ist Organisatorin vieler regionaler und überregionaler Sicherheitsaktionen. Nicht unbekannt wird Ihnen der *7. Sinn* sein, den die DVW seit 1966 macht. Die Orts-, Kreis- und Landesverbände können im Einzelfall geeignete Partner für gemeinsame Veranstaltungen sein. Die DVW gibt die Zeitschrift *mobil & sicher* heraus. Die Liste aller Landes- und Kreisverkehrswachten finden Sie im Anhang.

Info kompakt: Der Fernfahrerstammtisch von Polizei und BGL

„Gemeinsames Ziel von BGL und polizeilichen Kontrollorganen ist die Kommunikation zum besseren gegenseitigen Verständnis und Aufzeigen von Defiziten in der Verkehrssicherheit. Das Konzept der Fernfahrerstammtische als Medium der Kommunikation, des Erfahrungsaustausches und zum Erkennen von Defiziten in der Verkehrssicherheit zwischen Lkw-Fahrern, der Polizei und Vertretern der Verbände des gewerblichen Güterkraftverkehrs hat sich aus Sicht aller Beteiligten sehr gut bewährt. Durch den Erfahrungsaustausch wurde es u.a. möglich, bestimmte Defizite in der Verkehrsinfrastruktur aufzudecken. Ferner werden regelmäßig aktuelle Themen zur Verkehrssicherheit, wie beispielsweise das Anlegen des Sicherheitsgurtes, Einhalten des Sicherheitsabstandes, Vorbeugung gegen Sekundenschlaf, richtige Ernährung, Einhalten der Lenk- und Ruhezeiten, Bremsverhalten von Lkw auf verschiedenen Fahrbahnoberflächen, toter Winkel, Problematik von Nässe, Schnee und Eis auf Fahrzeugaufbauten sowie das Verhalten in Baustellenbereichen und am Stauende behandelt. Die Fernfahrerstammtische finden bundesweit an verschiedenen Autobahnraststätten jeweils einmal pro Monat statt; In der Regel am ersten Mittwoch eines Monats, ab ca. 17.00/ 18.00 Uhr. Die Teilnahme an einem Fernfahrerstammtisch ist kostenlos. Eine Anmeldung ist nicht erforderlich" (zit. nach BGL Website).

Bundesweite Fernfahrerstammtische mit der Autobahnpolizei

A1, Abf. Hemelingen (Nr. 55) Aral-Autohof
jeden ersten Mittwoch im Monat, ab 19 Uhr
Autobahnpolizei Bremen
POK Wegner, 0421-362-14847
PK Vermehren, 0421-362-14850

A1, Raststätte Münsterland-Ost,
Fahrtrichtung Bremen
jeden ersten Mittwoch im Monat, ab 17 Uhr, Ende offen
0251-7988-14 16, Autobahnpolizei Münster
PHK Bernickel

A1, Raststätte Hollenstedt, RF Bremen
jeden ersten Mittwoch im Monat,
ab 18.30 Uhr
Telefon: 04173-65 64
Autobahnpolizei Winsen (L), POK Kues

A1, Wegrestaurant FRANS OP DEN BULT,
Abfahrt 31 Deurningen (NL)
jeden letzten Dienstag im Monat,
von 18 bis 21 Uhr
0541-327-7153, PD Osnabrück,
POK Brockmeyer
05921-309-162 PK Heßling

A2, Ausfahrt 19, Autohof Lippetal
jeden ersten Mittwoch im Monat,
ab 18.00 Uhr
02307-9 21 85 50, Autobahnpolizei Arnsberg
POK Lehrke

A2, Rasthof Uhrsleben, Abfahrt 65, Eilsleben
jeden ersten Mittwoch im Monat, ab 19.00 Uhr
039204-7 22 44, Autobahnpolizei Börde
POK Stoye

A3, Rastplatz Königsforst, Fahrtrichtung Frankfurt
jeden ersten Mittwoch im Monat, ab 19 Uhr
02204-20 52 54, Autobahnpolizei Köln
PK Tangermann

A3, Abf. Ransbach Baumbach, Maxi-Autohof Mogendorf
jeden ersten Mittwoch im Monat, ab 18 Uhr
0261-96 38-3 35, Autobahnpolizei Koblenz
POK Kohnert

A3, Abf. 76, Autohof Strohofer, Geiselwind
jeden ersten Mittwoch im Monat, ab 19 Uhr
09302-910-110, Autobahnpolizei Biebelried
POK Back

A4, Raststätte Aachener Land, Fahrtrichtung Köln
jeden ersten Mittwoch im Monat, ab 19 Uhr
02043-784 2910, Autobahnpolizei Köln
POK Redemann

A4, Raststätte Oberlausitz-Nord, Fahrtrichtung Dresden
jeden ersten Mittwoch im Monat, ab 18 Uhr
03591-367-210, Autobahnpolizei Bautzen
EPHK Hottinger

A4, Rasthof Nossen,
FR Chemnitz, jeden ersten Mittwoch
im Monat, ab 18.00 Uhr
APR Dresden, PHK Tasche
Telefon: 0351-80814-120

A4, Rasthof Eisenach
jeden ersten Mittwoch im Monat, ab 18 Uhr
03621-781513, PD Gotha
PHK Kraiczy

A5, A81, A85 u.a. Orte in Baden-Württemberg: Truckertreff (aktuelle Info: www.gib-acht-im-verkehr.de)

A6 Maxi-Autohof, Grünstadt
letzter Mittwoch im Monat, ab 20 Uhr
06235-495-335, Verkehrsdirektion Mainz
PK Sturmes

A7 Raststätte Göttingen, Fahrtrichtung Kassel
jeden ersten Mittwoch im Monat, ab 19 Uhr
0551-491-6515, Autobahnpolizei Göttingen
POK Degenhardt

A8, AS Kirchheim-Teck/West
Infos bitte telefonisch erfragen
PD Esslingen, Verkehrspolizei
0711-3990-415 PHK Dunz
07071-972-3141 PHK Schmeckenbecher

A8, Rastanlage Walserberg, Fahrtrichtung München
jeden ersten Mittwoch im Monat, ab 19 Uhr
08662-66820, Verkehrspolizei Traunstein
EPHK Ertl

A9, Abf. 31 Berg/Bad Steben, Autohof Berg
jeden ersten Mittwoch im Monat, ab 19 Uhr
09281-704-806, Verkehrspolizei Hof
POK Müller

A10, Abf. Niederlehme, DaimlerChrysler Truck Store, Robert-Guthmann-Straße
jeden ersten Mittwoch im Monat, ab 18 Uhr
03375/922-400, Polizei SB Dahme Spreewald
PHK Juschkat

A10, T + R Michendorf/Nord,
Fahrtrichtung Hannover
jeden ersten Mittwoch im Monat, ab 19 Uhr
033204-36-224 POK Fuchs / PHM Jänicke

A20, RT Fuchsberg-Nord, FR Lübeck,
jeden ersten Mittwoch im Monat, ab 19.00 Uhr, EPHK Borgwardt, 03841-796621

Stand Juni 2005

A19, RT Recknitz -Niederung- West,
FR Berlin, in Vorbereitung, Auskunft
PHK Andrè Steinhaus, 03820 868-360

A13, Raststätte Berstetal, Fahrtrichtung Berlin
jeden ersten Mittwoch im Monat, ab 17 Uhr
03545-667525, Autobahnpolizei Calau

A45, Raststätte Sauerland-Ost, Fahrtrichtung
Oberhausen
jeden zweiten Mittwoch im Monat, ab 18 Uhr
02331-9861919, Autobahnpolizei Arnsberg
PHK Borkowski

A40, Rasthof „Zu den Linden", AS Straelen,
jeden ersten Mittwoch im Monat, ab 19 Uhr
02151-634-4421, Autobahnpolizei Moers
POK Närdemann / POK Troppa

A61, Autohof Gau-Bickelheim
jeden ersten Mittwoch im Monat, ab 18 Uhr
06732-912206 Verkehrsdirektion, Herr Nink

A64, RT Grenzübergang Mesenich (Luxemburg),
Fahrtrichtung Trier
jeden ersten Donnerstag im Monat, ab 17 Uhr
06502-9137-51 + 06502-9165-0,
Polizeipräsidium Trier,
luxemb. Polizei/Zoll

A115, AVUS-Motel an der Messe Berlin
jeden zweiten Mittwoch im Monat, ab 18 Uhr
030/ 4664-984380, Autobahnpolizei Berlin
EPHK Keller

A1, A7, A23, Schleswig-Holstein
an unterschiedlichen Standorten
Info bitte telefonisch erfragen
04533-207210, Autobahnpolizei Elmshorn
EPHK Thran

A8, Raststätte Augsburg-Ost,
jeden ersten Mittwoch im Monat, ab 19.00 Uhr
VPI Augsburg, PHK Fink, POK Schuster
Telefon: 0821-323-2058/2013

A7, SVG-Autohof, Kirchheim,
jeden ersten Mittwoch im Monat, ab 18.00 Uhr
Polizeipräsidium Osthessen,
EPHK Hahner, 0661-9695610

A 24, Shell-Autohof Herzsprung,
Abfahrt Herzsprung,
jeden ersten Mittwoch im Monat, ab 19.00 Uhr
EPHK Warlich/PHMin Siewert

AP Neuruppin, Tel. 03391-354279 oder
03391-354202

Quelle: Zentrale Koordinationsstelle Autobahnpolizei Münster, Rainer Bernickel.

Sorgentelefon für Lkw-Fahrer:
0251 - 79 88 - 14 16

Deutsche Verkehrswacht e.V.
Bundesgeschäftsstelle
Alexanderstr. 10
53111 Bonn
Tel.: 0228/43380-0
E-Mail: dvw@dvw-ev.de

13 Bund gegen Alkohol und Drogen im Straßenverkehr (BADS)

Der Bund gegen Alkohol und Drogen im Straßenverkehr [www.bads.de] vergibt die Senator-Lothar-Danner-Medaille. Hier finden Sie alles Wichtige und Wissenswerte rund um das Thema Alkohol und Drogen am Steuer. Auch der BADS bietet über seine Landessektionen eine große Anzahl an Veranstaltungs- und Vortragsmöglichkeiten, Info-Streumaterial und auch einen mobilen Fahrsimulator.

Bund gegen Alkohol und Drogen im Straßenverkehr
Bundesgeschäftsstelle:
Alsterchaussee 17
20149 Hamburg
Tel.: 040/440716
E-Mail: zentrale@bads.de

Industrie-, Wirtschafts- und Berufsverbände

14 Bundesverband Güterkraftverkehr Logistik und Entsorgung (BGL)

Der BGL [www.bgl-ev.de] wird Ihnen zumeist bekannt sein. Er ist der Spitzenverband der zugehörigen Gewerbe in Deutschland. Auch er ist in Landesverbände gegliedert. Auch er bietet Vieles online, so Mauttabellen, Wirtschaftsstatistiken und aktuelle politische bzw. rechtliche Entwicklungen. Der BGL ist Mitinitiator der sog. Fernfahrerstammtische (s. Info kompakt).

Bundesverband Güterkraftverkehr
Logistik und Entsorgung (BGL) e.V.
Breitenbachstraße 1
60487 Frankfurt am Main
Tel.: 069/7919-0
E-Mail: bgl@bgl-ev.de

15 Industrie- und Handelskammer (IHK)

Unter [www.ihk.de] rufen Sie die IHK auf. Die Adresse kann für Ihre Schadenverhütungsarbeit eine sinnvolle Ergänzung sein. Sie finden dort vor allem die wirtschaftspolitischen Themen der gewerblichen Verkehre dargestellt, wie Informationen für Unternehmer im gewerblichen Güterkraftverkehr, aber auch Sach- und Fachkundeprüfungen. Eine interaktive Karte führt zu den IHKn in den Ländern.

DIHK Berlin
Deutscher Industrie- und Handelskammertag (DIHK)
Postanschrift: 11052 Berlin
Besucheranschrift: Breite Straße 29
10178 Berlin
Tel.: 030/20308-0
E-Mail: infocenter@berlin.dihk.de

16 Gesamtverband der Deutschen Versicherungswirtschaft (GDV)

Der GDV [www.gdv.de] sollte in Sachen Verkehrssicherheit keiner Einführung bedürfen. Seine Öffentlichkeitsaktionen, Forschungsprogramme und Veröffentlichungen waren von Beginn an der Schadenverhütung und Schadenminderung verschrieben. Nicht ohne Grund. Ohne die Risikodeckung des Versicherungswesens wäre technischer Fortschritt in der Gesellschaft nie möglich gewesen und heute nicht möglich – auch nicht im Transport. Die Analysen und Studien des GDV genießen in Politik, Presse und Wirtschaft denn auch z.T. den Ruf unabhängiger Expertisen, so beispielsweise die Veröffentlichungen des Verkehrstechnischen Instituts (s.u.) oder der ehemaligen legendären Beratungsstelle für Schadenverhütung in Köln. Der GDV gibt die Zeitschrift *Positionen* heraus, die Sie online einsehen können. Aber auch die Seiten [www.versicherung-und-verkehr.de] und [www.tis-gdv.de], (Transport-Informations-Service), werden Sie ggf. interessieren.

Gesamtverband der Deutschen
Versicherungswirtschaft e.V.
Friedrichstraße 191
10117 Berlin
Tel.: 030/2020-5000
E-Mail: berlin@gdv.org

GDV
DIE DEUTSCHEN VERSICHERER

17 Verband der Automobilindustrie (VDA)

[www.vda.de] ist das Portal der Automobilindustrie und kann eine hilfreiche Ergänzung für Wirtschaftsinformationen zum Stichwort Kfz, etwa Produktneuheiten oder Statistiken, darstellen.

Verband der Automobilindustrie
Westendstraße 61
60325 Frankfurt/M.
Tel.: 069/97507-0
E-Mail: info@vda.de
Postanschrift: Postfach 170563
60079 Frankfurt/M.

18 Verein Deutscher Ingenieure (VDI)

[www.vdi.de] bietet die Plattform für viele kraftfahrzeugtechnische Themen; unter VDI-Richtlinien können Richtlinien, Normen und Regelwerke recherchiert werden (Datenbanksuche), z.B. in Bezug auf Ladungssicherung.

Verein Deutscher Ingenieure e.V.
Graf-Recke-Str. 84, 40239 Düsseldorf
Postfach 101139, 40002 Düsseldorf
Tel.: 0211/6214-0
E-Mail: kundencenter@vdi.de

19 Fahrlehrerverbände

[www.fahrlehrerverbaende.de] ist die Kontaktadresse zur Bundesvereinigung der Fahrlehrerverbände und leitet interaktiv zu den Verbänden der Bundesländer weiter. Informationen über Fahrerlaubniserwerb und Nachschulungskurse sind hier erhältlich.

Bundesvereinigung der Fahrlehrerverbände e.V.
Hofbrunnstr. 13
81479 München
Postfach 710969
81459 München
Tel.: 089/749149-41
E-Mail: bvmuc@t-online.de

20 Verkehrsmedizinische und -psychologische Fachverbände

Die Deutsche Gesellschaft für Verkehrsmedizin (DGVM) [www. gesellschaft-verkehrsmedizin.de], die Deutsche Ophthalmologische Gesellschaft (DOG), die Deutsche Gesellschaft für Verkehrspsychologie (DGVP) [www.dgvp-verkehrspsychologie.de], der Berufsverband Deutscher Psychologen (BDP, Sektion Verkehrspsychologie) [www.bdp-verkehr.de] und der Bundesverband Niedergelassener Verkehrspsychologen (BNV) [www.bnv.de] sind Ansprechpartner für tiefergehende Fragen zum Thema Fahreignung und deren Begutachtung, Therapie und Beratung.

Deutsche Gesellschaft für Verkehrsmedizin
Präsident Prof. Dr. R. Mattern
Institut für Rechtsmedizin und Verkehrsmedizin
am Klinikum der Universität Heidelberg
Voßstraße 2
69115 Heidelberg
Tel.: 06221/56-8911/-89 49
E-Mail: rainer.mattern@med.uni-heidelberg.de

BDP Sektion Verkehrspsychologie
Vorsitzender Herr Allhoff-Cramer
Begutachtungsstelle für Fahreignung
TÜV MPI GmbH/TÜV Süd
Glockengießer Wall 19
20095 Hamburg
Tel.: 040/794164 - 16
E-Mail: vorstand@bdp-verkehr.de

21 Arbeitgeberverbände und Gewerkschaften

Hier im Einzelnen nicht näher aufzuführende Verbände können ergänzend von Wert sein. Betriebswirtschaft, Management und Sicherheit sind auch dort zu finden, die zugänglichen Hausinformationen bieten mitunter gute Anregungen.

Forschungsinstitute der Wirtschaft

22 Allianz Zentrum für Technik (AZT)

[www.allianz-azt.de] lautet die Anschrift Ihrer beiden Autoren. Das Zentrum kann auf eine lange Tradition zurückblicken: Seit 1932 betreibt die Allianz Versicherungs-AG Schadenforschung. Der Geschäftsbereich Kraftfahrzeugtechnik, 1971 gegründet, macht sich seit über 30 Jahren um die Reparatur- und Sicherheitsforschung rund um das Kraftfahrzeug verdient. Sein langjähriger Mentor war Prof. Max Danner. Heute wird das Zentrum von Prof. Dieter Anselm geleitet, dem Träger des Dieselrings 2004. Das AZT ist aber auch Kompetenzträger in Sachen Unfallforschung und Schadenverhütung im Straßenverkehr.

Allianz Zentrum für Technik GmbH
GB Kraftfahrzeugtechnik
Öffentlichkeitsarbeit
Münchener Straße 89
85737 Ismaning
Tel.: 089/3800-6285
E-Mail: heike.stretz@allianz.de

23 Verkehrstechnisches Institut der Deutschen Versicherer (VTIV)

[www.verkehrstechnisches-institut.de] Das VTIV, vormals Institut für Fahrzeugsicherheit und Institut für Straßenverkehr, ist das Forschungsinstitut des Gesamtverbands der Deutschen Versicherungswirtschaft. In den vier Koordinationsbereichen *Straßen und Wege, Verkehrsverhalten und Verkehrsregelung, Unfallfolgen und Biomechanik und Fahrzeuge und Unfallentwicklung* werden alle Aspekte der Schadenverhütungsarbeit und -forschung beachtet. Veröffentlichungen erscheinen in der Schriftenreihe *Forschungsberichte*. Broschüren, Medien und Lehrmaterialen zu den Verkehrssicherheitsthemen können ebenfalls abgerufen werden.

Verkehrstechnisches Institut
der Deutschen Versicherer
Friedrichstraße 191
10117 Berlin
Postfach 080264
10002 Berlin
Tel.: 030/2020-5821
E-Mail: verkehrstechnisches-institut@gdv.org

24 Forschungsvereinigung Automobiltechnik (FAT)

Die Forschungsvereinigung Automobiltechnik [www.vda.de, dort FAT in der Fußleiste] ist das Forschungsinstitut des Verbands der Automobilindustrie. Sie hat sich mit einer Fülle kraftfahrzeugtechnischer, aber auch humanwissenschaftlicher Fragen befasst und bietet eine umfassende wissenschaftliche Schriftenreihe.

Forschungsvereinigung Automobiltechnik
Leiter der Geschäftsstelle
Westendstraße 61
60325 Frankfurt/M.
Tel.: 069/97507-248

Forschungsinstitute der Hochschulen und der Länder und weitere gemeinnützige Einrichtungen

25 Für den im Einzelfall an tiefergehenden Informationen Interessierten stellt auch eine Reihe von Hochschulinstituten und weiteren Einrichtungen eine mögliche Auskunftsquelle dar. Die Fülle der Institute kann hier nicht aufgeführt

Info kompakt: Das Allianz Zentrum für Technik – Wissenschafts-Knowhow mit Geschichte

Einst Pionier in Sachen Schadenforschung, heute renommiertes Institut im industriellen wie auch kraftfahrzeugtechnischen Bereich in puncto Schadenverhütung und Schadenbegrenzung. Die Allianz als Vorreiter: Am 1. Januar 1900 versichert die Allianz als erste deutsche Assekuranzgesellschaft Maschinenanlagen gegen Betriebsgefahren. Ziel war es von Anfang an, die aus Schadenfällen gewonnenen Erkenntnisse interessierten Unternehmen zur Verfügung zu stellen. Um diese Grundidee auszubauen, richtete die Allianz 1932 in Berlin eine eigene Materialprüfstelle ein: weltweit das erste Institut, das sich ausschließlich mit der Schadenforschung beschäftigt. 1949 wird München neuer Standort der Allianz Versicherungs-AG. 1962 zieht auch die Materialprüfstelle von Berlin nach Ismaning bei München und firmiert 1969 erstmals unter dem Namen Allianz Zentrum für Technik GmbH. 1971 betritt die Allianz Versicherungs-AG erneut Neuland: Als erstes Versicherungsunternehmen der Welt gründet die Allianz ein Forschungsinstitut für Kraftfahrzeugtechnik. Wissenschaftliche und praktische Erkenntnisse aus der Unfallreparaturforschung helfen nicht nur bei der Kostensenkung im Versicherungswesen, sie nutzen letztendlich jedem Autofahrer und Flottenbetreiber, der von kostengünstigen Reparaturmethoden profitiert.

Heike Stretz

1932

Gründung der Allianz Prüfstelle in Berlin

1945

Werkstoffuntersuchungs GmbH

1962

Umzug nach Ismaning bei München

1969

Allianz Zentrum für Technik GmbH

1971

Gründung des Geschäftsbereichs Kraftfahrzeugtechnik

Keinem Kollegen zu raten: „Auf'e Tour die Füße auf'm Armaturenbrett".

werden. Nur auswahlweise seien genannt: Die *Forschungsgesellschaft für Straßen- und Verkehrswesen* (FGSV) [www.fgsv.de] ist ein gemeinnütziger technisch-wissenschaftlicher Verein mit dem Ziel der Weiterentwicklung der technischen Erkenntnisse im Straßen- und Verkehrswesen. Hier finden sich technische Regelwerke und eine umfassende Forschungsdokumentation. Die *Gesellschaft für Ursachenforschung bei Verkehrsunfällen* (GUVU) [www.guvu.de] bietet Kraftfahrzeugsachverständigen und allen, die mit Straßenverkehr zu tun haben, eine wertvolle Kontaktdresse für ihre Fortbildung und richtet den jährlichen Verkehrsexpertentag aus. Das *Interdisziplinäre Zentrum für Verkehrswissenschaften* (IZVW) [www. psychologie.uni-wuerzburg.de] an der Universität Würzburg ist eine der führenden deutschen Forschungseinrichtungen zur Humanforschung im Straßenverkehr.

FGSV
Konrad-Adenauer-Straße 13
50996 Köln
Tel.: 0221/93583-0
E-Mail: koeln@fgsv.de

Gesellschaft für Ursachenforschung (GUVU)
bei Verkehrsunfällen
Olpener Str. 544, 51109 Köln
Tel.: 0221/8905848
E-Mail: guvu@guvu.de

IZVW, Institut für Psychologie
Universität Würzburg,
Lehrstuhl III,Prof. Dr. H.-P. Krüger
Röntgenring 11
97070 Würzburg
Tel.: 0931/312653
E-Mail: krueger@psychologie.uni-wuerzburg.de

Prüfwesen

26 Die Technischen Überwachungsvereine (TÜV), unter anderem der TÜV Rheinland-Berlin-Brandenburg [www.tuv.com], TÜV Nord [www. tuevnord.de], TÜV Süd [www.tuev-sued.de], die DEKRA AG [www.dekra.de] und die Gesellschaft für Technische Überwachung [www.gtue.de] bieten umfassende Informationen sowohl zu Kraftfahrzeugtechnik und -wartung als auch zu Schulung und Fortbildung, Zertifizierung oder Risk-Management.

TÜV Rheinland Group
Am Grauen Stein
51105 Köln
Tel.: 0221/806-0
E-Mail: webmaster@de.tuv.com

TÜV NORD GmbH
Am TÜV 1
30519 Hannover
Tel.: 0511/986-0
E-Mail: info@tuev-nord.de

TÜV Süddeutschland Holding AG
Westendstraße 199
80686 München
Tel.: 089/5791-0
E-Mail: info@tuev-sued.de

DEKRA AG
Handwerkstraße 15
70565 Stuttgart
Tel.: 0711/7861-0
E-Mail: info@dekra.com

Gesellschaft für Technische Überwachung mbH (GTÜ)
Vor dem Lauch 25
70567 Stuttgart
Tel. 0711/97676-0
E-Mail: info@gtue.de

Verkehrsclubs

27 Auch die deutschen Verkehrsclubs wie ACE [www.ace-online.de], ADAC [www.adac.de], AvD [www.avd.de] oder der VCD [www.vcd.org] bieten Informationen rund um die Verkehrssicherheit.

ACE Auto Club Europa e.V.
Schmidener Straße 227
70374 Stuttgart
Tel.: 0711/5303-0
E-Mail: ace@ace-online.de

ADAC
Am Westpark 8
81373 München
Tel.: 089/7676-0
E-Mail: adac@adac.de

AvD
Lyoner Straße 16
60528 Frankfurt/M.
Tel.: 069/6606-0
E-Mail:avd@avd.de

VCD
Kochstr. 27
10969 Berlin
Tel.: 030/280351-0
E-Mail: mail@vcd.org

Kontaktadressen in Europa

1 Kuratorium für Verkehrssicherheit (KfV)

Das Kuratorium für Verkehrssicherheit (KfV) [www.sicherleben.at] in Wien stellt für Österreich die zentrale Instanz für Schadenverhütung im Straßenverkehr dar. Alle wichtigen Themen, Statistiken und Schriften sind hier einsehbar. Natürlich können Sie sich hier auch über die österreichischen Bestimmungen, etwa rund ums Thema Lkw, schlau machen. Sehr zu empfehlen sind die jährlichen, differenzierten Verkehrsunfallstatistiken (als Download). Das KfV ist Teil des Kuratoriums für Schutz und Sicherheit (KUSS).

Kuratorium für Schutz und
Sicherheit
A-1031 Wien, Ölzeltgasse 3
Tel.: 0043/1/71770-0
E-Mail: kvf@kfv.at

2 Die Schweizerische Beratungsstelle für Unfallverhütung (BfU)

Die Schweizerische Beratungsstelle für Unfallverhütung (BfU) [www. bfu.ch] ist die wichtigste Einrichtung für nichtberufliche Schadenverhütung in der Schweiz. Ihre Internet-Informationen zu allen Sicherheitsfragen sind sehr umfassend. Die wichtigsten Statistiken und Schriften sowie die Zeitschrift *bfu aktuell – Zeitschrift für Unfallverhütung in Straßenverkehr, Sport, Haus + Freizeit* sind ebenfalls online lesbar.

Schweizerische Beratungsstelle
für Unfallverhütung bfu
Laupenstraße 11
CH-3008 Bern
Tel.: 0041/31/390-2222
E-Mail: info@bfu.ch

3 Europäische Verkehrsministerkonferenz (ECMT)

[www.oecd.org/cem] ist die EU-Plattform für Transport und Verkehr und bietet u.a. einen hervorragenden Link zu den verschiedenen nationalen Statistik-Einrichtungen.

European Conference of Ministers of Transport
2 rue André Pascal,
F-75775 PARIS Cedex 16,
France
E-Mail: ecmt.contact@oecd.org

4 EU-Kommission-Leitseite Verkehr

Die Anschrift [http://europa.eu.int/comm/transport/index_de.html] könnte kürzer sein, aber sie lohnt einen näheren Blick – vor allem: Sie ist auch in Deutsch. Zu der Fülle der Themen in Transport, Verkehr und Energie, gerade auch aus wirtschaftlicher Sicht, können hier aktuelle Informationen abgerufen werden – allerdings: vieles dann wieder auf Englisch.

Zeitschriften und Schriftenreihen

Die folgenden alphabetisch aufgelisteten Zeitungen, Zeitschriften und Schriften- oder Informationsreihen sind für Management und Schadenverhütung in Transport und Verkehr und für Verkehrssicherheit in der Flotte von Interesse. Einige von ihnen bieten einen Internet-Service, der bereits sehr ausführlich ist. Dennoch ist es für Ihr Unternehmen von Wert, wenn Sie neben verbandsgebundenen, kostenfreien Zeitschriften auch einige weitere Schriften beziehen. Sie dienen der Mitarbeiterinformation, fördern davon unabhängig das grundsätzliche Selbstverständnis Ihres Personals und bekunden auch Ihren Kunden gegenüber das Anspruchsniveau Ihrer Firma, wenn (für den Fall eines Publikumsverkehrs) Fachlektüre ausliegt. Teure Wissenschafts-Journale werden für den Kundenverkehr nicht in Betracht kommen, doch es gibt auch für wenige Euro Jahresabonnement Journale, die sich ausschließlich dem Thema Verkehrssicherheit widmen. Wir wollen aber darauf hinweisen, dass hier lediglich aus Gründen der Übersichtlichkeit eine Auswahl getroffen wurde. Die Nichtberücksichtigung eines Magazins soll keinerlei Aussage über dessen Qualität beinhalten. Die Nennung einer Zeitschrift bedeutet nicht, dass deren Inhalt die Meinung der Autoren, Herausgeber und Verlag wiedergibt.

Autoflotte
Auto Business Verlag
Neumarkter Straße 18
81664 München
Tel.: 0180/5251625
Fax: 0180/5995566
E-Mail: autoflotte@springer-sbm.com

Berufskraftfahrer Zeitung
Günter Hendrisch Verlag
Niederstraße 67
41812 Erkelenz (Holzweiler)
Tel.: 02164/4088
Fax: 02164/4080
E-Mail: info@hendrisch.de

bfp Fuhrpark & Management
Schlütersche Verlagsgesellschaft
Hans-Böckler-Allee 7
30173 Hannover
Tel.: 0511/8550-0
Fax: 0511/8550-1103
E-Mail: info@schluetersche.de

Bus aktuell
Verlag Heinrich Vogel
Neumarkterstr. 18
81673 München
Tel.: 089/4372-2878
Fax: 089/4372-2879
E-Mail: kontakt@verlag-heinrich-vogel.de

Busmagazin
Kirschbaum Verlag
Siegfriedstraße 28
53179 Bonn
Tel.: 0228/95453-0
Fax: 0228/95453-27
E-Mail: info@kirschbaum.de

Eurocargo
HUSS Verlag
Joseph-Dollinger-Bogen 5
80912 München
Tel. 089/32391-0,
Fax: 089/32391-416

Firmenauto
ETM-Verlag Fachverlag rund ums gewerblich genutzte Fahrzeug
Handwerkstraße 15
70565 Stuttgart
Tel.: 0711/78498-0
Fax: 0711/78498-88
E-Mail: info@etm-verlag.de

Flottenmanagement
Flottenmanagement-Verlag
Rudolf-Diesel-Str. 14
53859 Niederkassel
Tel.: 0228/459547-0
Fax: 0228/459547-9
E-Mail: post@flottenmanagement-verlag.de

Gefahrgut
Verlag Heinrich Vogel
Neumarkterstr. 18
81673 München
Tel.: 089/4372-2878
Fax: 089/4372-2879
E-Mail: kontakt@verlag-heinrich-vogel.de

Gefahrgut Profi
TÜV-Verlag
Am Grauen Stein
51105 Köln
Tel.: 0221/806-3535
Fax: 0221/806-3510
E-Mail: tuev-verlag@de.tuv.com

Güterverkehr
Kirschbaum Verlag
Siegfriedstraße 28
53179 Bonn
Tel.: 0228/95453-0
Fax: 0228/95453-27
E-Mail: info@kirschbaum.de

Lastauto Omnibus
ETM-Verlag
Fachverlag rund ums gewerblich genutzte Fahrzeug
Handwerkstraße 15
70565 Stuttgart
Tel.: 0711/78498-0
Fax: 0711/78498-88
E-Mail: info@etm-verlag.de

Logistik Inside
Verlag Heinrich Vogel
Neumarkterstr. 18
81673 München
Tel.: 089/4372-2878
Fax: 089/4372-2879
E-Mail: kontakt@verlag-heinrich-vogel.de

mobil und sicher
Redaktion
Alexanderstraße 10
53111 Bonn
Tel.: 0228/43380-72
E-Mail: mobilundsicher@t-online.de
Verlag Schmidt-Römhild, Lübeck
Tel.: 0451/7031-279
Fax: 0451/7031-280

MQ Management & Qualität
TÜV-Verlag
Am Grauen Stein
51105 Köln
Tel.: 0221/806-3535
Fax. 0221/806-3510
E-Mail: tuev-verlag@de.tuv.com

Neue Zeitschrift für Verkehrsrecht (NZV)
Verlag C.H. Beck
Beethovenstraße 7B
60325 Frankfurt
Tel.: 089/38189-0

Nutzfahrzeuge Management (nfm)
NFM-Verlag Herbert Peimann
Am Hafen 10
27432 Bremervörde
Tel.: 04761/9947-0

Omnibus Revue & Bus Aktuell
Verlag Heinrich Vogel
Neumarkterstr. 18
81673 München
Tel.: 089/4372-2878
Fax: 089/4372-2879
E-Mail: kontakt@verlag-heinrich-vogel.de

Polizei Verkehr & Technik
Verlag Schmidt Römhild
Mengstraße 16
23552 Lübeck
Tel.: 0451/7031-01
E-Mail: info@schmidt-roemhild.de

Polizei und Verkehrssicherheit
PS-Verlag
Kronprinzenstr. 5
48153 Münster
Tel.: 0251/775816

Trans aktuell
ETM-Verlag Fachverlag rund ums gewerblich genutzte Fahrzeug
Handwerkstraße 15
70565 Stuttgart
Tel.: 0711/78498-0
Fax: 0711/78498-88
E-Mail: info@etm-verlag.de

Transport
HUSS Verlag
Joseph-Dollinger-Bogen 5
80912 München
Tel.: 089/32391-0,
Fax: 089/32391-416

Transporting
Verlag Heinrich Vogel
Neumarkterstr. 18
81673 München
Tel.: 089/4372-2878
Fax: 089/4372-2879
E-Mail: kontakt@verlag-heinrich-vogel.de

Verkehrsdienst – Zeitschrift für die Rechtspraxis im Straßenverkehr
Verlag Heinrich Vogel
Neumarkterstr. 18
81673 München
Tel.: 089/4372-2878
Fax: 089/4372-2879
E-Mail: kontakt@verlag-heinrich-vogel.de

Verkehrs Rundschau
Verlag Heinrich Vogel
Neumarkterstr. 18
81673 München
Tel.: 089/4372-2878
Fax: 089/4372-2879
E-Mail: kontakt@verlag-heinrich-vogel.de

Verkehrsunfall und Fahrzeugtechnik
GWV Fachverlage GmbH
Abraham-Lincoln-Str. 46
65189 Wiesbaden
Tel.: 0611/7878-287 /-386 /-217
Fax: 0611/7878-430

Who is who im Flottenmarkt
News, Infos, Zahlen, Daten, Namen, Adressen, Kontakte: Das Nachschlagewerk für Flottenmanager. Beilage zu *Firmenauto*, erscheint einmal jährlich, siehe Firmenauto, ETM-Verlag

Zeitschrift für Verkehrssicherheit (ZVS)
TÜV-Verlag
Am Grauen Stein
51105 Köln
Tel.: 0221/806-3535
Fax. 0221/806-3510
E-Mail: tuev-verlag@de.tuv.com

Neben diesen regelmäßig erscheinenden Zeitschriften gibt es auch einige Schriftenreihen, bei denen von Fall zu Fall bestimmte Bände für den Fuhrparkleiter oder CFO von Interesse sein können. Dazu gehören z.B. Jahresstatistiken, Geschäftsberichte oder Ergebnisse aus Repräsentativ-Befragungen. Die wichtigsten Schriftenreihen zu Sicherheit und Verkehr sind:

1 Berichte der Bundesanstalt für Straßenwesen

Reihe F Fahrzeugtechnik
Reihe M Mensch und Sicherheit
Reihe V Verkehrstechnik
Reihe A Allgemeines

Wirtschaftsverlag NW
Verlag für neue Wissenschaft GmbH
Postfach 101110
27511 Bremerhaven
Tel.: 0471/945440
E-Mail: Vertrieb@NW-Verlag.de

2 GDV Gesamtverband der Deutschen Versicherungswirtschaft

Schriften

Gesamtverband der Deutschen Versicherungswirtschaft
Friedrichstraße 191
10117 Berlin
Tel.: 030/2020-5000
E-Mail: info@gdv.org

3 Verkehrstechnisches Institut der Deutschen Versicherer

Schriftenreihe

Verkehrstechnisches Institut der Deutschen Versicherer
Friedrichstraße 191
10117 Berlin
Postfach 080264
10002 Berlin
Tel.: 030/2020-5821
E-Mail: verkehrstechnisches-institut@gdv.org

4 Uniroyal Verkehrsuntersuchung (bis 2003) Continental Verkehrsuntersuchung (seit 2004)

Continental Aktiengesellschaft
Hauptverwaltung
Vahrenwalder Straße 9
30165 Hannover
Tel.: 0511/938-01
E-Mail: zkd.hotline@conti.de

Literatur

Allianz Zentrum für Technik (Hrsg.). (1992). Allianz Risiko Service. Kfz-Flottenanalyse, Heft 1 bis 6. Ismaning: AZT.

Allianz Zentrum für Technik (Hrsg.). (1992). Allianz Risiko Service. Kfz-Flottenanalyse, Heft 3, Prämiensysteme. Ismaning: AZT.

Ahlgrimm (1995). Sonderthema: UDS Unfalldatenspeicher als Hilfsmittel der Verkehrsunfallanalyse. In: Technische Mängel an Kraftfahrzeugen – Auswertung der Jahre 1993 und 1994. DEKRA Fachschriftenreihe, Heft 50.

Assing, K. (2004). Unfallgeschehen mit schweren Lkw über 12t. Schriftenreihe der Bundesanstalt für Straßenwesen, Heft M 156. Bremerhaven: Wirtschaftsverlag NW.

Bach, H. (2002). Unfallprävention und Unfallkostenreduktion durch Einsatz von Fahrdatenspeichern in betrieblichen und polizeilichen Fuhrparks – Modellversuche und deren Ergebnisse. In: Europäisches Verkehrssicherheitsprojekt Unfallprävention durch moderne Fahrzeugsicherheitstechnologie – Fahrdatenspeicher FDS und junge Fahrer. Teil B/C. Stuttgart: IVU.

Bäumler, H. (2003). Vergleichende Untersuchung von Fußgängerunfällen bei Tag und Nacht unter Berücksichtigung der Reaktionszeitproblematik bei Dunkelheit. Unver. Diss., TU Dresden.

BAG, Bundesamt für Güterverkehr (Hrsg.). (2002). Struktur der Unternehmen des gewerblichen Güterkraftverkehrs und des Werkverkehrs. Band USTAT 9. Köln: BAG.

BASt, Bundesanstalt für Straßenwesen (Hrsg.). (2000). Begutachtungs-Leitlinien zur Kraftfahrereignung. Schriftenreihe der BASt, Heft M 115. Bremerhaven: Wirtschaftsverlag NW.

BASt, Bundesanstalt für Straßenwesen (Hrsg.). (2003). Begleitetes Fahren ab 17. Berichte der BASt, Heft M 154. Bremerhaven: Wirtschaftsverlag NW.

Berg, F.A. (2001). Passive Sicherheit und Nutzen von Rückhaltesystemen im modernen Lkw-Fahrerhaus, In: Tagungsband zum Symposium Verkehrssicherheit Lkw, Neumünster, März 2001.

Berg, F.A., Niewöhner, W., Rücker, P. & Groer, M. (2004). Sicherheit von Transportern – Aktualisierte Unfallanalysen, Befragungen und Tests. 4. DEKRA/VDI Symposium Sicherheit von Nutzfahrzeugen, Neumünster, Oktober 2004.

BfU, Beratungsstelle für Unfallverhütung (2004). TVP. Zeitschrift für Verkehrssicherheit, 4, 208f.

Bienzeisler, B. (2000). Rationalisierung im Dienstleistungssektor – Strategien und Probleme. Duisburger Beiträge zur Soziologischen Forschung. Duisburg: Gerhard-Mercator-Universität.

Bilz, F. (2003). Adaptives Kurvenlicht in allen BMW Fahrzeugbaureihen. Tagung Elektronik im Kraftfahrzeug, VDI-Berichte, Nr. 1789.

Bockelmann, W.D. (2002). Farbige Head-Down-Displays (HDD) aus Sicht des Informationstransfers. In: J. Kubitzki, Der sichere Fahrer – Ein Mythos? Erreichtes und Strittiges auf dem Gebiet der Verkehrssicherheit (S. 85-88). Köln: TÜV-Verlag.

Börner, Ch.J. (2004). Transporter-Sicherheit: Der sicherheitsoptimierte Kastenwagen. BGF-Informationen. Berufsgenossenschaft für Fahrzeughaltungen. Hamburg: BGF.

BOSCH (Hrsg.). (2002). Kraftfahrtechnisches Taschenbuch. 24. Auflage. Düsseldorf: VDI-Verlag.

Buchhierl, P. (2005). Kfz-Versicherung im Fokus – Die Flottenversicherung: Ein Marktplatz für Hasardeure oder ein kalkulierbares Risiko? Vortrag, gehalten auf dem Kraft Forum Köln, 02.02.2005.

Bundesamt für Güterverkehr (Hrsg.). (2004). Struktur der Unternehmen des gewerblichen Güterkraftverkehrs und des Werkverkehrs, Stand: November 2002. Band USTAT 9. Köln: Bundesamt für Güterverkehr.

DEKRA (Hrsg.). ((2001). Technische Sicherheit und Mobilität. DEKRA Fachschriftenreihe, Heft 55/01.

Deutsche Akademie für Verkehrswissenschaft (Hrsg.). (2003). 41. Deutscher Verkehrsgerichtstag. Empfehlungen des Arbeitskreis V „Unfalldatenspeicher".

Deutscher Verkehrssicherheitsrat (Hrsg.). (1998). Sicherheit Qualität Kosten. Verkehrssicherheits- und Fuhrparkprogramme. Bonn: DRV.

Deutscher, Ch. (1994). Bewegungsablauf von Fahrzeuginsassen beim Heckaufprall. Freienbach, Schweiz: Eurotax (International) AG.

DIW, Deutsches Institut für Wirtschaftsforschung (Hrsg.). (2003). Verkehr in Zahlen 2003/2004. Berlin: DIW.

ECE (Hrsg.). Economic Commission for Europe. Sicherheitsvorschriften der Europäischen Wirtschaftskommission, basierend auf dem Rahmenabkommen von 1958 zwischen den europäischen Mitgliedsstaaten.

EEVC WG 14 (eds.). (2000): European Enhanced Vehicle-Safety Committee: Accident Analysis of Rear Underrun Accidents – Statistical Report and Preliminary Benefit Study, Working Group 14 Report, GDV, June 2000.

EG (Hrsg.). Direktive der Europäischen Gemeinschaft (EG), gestützt auf dem Vertrag zur Gründung der Europäischen Wirtschaftsgemeinschaft.

Ellinghaus, D. & Schlag, B. (2001). Beifahrer. Eine Untersuchung über die psychologischen und soziologischen Aspekte des Zusammenspiels von Fahrer und Beifahrer. Uniroyal-Verkehrsuntersuchung 26. Köln/Hannover: Uniroyal.

Ellinghaus, D. & Steinbrecher, J. (2002). Lkw im Straßenverkehr. Eine Untersuchung über die Beziehungen zwischen Lkw- und Pkw-Fahrern. Uniroyal-Verkehrsuntersuchung, Band 27. Köln/Hannover: Uniroyal.

Ernst (1995). Hilfe für die Unfallhelfer. Flottenmanager, 1.

EU (ed.). (2004). ADASE 2: Roadmap Development, Deliverable D2D, ADASE 2, Contract number IST-2000-28010, July 2004.

EVPSN (2002): European Passive Safety Network 2, Report on Workshop Heavy Good Vehicles. GDV, Munich, May, 28/29.

Fastenmeier, W., Gwehenberger, J. & Finsterer, H. (2002). Lkw-Fahrerbefragung. Ein Beitrag zur Analyse des Unfallgeschehens. Schriftenreihe des Gesamtverbands der Deutschen Versicherungswirtschaft, IFM 0212. Berlin: GDV.

FGSV, Forschungsgesellschaft für Straßen- und Verkehrswesen (1997). Empfehlungen für Wirtschaftlichkeitsuntersuchungen an Straßen.

Fischer, L.D. (2004). Dienstwagenüberlassung an Arbeitnehmer. Rechtliche Aspekte der Vertragsgestaltung für die Praxis. Flottenmanagement, 5, 22-26.

Frenzel, R. (1992). Fuhrparkinformationssystem. Verkehrswissenschaftliche Studien 44. Göttingen: Vandenhoeck & Ruprecht.

Fritsch, H. (2003). EDV-Einsatz in der Fuhrpark- und Transportorganisation. IRB-Literaturdokumentation. Fraunhofer-Informationszentrum Raum & Bau. Stuttgart: Fraunhofer IRB Verlag.

Fromm, L. (2005). Ladungssicherung als Teil der Verkehrssicherheit und Managementthema. PVT, 1, 10-13.

Gies, S. (1991). Die Sicherheitsrelevanz neuer Fahrhilfen in Kraftfahrzeugen. Bundesanstalt für Straßenwesen, Bericht zum Forschungsbericht 8716, Bergisch Gladbach: BASt.

Glasner, Ch. (2001). Der Einfluss von Dauerbremssystemen auf das Bremsverhalten von schweren Nutzfahrzeugen. DVR/EVU/MAS-Seminar, Hannover.

Gesellschaft für Schadensverhütung im Verkehrsgewerbe (Hrsg.). (1995). Wirtschaftlichkeitsanalyse für Fahrzeugflotten. Neufahrn: Gesellschaft für Schadensverhütung im Verkehrsgewerbe.

Grandel, F. & Berg, W. (1989). Unfallursachenanalyse als Basis gezielter Unfallvorbeugung und Kostenminderung im Nutzfahrzeugfuhrpark. Verkehrsunfall und Fahrzeugtechnik, 2, 47 - 54.

Green, P. (2000). Crashes induced by driver information systems and what can be done to reduce them. UMTRI 2000-01-C008. Ann Arbor: UMTRI.

GSV, Gesellschaft für Schadensverhütung im Verkehrsgewerbe (Hrsg.). (1995). Wirtschaftlichkeitsanalyse für Fahrzeugflotten. Neufahrn: Gesellschaft für Schadensverhütung im Verkehrsgewerbe.

Gwehenberger, J. (1996). Mehr Sicherheit für Fahrzeugflotten. Ratgeber zur Schadenverhütung. München: DBV-Wintherthur.

Gwehenberger, J. (2002). Risk-Management für Fahrzeugflotten. Gewerbeforum der DBV-Winterthur, Ludwigsburg und Karlsruhe, 3./4. September 2002.

Gwehenberger, J. (2003). Einsatzgebiete und Unfallgeschehen von Kleintransportern – Zwischenergebnisse einer retrospektiven Unfallanalyse, Internationales Seminar: Zusammenarbeit im Rahmen von präventiven und repressiven Verkehrssicherheitsstrategien, Polizeiführungsakademie, 5.-7. Mai 2003.

Gwehenberger, J. (2004). Benefit Potential of Driver Assistance Systems in the Commercial Vehicles – Result of real Accidents, 4th International CTI-Forum „Commercial Vehicle“, Stuttgart, November 2004.

Gwehenberger, J. et al. (2003). Unfallvermeidungspotential durch ESP bei Lastkraftwagen – Erkenntnisse aus der Analyse von Realunfällen. ATZ, 5.

Gwehenberger, J. & Langwieder, K. (2002). Tour d'horizon et experiences de risk management pour flottes de vehicules en Allemagne – du point de vue de l'assurance. Revue trimestrielle de l'AFTIM „Sécurité et Médecine du Travail“, Decembre 2002, France.

Gwehenberger, J., Langwieder, K., Bromann, G. & Zipfel, D. (2002). Injury-Risk for Truck-Occupants due to Serious Accidents of Commercial Vehicles – Results of Real-Life-Crash Analysis, IRCOBI, 18-20 September, Munich.

Gwehenberger, J., Meewes, V. & Kiebach, H. (2004). Unfälle mit Kleintransportern. Schriftenreihe des Gesamtverbands der Deutschen Versicherungswirtschaft, FB 04/04. Berlin: GDV.

Harms, D. (2003). Unfalldatenspeicher (UDS) als möglicher Beitrag zur Verkehrssicherheit im Meinungsbild Jugendlicher und Heranwachsender, unveröff. Dissertation, TU Braunschweig.

Heinzmann, H.-J. & Schade, F.-D. (2004). Risikogruppen im VZR als Basis für eine Prämiendifferenzierung in der Kfz-Haftpflicht. Berichte der Bundesanstalt für Straßenwesen, Heft M 159. Bremerhaven: Wirtschaftsverlag NW.

Heskett, J.L. et al. (1994). Dienstleister müssen die ganze Service-Gewinn-Kette nutzen. Harvard Business Manager, 4, 50-61, zit. nach Bienzeisler.

Hürlimann, F.W. & von Hebenstreit, B. (1987). Verkehrssicherheit in der Praxis. Bern: Verlag Hans Huber.

Hummel, T.; Langwieder, K. & Kramlich, T. (2000). Struktur der Pkw-Unfälle und Sicherheitspotentiale der Airbags, Tagung „Fahrzeugairbags – Meilensteine der Insassensicherheit mit Restrisiko“, Haus der Technik, München, März 2000.

HVBG, Hauptverband der gewerblichen Berufsgenossenschaften (2004). Arbeitsunfallstatistik 2002. St. Augustin: HVBG.

Ibing, H.-P. (1996). Sicherheitsmanagement. Landsberg/Lech: Verlag Moderne Industrie.

Internationales Arbeitsamt Genf (Hrsg.). (2005). Das Arbeitsverhältnis. Internationale Arbeitskonferenz 2006. Bericht V (1).

Kajan, G., Schneider, W. & Utzelmann, H. (2004). Führerschein (k)ein Problem. Bonn: Kirschbaum Verlag.

KfV, Kuratorium für Verkehrssicherheit (Hrsg.). (2004). Unfallstatistik 2003. Verkehr in Österreich, Heft 36. Wien: Kuratorium für Verkehrssicherheit.

Klanner, W., Ambos, R., Paulus, H., Hummel, T., Langwieder, K. & Köster, H.-J. (2002). Unfallverletzungen in Fahrzeugen mit Airbag. Berichte der Bundesanstalt für Straßenwesen, Heft F 53. Bremerhaven: Wirtschaftsverlag NW.

Klebelsberg, D. (1982). Verkehrspsychologie. Heidelberg: Springer Verlag.

Köhler, B. (2003). Handbuch Mängelerkennung am Lkw. In Zusammenarbeit mit DEKRA. Bonn: Kirschbaum Verlag.

Kraftfahrtbundesamt (Hrsg.). (2005). Kraftfahrzeugstatistiken. Wiesbaden: StBA.

Kubitzki, J. (2001). Ecstasy im Straßenverkehr. Zeitschrift für Verkehrssicherheit, 47, 4, 178-183.

Kubitzki, J. (Hrsg.). (2002). Der sichere Fahrer – Ein Mythos? Erreichtes und Strittiges auf dem Gebiet der Verkehrssicherheit. Köln: TÜV-Verlag.

Kubitzki, J. (2004). Zur Sicherheitsbeeinträchtigung durch Freisprechanlagen und sprachgesteuerte Kfz-Techniken. Der aktuelle Stand der Forschung. Verkehrsunfall & Fahrzeugtechnik, 2, 35-40.

Kühl (1987). Was hat die Arche Noah mit modernem Risk-Management zu tun? München: Winterthur-Versicherungen.

Langwieder, K. (2005). Wissenschaftlicher Erkenntnisstand zu ESP. ESP: 10 Jahre Innovation. Februar 2005. Berlin.

Langwieder, K. & Gwehenberger, J. (2000). Anforderungen an die passive Sicherheit bei Lkw-Kollisionen – Ergebnisse einer repräsentativen Untersuchung. VDA Technischer Kongress, IAA Frankfurt, September 2000.

Langwieder, K., Gwehenberger, J. & Bende, J. (2000). Der Lastkraftwagen im aktuellen Unfallgeschehen und Potentiale zur weiteren Erhöhung der aktiven und passiven Sicherheit. 17. EU-Symposium „Sicherheit von Nutzfahrzeugen“, München, Dezember 2000.

Langwieder, K., Gwehenberger J. & Bende, J. (2001). Der Lastkraftwagen im aktuellen Unfallgeschehen. Zeitschrift Technische Überwachung, 5.

Langwieder, K., Gwehenberger, J. & de Coo, P. (2002). Measures for Increasing Passive Safety in Commercial Vehicles – Findings from European Research Programs. 3rd International DEKRA Symposium on Passive Safety of Commercial Vehicles, 17-18 October 2002, Neumünster, Germany.

Langwieder, K., Gwehenberger, J. & Hummel, Th. (2004). International Field Experiences with Electronic Stability Programs (ESP) in Cars. FISITA Conference, Paper F2004 V013 Barcelona, May 2004.

Langwieder, K., Gwehenberger, J. & Kandler, M. (2001). Heckunterfahrschutz bei Nutzfahrzeugen. Automobiltechnische Zeitschrift, 103.

Langwieder, K., Sporner, A. & Hell, W. (1994). Struktur der Unfälle mit Getöteten auf Autobahnen in Bayern. München: HUK-Verband.

Lie, A. & Tingvall, C. (2000). How does Euro NCAP Results Correlate to Real Life Injury Risks – a Paired Comparison Study of Car-to-Car Crashes. IRCOBI conference. Montpellier 20 September 2000.

MAN (Hrsg). (2005). Sicherheit vor allem. Fahrerassistenz- und Sicherheitssysteme. Produktinformation. MAN: München.

Mannschatz, A. (2005). Einer für alle – alle für einen. Trans aktuell, 7, 9.

Meyer, A. (1981). Rationeller Transport in Industrie und Handel. Dietikon-Zürich: Verlag Stocker-Schmid.

US Department of Transportation (ed.). (1966). Motor Vehicle Safety Act, Nov. 1966, 15 USC (United States Code). (US-Rahmengesetz für Kfz-Sicherheitsgesetze).

Neidert (1995). Unfalldatenschreiber. Informationsveranstaltung für Gericht, Staatsanwaltschaft, Medizinische Hochschule Hannover, 27.03.1995.

Niewöhner, W., Berg A. & Nicklisch, F. (2004). Innerortsunfälle mit rechts abbiegenden Lastkraftwagen und ungeschützten Verkehrsteilnehmern. 4. DEKRA/VDI Symposium Sicherheit von Nutzfahrzeugen, Neumünster, Oktober 2004.

Page, Y. & Cuny, S. (2004). Is ESP Effective on French Roads? LAB Renault/Peugeot, Ceesar, France, September 2004.

Pfafferott, I. (2002). Sicherheitskommunikation und Fahrzeugwerbung. Eine Zwischenbilanz. In: J. Kubitzki, Der sichere Fahrer – Ein Mythos? Erreichtes und Strittiges auf dem Gebiet der Verkehrssicherheit (S. 61-74). Köln: TÜV-Verlag.

Piazzini, G. (1990). The Saint Gotthard Road Tunnel: In Operation For Ten Years, Swiss Federal Highway Office, Bern. In: Roads of Switzerland, 1990, S. 23-26 (zit. nach dem Kurzbericht zur Studie in Driver Fatigue 1990-93, TRL, 1993).

Piper, R. (Hrsg.). (1992). Lexikon Management. Wiesbaden: Gabler Verlag.

Pirath, C. (1952). Die Elemente der Verkehrssicherheit. Zeitschrift für Verkehrssicherheit, 1/2.

Sasse, U. (1999). Der Safe LINER: Ein revolutionärer Trailer. VDI Berichte Nr. 1504.

Schieder, U.-P., Gwehenberger, J. & Langwieder, K. (2003). Ladung – Einflüsse und Wirkung bei Straßenverkehrsunfällen. Verkehrsunfall und Fahrzeugtechnik, 3-4.

Schneider, W., Hilse, H.-G., Bressendorf, K. et al. (1992). Perspektiven zur Sicherheit im Straßenverkehr. Schlussbericht der Expertenkommission für den Minister für Wirtschaft und Verkehr des Landes Niedersachsen. Schriftenreihe der Polizei-Führungsakademie. Münster: PFA.

Schubert, W., Schneider, W., Eisenmenger, W. & Stephan, E. (2002). Begutachtungsleitlinien zur Kraftfahrereignung - Kommentar. Bonn: Kirschbaum Verlag.

Schuler, H. (Hrsg.). (2004). Organisationspsychologie – Grundlagen und Personalpsychologie. Enzyklopädie der Psychologie, Wirtschafts-, Organisations- und Arbeitspsychologie, Band 3. Göttingen: Hogrefe.

Seiffert, U. (1992). Fahrzeugsicherheit Personenkraftwagen. Düsseldorf: VDI Verlag.

Statistisches Bundesamt (Hrsg.). (2004). Verkehrsunfälle 2003. Fachserie 8, Reihe 7. Stuttgart: Metzler-Poeschel.

Strang, R. (2005). TÜV-Auto-Report 2005. In: AUTO BILD Spezial/TÜV-Auto-Report 2005. Köln: TÜV-Verlag.

Tingvall, C., Krafft, M., Kullgren, A. & Lie, A. (2003). The Effectiveness of ESP in Reducing Real Life Accidents. 18. International ESV Conference, May 2003.

Heinrich Vogel Verlag (Hrsg.). (2005). Fahreranweisung Lenk- und Ruhezeiten im Straßenverkehr. München: Verlag Heinrich Vogel.

Winterthur Versicherungen (Hrsg.). (1992). Risikobewältigung in der Unternehmung. München: Winterthur-Versicherungen.

Liste der Berufsgenossenschaften

Hauptverband

Hauptverband der gewerblichen
Berufsgenossenschaften (HVBG)
Alte Heerstraße 111
53757 Sankt Augustin
Tel.: (0 22 41) 2 31-01
Fax: (0 22 41) 2 31-13 33
E-Mail: info@hvbg.de

Berliner Büro
Albrechtstraße 10 b
10117 Berlin
Tel.: (0 30) 28 87 63-61
Fax: (0 30) 28 87 63-70
E-Mail: hvbg-berlin@hvbg.de

Berufsgenossenschaftliche Zentrale
für Sicherheit und Gesundheit (BGZ)
Alte Heerstraße 111
53757 Sankt Augustin
Tel.: (0 22 41) 2 31-01
Fax: (0 22 41) 2 31-13 33
E-Mail: bgz@hvbg.de
Internet: www.hvbg.de/bgz

Zentrales Informationssystem der Gesetzlichen Unfallversicherung - ZIGUV
Alte Heerstraße 111
53757 Sankt Augustin
Tel.: (0 22 41) 2 31-01
Fax: (0 22 41) 2 31-13 33
E-Mail: ziguv@hvbg.de
Internet: www.hvbg.de/ziguv

HVBG Prüfung & Beratung
Internet: www.hvbg.de/revision

Landesverbände

Landesverband Rheinland-Westfalen
der gewerblichen Berufsgenossenschaften
Kreuzstraße 45
40210 Düsseldorf
Tel.: (02 11) 82 24-637
Fax: (02 11) 82 24-6 44
Internet: www.lvbg.de
E-Mail: service@duesseldorf.lvbg.de

Landesverband Nordwestdeutschland
der gewerblichen Berufsgenossenschaften
Hildesheimer Straße 309
30519 Hannover
Tel.: (05 11) 9 87-22 77
Fax: (05 11) 9 87-22 66
Internet: www.lvbg.de
E-Mail: service@hannover.lvbg.de

Landesverband Nordostdeutschland
der gewerblichen Berufsgenossenschaften
Fregestraße 44
12161 Berlin
Tel.: (0 30) 8 51 05-52 20
Fax: (0 30) 8 51 05-52 25
Internet: www.lvbg.de
E-Mail: service@berlin.lvbg.de

Landesverband Hessen-Mittelrhein
und Thüringen der gewerblichen
Berufsgenossenschaften
Wilhelm-Theodor-Römheld-Straße 15
55130 Mainz-Weisenau
Tel.: (0 61 31) 8 02-2 27
Fax: (0 6131) 8 02-1 91
Internet: www.lvbg.de
E-Mail: service@mainz.lvbg.de

Landesverband Südwestdeutschland
der gewerblichen Berufsgenossenschaften
Kurfürsten-Anlage 62
69115 Heidelberg
Tel.: (0 62 21) 5 23-0
Fax: (0 62 21) 5 23-3 99
Internet: www.lvbg.de
E-Mail: service@heidelberg.lvbg.de

Landesverband Bayern und Sachsen
der gewerblichen Berufsgenossenschaften
Geschäftsstelle München
Am Knie 8
81241 München
Tel.: (0 89) 8 20 03-5 00, 5 01, 5 02
Fax: (0 89) 8 20 03-5 99
Internet: www.lvbg.de
E-Mail: service@muenchen.lvbg.de

Landesverband Bayern und Sachsen
der gewerblichen Berufsgenossenschaften
Geschäftsstelle Dresden
Königsbrücker Landstraße 2
01109 Dresden
Tel.: 03 51/4 57-21 00
Fax: 03 51/4 57-21 05
E-Mail: service-dresden@muenchen.lvbg.de

Gewerbe

Bergbau

Bergbau-Berufsgenossenschaft
Hunscheidtstraße 18
44789 Bochum
Tel.: (02 34) 3 16-0
Fax: (02 34) 3 16-3 00
www.bergbau-bg.de
E-Mail: bbg@bergbau-bg.de

Hauptstelle für das Grubenrettungswesen
Berliner Straße 2
38678 Clausthal-Zellerfeld
Tel.: (0 53 23) 74-1 37
Fax: (0 53 23) 74-1 40
www.tu-clausthal.de/bbg/

Steine und Erden

Steinbruchs-Berufsgenossenschaft
Theodor-Heuss-Straße 160
30853 Langenhagen
Tel.: (05 11) 72 57-0
Fax: (05 11) 72 57-100
www.stbg.de
E-Mail: bg02@aol.com

Berufsgenossenschaft der keramischen und Glas-Industrie
Riemenschneiderstraße 2
97072 Würzburg
Tel.: (09 31) 79 43-0
Fax: (09 31) 79 43-8 00
www.bgglaskeramik.de
E-Mail: post@bgglaskeramik.de

Gas und Wasser

Berufsgenossenschaft der Gas-, Fernwärme- und Wasserwirtschaft
Auf'm Hennekamp 74
40225 Düsseldorf
Tel.: (02 11) 93 35-0
Fax: (02 11) 93 35-1 99
www.bgfw.de
E-Mail: info@bgfw.de

Metall

Hütten- u. Walzwerks-Berufsgenossenschaft
Kreuzstraße 45
40210 Düsseldorf
Tel.: (02 11) 82 24-0
Fax: (02 11) 82 24-4 44
www.hwbg.de
E-Mail: info@mmbg.de

Maschinenbau- und Metall-Berufsgenossenschaft
Kreuzstraße 45
40210 Düsseldorf
Tel.: (02 11) 82 24-0
Fax: (02 11) 82 24-4 44
www.mmbg.de
E-Mail: info@mmbg.de

Norddeutsche Metall-Berufsgenossenschaft
Seligmannallee 4
30173 Hannover
Tel.: (05 11) 81 18-0
Fax: (05 11) 81 18-2 00
www.nmbg.de
E-Mail: pb@nmbg.de

Berufsgenossenschaft Metall Süd
Wilhelm-Theodor-Römheld-Straße 15
55130 Mainz
Tel.: (0 61 31) 8 02-0
Fax: (0 61 31) 8 02-2 32
www.smbg.de
E-Mail: service@smbg.de

Vereinigung der Metall-Berufsgenossenschaft (VMBG)
Kreuzstraße 45
40210 Düsseldorf
Tel.: (02 11) 82 24-0
Fax: (02 11) 82 24-4 44
www.vmbg.de
E-Mail: webmaster@vmbg.de

Feinmechanik und Elektrotechnik

Berufsgenossenschaft der Feinmechanik und Elektrotechnik
Gustav-Heinemann-Ufer 130
50968 Köln
Tel.: (02 21) 37 78-0
Fax: (02 21) 34 25 03
www.bgfe.de
E-Mail: hv@bgfe.de

Chemie

Berufsgenossenschaft der chemischen Industrie
Kurfürsten-Anlage 62
69115 Heidelberg
Tel.: (0 62 21) 5 23-0
Fax: (0 62 21) 5 23-3 23
www.bgchemie.de
E-Mail: info@bgchemie.de

Holz

Holz-Berufsgenossenschaft
Am Knie 8
81241 München
Tel.: (0 89) 8 20 03-0
Fax: (0 89) 8 20 03-1 99
www.holz-bg.de

Papier und Druck

Papiermacher-Berufsgenossenschaft *
Lortzingstraße 2
55127 Mainz
Tel.: (0 61 31) 7 85-1
Fax: (0 61 31) 7 85-2 71
www.pmbg.de
E-Mail: pm-bg.tad.mz@lpz-bg.de

Berufsgenossenschaft Druck und Papierverarbeitung
Rheinstraße 6 - 8
65185 Wiesbaden
Tel.: (06 11) 1 31-0
Fax: (06 11) 1 31-1 00
www.bgdp.de
E-Mail: info@bgdp.de

Textil und Leder

Lederindustrie-Berufsgenossenschaft *
Lortzingstraße 2
55127 Mainz
Tel.: (0 61 31) 7 85-1
Fax: (0 61 31) 7 85-2 71
www.libg.de
E-Mail: tadl@lpz-bg.de

Textil- und Bekleidungs-Berufsgenossenschaft
Oblatterwallstraße 18
86153 Augsburg
Tel.: (08 21) 31 59-0
Fax: (08 21) 31 59-2 01
www.textil-bg.de
E-Mail: praevention@textil-bg.de

Nahrungs- und Genussmittel
Berufsgenossenschaft Nahrungsmittel und Gaststätten
Dynamostraße 7 - 11
68165 Mannheim
Tel.: (06 21) 44 56-0
Fax: (06 21) 44 56-15 54
www.bgn.de
E-Mail: info@bgn.de

Fleischerei-Berufsgenossenschaft
Lortzingstraße 2
55127 Mainz
Tel.: (0 61 31) 7 85-1
Fax: (0 61 31) 7 85-3 40
www.fleischerei-bg.de
E-Mail: info@fleischerei-bg.de

Zucker-Berufsgenossenschaft*
Lortzingstraße 2
55127 Mainz
Tel.: (0 61 31) 7 85-1
Fax: (0 61 31) 7 85-2 71
www.zuckerbg.de
E-Mail: z-bg.tad.mz@lpz-bg.de

Bau
Berufsgenossenschaft der Bauwirtschaft
Hildegardstraße 29/30
10715 Berlin
Tel.: (0 30) 85781-0
Fax: (0 30) 85781-500
www.bgbau.de
E-Mail: info@bgbau.de

Tiefbau-Berufsgenossenschaft
Am Knie 6
81241 München
Tel.: (0 89) 88 97-0
Fax: (0 89) 88 97-6 00
www.tiefbaubg.de

Handel und Verwaltung
Großhandels- und Lagerei-Berufsgenossenschaft
M 5, 7
68161 Mannheim
Tel.: (06 21) 1 83-0
Fax: (06 21) 1 83-3 00
www.grolabg.de

Berufsgenossenschaft für den Einzelhandel
Niebuhrstraße 5
53113 Bonn
Tel.: (02 28) 54 06-9
Fax: (02 28) 54 06-51 99
www.bge.de
E-Mail: hgf.sekr@bge.de

Verwaltungs-Berufsgenossenschaft
Berufsgenossenschaft der Banken, Versicherungen, Verwaltungen, freien Berufe und besonderer Unternehmen
Deelbögenkamp 4
22297 Hamburg
Tel.: (0 40) 51 46-0
Fax: (0 40) 51 46-21 46
www.vbg.de

Verkehr
Berufsgenossenschaft der Straßen-, U-Bahnen und Eisenbahnen
Fontenay 1a
20354 Hamburg
Tel.: (0 40) 4 41 18-0
Fax: (0 40) 4 41 18-1 40
www.bg-bahnen.de
E-Mail: info@bg-bahnen.de

Berufsgenossenschaft für Fahrzeughaltungen
Ottenser Hauptstraße 54
22765 Hamburg
Tel.: (0 40) 39 80-0
Fax: (0 40) 39 80-16 66
www.bgf.de
E-Mail: info@bgf.de

See-Berufsgenossenschaft
Reimerstwiete 2
20457 Hamburg
Tel.: (0 40) 3 61 37-0
Fax: (0 40) 3 61 37-7 70
www.see-bg.de
www.seekasse.de
www.see-krankenkasse.de
E-Mail: support@see-bg.de

Binnenschifffahrts-Berufsgenossenschaft (jetzt bei der Berufsgenossenschaft für Fahrzeughaltungen)

Gesundheitsdienst
Berufsgenossenschaft für Gesundheitsdienst und Wohlfahrtspflege
Pappelallee 35/37
22089 Hamburg
Tel.: (0 40) 2 02 07-0
Fax: (0 40) 2 02 07-5 25
www.bgw-online.de
E-Mail: redaktion@bgw-online.de

* Diese Berufsgenossenschaften bilden eine Verwaltungsgemeinschaft

Liste der Landesverkehrswachten

Baden-Württemberg
Kesselstr. 38
70327 Stuttgart
www.lvw-bw.de
Tel.: 07 11/40 70 30 - 0
Fax: 07 11/40 70 30 - 20
E-Mail: landesverkehrswacht@lvw-bw.de

Bayern
Ridlerstr. 35 a
80339 München
www.verkehrswacht-bayern.de
Tel.: 0 89/54 01 33 - 0
Fax: 0 89/54 07 58 11
E-Mail: lvw-bayern.gs@t-online.de

Berlin
Reichsstr. 100
14052 Berlin
Tel.: 0 30/3 04 01 61
Fax: 0 30/3 04 01 62
E-Mail: info@landesverkehrswacht-berlin.de

Brandenburg
Verkehrshof 11
14478 Potsdam
www.landesverkehrswacht-brandenburg.de
Tel.: 03 31/50 40 23
Fax: 03 31/50 19 89
E-Mail: lvw_brbg@t-online.de

Bremen
Martinistr. 30/im Hause der ÖVB
28195 Bremen
www.landesverkehrswacht-bremen.de
Telefon 04 21/301 59 95
Telefax 04 21/168 26 09
E-Mail: lvw-bremen@t-online.de

Hamburg
Großmannstr. 210
20539 Hamburg
www.verkehrswacht-hamburg.de
Tel.: 0 40/78 51 57
Fax: 0 40/7 89 83 76
E-Mail: info@verkehrswacht-hamburg.de

Hessen
Walldorferstr. 4-6
60598 Frankfurt
www.verkehrswachthessen.de
Tel.: 0 69/63 40 27
Fax: 0 69/63 93 91
E-Mail: lvw_hessen@t-online.de

Mecklenburg-Vorpommern
Wismarsche Str. 178
19053 Schwerin
www.verkehrswacht-mv.de
Tel.: 03 85/52 19 610
Fax: 03 85/52 19 6111
E-Mail: lvw-mv@t-online.de

Niedersachsen
Arndtstr. 19
30167 Hannover
www.landesverkehrswacht.de
Tel.: 05 11/357726-81
Fax: 05 11/357726-82
E-Mail: info@landesverkehrswacht.de

Nordrhein-Westfalen
Friedenstr. 4
40219 Düsseldorf
www.landesverkehrswacht-nrw.de
Tel.: 02 11/30 20 03 - 0
Fax: 02 11/30 20 03 - 23
E-Mail: verkehrswachtnrw@aol.com

Rheinland-Pfalz
Bahnhofplatz 2
55116 Mainz
Tel.: 0 61 31/22 25 10
Fax: 0 61 31/23 73 23
E-Mail: lvw.rheinland-pfalz@t-online.de

Saarland
Metzer Str. 19
66117 Saarbrücken
Tel.: 06 81/5 75 99
Fax: 06 81/5 75 89
E-Mail: lvwsaar@t-online.de

Sachsen
Unterer Kreuzweg 1
01097 Dresden
Tel.: 03 51/5 63 30 30
Fax: 03 51/5 63 30 40
E-Mail: info@lvw-sachsen.de

Sachsen-Anhalt
Klosterwuhne 40
39124 Magdeburg
Postfach 13 44
39003 Magdeburg
www.lvw-san.de
Tel.: 03 91/2 51 52 97
Fax: 03 91/2 51 52 98
E-Mail: lvw.sachsen-anhalt@t-online.de

Schleswig-Holstein
Westring 260
24116 Kiel
www.lvw-sh.de
Tel.: 04 31/1 73 33
Fax: 04 31/1 73 34
E-Mail: info@lvw-sh.de

Thüringen
St. Christophorusstr. 3
99092 Erfurt
www.landesverkehrswacht-thu.de
Tel.: 03 61/77 88 62 - 0
Fax: 03 61/77 88 60
E-Mail: lvw-thu@t-online.de

Stichwortverzeichnis

Abfahrtskontrollblatt ... 104, 105
Ablenkung ... 124, 125
Abstand ... 117, 118
Adaptive Cruise Control (ACC) ... 89
Airbag ... 97
Anhalteweg ... 83
Antiblockier-System (ABS) ... 79
Antiblockier-Verhinderer (ABV) ... 79
Antriebs-Schlupf-Regelung (ASR) ... 81
Aggressionen im Straßenverkehr ... 125, 126
Alkohol
- am Arbeitsplatz ... 50
- und Fahrerauswahl ... 57
- und Fahrtauglichkeit ... 54
- und Fahrtüchtigkeit ... 50, 54
- Promillegrenzen ... 50-52
- Rechtsfolgen ... 51
- Sucht ... 50, 121
- Unfälle ... 57, 121

Allianz Sicherheitspreis Genius ... 85
Allianz Zentrum für Technik (AZT) ... 94, 133, 134
AZT-Zertifikat für Diebstahlschutz ... 102
Arbeitssicherheit ... 44, 46, 47
Arbeitssicherheitsgesetz (AsiG) ... 46
Arbeitsunfall ... 46, 47, 108
Baustelleninformationssystem ... 114
Bereifung ... 31, 104, 118
Berufsgenossenschaften ... 129, 142-144
Berufsgenossenschaft für Fahrzeughaltungen (BGF) ... 129, 144
Berufskraftfahrer ... 53
Betriebsgelände ... 107
Bewertungshilfe (Einschätzung der Vorbelastung des Fahrers) ... 58
Bremsassistent (BAS) ... 80
Bundesamt für Güterverkehr (BAG) ... 128
Bundesministerium für Verkehr, Bau- und Wohnungswesen (BMVBW) ... 127
Bundesverband Güterkraftverkehr Logistik und Entsorgung (BGL) ... 131
Car Policy ... 42
Competitive driving ... 56, 60
Crashsicherheit ... 95, 96
Diebstahlsicherung ... 100-103
Dienstwagenüberlassung ... 42, 59
Deutscher Verkehrssicherheitsrat (DVR) ... 124, 129
Deutsche Verkehrswacht (DVW) ... 129
Drängeln ... 125, 126
Drogen ... 57, 121, 131
Dunkelheit ... 90, 119, 120
Ecstasy-Konsum ... 57, 121
Education ... 40
Ein- und Aussteigen (Lkw) ... 47, 61, 64
Einstellungsuntersuchung, ärztliche ... 58
Elektronisches Stabilitäts-Programm (ESP) ... 81
Enforcement ... 40
Engineering ... 40
Ergonomie ... 93
Erkrankung ... 54, 123
Ermüdung ... 47-49, 123
Fahreignung ... 54, 68
Fahreranweisungen ... 52, 61, 64, 105, 121, 122
Fahrerauswahl ... 55-58
Fahrerbesprechung ... 65, 66
Fahrereinarbeitung ... 59
Fahrerfahrung ... 60
Fahrerfluktuation (siehe Mitarbeiterfluktuation) ... 53
Fahrerlaubnis (Prüfung der Papiere) ... 58, 59
Fahrermotivation (siehe Mitarbeitermotivation) ... 56, 77
Fahrlehrerverbände ... 132
Fahrsicherheitstraining ... 70-76
Fahrsimulator ... 124
Fahrtauglichkeit ... 54
Fahrteam ... 65
Fahrtüchtigkeit ... 54
Fahrzeugbestand in Deutschland ... 11
Fahrzeughalter ... 45, 67-69
Fahrzeugmängelbericht ... 104, 105
Fernfahrerstammtisch ... 130, 131
Flottenmanagement ... 29-34, 43, 44, 92
Flottenversicherung ... 25-27
Führungszeugnis ... 56
Fuhrpark ... 29-34, 42-44, 74
Fuhrparkleiter ... 39
Fuhrparkprogramm ... 74
Fußgänger ... 119
Gesamtverband der Deutschen Versicherungswirtschaft (GDV) ... 132, 138
Geschwindigkeit ... 24, 82, 83, 117
Geschwindigkeitsbegrenzer ... 82, 83
Gewissenhaftigkeit ... 56
Großschaden ... 19, 26
Gurtpflicht ... 52, 96
Halterdelikte ... 67
Haschisch-Konsum ... 57, 121, 123
„Idiotentest" (siehe Medizinisch-Psychologische Untersuchung) ... 68
Incentives ... 77
Insassenschutz ... 94-98
Instandsetzung (Kfz) ... 103
Klimaanlage ... 93, 95
Kontaktadressen ... 127
Kopfstütze ... 64, 94, 96

Kraftfahrtbundesamt (KBA) 128
Kraftstoffverbrauch 24, 73, 74, 87
Krankheit 21, 58, 123
Kurve 114
Kurvenlicht 90, 91
Ladungssicherung 74-76, 106, 107, 118
Lane Guard System (LGS) 90
Lenk- und Ruhezeiten 47-49
Lkw-Führerhaus 61, 93, 101
Medikamente 121, 123
Medizinisch-Psychologische Untersuchung (MPU) 68, 69
Mitarbeiterfluktuation 53
Mitarbeitermotivation 56, 77
Mitfahrstudien 64, 65
Müdigkeit (siehe Ermüdung) 47-49, 123
Nachschulung 69
Nötigung 56, 126
Normtreue 44, 54, 56
Ortslage 29, 110, 111
Partnerschutz 95, 98
Persönliche Zuverlässigkeit 56
Pflege (des Kfz) 103, 104
Polizei 127, 130, 131
Promillegrenzen (siehe Alkohol) 50-52
Prüfwesen 135
Punkte in Flensburg 66-68
Radfahrer 119
Rangier-Warneinrichtung 86
Reflektierende Konturmarkierung 88
Reifendrucküberwachung 87
Reinigungsstationen (für Schnee und Eis auf Lkw-Dächern) 120, 121
Retarder 81
Risikoanalyse 14-16
Risikobewältigung 16, 17
Risikoüberwachung 17, 18
Risk-Management 13
Rückfahrkamera 86, 87
Rückfahr- und Rangierhilfen 86, 87
Sehkraft 58, 62, 63
Selbstauskunft („Punkte in Flensburg“) 56, 57
Schadenaufkommen 29-32
Schadenursachen 30, 31
Schadenverhütung 19ff, 39ff
Schnee und Eis auf Lkw-Dächern (siehe Reinigungsstationen) 120, 121
Sicherheitseinweisung 61
Sicherheitsgurt 52, 96, 97
Sicherheitsabstand (siehe Abstand) 117, 118
Sicherheitskommunikation 43
Sicherheitsweste (siehe Warnweste) 52
Sicht 88, 119, 120
Sozialvorschriften 44ff
Spiegelsysteme 83, 84
Spurassistent (siehe Lane Guard System) 90
Statistisches Bundesamt (StBA) 128
Stau 116, 117
Stolper-, Rutsch- und Sturzunfälle 46, 47, 61, 64, 109
Straßenbaustelle 114
Straßenverkehrsrecht (StVR) 45
Tagesfahrlicht 120
„Telefonieren am Steuer“ 124, 125
Telematik 92
Tempomat 116
Tunnel 115
Überholen 118
Überlassungsvertrag 42
„Unfäller“ 66
Unfallanalysegespräch 65, 66
Unfallarten 113
Unfalldatenspeicher (UDS) 90, 91
Unfallfolgekosten 19-23
Unfallhäufungen 34, 66-68
Unfallhauptverursacher (und Pkw-, Bus-, Lkw-Unfälle) 60
Unfalllagebild 110
Unfallrisiko (und Alkohol) 57
Unfallrisiko (und Alter und Fahrerfahrung) 60
Unfallstatistik 110ff
Unfalltypen 111, 112
Unfallursachen 79ff, 110ff
Unterfahrschutz 98, 99
Verkehrsclubs 135
Verkehrsgesetze 44, 45
Verkehrsmedizinische und -psychologische Fachverbände 132
Verkehrsministerium (siehe Bundesministerium) 127, 128
Verkehrssicherheit 40, 41
Verkehrssicherungspflicht 107, 108
Verkehrstechnisches Institut der Deutschen Versicherer (VTIV) 133
Vorbelastung (des Fahrers) 56-58
Warnweste 52
Wartung 103-105
Wartungsheft 104
Werkstatt 104
Windschutzscheibe 62, 105, 106
Winterreifen 120, 121
Wirtschaftlichkeit 24ff
Witterung 120, 121
Zeitschriften 136-138
Zeitverbrauch 24
Zielvereinbarung 39

Zu den Autoren

Johann Gwehenberger,
geb. 1960, begann seine Laufbahn im Kfz-Handwerk als Mechaniker (Kfz-Meister 1984), studierte berufsbegleitend Physikalische Technik an der Fachhochschule München (Dipl.-Ing. 1993) und war darauf bei der DBV-Winterthur Versicherung mit Risk-Management bei Fahrzeugflotten befasst. Ein berufsbegleitendes Promotionsstudium an der Albert-Ludwigs-Universität Freiburg folgte (Dr. rer. nat. 1998); eine mehrjährige Bereichsleitertätigkeit im Verkehrstechnischen Institut der Deutschen Versicherer mit dem Arbeitsschwerpunkt Nutzfahrzeuge schloss sich an. Seit einigen Jahren Koordinator in verschiedenen EU-Projekten und Evaluator/ Reviewer für europäische Projekte im Auftrag der Europäischen Kommission. Lehrtätigkeit an der Fachhochschule München. Seit 2004 als Referatsleiter für „Unfallforschung/Schadenverhütung" im Allianz Zentrum für Technik tätig.

Jörg Kubitzki,
Jahrgang 1960, studierte an der Friedrich-Wilhelms-Universität Bonn Psychologie (Dipl.-Psych. 1986), wurde 1994 im Fachgebiet Verkehrspsychologie promoviert (Dr. phil.) und ist seit nunmehr über 18 Jahren auf dem Gebiet der Verkehrssicherheits- und Unfallforschung tätig. Arbeitsschwerpunkte lagen auf der Fahrereignungs- und Mensch-Maschine-Forschung, mit Forschungs-, Projektleiter- und Gutachtertätigkeiten u.a. für den Gesamtverband der Deutschen Versicherungswirtschaft, die Bundesanstalt für Straßenwesen, Saint Gobain Sekurit, 3M, VDO, die Forschungsvereinigung Automobiltechnik des VDA oder den Wirtschafts- und Verkehrsminister des Landes Schleswig-Holstein. Journalistische Tätigkeit für die Zeitschrift für Verkehrssicherheit. Seit 2003 im Allianz Zentrum für Technik mit Humanforschung im Geschäftsbereich Kraftfahrzeugtechnik befasst.